GTB
Gütersloher Taschenbücher
511

D1640744

Ökumenischer Taschenbuchkommentar
zum Neuen Testament
Band 7/1
Herausgegeben von
Erich Gräßer und Karl Kertelge

Helmut Merklein

Der erste Brief an die Korinther

Kapitel 1—4

Gütersloher Verlagshaus
Gerd Mohn

Echter Verlag

Originalausgabe

Die Deutsche Bibliothek – CIP-Einheitsaufnahme

Ökumenischer Taschenbuchkommentar zum Neuen Testament /
hrsg. von Erich Grässer und Karl Kertelge. – Orig.-Ausg. –
Gütersloh : Gütersloher Verl.-Haus Mohn ; Würzburg : Echter-
Verl.
  (Gütersloher Taschenbücher Siebenstern ; ...)
NE: Grässer, Erich [Hrsg.]

  Orig.-Ausg.
  Bd. 7. Merklein, Helmut: Der erste Brief an die Korinther. –
    Orig.-Ausg.
    1. Kapitel 1–4. – 1992

Merklein, Helmut:
Der erste Brief an die Korinther / Helmut Merklein. – Orig.-
Ausg. – Gütersloh : Gütersloher Verl.-Haus Mohn ; Würzburg :
Echter-Verl.
  (Ökumenischer Taschenbuchkommentar zum Neuen Testament ; Bd. 7)

Orig.-Ausg.
1. Kapitel 1–4. – 1992
  (Gütersloher Taschenbücher ; 511)
  ISBN 3-579-00511-1
NE: GT

ISBN 3-579-00511-1
© Gütersloher Verlagshaus Gerd Mohn, Gütersloh 1992,
und Echter Verlag, Würzburg 1992

Umschlaggestaltung: Dieter Rehder, Kelmis/Belgien
Satz: ICS Communications-Service GmbH, Bergisch Gladbach
Druck und Bindearbeiten: Clausen & Bosse, Leck
Printed in Germany

Vorwort der Herausgeber

Das Taschenbuch als literarisches Hilfsmittel hat im heutigen Wissenschaftsbetrieb längst seinen festen Platz. Mit dem vorliegenden Band, der eine neue Kommentarreihe zum Neuen Testament fortsetzt, soll nun auch für diesen wichtigen Zweig exegetischer Arbeit das Taschenbuch zur Veröffentlichung und Verbreitung genutzt werden. Wir hoffen, daß wir damit einer wachsenden Nachfrage von Studenten, Lehrern, Pfarrern und interessierten Laien entgegenkommen, die sich über den heutigen Stand wissenschaftlicher Exegese des Neuen Testaments in zuverlässiger Weise und in faßlicher und leicht zugänglicher Form informieren wollen. Bisher hatten Studenten, Lehrer und Pfarrer eigentlich nur zu wählen zwischen einem großen Kommentarwerk mit sehr detaillierten Ausführungen, das kostspielig war, und einer allgemeinverständlichen Auslegung mit zu knappen Textanalysen, die dafür dann preiswerter war. In diesem neuen Kommentarwerk wird angestrebt, die modernen exegetischen Erkenntnisse zu den einzelnen Schriften des Neuen Testamentes auf der Grundlage historisch-kritischer Auslegung so zur Darstellung zu bringen, daß das Zuviel und das Zuwenig gleicherweise vermieden werden.

Eine alte Tradition ist auch insofern durchbrochen, als die Mitarbeiter nicht mehr nur aus *einem* konfessionellen Lager kommen. Zu diesem Kommentarwerk haben sich Exegeten evangelischen und katholischen Bekenntnisses zusammengefunden, weil sie überzeugt sind, daß es neben dem Glauben an den gemeinsamen Herrn der Kirche vor allem die Heilige Schrift ist, die sie verbindet. Allzu lange hat die Bibel des Alten und Neuen Testamentes eher zur konfessionellen Abgrenzung und Selbstbestätigung herhalten müssen, als daß sie als verbindendes Element zwischen den Kirchen, christlichen Gruppen und theologischen Schulen empfunden wurde. Natürlich dürfen auch die konfessionell gebundenen Auslegungstraditionen in der heutigen Exegese nicht übersehen und überspielt werden. Vielmehr gilt es, die aus der Kirchengeschichte bekannten Kontroversfragen hinsichtlich der Auslegung der Heiligen Schrift heute neu zu bedenken und – vielleicht – in einer entspannteren, gelasseneren und daher sachlicheren Form einer exegetisch verantwortlichen Lösung näherzubringen. Zu besonders relevanten Texten oder Schriften sollen diese Fragen daher in kurzen Erklärungen oder in Exkursen dargestellt und diskutiert werden. Dabei geht es darum, nicht den Schrifttext und die Lehrtradition gegeneinander auszuspielen, sondern die Probleme der Lehrtradition im Lichte der Schrifttexte zu erhellen und im exegetischen Gehorsam gegenüber der Schrift Verstehensschwierigkeiten, die sich oft aus einer zu starren Handhabung der Lehrtradition ergeben, zu überwinden. Hierdurch besonders, aber grundsätzlich auch schon durch die methodisch sachgerechte Auslegung der neutestamentlichen Schriften hoffen wir, einen Dienst für die Verständigung von Christen verschiedener Bekenntnisse untereinander und für das allen Christen aufgegebene Werk ökumenischer Vermittlung und Einheitsfindung leisten zu können.

Die Herausgeber

Meinen Hörerinnen und Hörern

Inhalt

I. Hauptteil:
Das Verhältnis der Verkündiger zur Gemeinde im Lichte des Gekreuzigten als der wahren Weisheit Gottes 1,10-4,21

Vorwort des Verfassers

Die Fertigstellung dieses ersten Teils des Kommentars zum 1. Korintherbrief hat länger gedauert, als ich geahnt und geplant hatte. Ein wesentlicher Grund war, daß ich geraume Zeit brauchte, um eine mir einigermaßen adäquat erscheinende Methode der Kommentierung zu entwickeln. Sie sollte bewußt den Text als Text wahrnehmen, mußte also textwissenschaftlich orientiert sein, ohne die Erkenntnisse der klassischen historisch-kritischen Analyse zu vernachlässigen. Maßgeblich für die Auswahl und Applikation linguistischer Analyseverfahren war nicht eine bestimmte Texttheorie, sondern die Anwendbarkeit des zu gewinnenden Methodeninstrumentariums auf Texte der neutestamentlichen Briefliteratur. Die linguistische Fachterminologie wurde auf ein Minimum reduziert. Was noch verblieben ist, wird entweder erklärt oder versteht sich – bei etwas Geduld – aus dem Zusammenhang der Lektüre. Im übrigen sollte nicht eine vorgefertigte Theorie, sondern die Praxis der Analyse in die Methode einführen.

Ich selbst – so meine ich sagen zu dürfen – habe bei dieser Art von Textarbeit eine neue Sensibilität für Sprache gewonnen. Das gilt nicht nur für den unmittelbar zu kommentierenden 1. Korintherbrief, sondern ebenso mit Blick auf andere geschriebene oder gesprochene Texte bis hin zur eigenen Rede in Vorträgen, Vorlesungen oder Predigten. Ähnliche Beobachtungen machte ich bei Studierenden, die ich in meinen Lehrveranstaltungen in die Textarbeit einführen durfte. Nicht zuletzt diese Erfahrung war es, die mich ermutigte, auch im Rahmen des *Ökumenischen Taschenbuchkommentars* das aufwendige Analyseverfahren exemplarisch an einer begrenzten Textstrecke vorzuführen. Die in sich geschlossenen ersten vier Kapitel des 1. Korintherbriefes boten sich dafür als geradezu idealer Parcours an. Bei Verwirklichung dieses Vorhabens wurde mir sehr schnell klar, daß eine erhebliche Überschreitung des ursprünglich geplanten Umfangs die Folge sein würde, sollte der darzubietende Stoff auch didaktisch noch einigermaßen geschickt vermittelt werden. Selbstverständlich bleibt es denjenigen, die es eilig haben und schnelle Information zu einer bestimmten Stelle suchen, unbenommen, sofort die Einzelerklärung zu lesen und den analytischen Teil zu überschlagen. Da man einen Kommentar aber ohnehin kaum in einem Zug von A bis Z durch-

liest, habe ich die Hoffnung, daß auch die unter Zeitdruck Stehenden hin und wieder ihren Blick auf die Analyse fallen lassen, wo die
Voraussetzungen und tieferen Zusammenhänge des in der Einzelerklärung Gesagten ergründet werden, und zwar nicht nur in
formaler, sondern bereits in theologisch-inhaltlicher Hinsicht.

Es wurde schon angedeutet, daß die hier vorgelegte Kommentierung exemplarischen Charakter besitzt. Dies bedeutet, daß der
zweite Teilband, der die Kapitel 5 bis 16 umfassen soll, wesentlich
kompakter ausfallen wird. Die Analysen werden dann zwar vorausgesetzt, aber nicht mehr vorgeführt werden, jedenfalls nicht in
der hier dargebotenen Ausführlichkeit. Im übrigen ist vieles, was
zum Verständnis und zum Hintergrund des gesamten Briefes zu
sagen ist, bereits gesagt worden, vor allem in der Einleitung und im
Rahmen der ausführlichen Gesamtanalyse zu 1,10-4,21.

Gewidmet ist dieser Band meinen Hörerinnen und Hörern, die
meine sich erst entwickelnde Auslegung in mehreren Vorlesungen
und Seminaren begleitet haben. Für ihre Geduld bewundere ich sie,
für ihre Fragen und Anregungen danke ich ihnen. Zu Dank verpflichtet bin ich auch den Herausgebern des *Ökumenischen
Taschenbuchkommentars*. Meine Mitarbeiterinnen und Mitarbeiter
haben mich in vielfältiger Weise unterstützt. Ihnen allen danke ich
von Herzen. Eigens erwähnen möchte ich meine Sekretärin, Frau
Gudrun Theuerkauff, die mit außergewöhnlichem persönlichen
Einsatz das Manuskript erstellt hat.

Bonn, den 28. August 1991   *Helmut Merklein*

Literatur und Abkürzungen

1. Texte (Quellen und Übersetzungen)

Aufgeführt sind hier nur die verwendeten Ausgaben der Bibel und des Neuen Testaments sowie einige, gelegentlich direkt zitierte Textausgaben. Die Abkürzung der biblischen Bücher erfolgt nach den Loccumer Richtlinien (ÖVBE). Die außerkanonischen Schriften, die Schriften aus Qumran, von Philo und Josephus sowie das rabbinische Schrifttum werden abgekürzt nach: TRE. Abkürzungsverzeichnis, zusammengestellt v. S. *Schwertner*, Berlin — New York 1976. Sonstige antike Schriftsteller und Schriften werden so abgekürzt, daß sie den Kundigen leicht erkennbar sind; in Zweifelsfällen vgl. Exegetisches Wörterbuch zum Neuen Testament (EWNT) I bzw. ThWNT I (dort auch Angaben zu den Editionen). Zur Abkürzung der Nag-Hammadi-Codices und anderer gnostischer Texte sowie zu deren Editionen vgl. JAC.E 14 (1987) 11f. 13—17.

BIBLIA HEBRAICA STUTTGARTENSIA quae antea ... ed. R. Kittel, editio funditus renovata ... ed. K. Elliger et W. Rudolph, Stuttgart 1967/77.

NOVUM TESTAMENTUM GRAECE post Eberhard Nestle et Erwin Nestle comm. ed. K. Aland, M. Black, C. M. Martini, B. M. Metzger, A. Wikgren, apparatum criticum rec. et editionem novis curis elaboraverunt K. Aland et B. Aland, 26. Aufl., 7. revid. Druck, Stuttgart 1986 (= *Nestle-Aland*[26]).

NOVUM TESTAMENTUM GRAECE cum apparatu critico curavit Eberhard Nestle, novis curis elaboraverunt Erwin Nestle et K. Aland, 25. Aufl., Stuttgart 1963 (= *Nestle*[25]).

THE GREEK NEW TESTAMENT, ed. K. Aland, M. Black, B. M. Metzger, A. Wikgren, London 1966 (= *Greek NT*).

SEPTUAGINTA. Id est Vetus Testamentum graece iuxta LXX interpretes I/II, ed. A. Rahlfs, 8. Aufl., Stuttgart 1965.

DIE BIBEL: Einheitsübers. d. Heiligen Schrift; Psalmen u. Neues Testament, ökumen. Text, hrsg. im Auftr. d. Bischöfe Deutschlands ... für die Psalmen u. d. Neue Testament auch im Auftr. d. Rates d. Evang. Kirche in Deutschland, Studienausgabe 1. Aufl., Stuttgart 1984 (= EÜ).

DIE BIBEL nach der Übersetzung Martin Luthers (mit Apokryphen), Bibeltext in der revid. Fassung von 1984, hrsg. v. d. Evang. Kirche in Deutschland u. v. Bund d. Evang. Kirchen in der DDR, Stuttgart 1985 (= LB).

DIE HEILIGE SCHRIFT des Alten und des Neuen Testaments (Zürcher Bibel), hrsg. v. Kirchenrat d. Kantons Zürich, Zürich 1955 (= ZB).

DIE TEXTE AUS QUMRAN. Hebräisch und deutsch, mit masoretischer Punktation, Übersetzung, Einführung und Anmerkungen, hrsg. v. E. Lohse, Darmstadt 1964 (= *E. Lohse*, Texte).
DIE TEXTE VOM TOTEN MEER. Übersetzung (Bd. I) und Anmerkungen (Bd. II) v. J. Maier, München — Basel 1960 (= *J. Maier*, Texte).

2. Hilfsmittel

Die hier verzeichneten Titel werden, sofern nicht eigene Abkürzungen vorgesehen sind (z. B.: BDR), mit dem bloßen Familiennamen (des Autors bzw. Herausgebers) ohne Kurztitel zitiert (z. B.: *Bauer*).

W. *Bauer*, Griechisch-deutsches Wörterbuch zu den Schriften des Neuen Testaments und der frühchristlichen Literatur, 6., völlig neu bearbeitete Aufl., hrsg. von K. Aland u. B. Aland, Berlin — New York 1988.
F. *Blass* — A. *Debrunner*, Grammatik des neutestamentlichen Griechisch, bearb. von F. Rehkopf, Göttingen ¹⁶1984 (= BDR).
E. G. *Hoffmann* — H. v. *Siebenthal*, Griechische Grammatik zum Neuen Testament, Riehen/Schweiz 1985.
R. *Kühner* — F. *Blass*, Ausführliche Grammatik der griechischen Sprache. Erster Teil: Elementar- und Formenlehre, 2 Bde., Hannover 1978 (Nachdr. d. 3. Aufl. Hannover — Leipzig 1890/92).
R. *Kühner* — B. *Gerth*, Ausführliche Grammatik der griechischen Sprache. Zweiter Teil: Satzlehre, 2 Bde., Hannover 1976 (Nachdr. d. 3. Aufl. Hannover — Leipzig 1898/1904).
H. *Lausberg*, Handbuch der literarischen Rhetorik. Eine Grundlegung der Literaturwissenschaft I/II, München ²1973.
H. G. *Liddell* — R. *Scott*, A Greek-English Lexicon, rev. and augmented ... by H. St. Jones a. o., with a Supplement, ed. by E. A. Barber a. o., Oxford 1968.
E. *Mayser*, Grammatik der griechischen Papyri aus der Ptolemäerzeit mit Einschluß der gleichzeitigen Ostraka und der in Ägypten verfaßten Inschriften I/1−3, II/1−3, Berlin 1970 (I/1: 2. Aufl., bearb. von H. Schmoll; I/2.3: Nachdr. d. 2. umgearb. Aufl. Berlin — Leipzig 1938.o.J.; II/1-3: Nachdr. d. Aufl. Berlin-Leipzig 1926−1934).
J. H. *Moulton* — G. *Milligan*, The Vocabulary of the Greek Testament Illustrated from the Papyri and other Non-Literary Sources, London 1930 (Reprint 1957).
E. *Preisigke*, Wörterbuch der griechischen Papyrusurkunden mit Einschluß der griechischen Inschriften, Aufschriften, Ostraka, Mumienschilder usw. aus Ägypten, hrsg. v. E. Kießling, 3 Bde., Berlin 1925−1931.
C. *Spicq*, Notes de lexicographie néo-testamentaire I−III, (Orbis biblicus et orientalis 22/1-3), Fribourg — Göttingen 1978 (I/II), 1982 (III).
M. *Zerwick*, Graecitas Biblica Novi Testamenti (SPIB 92), Roma ⁵1966.

3. Kommentare zum 1. Korintherbrief

Die hier verzeichneten Titel werden, sofern nicht eigene Abkürzungen vorgesehen sind (z. B.: Bill.), mit dem bloßen Familiennamen des Autors ohne Kurztitel zitiert (z. B.: *Conzelmann*; *Lietzmann*); soweit hier aufgeführte Kommentare über 1 Kor hinaus noch andere neutestamentliche Schriften behandeln, werden sie wie unter 4. zitiert (z. B.: *H. Lietzmann*, 2 Kor).

E.-B. Allo, Première Epître aux Corinthiens (EtB), Paris ²1956.

Ph. Bachmann, Der erste Brief des Paulus an die Korinther (KNT 7), Leipzig ⁴1936.

C. K. Barrett, The First Epistle to the Corinthians (Harper's New Testament Commentaries), New York − Hagerstown − San Francisco − London 1968.

J. A. Bengel, Gnomon. Auslegung des Neuen Testamentes in fortlaufenden Anmerkungen (deutsch von C. F. Werner), II. Briefe und Offenbarung, Stuttgart ⁸1970, 131−234.

(H. L. Strack -) P. Billerbeck, Kommentar zum Neuen Testament aus Talmud und Midrasch I−IV, München ⁵1969 (I), ⁴1965 (II−IV) (= Bill.).

A. Bisping, Erklärung des ersten Briefes an die Korinther (Exegetisches Handbuch zum Neuen Testament 5/2), Münster ³1883.

W. de Boor, Der erste Brief des Paulus an die Korinther (Wuppertaler Studienbibel, Reihe: Neues Testament), Wuppertal ⁸1984.

W. Bousset, Der erste Brief an die Korinther, in: *J. Weiß − W. Heitmüller (Hrsg.)*, Die Schriften des Neuen Testaments neu übersetzt und für die Gegenwart erklärt, Bd. II: Die paulinischen Briefe und die Pastoralbriefe, Göttingen ³1917, 74−167.

F. F. Bruce, 1 and 2 Corinthians (New Century Bible Commentary), Grand Rapids - London 1980 (Softback edition).

H. Conzelmann, Der erste Brief an die Korinther (KEK V), Göttingen ²1981.

R. Cornely, Commentarius in S. Pauli Apostoli Epistolas II. Prior Epistola ad Corinthios (CSS), Paris 1890.

C. T. Craig − J. Short, The First Epistle to the Corinthians, in: IntB 10, New York − Nashville/Tennessee 1953, 1−262.

T. C. Edwards, A Commentary on the First Epistle to the Corinthians, London ²1885, (³1897, ⁴1903).

E. Evans, The Epistles of Paul the Apostle to the Corinthians (ClBib), Oxford 1930, repr. 1948.

E. Fascher, Der erste Brief des Paulus an die Korinther. Erster Teil: Einführung und Auslegung der Kapitel 1−7 (ThHK 7/1), Berlin 1975.

G. D. Fee, The First Epistle to the Corinthians (NIC), Grand Rapids/Michigan 1987.

F. Fisher, Commentary on 1 & 2 Corinthians, Waco/Texas 1975.

F. W. Grosheide, Commentary on the First Epistle to the Corinthians (NIC), Grand Rapids/Michigan 1953, repr. 1984.

F. S. Gutjahr, Die Briefe an die Korinther (Die Briefe des heiligen Apostels Paulus 2), Graz – Wien ²1921/22.

P. A. Hamar, The Book of First Corinthians (The Radiant commentary on the New Testament), Springfield/Missouri 1980.

R. A. Harrisville, 1 Corinthians (Augsburg Commentary on the New Testament), Minneapolis/Minnesota 1987.

C. F. G. Heinrici, Das erste Sendschreiben des Apostels Paulus an die Korinther, Berlin 1880.

C. F. G. Heinrici: siehe auch *H. A. W. Meyer*.

J. Héring, La première épître de Saint Paul aux Corinthiens (CNT [N] 7), Paris – Neuchâtel ²1959.

C. Holladay, The First Letter of Paul to the Corinthians (LWC), Austin/Texas 1979.

O. Holtzmann, Das Neue Testament nach dem Stuttgarter griechischen Text übersetzt und erklärt, Bd. II: Die Paulusbriefe. Die katholischen Briefe. Die Offenbarung des Johannes. Das Evangelium des Johannes, Gießen 1926.

P. Ketter, Die beiden Korintherbriefe übersetzt und erklärt (HBK 14), Freiburg 1937.

J. J. Kilgallen, First Corinthians. An Introduction and Study Guide, New York 1987.

H.-J. Klauck, 1. Korintherbrief (Die Neue Echter Bibel NT 7), Würzburg 1984.

O. Kuss, Die Briefe an die Römer, Korinther und Galater (RNT 6), Regensburg 1940.

W. G. Kümmel: siehe *H. Lietzmann*.

F. Lang, Die Briefe an die Korinther (NTD 7), Göttingen – Zürich 1986.

H. Lietzmann, An die Korinther I.II, 5., von *W. G. Kümmel* ergänzte, durch einen Literaturnachtrag erweiterte Auflage (HNT 9), Tübingen ⁵1969.

J. B. Lightfoot, Notes on the Epistles of St. Paul (I and II Thessalonians, I Corinthians 1-7, Romans 1-7, Ephesians 1:1-14). Based on the Greek Text from Previously Unpublished Commentaries (Classic Commentary Library), Grand Rapids/Michigan 1957.

J. F. MacArthur, First Corinthians (The MacArthur New Testament Commentary), Chicago/Michigan 1984.

W. H. Mare, 1 Corinthians, in: The Expositor's Bible Commentary 10, hrsg. von F. E. Gaebelein, Grand Rapids/Michigan 1976, 173–297.

H. A. W. Meyer, Kritisch exegetisches Handbuch über den ersten Brief an die Korinther, bearb. von *G. Heinrici* (KEK V), Göttingen ⁷1888 (= *Meyer – Heinrici*).

J. Moffatt, The First Epistle of Paul to the Corinthians (MNTC), London ⁸1954.

L. Morris, The First Epistle of Paul to the Corinthians. An Introduction and Commentary (TNTC), Leicester – Grand Rapids/Michigan ²1985 (repr. 1989).

J. Murphy-O'Connor, 1 Corinthians (New Testament Message 10), Wilmington/Delaware 1979.

W. F. Orr − *J. A. Walther*, I Corinthians: a new translation. Introduction with a Study of the Life of Paul, Notes, and Commentary (AncB 32), Garden City/ New York 1976.

Ch. E. Osty, Les Epîtres de Saint Paul aux Corinthiens (SB [J]), Paris 1954 (²1960 überarb. Auflage).

D. Prior, The message of 1 Corinthians. Life in the local church (The Bible speaks today), Leicester 1985.

A. Robertson − *A. Plummer*, A Critical and Exegetical Commentary on the First Epistle of St Paul to the Corinthians (ICC), Edinburgh ²1914 (repr. 1967).

L. I. Rückert, Die Briefe Pauli an die Korinther. Erster Theil: Der erste Brief, Leipzig 1836.

J. Ruef, Paul's First Letter to Corinth (SCM Pelican Commentaries), London 1977.

A. Schlatter, Paulus, der Bote Jesu. Eine Deutung seiner Briefe an die Korinther, Stuttgart ³1962 (repr. 1969).

P. W. Schmiedel, Die Briefe an die Thessalonicher und an die Korinther (HC II/1), Freiburg i. Br. − Leipzig ²1893.

W. Schrage, Der erste Brief an die Korinther. Teilbd. I: 1,1-6,11 (EKK VII/1), Zürich − Braunschweig − Neukirchen-Vluyn 1991.

Ch. Senft, La première épître de Saint-Paul aux Corinthiens (CNT [N] 2. sér. 7), Neuchâtel 1979.

J. Sickenberger, Die Briefe des heiligen Paulus an die Korinther und Römer (HSNT), Bonn ⁴1932.

R. P. C. Spicq, Epîtres aux Corinthiens. Traduites et commentées, in: SB (PC) 11,2, Paris 1951, 161−399.

H. Strack: siehe *P. Billerbeck*.

A. Strobel, Der erste Brief an die Korinther (ZBK.NT 6,1), Zürich 1989.

M. E. Thrall, The First and Second Letters of Paul to the Corinthians (CNEB), Cambridge 1965.

J. Weiß, Der erste Korintherbrief (KEK V), Göttingen 1970 (Nachdr. d. Aufl. v. 1910).

H. D. Wendland, Die Briefe an die Korinther (NTD 7), Göttingen ¹²1968.

Ch. Wolff, Der erste Brief des Paulus an die Korinther. Zweiter Teil: Auslegung der Kapitel 8−16 (ThHK 7/2), Berlin 1982.

4. Weitere Kommentare zu biblischen Büchern

Die hier verzeichneten Titel werden mit dem abgekürzten Vornamen, dem Familiennamen des Autors und mit der abgekürzten Bezeichnung des biblischen Buches zitiert (z. B.: *W. Schenk*, Phil). Kommentarwerke, die hier nicht zu finden sind, behandeln auch 1 Kor und sind unter »3. Kommentare zum 1. Korintherbrief« verzeichnet.

G. *Barth*, Der Brief an die Philipper (ZBK.NT 9), Zürich 1979.

H.-D. *Betz*, Der Galaterbrief. Ein Kommentar zum Brief des Apostels Paulus an die Gemeinden in Galatien, München 1988.

R. *Bultmann*, Der zweite Brief an die Korinther, hrsg. v. E. Dinkler (KEK, Sonderbd.), Göttingen 1976.

V. P. *Furnish*, II Corinthians (AncB 32A), Garden City/New York 1984.

E. *Haenchen*, Die Apostelgeschichte (KEK III), Göttingen ⁵1965.

T. *Holtz*, Der erste Brief an die Thessalonicher (EKK XIII), Zürich − Braunschweig − Neukirchen-Vluyn ²1990.

E. *Käsemann*, An die Römer (HNT 8a), Tübingen ⁴1980.

O. *Kuss*, Der Römerbrief, 3 Lieferungen, Regensburg ²1963 (1. u. 2. Lief.), 1978 (3. Lief.).

D. *Lührmann*, Der Brief an die Galater (ZBK.NT 7), Zürich 1978.

W. *Marxsen*, Der erste Brief an die Thessalonicher (ZBK.NT 11,1), Zürich 1979.

O. *Michel*, Der Brief an die Römer (KEK IV), Göttingen ³1963.

F. *Mußner*, Der Galaterbrief (HThK IX), Freiburg − Basel − Wien ⁵1988.

J. *Rohde*, Der Brief des Paulus an die Galater (ThHK 9), Berlin 1989.

J. *Roloff*, Die Apostelgeschichte (NTD 5), Göttingen 1981.

W. *Schenk*, Die Philipperbriefe des Paulus. Kommentar, Stuttgart 1984.

A. *Schlatter*, Gottes Gerechtigkeit. Ein Kommentar zum Römerbrief, Stuttgart ⁵1975.

H. *Schlier*, Der Brief an die Galater (KEK VII), Göttingen ³1962.

− Der Römerbrief (HThK VI), Freiburg − Basel − Wien 1977.

W. *Schmithals*, Die Apostelgeschichte des Lukas (ZBK.NT 3,2), Zürich 1982.

G. *Schneider*, Die Apostelgeschichte (HThK V/1−2), Freiburg − Basel − Wien 1980/1982.

P. *Stuhlmacher*, Der Brief an die Römer (NTD 6), Göttingen − Zürich 1989.

A. *Weiser*, Die Apostelgeschichte I.II (ÖTK 5/1.2), Gütersloh − Würzburg 1981/1985.

U. *Wilckens*, Der Brief an die Römer I−III (EKK VI/1−3), Zürich − Einsiedeln − Köln − Neukirchen-Vluyn 1978/1980/1982.

H. *Windisch*, Der zweite Korintherbrief (KEK VI), Neudr. d. Aufl. von 1924, hrsg. v. G. Strecker, Göttingen 1970.

Ch. *Wolff*, Der zweite Brief des Paulus an die Korinther (ThHK 8), Berlin 1987.

D. *Zeller*, Der Brief an die Römer (RNT), Regensburg 1985.

5. Häufiger zitierte Literatur (Monographien und Aufsätze)

Die hier verzeichneten Titel werden mit abgekürztem Vornamen, dem Familiennamen des Autors und mit Kurztitel zitiert; zur Unterscheidung von den in den speziellen Literaturverzeichnissen aufgeführten Titeln ist jeweils ein Asteriskus vorangestellt (z. B.: *J. Hainz, Ekklesia).

E. Baasland, Die περί-Formel und die Argumentation(ssituation) des Paulus: StTh 42 (1988) 69–87.

C. K. Barrett, Essays on Paul, London 1982.

R. Baumann, Mitte und Norm des Christlichen. Eine Auslegung von 1 Korinther 1,1-3,4 (NTA NS 5), Münster ²1986.

J. Baumgarten, Paulus und die Apokalyptik. Die Auslegung apokalyptischer Überlieferungen in den echten Paulusbriefen (WMANT 44), Neukirchen-Vluyn 1975.

J. Becker, Paulus. Der Apostel der Völker, Tübingen 1989.

J. Ch. Beker, Paul the Apostle. The Triumph of God in Life and Thought, Edinburgh 1980.

– Der Sieg Gottes. Eine Untersuchung zur Struktur des paulinischen Denkens (SBS 132), Stuttgart 1988.

K. Berger, Formgeschichte des Neuen Testaments, Heidelberg 1984.

– Apostelbrief und apostolische Rede. Zum Formular frühchristlicher Briefe: ZNW 65 (1974) 190–231.

G. Bornkamm, Paulus (UB 119), Stuttgart – Berlin – Köln – Mainz 1969.

E. Brandenburger, Adam und Christus. Exegetisch-religionsgeschichtliche Untersuchung zu Röm. 5,12-21 (1. Kor. 15) (WMANT 7), Neukirchen 1962.

– Fleisch und Geist. Paulus und die dualistische Weisheit (WMANT 29), Neukirchen-Vluyn 1968.

M. Bünker, Briefformular und rhetorische Disposition im 1. Korintherbrief (GTA 28), Göttingen 1983.

R. Bultmann, Der Stil der paulinischen Predigt und die kynisch-stoische Diatribe, mit e. Geleitw. von H. Hübner (FRLANT 13), Göttingen 1984 (Neudr. d. 1. Aufl. 1910).

– Theologie des Neuen Testaments, 7., durchges., um Vorw. u. Nachtr. erw. Aufl., hrsg. v. O. Merk (UTB 630), Tübingen 1977.

L. Cerfaux, Christus in der paulinischen Theologie, Düsseldorf 1964.

G. Dautzenberg, Urchristliche Prophetie. Ihre Erforschung, ihre Voraussetzungen im Judentum und ihre Struktur im ersten Korintherbrief (BWANT 104), Stuttgart – Berlin – Köln – Mainz 1975.

– Botschaft und Bedeutung der urchristlichen Prophetie nach dem ersten Korintherbrief (2,6-16; 12-14), in: *J. Panagopoulos (Hrsg.)*, Prophetic Vocation in the New Testament and Today (NT.S 45), Leiden 1977, 131–161.

– Zur Stellung der Frauen in den paulinischen Gemeinden, in: *ders.*

– *H. Merklein* – *K. Müller (Hrsg.)*, Die Frau im Urchristentum (QD 95), Freiburg – Basel – Wien 1983, 182–224.

J. A. Davies, Wisdom and Spirit. An Investigation of 1 Corinthians 1.18-3.20 Against the Background of Jewish Sapiential Traditions in the Greco-Roman Period, Lanham – New York – London 1984.

A. Deissmann, Licht vom Osten. Das Neue Testament und die neuentdeckten Texte der hellenistisch-römischen Welt, Tübingen ⁴1923.

L. De Lorenzi (Hrsg.), Paul de Tarse. Apôtre de notre temps (Série Monographique de »Benedictina«, Section Paulinienne 1), Rome 1979.

– *(Hrsg.)*, Paolo a una chiesa divisa (1 Co 1-4) (Serie Monografica di »Benedictina«. Sezione biblico ecumenico 5), Roma 1980.

– *(Hrsg.)*, Freedom and Love. The Guide for Christian Life (1 Co 8-10; Rm 14-15) (Monographic Series of »Benedictina«. Biblical-Ecumenical Section 6), Roma 1981.

– *(Hrsg.)*, Charisma und Agape (1 Ko 12-14) (Monographische Reihe von »Benedictina«. Biblisch-ökumenische Abteilung 7), Rom 1983.

– *(Hrsg.)*, Résurrection du Christ et des Chrétiens (1 Co 15) (Série monographique de »Benedictina«. Section Biblico-Oecuménique 8), Roma 1985.

J. Dupont, Gnosis. La connaissance religieuse dans les épîtres de saint Paul (DGMFT, 2. Ser. 40), Louvain – Paris 1949.

E. E. Ellis, Prophecy and Hermeneutic in Early Christianity. New Testament Essays (WUNT 18), Tübingen 1978.

G. D. Fee, Toward a Theology of 1 Corinthians: Society of Biblical Literature Seminar Papers 28 (1989) 265–281.

A. Feuillet, Le Christ Sagesse de Dieu d'après les Épîtres Pauliniennes (EtB), Paris 1966.

B. Fjärstedt, Synoptic Tradition in 1 Corinthians. Themes and Clusters of Theme Words in 1 Corinthians 1-4 and 9, Uppsala 1974.

G. Friedrich, Christus, Einheit und Norm der Christen. Das Grundmotiv des 1. Korintherbriefs: KuD 9 (1963) 235–258.

F. Froitzheim, Christologie und Eschatologie bei Paulus (fzb 35), Würzburg 1979.

V. P. Furnish, Theology in 1 Corinthians: Initial Soundings: SBL Seminar Papers 28 (1989) 246–264.

A. Grabner-Haider, Paraklese und Eschatologie bei Paulus. Mensch und Welt im Anspruch der Zukunft Gottes (NTA NS 4), Münster 1968.

E. Gräßer, »Ein einziger ist Gott« (Röm 3,30). Zum christologischen Gottesverständnis bei Paulus, in: *N. Lohfink u. a.*, »Ich will euer Gott werden«. Beispiele biblischen Redens von Gott (SBS 100), Stuttgart 1981, 177–205.

F. Hahn, Christologische Hoheitstitel. Ihre Geschichte im frühen Christentum (FRLANT 38), Göttingen ³1966.

J. Hainz, Ekklesia. Strukturen paulinischer Gemeinde-Theologie und Gemeinde-Ordnung (BU 9), Regensburg 1972.

– KOINONIA. »Kirche« als Gemeinschaft bei Paulus (BU 16), Regensburg 1982.

M. Hengel, Der Sohn Gottes. Die Entstehung der Christologie und die jüdisch-hellenistische Religionsgeschichte, Tübingen 1975.

R. A. Horsley, Pneumatikos vs. Psychikos. Distinctions of spiritual status among the Corinthians: HThR 69 (1976) 269–288.

– Wisdom of Word and Words of Wisdom in Corinth: CBQ 39 (1977) 224–239.

– »How can some of you say that there is no resurrection of the dead?« Spiritual elitism in Corinth: NT 20 (1978) 203–231.

J. C. Hurd, The Origin of I Corinthians, London 1965.

J. Jervell, Imago Dei. Gen 1,26f. im Spätjudentum, in der Gnosis und in den paulinischen Briefen (FRLANT 76), Göttingen 1960.

R. Jewett, Paul's Anthropological Terms. A Study of their Use in Conflict Settings (AGJU 10), Leiden 1971.

W. Klaiber, Rechtfertigung und Gemeinde. Eine Untersuchung zum paulinischen Kirchenverständnis (FRLANT 127), Göttingen 1982.

H.-J. Klauck, Herrenmahl und hellenistischer Kult. Eine religionsgeschichtliche Untersuchung zum ersten Korintherbrief (NTA NS 15), Münster ²1986.

– Hausgemeinde und Hauskirche im frühen Christentum (SBS 103), Stuttgart 1981.

K. Th. Kleinknecht, Der leidende Gerechtfertigte. Die alttestamentlich-jüdische Tradition vom ›leidenden Gerechten‹ und ihre Rezeption bei Paulus (WUNT, 2. Reihe, 13), Tübingen 1984.

D.-A. Koch, Die Schrift als Zeuge des Evangeliums. Untersuchungen zur Verwendung und zum Verständnis der Schrift bei Paulus (BHTh 69), Tübingen 1986.

H. Köster - J. M. Robinson, Entwicklungslinien durch die Welt des frühen Christentums, Tübingen 1971.

W. G. Kümmel, Einleitung in das Neue Testament, 17., wiederum völlig neu bearb. Aufl. der Einleitung in das NT von P. Feine und J. Behm, Heidelberg 1973.

H. von Lips, Weisheitliche Traditionen im Neuen Testament (WMANT 64), Neukirchen-Vluyn 1989.

G. Lüdemann, Paulus, der Heidenapostel, I. Studien zur Chronologie, II. Antipaulinismus im frühen Christentum (FRLANT 123, 130), Göttingen 1980, 1983.

K. Maly, Mündige Gemeinde. Untersuchungen zur pastoralen Führung des Apostels Paulus im 1. Korintherbrief (SBM 2), Stuttgart 1967.

O. Merk, Handeln aus Glauben. Die Motivierungen der paulinischen Ethik (MThSt 5), Marburg 1968.

H. Merklein, Studien zu Jesus und Paulus (WUNT 43), Tübingen 1987.

– Die Bedeutung des Kreuzestodes Christi für die paulinische Gerechtigkeits- und Gesetzesthematik, in: ders., Studien (s. o.) 1–106.

- Zur Entstehung der urchristlichen Aussage vom präexistenten Sohn Gottes, in: *ders.*, Studien (s. o.) 247–276.
- Die Ekklesia Gottes. Der Kirchenbegriff bei Paulus und in Jerusalem, in: *ders.*, Studien (s. o.) 296–318.
- Entstehung und Gehalt des paulinischen Leib-Christi-Gedankens, in: *ders.*, Studien (s. o.) 319–344.
- »Es ist gut für den Menschen, eine Frau nicht anzufassen«. Paulus und die Sexualität nach 1 Kor 7, in: *ders.*, Studien (s. o.) 385–408.
- Der Sühnetod Jesu nach dem Zeugnis des Neuen Testaments, in: *H. Heinz u. a. (Hrsg.)*, Versöhnung in der jüdischen und christlichen Liturgie (QD 124), Freiburg – Basel – Wien 1990, 155–183.

M. M. Mitchell, Concerning περὶ δέ in 1 Corinthians: NT 31 (1989) 229–256.

J. Munck, Paulus und die Heilsgeschichte (AJut.T 6), København 1954.

J. Murphy-O'Connor, Interpolations in 1 Corinthians: CBQ 48 (1986) 81–94.

W.-H. Ollrog, Paulus und seine Mitarbeiter. Untersuchungen zu Theorie und Praxis der paulinischen Mission (WMANT 50), Neukirchen-Vluyn 1979.

B. A. Pearson, The Pneumatikos-Psychikos Terminology in 1 Corinthians. A Study in the Theology of the Corinthian Opponents of Paul and Its Relation to Gnosticism (SBLDS 12), Missoula/Montana ²1976.
- Hellenistic-Jewish Wisdom Speculation and Paul, in: *R. L. Wilken (Hrsg.)*, Aspects of Wisdom in Judaism and Early Christianity (University of Notre Dame Center for the Study of Judaism and Christianity in Antiquity 1), Notre Dame-London 1975, 43–66.

B. Rigaux, Paulus und seine Briefe. Der Stand der Forschung (BiH 2), München 1962.

H.-M. Schenke, Der Gott »Mensch« in der Gnosis. Ein religionsgeschichtlicher Beitrag zur Diskussion über die paulinische Anschauung von der Kirche als Leib Christi, Göttingen 1962.
- – *K. M. Fischer*, Einleitung in die Schriften des Neuen Testaments I. Die Briefe des Paulus und Schriften des Paulinismus, Gütersloh 1978.

G. Schimanowski, Weisheit und Messias. Die jüdischen Voraussetzungen der urchristlichen Präexistenzchristologie (WUNT, 2. Reihe, 17), Tübingen 1985.

Th. Schmeller, Paulus und die »Diatribe«. Eine vergleichende Stilinterpretation (NTA NS 19), Münster 1987.

W. Schmithals, Die Gnosis in Korinth. Eine Untersuchung zu den Korintherbriefen (FRLANT 66), Göttingen ³1969.

E. J. Schnabel, Law and Wisdom from Ben Sira to Paul. A Tradition Historical Enquiry into Relation of Law, Wisdom, and Ethics (WUNT, 2. Reihe, 16), Tübingen 1985.

L. Schottroff, Der Glaubende und die feindliche Welt. Beobachtungen zum gnostischen Dualismus und seiner Bedeutung für Paulus und das Johannesevangelium (WMANT 37), Neukirchen-Vluyn 1970.

W. *Schrage*, Die konkreten Einzelgebote in der paulinischen Paränese, Gütersloh 1961.

– Theologie und Christologie bei Paulus und Jesus auf dem Hintergrund der modernen Gottesfrage: EvTh 36 (1976) 121–154.

A. *Schreiber*, Die Gemeinde in Korinth. Versuch einer gruppendynamischen Betrachtung der Entwicklung der Gemeinde von Korinth auf der Basis des ersten Korintherbriefes (NTA NS 12), Münster 1977.

E. *Schüssler Fiorenza*, Zu ihrem Gedächtnis ... Eine feministisch-theologische Rekonstruktion der christlichen Ursprünge, München – Mainz 1988.

G. *Sellin*, Der Streit um die Auferstehung der Toten. Eine religionsgeschichtliche und exegetische Untersuchung von 1 Korinther 15 (FRLANT 138), Göttingen 1986.

– Das »Geheimnis« der Weisheit und das Rätsel der »Christuspartei« (zu 1 Kor 1-4): ZNW 73 (1982) 69-96.

– Hauptprobleme des Ersten Korintherbriefes, in: ANRW II,25.4, Berlin – New York 1987, 2940–3044.

A. *Suhl*, Paulus und seine Briefe. Ein Beitrag zur paulinischen Chronologie (StNT 11), Gütersloh 1975.

E. *Synofzik*, Die Gerichts- und Vergeltungsaussagen bei Paulus. Eine traditionsgeschichtliche Untersuchung (GTA 8), Göttingen 1977.

J. *Theis*, Paulus als Weisheitslehrer. Der Gekreuzigte und die Weisheit Gottes in 1 Kor 1-4 (BU 22), Regensburg 1991.

G. *Theißen*, Studien zur Soziologie des Urchristentums (WUNT 19), Tübingen (1979) 3., erweiterte Aufl. 1989.

– Legitimation und Lebensunterhalt: ein Beitrag zur Soziologie urchristlicher Missionare, in: *ders.*, Studien (s. o.) 201–230.

– Soziale Schichtung in der korinthischen Gemeinde. Ein Beitrag zur Soziologie des hellenistischen Urchristentums, in: *ders.*, Studien (s. o.) 231–271.

– Die Starken und die Schwachen in Korinth. Soziologische Analyse eines theologischen Streites, in: *ders.*, Studien (s. o.) 272–289.

– Soziale Integration und sakramentales Handeln. Eine Analyse von 1 Cor XI,17-34: in: *ders.*, Studien (s. o.) 290–317.

– Psychologische Aspekte paulinischer Theologie (FRLANT 131), Göttingen 1983.

W. *Thüsing*, Gott und Christus in der paulinischen Soteriologie I. Per Christum in Deum. Das Verhältnis der Christozentrik zur Theozentrik (NTA NS 1/I), Münster ³1986.

A. *Vanhoye (Hrsg.)*, L'Apôtre Paul. Personnalité, style et conception du ministère (BEThL 73), Leuven 1986.

Ph. *Vielhauer*, Geschichte der urchristlichen Literatur. Einleitung in das Neue Testament, die Apokryphen und die Apostolischen Väter (GBL), Berlin – New York 1975.

P. *Volz*, Die Eschatologie der jüdischen Gemeinde im neutestamentlichen Zeitalter. Nach den Quellen der rabbinischen, apokalyptischen und

apokryphen Literatur, Hildesheim 1964 (Nachdr. d. Ausg. Tübingen
²1934).

H. *Weder*, Das Kreuz Jesu bei Paulus. Ein Versuch, über den Geschichts-
bezug des christlichen Glaubens nachzudenken (FRLANT 125), Göttingen 1981.

U. *Wilckens*, Weisheit und Torheit. Eine exegetisch-religionsgeschichtliche
Untersuchung zu 1. Kor. 1 und 2 (BHTh 26), Tübingen 1959.

M. *Winter*, Pneumatiker und Psychiker in Korinth. Zum religionsgeschichtlichen Hintergrund von 1. Kor. 2,6-3,4 (MThSt 12), Marburg
1975.

D. *Zeller*, Charis bei Philon und Paulus (SBS 142), Stuttgart 1990.

6. Abkürzungen

Zur Abkürzung von Quellentexten siehe unter »1. Texte«. Die Abkürzung
von Zeitschriften, Serien, Lexika u. ä. richtet sich nach: TRE. Abkürzungsverzeichnis, zusammengestellt von S. *Schwertner*, Berlin − New
York 1976. Allgemein übliche Abkürzungen werden nicht aufgelöst.

BDR	F. Blass − A. Debrunner − F. Rehkopf (s. Hilfsmittel)
EWNT	H. *Balz* − G. *Schneider (Hrsg.)*, Exegetisches Wörter-buch zum Neuen Testament I−III, Stuttgart − Berlin − Köln − Mainz 1980/1981/ 1983.
EÜ	Die Bibel: Einheitsübersetzung (s. Texte)
LB	Die Bibel nach der Übersetzung Martin Luthers (s. Texte)
*Nestle*²⁵	Novum Testamentum Graece, 25. Auflage (s. Texte)
*Nestle-Aland*²⁶	Novum Testamentum Graece, 26. Auflage (s. Texte)
NHC	Nag-Hammadi-Codex
s. v.	sub voce
v. l.	varia lectio
vs	versus (zur Bezeichnung von Oppositionen)
ZB	Die Heilige Schrift (Zürcher Bibel) (s. Texte)
z. St.	zur Stelle

Einleitung

1. Korinth zur Zeit der Gründung der christlichen Gemeinde

Literatur: H. Conzelmann, Korinth und die Mädchen der Aphrodite. Zur Religionsgeschichte der Stadt Korinth, in: *ders.*, Theologie als Schriftauslegung. Aufsätze zum Neuen Testament (BEvTh 65), München 1974, 152-166; Corinth. Results of Excavations Conducted by the American School of Classical Studies at Athens, I,1-6; II; III,1-2; IV,1-2; V; VI; VII,1-4; VIII,1-3; IX–XIV; XV,1-3; XVI; XVII; XVIII,1, Cambridge/Massachusetts – Princeton 1929ff; *A. Deissmann*, Paulus. Eine kultur- und religionsgeschichtliche Skizze, Tübingen ²1925; *W. Elliger*, Paulus in Griechenland. Philippi, Thessaloniki, Athen, Korinth (SBS 92/93), Stuttgart 1978; *V. P. Furnish*, Corinth in Paul's Time. What Can Archaeology Tell Us?: Biblical Archaeology Review 15 (1988) 14–27; *R. Jewett*, Paulus-Chronologie. Ein Versuch, München 1982; *E. Larsson*, Die paulinischen Schriften als Quellen zur Geschichte des Urchristentums: StTh 37 (1983) 33–53; *L. McGraw*, The City of Corinth: SWJT 32 (1989/90) 5–10; *E. Meyer*, Art. Korinthos, in: KP III (1979) 301–305; *J. Murphy-O'Connor*, Pauline Missions before the Jerusalem Conference: RB 89 (1982) 71–91; *ders.*, St. Paul's Corinth. Texts and Archaeology (Good News Studies 6), Wilmington/Delaware 1983; *ders.*, The Corinth that Saint Paul Saw: BA 47 (1984) 147–159; *J. H. Oliver*, The Epistle of Claudius which mentions the Proconsul Junius Gallio: Hesperia 40 (1971) 239f; *A. Plassart*, L'inscription de Delphes mentionnant le proconsul Gallion: REG 80 (1967) 372–378; *ders.*, Les inscriptions du temple du IVᵉ siècle, in: École Française d'Athènes, Fouilles de Delphes III. Épigraphie, Fasc. IV. Inscriptions de la terrasse du temple et de la région nord du sanctuaire. Nᵒˢ 276 à 350, Paris 1970, Nᵒ 286, S. 26–32; *B. Schwank*, Der sogenannte Brief an Gallio und die Datierung des 1 Thess: BZ NF 15 (1971) 265f; *A. J. M. Wedderburn*, Keeping up with Recent Studies, VIII. Some Recent Pauline Chronologies: ET 92 (1980/81) 103–108; *J. Wiseman*, Corinth and Rome I: 228 B. C. – A. D. 267, in: ANRW II,7.1 (1979) 438–548 (Lit.).

Im Jahre 146 v. Chr. machte L. Mummius das griechisch-hellenistische Korinth dem Erdboden gleich. Die eigentlichen Motive für diese vom römischen Senat verordnete Strafexpedition waren vor allem wirtschaftliche Interessen. Ebenfalls wirtschaftliche Gründe waren dafür maßgeblich, daß Caesar die Stadt im Jahre 44 v. Chr. als »Colonia Laus Iulia Corinthiensis« wieder neu begründete. Jetzt, wo Rom auch den östlichen Mittelmeerraum kontrollierte, war Korinth ein willkommener Umschlagplatz für den Handel zwischen Ost und West. Zwei Häfen standen zur Verfügung: Lechaion im Westen am Korinthischen Golf und Kenchreä im

Osten am Saronischen Golf. Der 6 km breite Isthmus war zudem
durch eine Straßenanlage (›diolkos‹) verbunden, über die die
Schiffe mit Hilfe einer hölzernen Plattform gezogen wurden.
Schwere Lastschiffe konnten auf diesem Wege allerdings nicht
befördert werden. Doch boten immerhin die Pisten zu beiden
Seiten des ›diolkos‹ die Möglichkeit eines schnellen Warenaustau-
sches. Begünstigt durch den Handel, entwickelte sich Korinth
schnell zu einer blühenden Stadt. 27 v. Chr. wurde es Sitz des
Statthalters der Provinz Achaia, die 44 n. Chr. senatorische Provinz (mit einem Prokonsul an der Spitze) wurde.
Bekannt war Korinth durch die Isthmischen Spiele. Im Gegensatz
zu dem traditionsbewußten Athen zeichnete Korinth eine größere
geistige Beweglichkeit aus. Die Stadt war nicht nur ein Umschlagplatz materieller Güter. Auch an der mondänen Varietät des Ideen-
gutes fand man Gefallen. Vertreter populärer Philosophien konnten in Korinth mit interessierten oder neugierigen Zuhörern rechnen. Auch fremde Religionen und Mysterienkulte stießen in
Korinth auf Resonanz, ohne freilich die klassischen griechisch-
römischen Götter in Frage zu stellen. Diese blieben selbstverständlich weiterhin Gegenstand des offiziellen Kultes. Dies entspricht
auch dem literarischen und archäologischen Befund (die wichtigsten Texte verdanken wir Pausanias und Strabon; alle einschlägigen
Texte sind übersichtlich zusammengestellt bei: *J. Murphy-O'Connor, St. Paul's Corinth*). Die zentralen Tempel und Statuen waren
u. a. Apollon, Aphrodite, Athena, Zeus, Poseidon, Tyche (For-
tuna) gewidmet. Schon mehr an der Peripherie befanden sich die
Tempel für so populäre Gottheiten wie Asklepius (nahe der nördli-
chen Stadtmauer) oder Demeter und Kore (auf dem Weg nach
Akrokorinth). An dem Weg nach Akrokorinth lagen auch zwei
Isisheiligtümer (der Isis Pelagia und der ägyptischen Isis gewidmet)
sowie zwei Tempel für Serapis und einer für die Göttermutter
(Magna Mater?). Ein weiteres Isisheiligtum gab es in Kenchreä
(vgl. dazu: Apuleius, Metamorphosen XI 8–17). In diesem Befund
spiegelt sich das hellenistisch-römische Interesse an privater Religiosität, der man neben dem öffentlichen (politischen) Kult in
kleineren Genossenschaften nachging, bei denen die traditionellen
Sozialstrukturen zum Teil in den Hintergrund traten. Dieses tole-
rante, multireligiöse Milieu war einerseits für die Ausbreitung des
Christentums günstig, brachte andererseits aber auch die Gefahr
einer pluralistischen Einebnung mit sich. Vor allem aus dem Heidentum kommende Christen mußten sich an den Ausschließlichkeitsanspruch des Christentums und seine Unvereinbarkeit mit

bestimmten gewohnten Handlungsweisen sicherlich erst gewöhnen. Dies mag anders gewesen sein bei denjenigen, die vorher schon mit dem Judentum sympathisiert hatten. Die Existenz einer jüdischen Gemeinde ist nicht nur literarisch (vgl. neben Apg 18,4 auch Philo, LegGai 281), sondern auch durch eine (allerdings nicht genau datierbare) Inschrift (wohl die Türinschrift der Synagoge, vgl. *A. Deissmann*, Licht 12f) bezeugt.

Einen etwas zweifelhaften Ruf genoß die Stadt wegen ihrer sexuellen Freizügigkeit. Man sollte allerdings beachten, daß die von Aelius Aristides (2. Jh. n. Chr.) stammende Bezeichnung »Stadt der Aphrodite« durchaus anerkennend gemeint ist (Orationes 46,25f) und »Aphrodite« für Schönheit und Liebe, nicht aber für jede Art von sexueller Perversion steht. Andererseits war Korinth eine Hafenstadt und insofern auch ein Brennpunkt der Prostitution. Strabon (63 v. Chr. – 19 n. Chr.) zufolge sollen die Hetären neben dem Handel und den Isthmischen Spielen die bedeutendste Einnahmequelle Korinths gewesen sein (Geographie VIII 6,20c). Strabon bezieht sich hier allerdings auf die griechische Zeit, so daß die in diesem Zusammenhang genannten, zum Tempel gehörigen über 1000 Prostituierten weder der Zahl noch ihrer möglichen Funktion als Hierodulen nach einfach für das römische Korinth vorausgesetzt werden können (*H. Conzelmann*, Korinth; vgl. *W. Elliger*, Paulus 240–242). Berücksichtigt man ferner, daß ein gut Teil der uns überlieferten Lasterhaftigkeit Korinths der Athener Propaganda entstammt, dann wird *J. Murphy-O'Connor* wohl recht haben, wenn er meint, daß Korinth in dieser Hinsicht nicht besser oder schlechter als jede andere mediterrane Hafenstadt gewesen sei (The Corinth 152; vgl. *ders.*, St. Paul's Corinth 55–57). Im übrigen wird man aus dem durch die Welt- und Hafenstadt bedingten »Milieu« nicht einfach folgern dürfen, daß alle Korinther sexbesessen gewesen waren und pausenlos Orgien feierten. Viel wichtiger als diese Milieubetrachtungen dürfte im Blick auf den 1 Kor denn auch der Umstand sein, daß die Griechen überhaupt ein viel freieres Verhältnis zur Sexualität hatten als etwa die Römer (oder gar die Juden). Der Verkehr mit Dirnen war eine Form der ›porneia‹; und darunter verstand der Grieche in erster Linie nicht »Unzucht« (die Übersetzung stellt bereits eine christliche Wertung dar), sondern »*käufliche* Liebe« (von ›pernēmi‹ = »verkaufen«). Entsprechend war es weniger die Unmoral des Gewerbes als vielmehr die Habgier der Dirnen, die zu deren schlechtem Ruf beitrugen. Vor einem derartigen kulturgeschichtlichen Hintergrund ist es nur zu gut verständlich, daß auch manches Mitglied der korinthischen Gemeinde mit dem christlichen Import einer jüdisch beeinflußten Sexualmoral Schwierigkeiten hatte.

Gegründet wurde die *christliche Gemeinde* von Paulus (4,15), der dabei von Silvanus und Timotheus unterstützt wurde (2 Kor 1,19; vgl. Apg 18,5). Wann dies geschehen ist, läßt sich relativ genau sagen. Denn gerade in bezug auf Korinth besitzen wir mit der Gallio-Inschrift den einzigen einigermaßen sicheren Fixpunkt für eine absolute Chronologie des Paulus. Diese aus Delphi stammende Inschrift, ein Reskript des Kaisers Claudius (vgl. dazu: *A. Deissmann*, Paulus 203−225; *A. Plassart*, L'inscription; *ders.*, Les inscriptions; *J. H. Oliver*, Epistle; *B. Schwank*, Brief; **H.-M. Schenke - K. M. Fischer*, Einleitung I 50f; *J. Murphy-O'Connor*, St. Paul's Corinth 173−176), erlaubt es, die Amtszeit des Proconsuls Gallio mit einiger Wahrscheinlichkeit in die Zeit vom 1. Juli 51 bis zum 30. Juni 52 anzusetzen (vgl. **H.-M. Schenke - K. M. Fischer*, Einleitung I 52−54; **W. G. Kümmel*, Einleitung 217f; *J. Murphy-O'Connor*, St. Paul's Corinth 141−152; *R. Jewett*, Paulus-Chronologie 72−75). In diese Zeit muß dann auch die in Apg 18,12-17 festgehaltene Episode gefallen sein. Die Formulierung in Apg 18,11f legt es nahe, an den Beginn der Amtszeit des Gallio zu denken, also etwa an Mitte 51. Geht man von da aus die in Apg 18,11 erwähnten 1½ Jahre zurück, wäre Paulus Ende 49 oder Anfang 50 erstmals nach Korinth gekommen. Diese letzte Schlußfolgerung bestreitet **G. Lüdemann*, der im Rahmen seiner chronologischen Überlegungen Apg 18,1-17 auf zwei verschiedene Korinth-Aufenthalte des Paulus verteilt und den Gründungsbesuch auf das Jahr 41/42 ansetzt (Paulus I 174-180.195-203). Dies hängt mit seiner Datierung des sogenannten Claudius-Ediktes auf das Jahr 41 zusammen, in dessen Folge auch das Ehepaar Aquila und Priszilla aus Rom vertrieben und dann von Paulus nach Apg 18,2 in Korinth angetroffen wurde (a.a.O. 183−195). Doch bleibt die These **G. Lüdemanns* zu Apg 18,1-17 sehr anfechtbar (vgl. *A. J. M. Wedderburn*, Keeping up 106; *J. Murphy-O'Connor*, Pauline Mission 81-90; *R. Jewett*, Paulus-Chronologie 134−139; *E. Larsson*, Schriften 40−45), so daß selbst *J. Murphy-O'Connor*, der ihm in der Datierung des Claudius-Ediktes folgt, am traditionellen Ansatz des Gründungsaufenthaltes festhält (St. Paul's Corinth 130−152). Für diesen wird man daher die Jahre 50/51 − mit gewissen Schwankungen − als Konsens konstatieren dürfen.

2. Zur Sozialstruktur der christlichen Gemeinde in Korinth

Literatur: G. Alföldy, Römische Sozialgeschichte (Wissenschaftliche Paperbacks Sozial- und Wirtschaftsgeschichte 8), Wiesbaden 1975; *J. Bekker*, Paulus und seine Gemeinden, in: *ders. u. a.*, Die Anfänge des Christentums. Alte Welt und neue Hoffnung, Stuttgart – Berlin – Köln – Mainz 1987, 102-157; *H. J. Cadbury*, Erastus of Corinth: JBL 50 (1931) 42-58; *T. Engberg-Pedersen*, The Gospel and Social Practice according to 1 Corinthians: NTS 33 (1987) 557–584; *A. Funk*, Status und Rollen in den Paulusbriefen. Eine inhaltsanalytische Untersuchung zur Religionssoziologie (Innsbrucker theologische Studien 7), Innsbruck 1981; *J. G. Gager*, Kingdom and Community. The Social World of Early Christianity (Prentice-Hall Studies in Religion), Englewood Cliffs/New Jersey 1975; *D. Gewalt*, Neutestamentliche Exegese und Soziologie: EvTh 31 (1971) 87-99; *D. J. Harrington*, Sociological Concepts and the Early Church: A Decade of Research: TS 41 (1980) 181–190; *ders.*, Second Testament Exegesis and the Social Sciences. A Bibliography: Biblical Theology Bulletin 18 (1988) 77–85; *R. F. Hock*, The Social Context of Paul's Ministry. Tentmaking and Apostleship, Philadelphia 1980; *E. A. Judge*, Christliche Gruppen in nichtchristlicher Gesellschaft. Die Sozialstruktur christlicher Gruppen im ersten Jahrhundert (Neue Studienreihe 4), Wuppertal 1964; *ders.*, Art. Gesellschaft/Gesellschaft und Christentum, III. Neues Testament, in: TRE 12 (1984) 764–769 (Lit.); *H. C. Kee*, Das frühe Christentum in soziologischer Sicht. Methoden und Anstöße (UTB 1219), Göttingen 1982; *H.-J. Klauck*, Gemeindestrukturen im ersten Korintherbrief, in: *ders.*, Gemeinde, Amt, Sakrament. Neutestamentliche Perspektiven, Würzburg 1989, 37–45; *H. Kreissig*, Zur sozialen Zusammensetzung der frühchristlichen Gemeinden im ersten Jahrhundert u. Z.: Eirene 6 (1967) 91–100; *P. Lampe*, Die stadtrömischen Christen in den ersten beiden Jahrhunderten. Untersuchungen zur Sozialgeschichte (WUNT, 2. Reihe, 18), Tübingen 1987; *G. Lohfink*, Weibliche Diakone im Neuen Testament, in: *G. Dautzenberg – H. Merklein – K. Müller (Hrsg.)*, Die Frau im Urchristentum (QD 95), Freiburg – Basel – Wien 1983, 320–338; *M. Y. MacDonald*, The Pauline Churches. A Socio-historical Study of Institutionalization in the Pauline and Deutero-Pauline Writings (MSSNTS 60), Cambridge – New York – Melbourne 1988; *R. MacMullen*, Roman Social Relations 50 B.C. to A.D. 284, New Haven – London 1974; *A. J. Malherbe*, Social Aspects of Early Christianity, Philadelphia ²1983; *P. Marshall*, Enmity in Corinth. Social Conventions in Paul's Relations with the Corinthians (WUNT, 2. Reihe, 23), Tübingen 1987; *W. A. Meeks (Hrsg.)*, Zur Soziologie des Urchristentums. Ausgewählte Beiträge zum frühchristlichen Gemeinschaftsleben in seiner gesellschaftlichen Umwelt (TB 62), München 1979; *ders.*, The First Urban Christians. The Social World of the Apostle Paul, New Haven – London 1983; *H. Paulsen*, Einheit und

Freiheit der Söhne Gottes – Gal 3,26-29: ZNW 71 (1980) 74–95; *P. Richardson*, On the Absence of »Anti-Judaism« in 1 Corinthians, in: *ders.* – *D. Granskou (Hrsg.)*, Anti-Judaism in Early Christianity I. Paul and the Gospels (Studies in Christianity and Judaism 2), Waterloo 1986, 59–74; *R. Riesner*, Soziologie des Urchristentums. Ein Literaturüberblick: ThBeitr 17 (1986) 213–222; *M. Rostovtzeff*, The Social and Economic History of the Hellenistic World I–III, Oxford 1941; *ders.*, The Social and Economic History of the Roman Empire I–II, Oxford ²1957; *Th. Schmeller*, Brechungen. Urchristliche Wandercharismatiker im Prisma soziologisch orientierter Exegese (SBS 136), Stuttgart 1989, 4–49 (Lit.); *ders.*, Soziologisch orientierte Exegese des Neuen Testaments: BiKi 44 (1989) 103–110; *H. Schneider (Hrsg.)*, Sozial- und Wirtschaftsgeschichte der römischen Kaiserzeit (WdF 552), Darmstadt 1981; *G. Schöllgen*, Was wissen wir über die Sozialstrukturen der paulinischen Gemeinden? Kritische Anmerkungen zu einem neuen Buch von W. A. Meeks: NTS 34 (1988) 71–82; *L. Schottroff*, »Nicht viele Mächtige«. Annäherung an eine Soziologie des Urchristentums: BiKi 40 (1985) 2–8; *R. H. Smith*, Were the Early Christians Middle-Class? A Sociological Analysis of the New Testament, in: *N. K. Gottwald (Hrsg.)*, The Bible and Liberation. Political and Social Hermeneutics, Maryknoll/New York 1983, 441–457; *W. Stegemann*, War der Apostel Paulus ein römischer Bürger?: ZNW 78 (1987) 200–229; *A. Strobel*, Der Begriff des »Hauses« im griechischen und römischen Privatrecht: ZNW 56 (1965) 91–100; *D. Tidball*, The Social Context of the New Testament. A Sociological Analysis, Grand Rapids/Michigan 1984; *H.-J. Venetz*, Der Beitrag der Soziologie zur Lektüre des Neuen Testaments. Ein Bericht: ThBer 13 (1985) 87–121.

Die soziologische Fragestellung hat sich gerade für die Erklärung des 1 Kor als sehr fruchtbar erwiesen (vgl. vor allem die Arbeiten von *G. Theißen*; kritisch dazu: *T. Engberg-Pedersen*, Gospel). Auch die vorliegende Kommentierung profitiert ganz wesentlich von der Einsicht, daß theologische Äußerungen und Auseinandersetzungen auch soziologische Komponenten haben. Deshalb soll der Versuch gemacht werden, ein wenigstens ungefähres Bild der Sozialstruktur der korinthischen Gemeinde zu zeichnen. Damit ist schon angedeutet, daß dem Unternehmen durch die Spärlichkeit des zur Verfügung stehenden Materials enge Grenzen gesetzt sind. Daher wird im folgenden auch nicht nach einem streng soziologischen Raster gefragt (Rollen, Faktoren, Funktionen u. a.), sondern von den aus den Texten erhebbaren Befunden ausgegangen. Neben einigen allgemeinen Begriffen sind es vor allem die Namen, die soziologisch verwertbare Informationen versprechen. Dies gilt in gleicher Weise auch für die hinter der paulinischen Argumentation erkennbaren innergemeindlichen Interaktionen. Um Wiederholungen zu vermeiden, wird auf sie jedoch erst im Rahmen der Analyse der zugehörigen Textkomplexe eingegangen.

2.1 Allgemeine Begriffe von soziologischer Relevanz

Nach **1,26** gibt es in der Gemeinde »nicht viele Weise dem Fleische nach, nicht viele Mächtige, nicht viele Wohlgeborene«. Im Kontext geht es letztlich um eine theologische Wertung, die jedoch am Beispiel der Gemeinde veranschaulicht werden soll. Gerade die dabei nötige Einschränkung (»nicht viele«) läßt erkennen, daß ein soziales Gefälle vorhanden war, das den kulturellen und bildungsmäßigen Status, das soziale Prestige, die politische Einflußmöglichkeit und die (freie oder nichtfreie) Abkunft betraf. In der Gemeinde von Korinth, die sich überwiegend aus Leuten vom unteren Ende der sozialen Leiter zusammensetzte, gab es also auch Angehörige der gesellschaftlichen Oberschicht. Die Diskrepanz würde sich noch verschärfen, wenn man in den eben angeführten Begriffen einen direkten Rekurs auf die vertikale Schichtung der antiken Gesellschaft sehen darf, in der es eine Mittelschicht nicht gab (vgl. *G. Alföldy*, Sozialgeschichte 83–138; *R. MacMullen*, Relations 89f; vgl. *L. Schottroff*, »Nicht viele Mächtige« 4). Doch bleibt zu berücksichtigen, daß es innerhalb der Schichtung von oben und unten noch horizontale Gliederungen gab (z. B. Mann – Frau, Grieche – Jude, u. a.), die die grundsätzliche vertikale Bipolarität weiter differenzierten. Im übrigen war nicht jeder Angehörige der Oberschicht ein Krösus, genausowenig wie jeder Angehörige der unteren Schicht ein Bettler war. Auf beiden Seiten gab es eine erhebliche Bandbreite, so daß auch Leute aus der Unterschicht – insbesondere Händler und Handwerker – durchaus zu Wohlstand und Ansehen gelangen konnten.

Ein Gefälle im Besitzstand wird durch die in **11,17-22** angesprochenen Mißstände angezeigt. Diejenigen, welche die gemeindlichen Zusammenkünfte zu fröhlichen Zechgelagen im kleinen Kreis nutzten, dürften besser gestellte Unabhängige gewesen sein, die sich schon zeitig am gemeinsamen Versammlungsort einfinden konnten. Unter den »Habenichtsen« (V. 22) wird man sich dagegen Abhängige (vor allem Sklaven) vorstellen müssen, die erst nach Erledigung ihrer Pflichten ihre eigenen Wege gehen konnten. Unterschiedliche Besitzverhältnisse werden auch durch **16,2** nahegelegt, wonach mit einem individuell differenzierten Spendenaufkommen gerechnet wird.

An zwei Stellen ist von der für die antike Gesellschaft rechtlich und

sozial fundamentalen Unterscheidung von »Sklaven« und »Freien«
die Rede: **7,21-23; 12,13.** Die konkrete Art und Weise der Erwähnung läßt kaum einen Zweifel, daß Paulus nicht nur gesellschaftli-
che Paradigmen anführt, sondern zugleich auch reale Verhältnisse
in der korinthischen Gemeinde im Auge hat. Bei den »Freien« wird
man nicht nur an Freigeborene, sondern auch an »Freigelassene«
zu denken haben (vgl. das chiastische Wortspiel in 7,22).

Auffallend häufig ist von der − aus jüdischer Sicht stammenden −
Zweiteilung der Menschheit in »Juden« und »Heiden bzw. Griechen« die Rede: **1,22-24; 7,18f; 9,20f; 10,32; 12,13.** Dagegen fehlt
die entsprechende griechische Variante von »Griechen« und »Barbaren«; bestenfalls in 14,11 könnte man einen versteckten Hinweis
darauf sehen. Obwohl die korinthische Gemeinde nach Ausweis
von 12,2 sich wohl überwiegend aus Heidenchristen zusammensetzte, muß es doch eine für das Gemeindeleben nicht unbedeutende judenchristliche Minderheit gegeben haben (*P. Richardson*,
Absence 60−67).

Über das zahlenmäßige Verhältnis der Geschlechter läßt sich nur
schwer etwas ausmachen. Immerhin ist es in einer überwiegend
patriarchalisch bestimmten Gesellschaft bemerkenswert, daß nach
7,13f auch Frauen allein − ohne den Ehepartner − sich dem
Christentum zugewandt haben. Dabei wird es sich wohl vor allem
um Frauen aus gehobeneren Schichten gehandelt haben, wo es auch
sonst in der antiken Gesellschaft frauenemanzipatorische Tendenzen gegeben hat. Ein frauenemanzipatorischer Trend macht sich
auch in der in **11,5** bezeugten aktiven Beteiligung von Frauen am
Gottesdienst bemerkbar, wobei es sich hier allerdings nicht um ein
schichtspezifisches Phänomen gehandelt haben muß.

Auffällig ist, daß die drei zuletzt genannten Polaritäten sich auch in
dem wohl schon vorpaulinischen Axiom von **Gal 3,28** finden: »Da
ist nicht Jude noch Grieche, nicht Sklave noch Freier, nicht männlich und weiblich; denn ihr alle seid einer in Christus Jesus« (vgl.
dazu: *H. Paulsen*, Einheit 76−89; **E. Schüssler Fiorenza*,
Gedächtnis 255−295). Sehr wahrscheinlich spielte dieser traditionelle Grundsatz auch in Korinth eine beträchtliche Rolle (vgl.
*H. Merklein, Entstehung und Gehalt 324f.336f; **ders.*, Es ist gut
395−397). Soziologisch könnte man ihn als Integrationsformel
bezeichnen, die allerdings unterschiedliche Interpretationen
zuläßt. Innovatorisch interpretiert, wird der Grundsatz zum Programm einer Gegen-Welt, die »in Christus« bereits existiert, nun
aber von den Christen nachvollzogen werden muß. Die Gemeinde
wird zum Ort, an dem die Gegen-Welt zu realisieren und zu

konstruieren ist. Geht man jedoch davon aus, daß die pneumatische Gegen-Welt, an der die Christen »in Christus« bereits Anteil haben, eine streng transzendent-jenseitige Größe ist, dann kann der Grundsatz von Gal 3,28 auch soziologisch konservativ interpretiert werden. Die vorhandene Welt erscheint als »unwirkliche« Welt, die es zu verlassen, nicht aber zu verändern gilt. Mit einer derartigen Haltung kann – muß jedoch nicht! – eine libertinistische Moral verbunden sein, die sich den Normen der irdischen Welt nicht mehr verpflichtet weiß. Beide Interpretationen entstammen einem pneumatischen Enthusiasmus, der allerdings ganz unterschiedliche philosophisch-theologische und soziologische Wurzeln hat. Welche Tendenzen in Korinth vorherrschend waren, muß die Analyse der Texte ergeben. Ganz allgemein gesprochen, werden der innovatorischen Interpretation eher die sozial benachteiligten Gruppen (Sklaven, Frauen) zugetan gewesen sein, während die privilegierte andere Seite eine Veränderung des status quo möglicherweise für weniger dringlich hielt. Doch ist dies bestenfalls eine Tendenzanzeige, die nicht linear auf die Gegensatzpaare von Gal 3,28 übertragen werden kann. Im Einzelfall sind immer mehrere Faktoren zu berücksichtigen. So wird es beispielsweise bei den Frauen je nach Bildungsgrad und Besitzstand zu differenzierten Reaktionen gekommen sein. Beim Gegensatzpaar ›Juden vs Heiden‹ ist es ohnehin eine Frage des Standpunkts, wo die zu erstrebende privilegierte Seite zu suchen ist. Judenchristen wird es im allgemeinen schwerer gefallen sein, den in Jerusalem vereinbarten Verzicht auf die Beschneidung (für Heiden) und vor allem die von Paulus propagierte Freiheit von rituellen Vorschriften (besonders Speisevorschriften) nachzuvollziehen. Doch ist auch hier mit unterschiedlichen Akzeptanzen zu rechnen, bei denen wiederum Bildung, sozialer Rang und andere Faktoren eine Rolle gespielt haben werden. Hingegen wird die von Paulus vertretene (innovatorische) Sicht der Dinge gerade für Heiden attraktiv gewesen sein, insbesondere für die sogenannten Gottesfürchtigen, die nicht zuletzt wegen der gesellschaftlich diskriminierenden Beschneidungs- und Speisevorschriften den Übertritt zum Judentum scheuten. Das Christentum bot ihnen die Möglichkeit, die am Judentum geschätzten Vorteile (Monotheismus, Sittlichkeit) in eine Lebensweise zu integrieren, die den konventionellen Kontakten zur heidnischen Umwelt weitgehend Spielraum ließ.

2.2 Personen und deren Status bzw. Aktivitäten

2.2.1 Zu besprechen sind zunächst die Personen, die in **1 Kor** selbst namentlich erwähnt werden:
Von *Sosthenes (1,1)* läßt sich mit Sicherheit nur sagen, daß er in Korinth bekannt war. Dies muß nicht bedeuten, daß er von dort stammte oder dort wohnte. Erst recht muß zweifelhaft bleiben, ob er mit dem in Apg 18,17 genannten Synagogenvorsteher (dessen Bekehrung nicht erwähnt wird!) identisch ist.
Bei den *Leuten der Chloë* (1,11) handelt es sich wohl nicht um Familienangehörige (hier würde man den Namen des Vaters erwarten), sondern um Hausangehörige (Sklaven) der Chloë. Der Umstand, daß sie Paulus über die Situation in Korinth informieren, läßt es als wahrscheinlich erscheinen, daß sie selbst zur dortigen Gemeinde gehören. Doch könnten sie eventuell auch in Ephesus zu Hause sein. In jedem Fall sind bzw. waren sie auf Reisen, vermutlich in Angelegenheiten ihrer Herrin. Ob Chloë selbst Christin war, muß offenbleiben. Ihr Name ist mythologischer Herkunft; Chloë, die »Grüne«, ist ein Attribut der Korn-Göttin Demeter. Da man mythologische Namen mit Vorliebe Sklaven beilegte, dürfte Chloë eine Freigelassene gewesen sein.
Krispus (1,12) gehört zu den wenigen, die von Paulus getauft wurden. Nach Apg 18,8 war er vorher Synagogenvorsteher, dem die Leitung des Gottesdienstes und die Sorge für das Synagogengebäude oblag. Für diese Aufgabe wurden in der Regel angesehene und begüterte Männer herangezogen. Sein Ansehen würde auch erklären, warum seine Bekehrung »viele von den Korinthern« (wohl aus der jüdischen Gemeinde) zur Nachahmung anregte. Aus der Bemerkung, daß er sich »mit seinem ganzen Haus« taufen ließ, darf man vielleicht auf ein Gesinde (Sklaven) schließen, sofern das »Haus« (›oikos‹) nicht auf den verwandtschaftlich konstituierten Familienverband der ›domus‹ einzuschränken, sondern mit der ›familia‹, zu der auch Sklaven und Sachwerte gehörten, zu identifizieren ist (mit: *G. Theißen*, Schichtung 245–249; gegen: *A. Strobel*, Begriff). Beim Namen handelt es sich um ein römisches Cognomen (»Krauskopf«).
Auch *Gaius* (1,14) wurde von Paulus getauft. Nach Röm 16,23 war er Gastgeber des Paulus, als dieser den Röm (bzw. Röm 16) schrieb; darüber hinaus fungierte er als Gastgeber »der ganzen Gemeinde«. Man wird also davon ausgehen müssen, daß bei ihm die Gemeindeversammlungen stattfanden. Dies bedeutet wiederum, daß er über ein größeres Haus verfügt haben muß. Der Name ist ein häufiger lateinischer Vorname.

Was *Stephanas* **(1,16; 16,15.17)** betrifft, so ist zweimal von seinem »Haus« die Rede. Zwar bietet der Begriff allein noch keine Gewähr, daß Stephanas zu den gut situierten Leuten zählte. In Analogie zu den bei Krispus und Gaius gemachten Beobachtungen ist dies aber nicht unwahrscheinlich. Als Erstbekehrte von Achaia, die von Paulus getauft wurden, haben sich die Familienmitglieder des Stephanas dem »Dienst« der Gemeinde gewidmet, wobei es offenbleiben muß, ob an karitative oder kerygmatische Tätigkeiten zu denken ist. Für letzteres könnten die dafür verwendeten Termini (»mitarbeiten«, »sich abmühen«) und die Aufforderung zur Unterordnung sprechen (16,16). Bei Abfassung des 1 Kor ist Stephanas — zusammen mit Fortunatus und Achaïkus — bei Paulus in Ephesus, vielleicht sogar als Überbringer des korinthischen Fragebriefes (vgl. 7,1). In der Delegation sieht Paulus die Repräsentanten der ganzen Gemeinde; daß »euren Mangel auffüllen« (16,17) auf materielle Unterstützung zu beziehen ist (**G. Theißen*, Schichtung 249), ist unwahrscheinlich. Vielleicht gehörte aber die (Mit-)-Finanzierung derartiger Reisen mit zu den Diensten, die Stephanas der Gemeinde erwies. Der Name ist griechischen Ursprungs (von ›stephanos‹ = »Kranz«).

Fortunatus und Achaïkus **(16,17)** werden zusammen mit Stephanas genannt. Die Beziehung zu ihm bleibt jedoch unklar. Sind es Familienangehörige oder Sklaven oder völlig unabhängige Begleiter? Fortunatus (»der Gesegnete«) ist ein lateinischer Name, Achaïkus (»der aus Achaia«) dagegen ein griechischer.

2.2.2 Eine Reihe von Namen korinthischer Christen enthält *Röm 16*. Dabei kann es hier dahingestellt bleiben, ob dieses Kapitel ursprünglich zu Röm dazugehörte oder nach Ephesus gerichtet war. Es ist in jedem Fall in Korinth geschrieben.

Phöbe **(Röm 16,1f)** kommt nicht unmittelbar aus Korinth, sondern aus Kenchreä. Da Paulus sie ausdrücklich »empfiehlt«, dürfte sie die Überbringerin des Briefes an die Gemeinde in Rom (oder Ephesus) gewesen sein und das Vertrauen des Paulus genossen haben. Der Ausdruck »Dienerin (›diakonos‹) der Gemeinde in Kenchreä« läßt wohl an »eine feste Funktion« denken (**W.-H. Ollrog*, Paulus 31), sei es im karitativen oder im kerygmatischen Bereich (vgl. *G. Lohfink*, Diakone 324–327). Als »Helferin (›prostatis‹) vieler«, auch des Paulus, wird sie sich durch finanzielle Hilfeleistungen und die gastliche Aufnahme durchreisender Christen in ihr Haus ausgezeichnet haben. Dies läßt auf gute oder wenigstens passable Vermögens- und Besitzverhältnisse schließen.

In die gleiche Richtung verweist die Reise, die sie nach Rom (oder
Ephesus) antritt. Ob man aus der Empfehlung des Paulus, ihr bei
jeglichem ›pragma‹ (»Angelegenheit, Geschäft«) beizustehen, folgern darf, daß sie die Reise aus ökonomischen Gründen unternom-
men hat (*G. Theißen, Schichtung 249f), ist denkbar, jedoch keineswegs sicher. Der griechische Name (»die Reine, Klare, Glän-
zende«) verweist in die Mythologie (Tochter des Uranos und der
Gäa; auch Beiname der Artemis). Phöbe dürfte also Heidenchristin
gewesen sein, vielleicht eine Freigelassene (vgl. oben zu Chloë).
Luzius, Jason, Sosipater **(Röm 16,21)** sind Judenchristen. Ihre
Identität bleibt im unklaren. Wahrscheinlich gehören sie gar nicht
zur Gemeinde von Korinth, sondern zu einer Delegation, die
gerade bei Paulus weilt (vgl. *U. Wilckens*, Röm III 146).
Tertius **(Röm 16,22)** grüßt am Ende als Schreiber des Briefes. Dies
war im antiken Schriftverkehr keineswegs üblich, sondern stellt
wohl schon eine Folge christlicher Brüderlichkeit dar. Wenn man
davon ausgeht, daß der Brief im Haus des Gaius verfaßt wurde, wo
Paulus zu Gast war (vgl. V. 23), könnte man sich Tertius als
Schreibsklaven des Gaius vorstellen. Ebensogut könnte es sich aber
auch um einen Angehörigen der lokalen Verwaltungsbehörde handeln (vgl. *G. Theißen*, Schichtung 253f). Über den (lateinischen)
Namen, obwohl auch häufig als Sklavenname belegt, läßt sich
keine weitere Klärung herbeiführen.
Erastus **(Röm 16,23)** wird als ›ho oikonomos tēs poleōs‹ bezeichnet. Daß er damit lediglich als städtischer Sklave, der in der
Finanzverwaltung tätig ist, ausgewiesen werden soll (so:
H. J. Cadbury, Erastus), ist wenig wahrscheinlich. Eher hat man
an einen höheren Beamten zu denken, vielleicht an einen Quästor
(vgl. dazu: *G. Theißen*, Schichtung 236−245). Dann könnte er
später Ädil geworden (den zwei Ädilen oblag die Sorge für öffentli-
che Bauangelegenheiten, Getreideversorgung und Spiele) und mit
jenem Erastus identisch sein, der nach einer Inschrift (aus dem
1. Jh.?) als Gegenleistung für seine Wahl zum Ädilen eine Straße
auf seine Kosten pflastern ließ (ERASTUS.PRO.AED ...
S.P.STRAVIT) (vgl. dazu auch: *W. Elliger*, Paulus [s. o. Lit.
Einleitung 1] 227−230). In Erastus hätten wir dann einen der
wenigen Christen vor uns, die über öffentlichen Einfluß und
politische Macht verfügten. Selbstverständlich muß er dann das
römische Bürgerrecht besessen haben. Aufgrund der Tatsache, daß
in der Inschrift der Name des Vaters nicht genannt ist, vermutet
G. Theißen, daß Erastus ein Freigelassener gewesen sein könnte
(a.a.O. 245). Nimmt man noch seinen griechischen Namen hinzu,

so käme eine schöne Karriere zum Vorschein, die ihn »bis in die Reihe der Honoratioren (mit vorwiegend lateinischer Herkunft)« aufsteigen ließ (ebd.). Der hypothetische Charakter dieser Überlegungen bleibt jedoch festzuhalten. Ebenfalls nur Vermutungen lassen sich hinsichtlich der Identität mit dem in Apg 19,22 bzw. 2 Tim 4,20 genannten Namensträger anstellen.

Quartus (**Röm 16,23**) wird neben Erastus genannt. Dies läßt wohl darauf schließen, daß auch »der Bruder« Quartus nach Korinth gehört. Mehr läßt sich nicht sagen.

2.2.3 Weitere Informationen ergeben sich aus **Apg 18**, worauf schon verschiedentlich Bezug genommen wurde. Bei *Aquila und Priszilla (bzw. Priska)* (**Apg 18,2f**) fand Paulus während seines ersten Aufenthaltes in Korinth zunächst Unterkunft und Arbeit. Das judenchristliche Ehepaar war erst kurz vorher aus Rom gekommen (Claudiusedikt) und siedelte später nach Ephesus um (Apg 18,18f; vgl. 1 Kor 16,19). Sofern Röm 16 zu Röm gehört, sind die beiden am Ende wieder nach Rom umgezogen (Röm 16,3). Sie nahmen nicht nur christliche Missionare in ihr Haus auf, sondern waren wohl auch selbst missionarisch tätig (vgl. Apg 18,26). Dabei wird auch Priszilla, die meist vor Aquila genannt wird (Röm 16,3; 2 Tim 4,19; Apg 18,18.26; umgekehrt: 1 Kor 16,19; Apg 18,2), eine aktive Rolle gespielt haben. Wie Gaius in Korinth haben die beiden in Ephesus (1 Kor 16,19) und Rom (?) (Röm 16,5) ihr Haus für Gemeindeversammlungen zur Verfügung gestellt. Dies läßt wieder darauf schließen, daß sie wirtschaftlich und besitzmäßig relativ gut gestellt waren (für einen niedrigeren Status plädiert *P. Lampe*, Christen 156–164). Die Namen sind lateinisch (Aquila = »der Adler«; Prisca = etwa »die Ehrwürdige«).

Als Paulus in der Synagoge zunehmend auf Schwierigkeiten stieß, verlagerte er seine Wirksamkeit in das angrenzende Haus des *Titius Justus* (**Apg 18,7**), eines Heiden, der aber zu den Gottesfürchtigen zählte. An einen Wechsel der Wohnung (so D) ist wohl nicht gedacht (gegen: **G. Theißen*, Schichtung 252; *E. Haenchen*, Apg 475f; mit: *A. Weiser*, Apg z. St.; *J. Roloff*, Apg z. St.). Daß Paulus das Haus des Titius zur Missionspredigt nutzen konnte, läßt darauf schließen, daß es nicht allzu klein gewesen sein kann und Titius selbst eher wohlhabend gewesen sein muß. Der Name ist lateinisch.

2.2.4 *Zusammenfassend* ergibt sich folgendes Bild: Die meisten der Genannten tragen lateinische Namen (Krispus, Gaius, Fortunatus, Tertius, Quartus, Aquila, Priszilla, Titius Justus). Doch spiegelt dies lediglich den römischen Einfluß der Colonia Laus Iulia Corinthiensis wider und läßt keine Rückschlüsse auf die *ethnische Zusammensetzung* der Gemeinde zu. Aquila und Priszilla sowie Krispus z. B. sind jüdischer Abstammung. Unter ethnischer Rücksicht läßt sich ansonsten nur noch feststellen, daß Erastus (wahrscheinlich) und Titius Justus (sicher) Heiden waren, wobei letzterer als Gottesfürchtiger bereits mit dem Judentum sympathisierte. Die Angaben zum *sozialen Rang* sind ebenfalls spärlich. Möglicherweise besaß Erastus das römische Bürgerrecht. Das hindert nicht, daß er Freigelassener gewesen sein könnte, wie vielleicht auch Phöbe (vgl. Chloë). Als Sklaven könnten die namentlich nicht genannten Leute der Chloë einzustufen sein. Ob dies auch für Fortunatus, Achaïkus, Tertius und Quartus gilt, muß offenbleiben. Etwas deutlicher ist das Ergebnis in bezug auf die *Besitzverhältnisse*. Soweit die genannten Personen sich überhaupt näher profilieren lassen, handelt es sich durchweg um relativ gut gestellte Leute (Krispus, Gaius, Stephanas, Phöbe, Erastus, Aquila und Priszilla, Titius Justus). Der Wohlsituiertheit dürfte eine gewisse *Bildung* und wenigstens teilweise auch *sozialer und politischer Einfluß* korrespondiert haben. Was den *Beruf* betrifft, gehörten Aquila und Priszilla dem Handwerkerstand (Zeltmacher) an. Im öffentlichen Dienst stand Erastus, vielleicht auch Tertius. Als Vertreterin der Kaufleute kann möglicherweise Phöbe angesehen werden. Neben den Männern traten zwei *Frauen* hervor, die zudem wichtige Funktionen ausübten (Phöbe, Priszilla). Auch wenn die eine nicht direkt nach Korinth gehörte und die andere nur vorübergehend dort wohnte, bestätigen beide doch den auch sonst zu verifizierenden Befund, daß in urchristlichen Gemeinden auch Frauen zum Zuge kommen konnten (vgl. *G. Dautzenberg*, Stellung; *E. Schüssler Fiorenza*, Gedächtnis 205–254).

Insgesamt bestätigt das Ergebnis mehr oder weniger das Bild, das aufgrund der allgemeinen Begriffe (2.1) zu gewinnen war. Das Bild bleibt lückenhaft; dies war kaum anders zu erwarten. Die Lückenhaftigkeit sollte aber auch ernst genommen werden. Das Ergebnis erlaubt kaum die Folgerung, daß sich in der korinthischen Gemeinde (bzw. überhaupt in den paulinischen Gemeinden) die Sozialstruktur der damaligen städtischen Gesellschaft widerspiegelt. Die These von der sozialen Strukturkongruenz, wie sie zuletzt vor allem *W. A. Meeks* zu begründen suchte (Christians, bes. 51–

73), steht daher auf schwachen Füßen (*G. Schöllgen*, Was wissen
wir). Als keineswegs gesichert kann der »neue Konsens« gelten (so:
A. Malherbe, Aspects 31), wonach das Urchristentum insbesondere von Menschen mit mittlerem oder gehobenem Sozialstatus
getragen wurde (außer *A. Malherbe*, Aspects 31−59, vgl.
E. A. Judge, Gruppen 59f; *H. Kreissig*, Zusammensetzung 96−
100; *R. H. Smith*, Christians). Das Urteil legt den Befund der
namentlich genannten Personen auf die Struktur der Gesamtge-
meinde um. Doch fehlt uns dafür der Überblick über das Ganze.
Nimmt man die Aussagen des Paulus in 1,26-29 und 11,17-22 auch
soziologisch ernst, muß man davon ausgehen, daß die christliche
Gemeinde in Korinth nicht nur aus freien Handwerkern und
kleinen Händlern bestand (so charakterisiert *W. A. Meeks*, Christians 73, den »typischen« Christen), sondern auch − und zwar
sogar mehrheitlich − Menschen ohne Sozialprestige und Besitz,
d. h. Menschen der unteren und untersten sozialen Schicht
umfaßte. Unbeschadet dieser notwendigen Einschränkungen bleibt
aber die Tatsache, daß die namentlich genannten Personen, wenngleich wohl nicht der Oberschicht, so aber doch relativ gut situierten Kreisen angehörten, noch aufschlußreich genug. Die
namentliche Erwähnung unterstreicht die Bedeutung dieser ansonsten in der Minderzahl befindlichen Gruppe für das Leben der
Gemeinde. Diese Leute fungierten als Gastgeber für durchreisende
Missionare, rüsteten diese aus, unternahmen selbst Reisen für die
Gemeinde und − last not least − stellten ihre Häuser für die
Versammlungen zur Verfügung. Solche Leute zu gewinnen war
daher eine durchaus nützliche soziologische Voraussetzung für die
Verbreitung des christlichen Glaubens und die Gründung christlicher Gemeinden; dies stimmt mit den Angaben der Apg bezüglich
der Mission des Paulus überein (vgl. **G. Theißen*, Schichtung
263−271; das römische Bürgerrecht des Paulus wird man in diesem
Zusammenhang wohl nicht mehr anführen können; vgl. *W. Stegemann*, Apostel Paulus). Unter diesen Umständen wäre es nahezu
verwunderlich, wenn nicht auch die gesellschaftlichen Wertvorstel-
lungen dieser Gruppe das Gemeindeleben in irgendeiner Weise
beeinflußt hätten. Die Konflikte, die sich hinter den Ausführungen
des 1 Kor auftun, werden diese Vermutung denn auch nachdrücklich bestätigen. Eine »Mittelstandsreligion« hat die korinthische
Gemeinde dennoch nicht promulgiert. Der Wille zur Integration
von Gegensätzen aller Art (vgl. Gal 3,28) darf als von allen
Schichten geteiltes Programm angesehen werden. Gerade darin
dürfte zu einem guten Teil die Attraktivität der christlichen

Gemeinde begründet gewesen sein. Dies hindert nicht, daß die konkreten Integrationsprozesse von Spannungen begleitet waren, bei denen nicht nur theologische Differenzen, sondern auch soziologische Faktoren eine Rolle spielten.

3. Literarische Aspekte des 1 Kor

Literatur: D. E. *Aune*, The New Testament in Its Literary Environment (Library of Early Christianity), Philadelphia 1987, 158−225; K. E. *Bailey*, The Structure of I Corinthians and Paul's Theological Method with Special Reference to 4:17: NT 25 (1983) 152−181; L. L. *Belleville*, Continuity or Discontinuity: A Fresh Look at 1 Corinthians in the Light of First-Century Epistolary Forms and Conventions: EvQ 59 (1987) 15−37; K. *Berger*, Hellenistische Gattungen im Neuen Testament, in: ANRW II,25.2 (1984) 1031−1432.1831−1885; G. *Bornkamm*, Die Vorgeschichte des sogenannten zweiten Korintherbriefes (1961), in: *ders.*, Geschichte und Glaube II. Gesammelte Aufsätze IV (BEvTh 53), München 1971, 162−194; U. *Borse*, »Tränenbrief« und 1. Korintherbrief: SNTU (A) 9 (1984) 175−202; A. *Deissmann*, Bibelstudien. Beiträge, zumeist aus den Papyri und Inschriften, zur Geschichte und Sprache, des Schrifttums und der Religion des hellenistischen Judentums und des Urchristentums, Marburg 1895; K. P. *Donfried*, False Presuppositions in the Study of Romans: CBQ 36 (1974) 332−355; W. G. *Doty*, The Classification of Epistolary Literature: CBQ 31 (1969) 183−199; *ders.*, Letters in Primitive Christianity (Guides to Biblical Scholarship. New Testament Series), Philadelphia 1973; J. A. *Fitzmyer*, Qumran and the Interpolated Paragraph in 2 Cor 6:14-7:1 (1961), in: *ders.*, Essays on the Semitic Background of the New Testament (Sources for Biblical Studies 5), Missoula/Montana ²1974, 205−217; J. *Gnilka*, 2 Kor 6,14-7,1 im Lichte der Qumranschriften und der Zwölfer-Testamente, in: J. *Blinzler* − O. *Kuss* − F. *Mußner (Hrsg.)*, Neutestamentliche Aufsätze. FS J. Schmid, Regensburg 1963, 86−99; N. *Hyldahl*, Die paulinische Chronologie (AThD 19), Leiden 1986; R. *Jewett*, The Redaction of I Corinthians and the Trajectory of the Pauline School: JAAR. Supplement 46/4 (1978) 389−444; D. *Lührmann*, Freundschaftsbrief trotz Spannungen. Zu Gattung und Aufbau des Ersten Korintherbriefs, in: W. *Schrage (Hrsg.)*, Studien zum Text und zur Ethik des Neuen Testaments. FS H. Greeven, Berlin − New York 1986, 298−314; A. J. *Malherbe*, Ancient Epistolary Theorists: OJRS 5 (1977) 3−77; H. *Merklein*, Die Einheitlichkeit des ersten Korintherbriefes, in: *ders.*, Studien 345−375; R. *Pesch*, Paulus ringt um die Lebensform der Kirche. Vier Briefe an die Gemeinde Gottes in Korinth. Paulus − neu gesehen

(HerBü 1291), Freiburg – Basel – Wien 1986; *W. Schenk*, Der 1. Korintherbrief als Briefsammlung: ZNW 60 (1969) 219–243; *ders.*, Art. Korintherbriefe, in: TRE 19 (1990) 620–640; *W. Schmithals*, Die Korintherbriefe als Briefsammlung: ZNW 64 (1973) 263–288; *ders.*, Die Briefe des
Paulus in ihrer ursprünglichen Form, Zürich 1984; *G. Segalla*, Struttura
filologica e letteraria della prima lettera ai Corinti, in: Testimonium Christi. Scritti in onore di J. Dupont, Brescia 1985, 465–480; *St. K. Stowers*,
Letter Writing in Greco-Roman Antiquity (Library of Early Christianity 5), Philadelphia 1986; *K. Thraede*, Grundzüge griechisch-römischer
Brieftopik (Zet. 48), München 1970; *J. L. White*, The Form and Function
of the Body of the Greek Letter. A Study of the Letter-Body in the Non-
literary Papyri and in Paul the Apostle (SBLDS 2), Missoula/Montana
²1975; *ders.*, Saint Paul and the Apostolic Letter Tradition: CBQ 45 (1983)
433–444; *ders.*, New Testament Epistolary Literature in the Framework of
Ancient Epistolography, in: ANRW II,25.2 (1984) 1730–1756.

3.1 Zur Gattung

Nach der Definition *A. Deissmanns* gehören die paulinischen
Schreiben zu den wirklichen »Briefen« und nicht zu den »Episteln«
(Kunstbriefe) (Bibelstudien 189–208.234–242). Diese in der
deutschsprachigen Forschung noch immer beliebte Unterscheidung ist jedoch wenig hilfreich (*W. G. Doty*, Classification; zur
antiken Brieftheorie: *A. J. Malherbe*, Theorists). Zweifellos sind
die paulinischen Briefe *wirkliche Briefe*, gerichtet an genau definierte Adressaten und veranlaßt durch konkrete, historisch
bedingte Situationen. Auf der anderen Seite läßt sich aber nicht
leugnen, daß sie auch einen literarischen und künstlichen Charakter besitzen, und zwar sowohl in formaler wie in inhaltlicher
Hinsicht. Gerade in 1 Kor werden uns Partien begegnen, die einen
bewußten literarischen Gestaltungswillen erkennen lassen (vgl.
z. B. die kunstvolle rhetorische Anlage von 1 Kor 1-4). Inhaltlich
begnügt sich Paulus nur selten mit rein pragmatischen Konfliktlösungen. Fast immer nimmt er die vorgegebene Problematik zum
Anlaß lehrhafter Ausführungen, die, ohne ihre situative Gebun-
denheit zu verleugnen, in die Dimensionen grundsätzlicher theologischer Reflexion vorstoßen (vgl. in 1 Kor: 1,18-25; 2,6-16; 10,1-
13; 12,4-11.12-31; 13; zum Teil auch 15, um nur größere zusammenhängende Passagen zu nennen). Insofern sind die paulinischen
Briefe in mancher Hinsicht mit den philosophischen Briefen ver-
wandt (vgl. u. a. Seneca, Ad Lucilium epistulae morales; dazu:

H. Cancik, Untersuchungen zu Senecas Epistulae morales [Sputas-
mata 18], Hildesheim 1967). *K. Berger* macht in seiner Übersicht
u. a. auf die Selbstdarstellung, die Vorbild-Nachahmungs-Rela-
tion, den Wechsel zwischen deskriptiver und präzeptiver Sprache
und das Moment der Freundschaft aufmerksam (Gattungen 1134−
1138; zum Freundschaftsbrief bes.: *K. Thraede*, Grundzüge).
Auch in der Funktion, gutachterlich zu vorgelegten Fragen Stellung zu nehmen, gibt es Parallelen zwischen paulinischen und
philosophischen Briefen (vgl. 1 Kor 7,1; *K. Berger*, Gattungen
1138). Ebenso wäre unter dem Vorzeichen der philosophischen
Brieftradition auch eine Sammlung von Paulusbriefen nichts Unge-
wöhnliches. Unter dem Gesichtspunkt der Öffentlichkeit eines
»letter-essay« (der Ausdruck stammt von *M. L. Stirewalt*; vgl.
W. G. Doty, Letters 7f; *K. Berger*, Gattungen 1134) wäre es nicht
einmal verwunderlich, wenn ein Schreiben wie etwa Röm neben
der unmittelbar angesprochenen römischen Gemeinde noch weitere Nebenadressaten im Auge gehabt hätte (vgl. *K. P. Donfried*,
Presuppositions). Ob letzteres auch für 1 Kor gilt, kann man
wegen der Vielzahl spezifischer Fragestellungen füglich bezwei-
feln. Dennoch ist mit dem Stichwort der Öffentlichkeit auch ein
(und gerade) für 1 Kor zutreffendes Phänomen genannt. Die paulinischen Briefe wenden sich nie an Einzelpersonen, sondern immer
(auch: Phlm!) an eine oder mehrere Gemeinden (zu Philosophen-
briefen an Schüler, Freunde oder Städte vgl. *K. Berger*, Gattungen
1338f). Selbstverständlich gingen die meisten der in 1 Kor angesprochenen Probleme nur von bestimmten Personen oder Gruppen
und nicht von der Gesamtheit *aller* Gemeindemitglieder aus. Dennoch behandelt sie Paulus als Probleme der ganzen Gemeinde. Ihre
Öffentlichkeit ist das Ziel der paulinischen Kommunikation. Dieser Öffentlichkeit korrespondiert, daß die paulinischen Schreiben
auch von der Absenderseite her nicht einfach als Privatbriefe
konzipiert sind, wenngleich eine gewisse Nähe dazu nicht zu
übersehen ist (vgl. *K. Berger*, Gattungen 1327−1332). *K. Berger*
hat zu Recht vom »Apostelbrief« gesprochen, dessen Eigentüm-
lichkeit u. a. darin besteht, daß er »schriftlich fixierte, adressierte
apostolische Rede« ist (**K. Berger*, Apostelbrief, Zitat: 231; vgl.
ders., Gattungen 1333−1340, bes. 1340). *J. L. White* nennt Paulus
den »Founder of the Apostolic Letter« (Saint Paul 436) bzw. »the
Creator of the Apostolic Letter Tradition« (NT Epistolary Literature 1739). Der apostolische Charakter schließt in keiner Weise die
Argumentation aus, sondern verlangt sie im Gegenteil sogar, weil
die Autorität des Apostels sich nicht aus dem formalen Amt,

sondern aus dem von ihm zu vertretenden Inhalt des Evangeliums ergibt. Je nachdem, ob Paulus (1) seine Autorität apologe-
tisch zu verteidigen hat, sie (2) dazu einsetzt, um von einer
bestimmten Praxis abzubringen oder zu ihr hinzuführen, oder ob
er sie (3) einfach dazu benutzt, um einen Sachverhalt darzustellen, könnte man seine Briefe mehr der dikanischen (genus iudiciale), der symbuleutischen (genus deliberativum) oder der epi-
deiktischen (genus demonstrativum) Gattung zurechnen. Dies ist
allerdings mehr eine Tendenzangabe als eine Klassifizierung.
Denn selbstverständlich ist das Grundanliegen aller Paulusbriefe
zunächst einmal symbuleutisch-deliberativer Art (vgl. *K. Berger*, Formgeschichte 216f; zu 1 Kor s. auch: *St. K. Stowers*, Letter Writing 96f.108f). Doch gibt es in Gal und in Teilen des
2 Kor (2,14-7,4; 10-13) auch iudiziale Tendenzen, sofern dort
sowohl die Norm (eigentlich: die lex; bei Paulus: das Evangelium) als auch die Handlung (factum; bei Paulus: seine Verkündigung) zur Beurteilung anstehen (vgl. *Lausberg* § 141). Dagegen
weist die Darbietung der Rechtfertigungslehre in Röm durchaus
auch epideiktische Züge auf.
Der brieflichen Form nach hält sich Paulus in etwa an die antiken Gepflogenheiten, wobei die gattungsmäßig erfaßbare Topik
sich naturgemäß mehr in den Briefeingängen und Briefausgängen
(siehe zu: Präskript, Proömium, Postskript) als im eigentlichen
Briefcorpus niederschlägt. Doch finden sich auch in ihm
bestimmte konventionelle Muster (*J. L. White*, Form). Nimmt
man die als Entsprechung zur paulinischen Indikativ-Imperativ-
Relation gedeutete Abfolge von Lehre und Paränese in Gal und
Röm als Maßstab, dann scheint »die Gestaltung« in 1 Kor recht
»frei« zu sein und »keiner Regel« zu folgen (*Conzelmann* 21).
Doch ist diese Gegenüberstellung nicht ohne Probleme. Denn
angesichts der in Gal und Röm zugrundeliegenden Sachlage ist
die dort gewählte Abfolge durchaus natürlich und findet sich
auch in hellenistischen Briefen (*K. Berger*, Gattungen 1340.1348;
vgl. auch: *ders.*, Apostelbrief 229f). Sofern man die rhetorische
Anlage des Gal beachtet (vgl. *H.-D. Betz*, Gal 54-72), ist zudem
deutlich, daß die sogenannte Lehre bereits im Dienst der Paränese steht. Umgekehrt enthält die Paränese, mit der 1 Kor ins
Haus zu fallen scheint (vgl. 1,10!), durchaus auch lehrhafte Darlegungen (vgl. bes. die rhetorische Struktur von 1,10-4,21). Im
übrigen läßt sich zeigen, daß auch 1 Kor einer bestimmten Ordnung folgt, wenngleich diese weniger einem bestimmten literarischen oder rhetorischen Schema verpflichtet als vielmehr in der

Thematik und in der brieflichen Situation begründet ist (s. u. 3.3). Spätestens hier stellt sich die Frage, ob 1 Kor überhaupt als ein einheitliches Schreiben zu behandeln ist.

3.2 Das literarkritische Problem

Zu 1 Kor existieren zahlreiche Teilungshypothesen, u. a. von *Weiß* (XL−XLIII), *Héring* (10−12), *W. Schmithals* (mit mehreren Varianten: *ders.*, Gnosis 81−106; *ders.*, Korintherbriefe; *ders.*, Briefe 19−85), *W. Schenk* (1. Korintherbrief), *A. Suhl* (Paulus 202-217), *H.-M. Schenke* - *K. M. Fischer* (Einleitung 90−123), *R. Jewett* (Redaction), *Senft* (17−25), *R. Pesch* (Paulus 29−100) und *G. Sellin* (Hauptprobleme 2968−2982). In jüngerer Zeit sind mehrfach zusammenfassende Darstellungen der Teilungshypothesen erschienen (vgl. *J. C. Hurd*, Origin 43−47; *H.-M. Schenke* − *K. M. Fischer*, Einleitung 99; *H. Merklein*, Einheitlichkeit 346−348; *G. Sellin*, Hauptprobleme 2965−2968), so daß es hier genügt, darauf zu verweisen.

Der Sache nach gehen die literarkritischen Teilungshypothesen im wesentlichen von folgenden Befunden aus:

− 1 Kor 1-4 sei ein in sich geschlossener Text. 4,13-21 sei als Übergang zum Briefschluß zu verstehen; darüber hinaus gebe es Spannungen zu 16,5-9.10f. Auch auf die Inkongruenz der in 1,11 und 16,15-18 genannten Personen wird hingewiesen.

− Als besonders beweiskräftiges Indiz werden Spannungen zwischen 8,1-13; 10,23-11,1 einerseits und 10,1-22 andererseits angegeben. Das dazwischenliegende Kapitel 9 stellt dann noch einmal ein gesondertes Problem dar.

− 11,2-34 sei im jetzigen Kontext, wo Paulus auf Anfragen der Gemeinde antwortet, deplaziert. 11,2 setze unvermittelt ein. 11,18 (»ich höre«) weise auf mündliche Nachricht, die aber von der von 1,11 (»mir wurde kundgetan«) zu unterscheiden sei. Auch sei Paulus über die »Spaltungen« in 11,18 noch weniger gut orientiert als in 1-4 (1,10f).

− 13 falle wegen seiner formalen und inhaltlichen Eigenart aus dem Rahmen und gehöre nicht in die ursprüngliche Abfolge von 12 und 14.

− 15 unterbreche die mit 7,1 beginnende Beantwortung brieflicher Anfragen (›peri de ...‹ = »Was aber ... betrifft«). In 15,9 spreche Paulus noch ganz unbefangen von seinem Apostolat, den er in 9 verteidigen müsse.

− Ein besonderes Problem stellen die Kapitel 5 und 6 dar, die recht unvermittelt zwischen 1-4 und der mit 7,1 einsetzenden Antwort zu stehen scheinen. Zudem verweist 5,9f auf einen vorausgehenden Brief, den man gerade durch literarkritische Teilungen wiedergewinnen möchte.

– Bestärkt wurde dieses Unternehmen nicht zuletzt durch 2 Kor, bei dem sich die Annahme einer Briefkomposition (zumindest im deutschsprachigen Raum) weitgehend durchgesetzt hat.

Sind durch diese Befunde bzw. Beobachtungen die Schnittstellen einer literarkritischen Dekomposition im wesentlichen vorgezeichnet, so sind sie doch von unterschiedlichem Gewicht, so daß in der Rekonstruktion der postulierten Briefe und ihrer Abfolge eine relativ große Bandbreite von Meinungen zu konstatieren ist. Zahlenmäßig divergieren die Hypothesen in der Annahme von zwei bis zu acht Briefen. In der Abfolge wird meist 1-4 an das Ende der Korrespondenz gesetzt. Fast durchgehend werden die mit ›peri de ...‹ eingeleiteten Stücke zum »Antwortbrief« zusammengefaßt. Die daraus zu eliminierenden Passagen und die noch verbleibenden Texte werden in unterschiedlicher Stückelung an den Anfang der Korrespondenz gesetzt und nicht selten – ganz oder teilweise – mit dem sogenannten Vorbrief (vgl. 5,9f) in Verbindung gebracht, so z. B. der Vorschlag von *G. Sellin* (Hauptprobleme 2968):

A (Vorbrief):   ... 11,2-34; 5,1-8; 6,12-20; 9,24-10,22; 6,1-11 ...
B (Antwortbrief):   ... 5,9-13; 7,1-9,23; 10,23-11,1; 12,1-14,33a.37-40;
                     15; 16.
C: 1,1-4,21 ...

Nun kommen die Teilungshypothesen gewiß nicht von ungefähr und zeugen nicht nur vom Scharfsinn ihrer Vertreter. Teilweise geben die textlichen Befunde in der Tat zu denken. Überprüft man aber die literarkritisch postulierten Teile unter syntaktischer, semantischer und pragmatischer Rücksicht auf ihre Kohärenz, so zeigt sich, daß in keinem Fall die Aufteilung zwingend ist (*H. Merklein*, Einheitlichkeit). Der von *Conzelmann* formulierte methodische Grundsatz, daß eine literarkritische Operation erst dann gerechtfertigt ist, »wenn gezeigt werden kann, daß nicht lediglich sprunghafte Gedankenführung vorliegt, sondern daß für verschiedene Teile des Briefes verschiedene Situationen vorausgesetzt werden müssen« (15), ist restriktiv auszulegen. Es geht nicht um die Vorstellbarkeit unterschiedlicher Situationen, sondern um ihre Notwendigkeit für eine sinnvolle Texterklärung. Selbstverständlich muß »auch der Endtext eines Redaktors (wenn es einen Redaktor gibt) eine Kohärenz aufweisen« (*G. Sellin*, Hauptprobleme 2968 Anm. 144). Dennoch ist die Gefahr vergleichsweise gering, daß durch eine vorgängige Kohärenzanalyse lediglich die redaktionelle Kohärenz festgeschrieben und die eigentlich nötige literarkritische Dekomposition unterbleiben würde, da die redaktionelle Kohärenz sich ja prinzipiell von der Kohärenz bzw. den Kohärenzen auf der Ebene) der ursprünglichen Briefkommunikation unterscheiden lassen muß. Mißlich ist dabei natürlich, daß aus dem Kommunikationsgeschehen nur der Text übriggeblieben ist, aus dem Situation und übrige Kommunikationsfaktoren erst zu erschließen sind. So wird immer ein gewisser Ermessensspielraum bleiben.

Die vorliegende Kommentierung geht von der Einheitlichkeit des 1 Kor aus. Wie bereits gesagt, ist die Dekomposition an keiner Stelle zwingend. Zum anderen läßt sich eine ganze Reihe struktureller Verknüpfungen feststellen, die positiv auf eine einheitliche Briefsituation schließen lassen (vgl. *D. Lührmann*, Freundschaftsbrief; *G. Segalla*, Struttura; *L. L. Belleville*, Continuity). So faßt das Proömium 1,4-9 Themen ins Auge, die, wenngleich verhalten, weit über 1-4 hinausgreifen (Charismen, Eschatologie). Von besonderem Gewicht ist die komplementäre bzw. spiegelbildlich-symmetrische Verschränkung der Problemkreise von 1-4 einerseits und 12-14 andererseits (siehe zu 1,10-4,21 unter 3.2.3.2). Im übrigen stehen auch alle anderen großen Problemfelder des 1 Kor (vor allem die Fragen zur Ehe [7], zum Götzenopferfleisch [8-10] und zum Gottesdienst [11], aber auch die Frage der Auferstehung [15] und die in 5 und 6 angeschnittenen Probleme) in Kongruenz mit dem geistig-religiösen Profil der in 1-4 erkennbaren Strömungen und ihrer Untergruppen. Auf weite Strecken geht es um einen Streit über das adäquate Integrationsmodell des Christseins bzw. der christlichen Gemeinde. Die Probleme, die aus den differierenden Optionen erwachsen, weisen – oberflächlich gesehen – eine erhebliche Divergenz auf, lassen sich aber als Faktoren bzw. Funktionen übergreifender innergemeindlicher Interaktionen) verstehen. Auf Einzelheiten kann erst im Laufe der Kommentierung eingegangen werden.

3.3 Der Aufbau des Briefes

1 Kor reagiert auf bestimmte Probleme der Gemeinde. Es ist daher müßig, nach einem vorgegebenen und davon unabhängigen Schema im Aufbau des Briefes zu suchen. Dies heißt jedoch nicht, daß die Abfolge der behandelten Probleme rein zufällig und beliebig aneinandergereiht ist, allein diktiert vom momentanen Einfall des

Autors. 1 Kor weist eine wohldurchdachte Ordnung auf, bei der sich thematische und kommunikative Elemente verschränken. Die sinnvolle thematische Abfolge einerseits und unterschiedliche kommunikative Ausgangssituationen andererseits bilden gleichsam das Koordinatenkreuz, mit dem sich die Struktur des Briefes bestimmen läßt.

Was die kommunikative Ausgangssituation betrifft, so sind deutlich zwei Informationsquellen erkennbar: Nachrichten von seiten der Leute der Chloë (1,11) und eine briefliche Anfrage der Korinther (7,1). Mündlichkeit und Schriftlichkeit sind möglicherweise bereits Indizien für unterschiedliche Darstellungsweise und Gewichtung der mitgeteilten Probleme. So könnte die schriftliche Anfrage stärker aus der Perspektive der gebildeten Schicht artikuliert sein, während die mündliche Mitteilung mehr den Erfahrungshorizont der einfacheren Leute widerspiegelt. Dazu würde auch passen, daß die Leute der Chloë Sklaven waren (s. o. 2.2.1).

Als Antwort auf die Anfrage der Korinther hat man in der Vergangenheit nahezu einhellig jene Passagen gewertet, die mit ›peri de ...‹ (»Was ... betrifft«) eingeleitet werden: 7,1.25; 8,1; 12,1; 16,1.12. Diese scheinbar selbstverständliche Schlußfolgerung hat *M. M. Mitchell mit guten Argumenten und reichem Belegmaterial in Frage gestellt (Concerning; vgl. *E. Baasland, περί-Formel, der die ›peri‹-Aussagen des Paulus »im Rahmen seines Schulbetriebes« verstehen möchte [82]). Die Einleitungsformel ›peri de‹ dient der Fortführung bzw. der Einführung eines weiteren Themas, ohne etwas über dessen Herkunft zu sagen. Mit Sicherheit kann man also nur davon ausgehen, daß Paulus eine Anfrage bezüglich der Ehe vorlag (7,1). Doch läßt sich aus inhaltlichen Gründen wahrscheinlich machen, daß auch das Essen von Götzenopferfleisch und die Geistesgaben in dem Fragebrief der Korinther angesprochen waren. Weit unsicherer dagegen muß es bleiben, ob die Kollekte (16,1) oder Apollos (16,12) im korinthischen Brief erwähnt waren. Hier könnte es sich durchaus um Themen handeln, die Paulus von sich aus eingeführt hat. Auch ihre Stellung gegen Ende des Briefes ist sachlich angemessen.

Geht man davon aus, daß 7,1; 8,1 und 12,1 auf Anfragen der Korinther Bezug nehmen, dann ergibt sich eine erste thematische Ordnungsstruktur, die vor allem durch die Kommunikationssituation bedingt ist: Ausführungen über Ehe und Sexualität: 7,1-40; Stellungnahme zum Götzenopfer und zum Essen von Götzenopferfleisch: 8,1-11,1; Belehrung über die Geistesgaben und den Stellenwert von Glossolalie und Prophetie im Gottesdienst: 12,1-

14,40. Möglicherweise waren diese Teile des paulinischen Ant-
wortschreibens schon abgeschlossen oder wenigstens konzipiert,
als Paulus mit den Nachrichten der Chloë-Leute konfrontiert
wurde, die ihn in jedem Fall über den Parteienstreit informiert
haben müssen. Gerade der Umstand, daß es zwischen den direkt
als Antwort zu bezeichnenden Passagen und 1-4 durchaus Be-
rührungspunkte gibt (vor allem zwischen 1-4 und 12-14), macht
es wahrscheinlich, daß der Parteienstreit auch den für den Fragebrief Verantwortlichen bekannt war. Doch waren sie mehr an den
nach ihrer Meinung zugrundeliegenden *Sach*problemen interessiert,
während die einfacheren Leute die Auseinandersetzung vor allem
unter dem Aspekt des Autoritätskonflikts ängstigte, der sie orien-
tierungslos machte (siehe unten zu 1,10-4,21). Daß Paulus den
Parteienstreit gleich am Anfang seines Briefes behandelt, hat nur
indirekt mit der kommunikativen Situation zu tun (unter dieser
Rücksicht hätte er ihn ja auch im Anschluß an 12-14 behandeln
können!). Paulus erkennt vielmehr, daß dem Autoritätskonflikt ein
christologischer Irrtum zugrunde liegt, dem alle Kontrahenten,
ohne es zu bemerken, zu erliegen drohen. Unter dieser Rücksicht
erscheint ihm der Parteienstreit als das Problem, das die Gemeinde
in ihrem Fundament bedroht. Er behandelt es daher am Anfang
und in grundsätzlicher Weise. Die Probleme der beiden anschließenden Kapitel 5 und 6 sind Paulus wohl ebenfalls über die Leute
der Chloë zu Ohren gekommen (vgl. 5,1: »man hört«). Doch ist
ihre Anordnung auch thematisch sinnvoll, sofern die darin angesprochenen Fragen der Sexualität (5,1-13; 6,12-21) gut zu Kapitel 7
passen. Ob auch 11,2-34 auf Mitteilungen der Chloë-Leute basie-
ren, ist schwer zu sagen. Der Umstand, daß die angesprochenen
Probleme ihr Gewicht vor allem aus der Perspektive der einfachen
Leute erhalten, ist allein noch kein zureichendes Indiz. Paulus
könnte auch anderswoher noch Nachrichten (vgl. 11,18: »ich
höre«) erhalten haben. Thematisch fügen sich die beiden den
Gottesdienst betreffenden Problemfelder gut vor 12-14 ein, wo die
Frage der Geistesgaben letztlich ja auch im Blick auf ihren Einsatz
im Gottesdienst besprochen wird. Es verbleibt noch Kapitel 15.
Die Leugnung der (leiblichen) Auferstehung der Toten läßt sich als
Teil der den Parteienstreit auslösenden Weisheitschristologie
begreiflich machen (siehe zu 1,10-4,21 unter 3.2.2.2). So stammt
die Information möglicherweise wieder von den Leuten der Chloë,
während die gebildeten Fragesteller von 7,1 in der These von 15,12
vielleicht kein nennenswertes Problem gesehen haben. Die Einord-
nung am Ende vor den abschließenden brieflichen Mitteilungen

dürfte thematische Gründe haben. Insgesamt entsteht so ein Spannungsbogen von der Christologie (1-4) zur Eschatologie (15), der ein relativ breites Feld von Themen überbrückt, die aber alle – seien sie ethisch-normierend oder sozial-regulierend ausgerichtet – nicht den einzelnen, sondern die Gemeinde betreffen, also ekklesiologische Relevanz besitzen (zu einer Theologie des 1 Kor vgl. *G. Friedrich*, Christus; *G. D. Fee*, Theology; *V. P. Furnish*, Theology). Das gilt natürlich auch für 1-4 selbst.

3.4 Ort und Zeit der Entstehung
Die Korrespondenz mit Korinth

Nimmt man die Einheitlichkeit des 1 Kor als gegeben an, so ist der ganze Brief in Ephesus entstanden (16,8), wo sich Paulus während der sogenannten 3. Missionsreise circa drei Jahre aufhielt (Apg 19,1.8.10.22; 20,1.31). Geht man davon aus, daß Paulus Korinth Mitte 51 verlassen hat und über Cäsarea und Jerusalem nach Antiochien zurückgekommen ist (Apg 18,18-22), dann wird er nicht vor 52 zur 3. Missionsreise aufgebrochen sein, die ihn zunächst nach Galatien und Phrygien (Apg 18,23) und dann nach Ephesus führte (Apg 19,1). Der dreijährige Aufenthalt dort dürfte dann in die Jahre 52 bis 54/55 fallen. Gegen Ende dieser Zeit kommt es zu einer regen Kommunikation mit der Gemeinde in Korinth. Sie beginnt mit der Entsendung des Timotheus (4,17; 16,10). Dann folgt 1 Kor, der wohl Anfang 54 bzw. 55 (vgl. 16,5-8) geschrieben wurde (*N. Hyldahl*, Chronologie 115.122: April 54). Paulus kündigt darin an, daß er über Mazedonien nach Korinth kommen und dort längere Zeit, möglichst den ganzen Winter (54/55 bzw. 55/56), bleiben werde. Dann überstürzen sich jedoch die Ereignisse. Paulus ändert seine Reisepläne. Möglicherweise war die Sendung des Timotheus nicht so erfolgreich wie erhofft. Paulus entschließt sich zu einem direkten Besuch in Korinth, der meist als »Zwischenbesuch« bezeichnet und in 2 Kor 12,14; 13,1 vorausgesetzt wird. Dabei kommt es zu einem schweren Konflikt, dessen Streitpunkt allerdings nicht bekannt ist. 2 Kor 2,5 und 7,12 sprechen von einem Gemeindemitglied, das Paulus schwere Kränkung zugefügt hat. Paulus begibt sich wieder nach Ephesus, ohne – wie eigentlich geplant – von Mazedonien nach Korinth zurückzukehren (2 Kor 1,15-2,2). Statt dessen schreibt er einen Brief »aus großer Bedrängnis und Herzensnot, unter vielen Tränen« (2 Kor 2,3f; vgl. 7,8f.12). Dieser »Tränenbrief« (auch »Zwischenbrief« genannt)

wird von Titus überbracht (vgl. 2 Kor 2,13; 7,6.13f). Nachdem
Paulus mit knapper Not einer nicht näher bezeichneten Lebensge-
fahr (Gefangenschaft in Ephesus?) entronnen ist (2 Kor 1,8-10),
macht er sich nach Mazedonien auf (vgl. Apg 20,1) in der Hoffnung, bald auf den aus Korinth zurückkommenden Titus zu stoßen
(2 Kor 2,12f). Titus bringt gute Nachricht (2 Kor 7,5-12); die
Gemeinde hat eingelenkt und den Schuldigen bestraft (2 Kor 2,5-
11). Wohlgemut und voll Freude schreibt Paulus erneut nach Korinth (2 Kor 7,13-16). Dieser »Versöhnungsbrief« wäre mit 2 Kor
identisch, sofern man diesen als einheitlichen Brief zu verstehen
hat. Dagegen aber werden heftige Bedenken geäußert. Die Spannungen innerhalb des Textes (vor allem zwischen 2 Kor 1-9 und
10-13) sind offenkundig. Zudem lassen sich die literarkritisch isolierbaren Stücke hervorragend auf den oben skizzierten Ablauf der
Ereignisse aufteilen. Legt man die ausgewogene und auch weithin
anerkannte These G. Bornkamms zugrunde (Vorgeschichte), ergibt
sich folgendes Bild:
Den ältesten Teil stellt die »Apologie des apostolischen Amtes« dar
2 Kor 2,14-7,4 (wohl mit Ausnahme von 6,14-7,1; vgl. dazu:
J. A. Fitzmyer, Qumran; J. Gnilka, 2 Kor 6,14-7,1). Das Verhältnis zur Gemeinde ist noch unproblematisch. Möglicherweise ist die
Apologie nach der Rückkehr des Timotheus geschrieben. Vom
Parteienstreit, in dessen Kontext die Sendung des Timotheus in
1 Kor 4,17 erwähnt war, ist nicht mehr die Rede. Allerdings
scheint die davon nicht ganz unabhängige Frage nach der apostolischen Autorität des Paulus immer noch die Gemüter zu bewegen.
Das Problem war bereits in 1 Kor angeklungen (bes. 9) und soll
durch die Apologie nun endgültig erledigt werden. Diesen Zweck
scheint die Apologie jedoch nicht erfüllt zu haben. Paulus sieht sich
veranlaßt, selbst nach Korinth zu kommen, wo jedoch die Lage
weiter eskaliert. Er reist ab und schreibt von Ephesus aus den
»Tränenbrief«, von dem 2 Kor 10,1-13,10 wenigstens ein Frag-
ment ist (nach U. Borse, »Tränenbrief«, soll 1 Kor mit dem Tränenbrief identisch sein). Den Abschluß findet die Korrespondenz
mit dem »Versöhnungsbrief«, der 2 Kor 1,1-2,13; 7,5-16; 13,11-13
umfaßt und von Mazedonien aus geschrieben ist. Das verbleibende
Kapitel 2 Kor 9 gehört entweder zur »Apologie« oder zu einem
weiteren selbständigen Schreiben. Insgesamt sind die Briefe in
einem relativ kurzen Abstand entstanden. Denn nach Apg 20,2f
befindet sich Paulus bereits wieder in Griechenland, d. h. wohl
wieder in Korinth, wo er sich drei Monate aufhält. Dem Kontext
nach (vgl. Apg 20,6) handelt es sich um die Wintermonate − wohl

des Jahres 54/55 oder 55/56. Die ganze Korrespondenz mit Korinth dürfte also in weniger als einem Jahr entstanden sein. Dennoch gibt es zwischen 1 Kor, der »Apologie« und dem »Tränenbrief« beträchtliche Unterschiede, die durch den Wechsel der Situationen bedingt sind. Man wird daher die späteren Texte nicht uneingeschränkt zur Erläuterung der früheren einsetzen dürfen.

Schon immer aufgefallen ist, daß es zwischen bestimmten Abschnitten des 1 Kor und Röm Berührungen gibt (vgl. 1 Kor 1,18-25/Röm 1,18-3,31; 1 Kor 8-10/Röm 14,1-15,13; 1 Kor 12/ Röm 12,3-8; 1 Kor 15,19.44-49/Röm 5,12-21). Nach *Conzelmann* erscheinen die Abschnitte aus dem Röm »wie eine theoretische Weiterentwicklung des 1 Kor« (19). Zwischen den beiden Briefen besteht auch ein örtlicher Konnex, sofern Röm in Korinth (dann wohl im Frühjahr 55 oder 56) entstanden ist (vgl. *W. G. Kümmel*, Einleitung 272).

4. Zum Text und zur Methode der Kommentierung

Literatur: K. Aland − B. Aland, Der Text des Neuen Testaments. Einführung in die wissenschaftlichen Ausgaben sowie in Theorie und Praxis der modernen Textkritik, Stuttgart 1982; *J. Albrecht*, Europäischer Strukturalismus. Ein forschungsgeschichtlicher Überblick, Darmstadt 1988; *J. L. Austin*, Zur Theorie der Sprechakte (Reclams Universal-Bibliothek 9396), Stuttgart 1976; *K. Berger*, Exegese des Neuen Testaments. Neue Wege vom Text zur Auslegung (UTB 658), Heidelberg ²1984; *H. E. Brekle*, Semantik. Eine Einführung in die sprachwissenschaftliche Bedeutungslehre (UTB 102), München ²1974; *D. Breuer*, Einführung in die pragmatische Texttheorie (UTB 106), München 1974; *K. Bühler*, Sprachtheorie. Die Darstellungsfunktion der Sprache, mit e. Geleitw. von *F. Kainz*, Stuttgart − New York 1982 (= Neudr. d. Ausg. von 1934); *H. Conzelmann − A. Lindemann*, Arbeitsbuch zum Neuen Testament (UTB 52), 9., überarb. u. erw. Aufl. Tübingen 1988; *E. Coseriu*, Textlinguistik. Eine Einführung (Tübinger Beiträge zur Linguistik 109), hrsg. u. bearb. von *J. Albrecht*, Tübingen ²1981; *D. Crystal*, Einführung in die Linguistik (UB 182), Stuttgart − Berlin − Köln − Mainz 1975; *T. A. van Dijk*, Textwissenschaft. Eine interdisziplinäre Einführung (dtv-Taschenbuch 4364), München 1980; *W. U. Dressler*, Einführung in die Textlinguistik (Konzepte 13), Tübingen 1972; *ders. (Hrsg.)*, Current Trends in Text Linguistics, New York − Berlin 1977; *U. Eco*, Einführung in die Semiotik (UTB 105), München 1972; *W. Egger*, Methodenlehre zum Neuen Testament. Einfüh-

rung in linguistische und historisch-kritische Methoden, Freiburg – Basel
– Wien 1987; Funk-Kolleg Sprache. Eine Einführung in die moderne
Linguistik I/II (Fischer Taschenbuch 6111/6112), Frankfurt 1973;
M. Geier, Methoden der Sprach- und Literaturwissenschaft. Darstellung
und Kritik (UTB 1227), München 1983; *U. Gerber – E. Güttgemanns
(Hrsg.)*, »Linguistische« Theologie. Biblische Texte, christliche Verkündi-
gung und theologische Sprachtheorie (FThL 3), Bonn 1972; *H. Glinz*,
Linguistische Grundbegriffe und Methodenüberblick (Studienbücher zur
Linguistik und Literaturwissenschaft 1), Frankfurt ⁴1971; *E. Gülich
– W. Raible*, Linguistische Textmodelle. Grundlagen und Möglichkeiten
(UTB 130), München 1977; *E. Güttgemanns*, Einführung in die Linguistik
für Textwissenschaftler 1. Kommunikations- und informationstheoretische
Modelle (FThL 2), Bonn 1978; *W. Iser*, Der Akt des Lesens. Theorie
ästhetischer Wirkung (UTB 636), München 1976; *R. Jakobson*, Linguistik
und Poetik, in: *H. Blumensath (Hrsg.)*, Strukturalismus in der Literatur-
wissenschaft (Neue Wissenschaftliche Bibliothek 43), Köln 1972, 118–147;
G. C. Lepschy, Die strukturale Sprachwissenschaft. Eine Einführung
(Sammlung Dialog 28), München 1969; *J. Lyons*, Einführung in die
moderne Linguistik, München ²1972; *H. Merklein – Th. Kaut*, Exegese des
Neuen Testaments, in: *J. Wohlmuth (Hrsg.)*, Katholische Theologie heute.
Eine Einführung in das Studium, Würzburg 1990, 181–203; *B. M. Metz-
ger*, Der Text des Neuen Testaments. Einführung in die neutestamentliche
Textkritik, Stuttgart – Berlin – Köln – Mainz 1966; *ders.*, A Textual
Commentary on the Greek New Testament. A Companion Volume to the
United Bible Societies' Greek New Testament (third edition), London
– New York 1971; *H. F. Plett*, Textwissenschaft und Textanalyse. Semio-
tik, Linguistik, Rhetorik (UTB 328), Heidelberg ²1979; *S. J. Schmidt*, Text-
theorie. Probleme einer Linguistik der sprachlichen Kommunikation
(UTB 202), München ²1976; *J. R. Searle*, Sprechakte. Ein sprachphiloso-
phischer Essay, Frankfurt 1971; *G. Strecker – U. Schnelle*, Einführung in
die neutestamentliche Exegese (UTB 1253), Göttingen ²1985; *M. Titz-
mann*, Strukturale Textanalyse. Theorie und Praxis der Interpretation
(UTB 582), München 1977; *H. J. Vogels*, Handbuch der Textkritik des
Neuen Testaments, Bonn ²1955; *H. Weinrich*, Sprache in Texten, Stuttgart
1976; *H. Zimmermann*, Neutestamentliche Methodenlehre. Darstellung
der historisch-kritischen Methode, 7. Aufl., neubearb. von K. Kliesch,
Stuttgart 1982.

4.1 Text und Übersetzung

Erste Voraussetzung für die Kommentierung eines Textes ist des-
sen eindeutige Fixierung. Dies ist im Falle neutestamentlicher
Texte keineswegs selbstverständlich. Für fast jeden Vers sind
Varianten zu verzeichnen. Einen der Urform möglichst nahekom-

menden kritischen Text zu erstellen, ist Aufgabe der *Textkritik* (zur Methode: *H. Zimmermann*, Methodenlehre 28–76; *B. M. Metzger*, Text; *H. J. Vogels*, Handbuch; *K. Aland – B. Aland*, Text). Im Rahmen dieses Kommentars kann auf textkritische Fragen nicht näher eingegangen werden. Der Übersetzung wird in der Regel der Text der 26. Auflage des Novum Testamentum Graece (*Nestle-Aland*²⁶ 7. Druck) zugrunde gelegt. Doch erscheint es in vielen Fällen unverzichtbar, wenigstens einige textkritische Hinweise zu geben, und zwar vor allem dann,

– wenn im Text von *Nestle-Aland*²⁶ Wörter oder Wortteile vorkommen, deren Ursprünglichkeit nicht sicher ist (bei *Nestle-Aland*²⁶ in eckigen Klammern); in diesen Fällen wird wenigstens die Problemlage kurz angezeigt.
– wenn – in ganz seltenen Fällen – die dargebotene Übersetzung von *Nestle-Aland*²⁶ abweicht.
– wenn sachlich bedeutsame und textkritisch immerhin gewichtige Varianten vorliegen; oftmals handelt es sich dabei um Lesarten, die in der 25. Auflage des Novum Testamentum Graece (*Nestle-Aland*²⁵) noch im Text standen.

Bei allen textkritischen Erläuterungen werden jeweils nur die Hauptzeugen angegeben. Wer sich ein genaueres Bild verschaffen will, kann dies leicht durch Einsicht in die kritischen Textausgaben gewinnen. Ausdrücklich verwiesen sei auf das Greek New Testament (*Greek NT*), das gegebenenfalls eine gegenüber *Nestle-Aland*²⁶ ausführlichere Liste der Textzeugen darbietet und eine Wertung der jeweiligen Entscheidung versucht. Gute Dienste leistet in diesem Zusammenhang auch der von *B. M. Metzger* herausgegebene Textual Commentary, in dem die wichtigsten textkritischen Entscheidungen begründet sind. Gelegentlich wird auch innerhalb der Auslegung noch auf weitere (auch sekundäre) Textvarianten hingewiesen. Dies geschieht vor allem dann, wenn eine Variante eine bestimmte Auslegungsgeschichte erkennen läßt, die wiederum für die Interpretation zumindest von Interesse sein könnte.

Neben den nötigen textkritischen Bemerkungen werden unter der Rubrik »Zum Text und zur Übersetzung« auch abweichende Übersetzungen verzeichnet, die unter rein philologischer Rücksicht möglich sind. Besprochen werden vor allem solche Übersetzungsvarianten, die aufgrund einer anderen Einteilung bzw. Abgrenzung des Textes oder aufgrund einer anderen Auffassung von seiner Konstruktion zustande kommen. Vielfach wird dabei auf tatsächlich existierende Übersetzungen verwiesen, insbesondere auf die Einheitsübersetzung (EÜ), die Zürcher Bibel (ZB) und die Lutherbibel (LB). Die Begründung für die dargebotene Übersetzung bleibt natürlich der Analyse und Auslegung vorbehalten. Insgesamt wurde versucht, eine Übersetzung zu erstellen, die so weit wie möglich die Eigenheiten des griechischen Originals erkennen läßt, so daß die nachfolgende Analyse auch ohne intensivere Griechischkenntnisse anhand der deutschen Übersetzung weitgehend nachvollzogen werden kann.

4.2 Methode der Kommentierung

Zu kommentieren ist ein literarisches Produkt des ersten Jahrhunderts. Zu ihm gehört eine bestimmte historische Situation und eine bestimmte kommunikative Konstellation. Den Text verstehen zu wollen setzt daher die Bereitschaft voraus, ihn in dieser seiner Bestimmtheit und − damit notwendigerweise verbunden − in seiner durch den zeitlichen Abstand bedingten Fremdheit wahrzunehmen. Dies ist keineswegs nur ein Postulat historischer Betrachtungsweise, sondern ein mindestens gleichgewichtiges theologisches Erfordernis. Es geht darum, den Text, zu sich selbst kommen zu lassen, ihm die Möglichkeit zu geben, zu sagen, was er zu sagen hat, und nicht Aussagen, die man selbst (bewußt oder unbewußt) von ihm hören möchte, in ihn hineinzulesen. Unbeschadet der Möglichkeit und Notwendigkeit, neutestamentliche Texte in andere Situationen zu übersetzen, bleibt doch die ursprüngliche Situation des Textes in ähnlicher Weise von maßgeblicher Bedeutung, wie die geschichtliche Person Jesu von Nazaret und die mit dem Namen und der Autorität der Apostel verbundene Tradition die ständig zu bedenkende Wurzel einer lebendigen, die Tradition fortschreibenden Glaubensgeschichte ist. Das ursprüngliche Kommunikationsgeschehen des Textes ist das Regulativ gegen einen eigenmächtigen Umgang, der den Text zum Knecht macht, statt von ihm Gehorsam zu lernen. Den Text in seiner Ursprünglichkeit wahrzunehmen ist daher die Voraussetzung für ein wirklich theologisches Verstehen und eine theologisch legitimierte existentielle Applikation. Damit ist das eigentliche, theologische wie hermeneutische Anliegen dieses Kommentars genannt.

Bedauerlich ist, daß die ursprüngliche historische Situation und Kommunikationskonstellation unabhängig vom auszulegenden

Text uns nicht mehr verfügbar ist. Die wenigen Nachrichten, die wir aus anderen Paulusbriefen oder der Apg besitzen, können die Problemlage nicht grundlegend entschärfen. Im wesentlichen muß das ursprüngliche Umfeld des 1 Kor aus diesem selbst erhoben werden. Als methodische Konsequenz ergibt sich daraus: Die (aus theologischen Gründen) historisch-kritische Exegese muß als textwissenschaftliches Unternehmen betrieben werden! Die von der historischen Kritik häufig reklamierte Hinter-fragung des Textes darf nicht zu schnell erfolgen. Sie darf vor allem nicht auf Kosten der Befragung des Textes geschehen. Vielmehr hat erstere überhaupt nur Aussicht auf Erfolg, wenn letztere das A und O der exegetischen Bemühung darstellt. Aus diesem Grund legt der vorliegende Kommentar das Schwergewicht auf die textwissenschaftliche Analyse. Diese Schwerpunktbildung geht nicht unbedingt konform mit dem gelegentlich postulierten Programm eines Primats der Synchronie vor der Diachronie. Gerade bei einem Text wie dem 1 Kor, der vom Autor wie von dessen theologischem Konzept her in einer geprägten Sprachtradition steht (bei Paulus ist es die biblisch-frühjüdische) und die Adressaten auf ihre religiöse Sprachtradition anspricht (selbst dort, wo er diese − im Extremfall − bekämpft), lassen sich Synchronie und Diachronie kaum isolieren. Als besondere Hilfe für die Konzentration auf den Text erwies sich die Beachtung der drei textuellen Beziehungsebenen. Die Textanalysen werden dementsprechend jeweils im Dreischritt von Syntax, Semantik und Pragmatik durchgeführt (auf die Sigmatik wird nicht eigens eingegangen). Die syntaktische Analyse basiert im wesentlichen auf der Konstituentenstruktursyntax. Im Gegensatz zu der herkömmlichen Schulgrammatik, die sich als Lehre von den Satzgliedern und den Wortarten versteht, betrachtet die strukturelle Syntax ganz dezidiert den Satz als ihren Gegenstand. Seine syntaktische Struktur ist zu erheben und mit der Struktur der Sätze, die mit ihm zusammen einen Text oder Teiltext (z. B. Perikope) bilden, zu vergleichen. Die semantische Analyse richtet ihr Augenmerk vorrangig auf die Intensionen, d. h. auf die im Text selbst angelegten Bedeutungen, ohne freilich die referentiellen Beziehungen (Extensionen) gänzlich zu vernachlässigen. Doch wird die referentielle Beziehungsebene meist erst im Rahmen der Auslegung vertieft. Das besondere Interesse gilt den semantischen Relationen (Substitutionen, Korrelationen, Oppositionen), über die dann die Sinnlinien des Textes und seine semantische Achse erarbeitet werden kann. Gelegentlich (besonders bei stark oppositionell geprägten Texten wie z. B. 1,18-25) ist es hilfreich,

die in der Tiefe des Textes angelegten Bedeutungsstrukturen nach
dem Modell des semantischen Vierecks bzw. Sechsecks zu formalisieren. Doch kommt dieses Verfahren eher im Ausnahmefall zur
Anwendung, zumal es die Gefahr enthält, die Organisation der im
Zuge des Textes voranschreitenden Bedeutungsentfaltung nicht
mehr genügend wahrzunehmen. Bei der pragmatischen Analyse
werden Einsichten in die antike Rhetorik ebenso herangezogen wie
Erkenntnisse der modernen Sprechakttheorie. Als zumindest heu-
ristisch gut geeignetes Instrumentarium kann die Unterscheidung
der Sprachfunktionen gelten (vgl. *R. Jakobson*, Linguistik 121–
125). Gelegentlich werden auch Anleihen bei der Rezeptionsästhe-
tik gemacht, um die Textstrategie besser aufzuspüren. Leser, die
sich über die Theorie der Textlinguistik genauer informieren möch-
ten, seien auf die oben genannten Einführungen verwiesen, insbesondere das Funk-Kolleg Sprache, sowie auf: *H. F. Plett*, Textwissenschaft; *E. Gülich – W. Raible*, Textmodelle; *E. Güttgemanns*,
Einführung; *E. Coseriu*, Textlinguistik; *T. A. van Dijk*, Textwissenschaft; eine direkte Anwendung auf das Neue Testament findet
sich bei *W. Egger*, Methodenlehre (vgl. auch: *K. Berger*, Exegese).
Die in diesem Kommentar zur Anwendung kommende Analyse-
methode folgt nicht einer bestimmten textlinguistischen Schulrich-
tung. Es gibt auch keine für alle Texte gleich anwendbare Methode.
Das Analyseverfahren, das in diesem Kommentar zum Tragen
kommt, verdankt sich weniger einem theoretischen Modell, sondern stammt aus der Auslegungspraxis speziell des 1 Kor. Was sich
in einem mehrjährigen Umgang mit dem Text als nützlich und
hilfreich erwies, wurde integriert; was mehr der theoretischen
Formalisierung als dem praktischen Nutzen (der am inhaltlichen
Erkenntnisgewinn bemessen wurde) diente, wurde weggelassen.
Dabei wurde der Versuch gemacht, die notwendigen textlinguistischen Sachverhalte so darzustellen, daß sie auch von den Lesern
verstanden werden können, die keine speziellen Kenntnisse des
linguistischen Fachjargons besitzen.
Die herkömmlichen Verfahren der historisch-kritischen Exegese,
wie z. B. Literarkritik, Form-, Traditions- und Redaktionsge-
schichte (vgl. dazu: *H. Zimmermann*, Methodenlehre; *H. Conzelmann - A. Lindemann*, Arbeitsbuch 1–140; *G. Strecker -
U. Schnelle*, Einführung; *H. Merklein – Th. Kaut*, Exegese), werden nicht vernachlässigt. Ihr Einsatz ist aber nicht einem separaten
analytischen Schritt vorbehalten. Die neuerdings oft praktizierte
Abfolge von synchronischer und diachronischer Analyse (vgl.
W. Egger, Methodenlehre) mag für Evangelientexte, die überwie-

gend der Traditionsliteratur angehören, sehr sinnvoll sein, führt aber bei den zur Autorenliteratur gehörigen Briefen häufig zu einer wenig fruchtbaren Formalisierung. Deshalb wird hier versucht, die herkömmlichen historisch-kritischen Fragestellungen in die mehr textwissenschaftlich orientierte Analyse mit einzubeziehen. Für die jeweilige Zuordnung gibt es allerdings kein festes Schema. So ist etwa der formgeschichtliche Befund eines Präskriptes im Rahmen der syntaktischen Analyse von Bedeutung, während der formgeschichtliche Befund eines Proömiums eher im Rahmen der Pragmatik eine Rolle spielt. Häufig werden historisch-kritische Fragen auch erst im Zuge der Einzelauslegung besprochen, besonders dort, wo es sich um lexikalische oder begriffsgeschichtliche Beobachtungen handelt. Die Einzelauslegung selbst geht — in herkömmlicher Manier — Vers für Vers vor.

Auf eine eigene theologische Applikation wurde entgegen dem ursprünglichen Konzept am Ende doch verzichtet. Trotz des historischen Abstandes besitzt die in der Auslegung entfaltete Aussage des Textes ein so großes theologisches Eigengewicht, daß sie auch den heutigen Leser unmittelbar anzusprechen vermag. Applizierende Hinweise würden die Aktualisierung des Textes gelegentlich gewiß erleichtern. Sie haben aber auch den Nachteil, daß sie den (kreativen) Rezeptionsspielraum des Lesers einengen.

Kommentar

Das Präskript 1,1-3

1 Paulus, berufener Apostel Christi Jesu durch den Willen Gottes, und Sosthenes, der Bruder, 2 an die (griech.: Dativ) Gemeinde Gottes, die in Korinth ist, die Geheiligten in Christus Jesus, die berufenen Heiligen, mit allen, die den Namen unseres Herrn Jesus Christus anrufen an jeglichem Ort, dem ihrigen und dem unsrigen (wörtl.: von ihnen und von uns). 3 Gnade euch und Friede von Gott, unserem Vater, und dem Herrn Jesus Christus.

Literatur: R. *Asting*, Die Heiligkeit im Urchristentum (FRLANT 46), Göttingen 1930; H. *Balz*, Art. ἅγιος κτλ., in: EWNT I 38–48; K. *Berger*, Volksversammlung und Gemeinde Gottes. Zu den Anfängen der christlichen Verwendung von »ekklesia«: ZThK 73 (1976) 167–207; H. *Conzelmann*, Art. χαίρω κτλ., in: ThWNT IX 350–366.377–405; N. A. *Dahl*, Das Volk Gottes. Eine Untersuchung zum Kirchenbewußtsein des Urchristentums (1941), Darmstadt ²1963; W. G. *Doty*, Letters in Primitive Christianity (Guides to Biblical Scholarship. New Testament Series), Philadelphia 1973; F. X. J. *Exler*, The Form of the Ancient Greek Letter of the Epistolary Papyri (3rd c. B.C. – 3rd c. A.D.). A Study in Greek Epistolography, Chicago 1976 (Nachdr. d. Ausg. Washington 1923); J. A. *Fitzmyer*, Art. κύριος, in: EWNT II 811–820; *ders.*, Some Notes on Aramaic Epistolography: JBL 93 (1974) 201–225; W. *Foerster* – G. v. *Rad*, Art. εἰρήνη κτλ., in: ThWNT II 398–418; G. *Friedrich*, Lohmeyers These über ›Das paulinische Briefpräskript‹ kritisch beleuchtet: ZNW 46 (1955) 272–274; M. *Gielen*, Zur Interpretation der paulinischen Formel ἡ κατ' οἶκον ἐκκλησία: ZNW 77 (1986) 109–125; K. *Holl*, Der Kirchenbegriff des Paulus in seinem Verhältnis zu dem der Urgemeinde, in: *ders.*, Gesammelte Aufsätze zur Kirchengeschichte II. Der Osten, Tübingen 1928, 44–67; H. *Koskenniemi*, Studien zur Idee und Phraseologie des griechischen Briefes bis 400 n. Chr. (AASF B 102,2), Helsinki 1956; W. G. *Kümmel*, Kirchenbegriff und Geschichtsbewußtsein in der Urgemeinde und bei Jesus, Göttingen ²1968; H.-W. *Kuhn*, Enderwartung und gegenwärtiges Heil. Untersuchung zu den Gemeindeliedern von Qumran (StUNT 4), Göttingen 1966; P.-E. *Langevin*, »Ceux qui invoquent le nom du Seigneur« (1 Co 1,2): ScEc 19 (1967) 373–407; 20 (1968) 113–126; 21 (1969) 71–122; J. M. *Lieu*, »Grace to you and peace«: The Apostolic Greeting: BJRL 68 (1985/86) 161–178; E. *Lohmeyer*, Probleme paulinischer Theologie I. Briefliche Grußüberschriften: ZNW 26 (1927) 158–173; H.-P. *Müller*, Art. קָהָל qāhāl Versammlung, in: THAT II 609–619; B. *Olsson*, Papyrusbriefe aus der frühesten Römerzeit, Uppsala 1925; O. *Procksch*, Art. ἅγιος κτλ., in: ThWNT I 87–97.101–116; O. *Roller*, Das Formular der paulinischen Briefe. Ein Beitrag zur Lehre vom antiken Brief, Stuttgart

1933; *J. Roloff*, Art. ἐκκλησία, in: EWNT I 998−1011; *K. L. Schmidt*, Art.
καλέω κτλ., in: ThWNT III 502−539; *R. Schnackenburg*, Die Kirche im
Neuen Testament. Ihre Wirklichkeit und theologische Deutung, ihr Wesen
und Geheimnis (QD 14), Freiburg − Basel − Wien 1961; *F. Schnider − W.
Stenger*, Studien zum neutestamentlichen Briefformular (NTTS 11), Leiden
− New York − København − Köln 1987 (Lit.); *W. Schrage*, »Ekklesia«
und »Synagoge«. Zum Ursprung des urchristlichen Kirchenbegriffs: ZThK
60 (1963) 178−202; *G. Schrenk*, Art. πατὴρ κτλ., in: ThWNT V 946−
959.974−1024; *J. Sykutris*, Art. Epistolographie, in: PRE Suppl. V (1931)
186−200; *Ph. Vielhauer*, Ein Weg zur neutestamentlichen Christologie?
Prüfung der Thesen Ferdinand Hahns, in: *ders.*, Aufsätze zum Neuen
Testament (TB 31), München 1965, 141−198; *J. L. White*, Saint Paul and
the Apostolic Letter Tradition: CBQ 45 (1983) 433−444; *ders.*, New
Testament Epistolary Literature in the Framework of Ancient Epistolography, in: ANRW II,25.2 (1984) 1730−1756; *U. Wickert*, Einheit und Ein-
tracht der Kirche im Präskript des ersten Korintherbriefes: ZNW 50 (1959)
73−82.

1. Zum Text und zur Übersetzung

Textkritisch enthalten die Verse keine ins Gewicht fallenden Probleme. Für die Übersetzung des V. 2 werden zum Teil auch andere
Zuordnungen erwogen. So wird V. 2b (ab »mit allen …«) gelegentlich direkt auf »berufene« bezogen: »berufen als Heilige mit
allen …« (EÜ). Die ohnehin schwierige Wendung »von ihnen und
von uns« wird auch als nachklappende Erläuterung zu »Herrn
Jesus Christus« verstanden: »samt allen, die allerorten den Namen
unsres Herrn Jesus Christus anrufen -ihres und unsres Herrn«
(ZB).

2. Analyse

Die *syntaktische* Grundstruktur des Textes hat *formgeschichtliche* Vorgaben, die man allerdings nicht als feste literarische Gesetze, sondern eher als gewisse tendenzielle Regelmäßigkeiten von heuristischem Wert betrachten sollte (zur tatsächlichen Variationsbreite etwa der aramäischen Briefe vgl. *J. A. Fitzmyer*, Notes 211–217). Herkömmlicherweise unterscheidet man zwischen einem »orientalischen« und einem »griechischen« Briefformular. Im Falle des Präskriptes des 1 Kor folgt Paulus – wie auch sonst in seinen Briefen – dem orientalischen Briefformular (vgl. *E. Lohmeyer*, Probleme 158–161 [zur weiteren Auffassung Lohmeyers s. *G. Friedrich*, Lohmeyers These]; *J. M. Lieu*, Grace 164–167). Dieses ist zweigliedrig: Absender (superscriptio) an (griech.: Dat.) Empfänger (adscriptio) + Gruß (salutatio) in direkter Anrede (vgl. Dan 4,1 Theod.; syrBar 78,2; b.San 11b). Das griechische Briefformular dagegen ist eingliedrig: Absender (sagt) dem Empfänger(, er möge) sich freuen (›chairein‹) (vgl. **A. Deissmann*, Licht 116–193; *F. X. J. Exler*, Form 23–68; *B. Olsson*, Papyrusbriefe 2–4; *O. Roller*, Formular 46–91; *H. Koskenniemi*, Studien 158–167; *J. M. Lieu*, Grace 162f); im Neuen Testament kommt es nur Jak 1,1; Apg 15,23; 23,26 vor. Im Falle des Präskriptes von 1 Kor ist das erwähnte Grundmuster in allen Gliedern erweitert, sei es durch Verdoppelung einzelner Konstituenten, sei es durch Appositionen und Präpositionalkonstruktionen. Besonders auffällig ist der Präpositionalausdruck in V. 2b, der schon zu literarkritischen Operationen Anlaß gegeben hat (s.u.).
Die *salutatio* hat die für Paulus stereotype Gestalt (anders nur: 1 Thess 1,1). Auch sie hat formgeschichtliche Vorbilder. Zunächst ist der jüdische Friedenswunsch (›schâlôm‹) zu nennen, der in erweiterter Form auch brieflich vorkommen kann (syrBar 78,2: »Erbarmen und Friede«). Die paulinische Version »*Gnade* und Friede« könnte demnach als spezifisch christliche Variante dieser erweiterten jüdischen Form verstanden werden (vgl. »Gnade, Erbarmen, Friede« in 1 Tim 1,2; 2 Tim 1,2; 2 Joh 1,3). Vielleicht kann Paulus selbst als ihr Urheber angesehen werden (außerhalb des Corpus Paulinum nur noch in 1 Petr 1,2; 2 Petr 1,2; Offb 1,4; vgl. grHen 5,7: »Licht und Gnade und Friede«; zur Sache: *J. M. Lieu*, Grace 167–174). Unbeschadet dessen bleibt jedoch zu beachten, daß die zeitgenössischen Briefe in aller Regel nur den einfachen Friedensgruß aufweisen. Das Briefformular wird daher

zur formgeschichtlichen Erklärung der paulinischen salutatio kaum ausreichen. Man hat vielmehr mit Einwirkungen auch außerbrieflicher Gattungen zu rechnen (*K. Berger, Apostelbrief 191–207). Vor allem ist an alttestamentliche und jüdische Segensformeln zu denken (vgl. Num 6,25f; Sir 50,23f; Jub 12,29; 22,8–10; 1 QS 2,1–4; weitere Belege bei *K. Berger, a.a.O. 199–201; vgl. auch J. A. Fitzmyer, Notes 215). Ein Einfluß des griechischen Briefformulars, den einige Autoren aufgrund der phonetischen Ähnlichkeit – ›chairein‹ (»sich freuen«) / ›charis‹ (»Gnade«) – erwägen (H. Conzelmann: ThWNT IX 384; O. Roller, Formular 61), muß unsicher bleiben.

Für die Semantik ist von Bedeutung, daß wichtige Begriffe des Textes – bes. »Apostel«, »Gemeinde«, »Herr« – aufgrund ihrer Referenz (Verweis auf außertextliche Sachverhalte) zum Inventar christlicher Eigensprache gehören. Zu ihrer Erklärung sind daher auch diachrone (traditionsgeschichtliche) Überlegungen nötig. Unter der Rücksicht einer intensionalen (textinternen) Semantik sind vor allem die syntaktischen Erweiterungen des formgeschichtlichen Grundmusters interessant. Sie sind semantisch als Determinierungen bzw. Substitutionen aufzufassen, deren Zugehörigkeit zum gleichen Wortfeld zumindest teilweise schon traditionsgeschichtlich vorgegeben ist (z. B. bei »Gemeinde«).

In pragmatischer Hinsicht sind die drei Verse ihren Sprechakten nach – zunächst – als Anrede (VV. 1f) und Wunsch (V. 3) zu charakterisieren; sie sind also eindeutig empfängerorientiert. Gerade die über das vorgegebene formale Grundmuster hinausgehenden Erweiterungen in VV. 1f weisen jedoch auch sachorientierte (referentielle) Bezüge auf (z. B. den Verweis, daß ein Apostel von Gott berufen ist oder daß Christen in Christus Geheiligte sind). Es geht dem Text also nicht nur um formale Anrede. Die Leser werden vielmehr durch die »Sache« in Anspruch genommen. Genau besehen gilt dies sogar für V. 3, der als prädikatloser Satz Zuspruch (Wunsch) und Aussage beinhaltet. Insgesamt besitzt der Text also bereits appellativen bzw. performativen Charakter, der dann im Laufe des Briefes direkt zum Zuge kommt.

3. Einzelerklärung

Vers 1: In den meisten seiner Briefpräskripte fügt Paulus zu seinem Namen noch den Aposteltitel hinzu. Er fehlt lediglich in 1 Thess 1,1 (erster Brief) sowie in Phlm 1 und Phil 1,1, wo er durch »Gefangener bzw. Knecht Christi Jesu« ersetzt ist. Eine Kombination des letzteren mit dem Aposteltitel verwendet Paulus in Röm 1,1 (vgl. Tit 1,1). Da auf die Traditionsgeschichte des Begriffs und die inhaltliche Seite des apostolischen Selbstverständnisses des Paulus noch an anderen Stellen einzugehen ist (s. zu 4,9-13; 9 [Traditionsgeschichte]; 15,1-11), genügt es hier, die drei für Paulus konstitutiven Momente aufzuführen: (1) Berufung und Bestimmung durch Gott, (2) Selbsterschließung Jesu Christi und (3) Beauftragung zur Verkündigung, die sich bei Paulus in der Heidenmission konkretisiert. Ausdrücklich genannt sind diese drei Momente in Gal 1,12.15f. Wenigstens skizzenhaft klingen sie jedoch auch in 1,1f an. Das dritte Moment ist indirekt durch die Nennung der korinthischen Gemeinde gegeben, die ihre Existenz der Verkündigung des Paulus verdankt (vgl. 3,10f; 4,14f); auch 1 Kor selbst gehört – als briefliche Form der Verkündigung – hierher. Deutlicher kommen die beiden ersten Momente durch die Qualifizierung des Apostelbegriffs zum Ausdruck: »*berufener* (so auch: Röm 1,1) Apostel *Christi Jesu* (so auch: 2 Kor 1,1; vgl. Kol 1,1; Eph 1,1; 1 Tim 1,1; 2 Tim 1,1; Tit 1,1) *durch Gottes Willen*« (so auch: 2 Kor 1,1; vgl. Kol 1,1; Eph 1,1; 2 Tim 1,1 [1 Tim 1,1]). Das erste und das letzte Element konvergieren inhaltlich (in 2 Kor 1,1 kann daher »berufen« fehlen; so auch in einigen Textvarianten). Die Betonung des »Berufen«-Seins läßt noch erkennen, daß Paulus seinen apostolischen Auftrag mit Hilfe der alttestamentlichen Prophetenberufung interpretiert (vgl. Jes 49,1-6; Jer 1,5-10; Gal 1,15f).

Daß ein Apostel Vollmacht und Autorität besitzt, war auch in Korinth unstrittig. Die scharfen Auseinandersetzungen, die in 2 Kor sichtbar werden, bestreiten nicht die Autorität des *Apostels*, sondern den entsprechenden Anspruch des *Paulus*! Es ist jedoch unwahrscheinlich, daß bereits 1 Kor 1,1 in eine derartige Konfrontation hineingehört. Vor allem der an Paulus gerichtete Fragebrief (vgl. 7,1) läßt erkennen, daß zur Zeit des 1 Kor Paulus als Apostel noch weithin anerkannt war. Im übrigen zeigen Gal 1 und 2 Kor 10-13, daß Paulus viel energischer und gereizter reagiert, wenn sein Apostolat in Frage gestellt wird. Andererseits wird es schon seinen

Grund haben, daß Paulus sein Apostelamt in 1 Kor 1,1 so positiv
herausstellt und damit auch seinem Brief ganz dezidiert den formalen Charakter eines apostolischen Schreibens gibt (zum Apostelbrief als Fortsetzung der mündlichen apostolischen Verkündigung
auf schriftlicher Ebene vgl. *K. Berger*, Apostelbrief). Tatsächlich
setzt 1 Kor Irritationen in der Gemeinde voraus, die auch an
Paulus nicht spurlos vorübergegangen sind. Zwar gibt es keine
Anzeichen, daß sein Apostolat bezweifelt wurde; wohl aber zeichnet sich ein gewisser Autoritätsverlust ab, zumindest in Teilen der
Gemeinde (vgl. den Parteienstreit, bes. 4,3-13 und 9,1-23).

Als Mitabsender wird Sosthenes genannt. Dies bedeutet jedoch
nicht, daß er Mitverfasser des 1 Kor ist (vgl. die 1. Pers. Sing. in
1,4.10). »Bruder« ist eine geläufige Bezeichnung für den Mitchri-
sten (zur theologischen Begründung vgl. Röm 8,29). Ob aus seiner
Nennung auf eine Mitarbeiterfunktion zu schließen ist, muß unge-
wiß bleiben (gegen: *W.-H. Ollrog*, Paulus 31). Seine Nennung ist
also primär situationsbedingt (so auch: *W.-H. Ollrog*, a.a.O. 22
Anm. 77). Ob er »als Gemeindegesandter bei Paulus weilte« (ebd.
106), ist zumindest aus 1 Kor nicht zu eruieren. Im Rahmen des
erkennbaren Kommunikationsgeschehens spielt er keine Rolle (vgl.
dagegen 1,11; 16,17). Vielleicht ist Sosthenes auch nur zusammen
mit Paulus von Korinth nach Ephesus gereist (vgl. *C. Colpe*: BHH
III 1824), so daß seine Erwähnung hauptsächlich die Funktion
hätte, die glückliche Ankunft der beiden Reisegefährten zu signali-
sieren. Mit Sicherheit läßt sich nur sagen, daß Sosthenes der
Gemeinde von Korinth bekannt gewesen sein muß. Ob er mit dem
in Apg 18,17 genannten Synagogenvorsteher identisch ist, muß
offenbleiben.

Vers 2: Der Brief ist adressiert »an die Gemeinde Gottes, die in
Korinth ist« (so auch 2 Kor 1,1). Soll durch die Beifügung der
Oberbegriff lediglich spezifiert werden: die »Gemeinde Gottes«,
soweit bzw. *sofern* sie in Korinth ist? »Gemeinde Gottes« bezöge
sich dann entweder auf eine abstrakte Größe (*die* »Kirche«
schlechthin), die dann in der Gemeinde von Korinth konkretisiert
bzw. repräsentiert würde, oder auf eine umfassende Gesamtge-
meinde (die Universalkirche), von der dann die Gemeinde von
Korinth nur ein Teil wäre. Ersteres entspräche in etwa der Synthese
von *K. L. Schmidt*, mit der dieser einen lang anhaltenden Streit
beendet zu haben schien. In jüngerer Zeit wurden jedoch wiederum Bedenken angemeldet. Nach *J. Hainz* kennt Paulus »keine
Gesamt-›Kirche‹« (Ekklesia 251). ›Ekklēsia‹ im paulinischen Ver-

ständnis sei immer die konkrete Gemeinde. Damit wolle sich Paulus bewußt von Jerusalem absetzen. Dort habe man gesamt-kirchlich, zentralistisch gedacht, »wobei Jerusalem als die ›ekklēsia tou theou‹, d. h. als Vorort und Repräsentantin der Gesamtekkle-sia verstanden sein wollte« und daraus auch rechtliche Ansprüche gegenüber anderen Gemeinden abgeleitet habe (a.a.O. 250). Die aufgeworfene Problematik läßt eine etwas ausführlichere Behand-lung der *Traditionsgeschichte des paulinischen ›EKKLESIA‹-Begriffs* als gerechtfertigt erscheinen.

Die ältere Forschung war überwiegend der Meinung, daß ›ekklēsia tou theou‹ eine Übernahme der LXX-Übersetzung des hebräischen ›q^{e}hal JHWH‹ sei. Dagegen wies *W. Schrage* darauf hin, daß dann eher ›ekklēsia *kyriou*‹ (»Gemeinde des *Herrn*«) zu erwarten sei (Ekklesia 187f). Positiv führt *W. Schrage* den christlichen Ekklesia-Begriff auf die hellenistische Gemeinde Jerusalems (die sog. Hellenisten; vgl. Apg 6,1) zurück. Sie habe sich mit diesem Begriff bewußt von der jüdischen Gemeinde absetzen wollen, deren enge Bindung an das Gesetz vor allem in der Bezeichnung »Synagoge« zum Ausdruck komme (a.a.O. 196–198). Die Wahl des Begriffs wäre dann »primär ... nicht durch das heilsgeschichtliche Interesse und das Bewußtsein einer Kontinuität und Solidarität mit Israel motiviert, sondern durch das Bewußtsein einer Diskontinuität gegenüber einer durch das Gesetz gekennzeichneten Vergangenheit« (199f). Richtig daran ist zweifellos, daß der christliche Ekklesia-Begriff nicht unmittelbar aus der LXX übernommen sein kann (*J. Roloff*: EWNT I 1000f). Dagegen stellt es eine semantische Überfrachtung dar, wenn *W. Schrage* ihm (als Gegenbe-griff zu »Synagoge«) eine kritische Funktion in bezug auf Gesetz und Heilsgeschichte zuschreibt (vgl. *J. Roloff*, a.a.O. 1001). Dies hindert nicht die Annahme, daß der Begriff – zumindest in seiner griechischen Ver-sion – sich den Hellenisten verdankt. Nach *K. Berger* ist der christliche Ekklesia-Begriff hauptsächlich vom hellenistischen Verständnis geprägt (Volksversammlung 168–184). *K. Berger* nimmt eine Entwicklung an, wonach aus ›ekklēsia‹ = »Versammlung« allmählich eine Gruppenbezeich-nung geworden ist (a.a.O. 187–198). Dagegen spricht jedoch, daß die Gruppenbezeichnung nicht am Ende, sondern am Anfang der christlichen Begriffsgeschichte zu stehen scheint (**H. Merklein*, Ekklesia 307f). Gegen *W. Schrage* und *K. Berger* ist in diesem Zusammenhang überdies geltend zu machen, daß zumindest das Syntagma »Ekklesia Gottes« im Rahmen jüdischer Sprachkompetenz fast zwangsläufig den Gedanken des Gottes-volkes wachrufen mußte (**H. Merklein*, a.a.O. 308–310). Unter diesen Umständen empfiehlt es sich, den christlichen Begriff doch aus dem alttestamentlich-frühjüdischen Einflußbereich herzuleiten, ohne ihn jedoch einseitig mit der LXX in Verbindung zu bringen. Der Ausdruck ist für das zeitgenössische Judentum sowohl in Palästina (1 QM 4,10: ›q^{e}hal ’El‹; vgl. 1 QSa 2,4) wie in der Diaspora (Philo: ›ekklēsia theou‹) belegt. Dabei ist zu beachten, daß ›qᵉhal JHWH‹ schon in den nomistischen Texten des AT eindeutig kultische Determinanten besitzt, also Israel als heilige Kultgemeinde bezeichnet. Dieser Einfluß (bes. Dtn 23,2-9) ist auch in der Begriffsverwendung von Qumran (wo man sich allerdings stärker der priesterschriftlichen Begrifflichkeit [›ᵉedāh‹] anschließt) und selbst bei Philo noch unverkennbar (vgl. *W. Klaiber*, Rechtfertigung 14−17). *W. Klaiber* ist zuzustimmen, wenn er feststellt: »... im Rahmen der Tradition von Dt 23,2-9, die in allen wesentlichen Schichten der jüdischen Geschichte von Bedeutsamkeit bleibt, gewinnt die Formel (»Gemeinde Gottes«, Anm. d. Verf.) den Charakter eines sakral-rechtlichen terminus technicus für das wahre Israel« (a.a.O. 17).

Der Gedanke des Gottesvolkes dürfte auch die früheste christliche Begriffsverwendung bestimmt haben, die wohl schon auf die *aramäisch sprechende Urgemeinde* in Jerusalem zurückgeht. Die nun im Vordergrund stehende eschatologische Komponente − die »Gemeinde Gottes« als endzeitliches Gottesvolk − ist nicht durch den Begriff vorgegeben, sondern durch den Kontext der eschatologischen Botschaft Jesu bedingt, die es aufgrund der Auferweckung Jesu erneut an Israel auszurichten galt. In dieser Situation bot der Begriff der »Gemeinde Gottes« der Gruppe der Jesusanhänger eine gute Möglichkeit, sowohl ihr eigenes Selbstverständnis als auch ihren Anspruch gegenüber Israel zu artikulieren. Die heilsgeschichtliche Kontinuität zu Israel bleibt gewahrt. Eine Abgrenzung zum übrigen Judentum (wie wir sie etwa von der Qumransekte kennen) ist nicht intendiert.

Ein stärker abgrenzendes Moment könnte bei den *Hellenisten* wirksam gewesen sein, auf die die griechische Übersetzung ›ekklēsia tou theou‹ zurückgehen dürfte. Maßgeblich für die abgrenzende Tendenz war wahrscheinlich das Verständnis des Todes Jesu als Sühnegeschehen (vgl. 1 Kor 15,3), das die Hellenisten typologisch als eschatologische Überbietung des Sühnekultes im Tempel interpretierten (vgl. Röm 3,25; dazu: *H. Merklein*, Der Tod Jesu als stellvertretender Sühnetod. Entwicklung und Gehalt einer zentralen neutestamentlichen Aussage, in: *ders.*, Studien 181−191, hier 185f; *ders.*, Sühnetod 163f). In diesem Kontext mußte die kultisch-sakrale Komponente des Ekklesia-Begriffs um so stärker ins Gewicht fallen, so daß mit der christlichen Selbstbezeichnung auch die Differenz zu der am Tempel versammelten Kultgemeinde um so deutlicher hervortrat. Das Bekenntnis zu Christus wurde zum entscheidenden Kriterium der wahren (nun geistlichen) Kultgemeinde. Daß eine sich so verstehende »Gemeinde Gottes« ihr Verhältnis gegenüber der Tora (insbesondere der Kulttora) neu definieren mußte, versteht sich von selbst. Doch lag dies nicht am Ekklesia-Begriff an sich, sondern an der christologischen Hermeneutik, in die er hineingeriet. Die Kontinuität zu Israel war damit nicht aufgekündigt, wohl aber war behauptet, daß in Christus das vom Kult angezielte Heil ein für allemal verwirklicht ist. Festzuhalten bleibt sowohl für den aramäisch als auch für den griechisch sprechenden Teil der Jerusalemer Jesusanhänger: »Gemeinde Gottes« meint das sich zu Jesus bekennende *eschatologische Gottesvolk in seiner Gesamtheit*. Vom Jerusalemer »Standpunkt aus gesehen ist die christliche Kirche *eine einzige große Gemeinde*« (*K. Holl*, Kirchenbegriff 61; **J. Hainz*, Ekklesia 232–236.250). Ob die Urgemeinde daraus auch rechtliche Ansprüche gegenüber anderen Gemeinden abgeleitet hat (*K. Holl*, a.a.O. 45f.61f; **J. Hainz*, a.a.O. ebd.), muß aber fraglich erscheinen (**H. Merklein*, Ekklesia 304f).

Es spricht vieles dafür, daß *Paulus* den Begriff ›ekklēsia tou theou‹ von den Hellenisten (in Antiochien?) übernommen hat (vgl. vor allem seine rückblickende Rede von der Verfolgung der »Gemeinde [Gottes]« in 1 Kor 15,9; Gal 1,13 und Phil 3,6). Allerdings hat Paulus den Begriff dann überwiegend, wenn nicht ausschließlich, auf konkrete Gemeinden, d. h. Ortsgemeinden, bezogen (zu den Hausgemeinden vgl. **H.-J. Klauck*, Hausgemeinde; *M. Gielen*, Interpretation). Dies haben *K. Holl* (Kirchenbegriff 63f) und **J. Hainz* (Ekklesia 236–239.250–255) mit Recht herausgestellt. Zu verweisen ist vor allem auf die Stellen, wo der Begriff im Singular mit dem Namen eines bestimmten Ortes (1 Thess 1,1; 1 Kor 1,2; 2 Kor 1,1; Röm 16,1) oder im Plural mit dem Namen einer bestimmten Provinz bzw. Landschaft (1 Thess 2,14; Gal 1,2.22; 1 Kor 16,1.19a; 2 Kor 8,1) verbunden ist oder überhaupt im Plural verwendet wird (1 Kor 7,17; 11,16; 2 Kor 8,18f.23f; 11,8.28; 12,13; Röm 16,4.16; vgl. weiter: 1 Kor 4,17; Phil 4,15; 1 Kor 16,19b; Phlm 2; Röm 16,5). Mit Polemik gegen das Jerusalemer Kirchenverständnis hat der konkrete Sprachgebrauch des Paulus jedoch kaum etwas zu tun (gegen: *K. Holl*, a.a.O. 62f; **J. Hainz*, a.a.O. 239–245.251). Maßgeblich dafür ist vielmehr zunächst der Wechsel von der jüdischen in die hellenistische Sprachkompetenz. Letzterer ist die im jüdischen Traditionsbereich selbstverständliche Perspektive eines ethnisch oder religiös bestimmten Gottesvolkes im Sinne Israels (vor allem bei ›qᵉhal JHWH‹) absolut fremd. ›Ekklēsia‹ meint vielmehr die konkrete Versammlung, näherhin die Versammlung des Volkes einer Polis. Unter dem Eindruck dieser Semantik konnte es nicht ausbleiben, daß der christliche Ekklesia-Begriff eine entscheidende Modifikation erfahren mußte. Denn mag durch den Genitiv »Ekklesia *Gottes*« einem Griechen noch erkennbar gewesen sein, daß diese ›ekklēsia‹ nicht durch das Volk (im Sinne der Vollbürger) einer *Polis*, sondern durch das von *Gott* erwählte Volk konstituiert wird, so konnte er mit diesem Gottesvolk kaum das semantische Merkmal des Volkes Israel verbinden. Hellenistischem Verständnis mußte es sich vielmehr nahelegen, »Gemeinde Gottes«, Volk Gottes, überall dort zu erkennen, wo sich an Christus Glaubende in ›ekklēsia‹ und als ›ekklēsia‹ versammelten, also am Ort in der Ortsgemeinde. Ein hervorragendes Beispiel für diese semantischen Zusammenhänge liefert 1 Kor 11,17-22.

Diese zunächst sprachlich bedingte Bedeutungsverschiebung dürfte Paulus jedoch auch *theologisch* nicht ungelegen gewesen sein. Zumindest entlastete sie den Begriff der »Gemeinde Gottes« von der schwierigen heilsgeschichtlichen Problematik, die mit dem traditionsgeschichtlich verwandten Begriff »Israel« verbunden ist (zum differenzierten, teilweise sogar kritischen oder wenigstens dialektischen Gebrauch von »Israel« vgl. 1 Kor 10,18; Gal 6,16;

Röm 9,6; 11,25-27 und überhaupt Röm 9-11; zur Bundesthematik vgl. Gal
3f; Röm 4). Tatsache ist, daß Paulus die »Gemeinde Gottes«, an deren
traditionsgeschichtlich vorgegebenem semantischen Merkmal ›Gottesvolk‹
er festhält, nirgends mit der heilsgeschichtlichen Idee des Gottesvolkes
»Israel« zusammenbringt (in Röm 9-11 z. B. fehlt ›ekklēsia‹ völlig). Eine
Verkoppelung des Ekklesia-Begriffs mit »Israel« ist im hellenistischen
Sprachraum auch nicht nötig, ja müßte – gemessen an der hellenistischen
Sprachkompetenz – erst künstlich hergestellt werden. Paulus kann daher
auf die heilsgeschichtliche Dialektik verzichten, die er im Falle der Rezeption des Israel-Begriffs aufbieten muß, und sich primär auf eine eschatologische bzw. christologische Konzeption des Ekklesia-Begriffs konzentrieren.
Die »Gemeinde (Gottes)« ist demnach begründet in dem erwählenden
Heilshandeln Gottes in Christus Jesus, so daß Paulus sogar von den
»Gemeinden Christi« sprechen kann (Röm 16,16; vgl. jedoch schon:
1 Thess 1,1; 2,14; Gal 1,22; 1 Kor 1,2). Anthropologisch entspricht diesem
christologischen Konstitutivum der »Gemeinde (Gottes)« allein der Glaube
(vgl. die »Ungläubigen« als Oppositionsbegriff zu »Gemeinde« in 1 Kor
6,4.6; vgl. weiter Phil 3,6 mit 3,9) bzw. das Bekenntnis zu Christus (vgl.
1 Kor 1,2). Paulus kann daher jede örtliche Gruppe von Gläubigen, die sich
in ›ekklēsia‹ versammeln, »Ekklesia Gottes« nennen und damit als Gottesvolk prädizieren.

Trotz dieser konkreten Applikation läßt die paulinische Begriffsverwendung gelegentlich noch das traditionsgeschichtlich angestammte semantische Merkmal der ›Gesamtheit‹ (im Sinne des Gottesvolkes, das sich von
der profanen Welt abgrenzt und als solches eine Einheit bildet) erkennen.
Das ist vor allem dort der Fall, wo Paulus – durchaus im Blick auf eine
konkrete Gemeinde – prinzipielle oder generalisierende Aussagen über die
»Gemeinde (Gottes)« macht (vgl. 1 Kor 6,4; 10,32; 11,22; 12,28); besondere Aufmerksamkeit verdienen die Stellen, an denen Paulus den Begriff
– ganz im Sinne von dessen sakral-rechtlicher Traditionsgeschichte –
direkt oder indirekt mit Kriterien der Gruppenzugehörigkeit verbindet
(bes. 1 Kor 6,4; aber auch 11,22 und 10,32). Dieser gesamtkirchliche
Aspekt, der bei Paulus eher den Horizont und nicht das unmittelbare
Blickfeld bestimmt, tritt aber erst in den Deuteropaulinen (bes. in Kol und
Eph, verbunden mit einer neuen Konzeption des »Leibes Christi«) in den
Vordergrund (vgl. Kol 1,18.24; Eph 1,22; 3,10.21; 5,23.24.25.27.29.32).

Im Blick auf die Problemstellung, die die diachrone Begriffsunter-
suchung veranlaßte, ist das Ergebnis recht eindeutig. Die Adresse
»an die Gemeinde Gottes, die in Korinth ist« will die Gemeinde in
Korinth keineswegs als Teil oder Repräsentantin einer übergeordneten universalen oder abstrakten Kirche charakterisieren. Auch
der *Genitiv* »*Gottes*« läßt sich nicht in diesem Sinn auswerten (vgl.
dagegen die Pluralbildung: 1 Thess 2,14; 1 Kor 11,16; s. auch: Röm
16,16). Er will vielmehr sicherstellen, daß diese ›ekklēsia‹, die

Paulus anspricht, allein durch Gottes Handeln (in Christus) konstituiert ist. Ohne bedeutende semantische Verschiebung hätte Paulus
daher auch »an die Gemeinde der Korinther in Gott bzw. in
Christus« schreiben können (vgl. 1 Thess 1,1 und bes. 1 Thess 2,14
mit Gal 1,22). Der betont vor den Ortsnamen gestellte Genitiv
»Gottes« gibt aber deutlicher zu erkennen, daß die angesprochene
›ekklēsia‹ nicht durch die korinthischen Christen und ihre ›ekklēsia‹ (Versammlung) zustande kommt, sondern daß umgekehrt *Gott*
es ist, der durch sein erwählendes Handeln bestimmt, wer zu dieser
›ekklēsia‹ gehört. Das (für hellenistische Ohren ungewöhnliche)
Syntagma »ekklēsia *Gottes*« bekommt daher − ganz im Sinne
seiner traditionsgeschichtlichen Herkunft − die Bedeutung »von
Gott erwähltes Volk«. Die Beifügung »*die in Korinth ist*« appliziert
diese Bedeutung auf die konkrete Gemeinde von Korinth. Als
Konkretion göttlichen Handelns *ist* sie als solche und für sich − im
vollen Sinn des Wortes − »Gemeinde Gottes«, »Volk Gottes«.
Dieser ihr Status hängt nicht vom Beitritt oder von der Zugehörigkeit zu einer übergeordneten universalen Kirche ab. Dies besagt
nicht, daß die »Gemeinde Gottes« in der Gemeinde von Korinth
aufgeht. Gerade die Beifügung läßt keinen Zweifel daran, daß es
auch woanders »Gemeinde Gottes« geben kann. Die Korinther
haben keinen exklusiven Anspruch auf diesen Status. Als
»Gemeinde Gottes« bleiben sie daher angewiesen auf die Gemeinschaft und den Konsens mit den anderen Gemeinden (s. u.).
Daß es bei der genannten »Ekklesia Gottes« nicht um eine profane
Größe geht, bestätigen auch die Appositionen: »*die Geheiligten in
Christus Jesus*« bzw. »*die berufenen Heiligen*«. Die semantische
Substituierbarkeit ist bereits traditionsgeschichtlich vorgeprägt.

Schon im Alten Testament ist mit der Vorstellung des von Gott erwählten
Volkes bzw. der wahren Kultgemeinde der Gedanke der Heiligkeit verbunden (Ex 19,6; Lev 19,2; vgl. Lev 11,44f; Dtn 7,6; weiteres Material bei:
O. *Procksch*: ThWNT I 90−97; *H.-P. Müller*: THAT II 605−608;
H. Balz: EWNT I 42f). Im Frühjudentum, speziell in der Apokalyptik,
bekommt der Begriff »die Heiligen« eschatologische Bedeutung. Er
bezeichnet entweder die Engel oder das endzeitliche Volk Gottes, das sich
für die Heilszeit sammelt (so in: Dan 7; Qumran; TestLev; TestDan;
äthHen; s. dazu: *H.-W. Kuhn*, Enderwartung 90−93; vgl. auch: PsSal
17,26). »Heilig« deckt sich fast mit »auserwählt« (›eklektos‹), das ebenfalls
eschatologischer Terminus ist (im NT: Röm 8,33; Kol 3,12; 2 Tim 2,10; Tit
1,1; Mk 13,20.22.27 par; 1 Petr 1,1; 2,9; Offb 17,14; vgl. äthHen 50,1;
62,8; 1 QS 11,7f; 1 QM 10,9f; 12,1). Bereits die Jerusalemer Urgemeinde
dürfte sich als »die Heiligen« bezeichnet haben (vgl. Röm 15,25f.31; 1 Kor

16,1; 2 Kor 8,4; 9,1.12; s. dazu: *K. Holl*, Kirchenbegriff 58–60); allerdings wird es sich dabei kaum um eine Exklusivbezeichnung der Jerusalemer gehandelt haben (gegen: *K. Holl*; vgl. *R. Asting*, Heiligkeit 151–159; *W. G. Kümmel*, Kirchenbegriff 16f). Der Begriff »berufen« konvergiert im christlichen Sprachgebrauch mit »auserwählt« und »heilig« (Röm 1,6f; 8,23.33; Offb 17,14; vgl. CD 4,3f; 1 QM 4,10f; anders: Mt 20,16 v.l.; 22,14; dazu: *K. L. Schmidt*: ThWNT III 496).

Die Verbindung »berufene Heilige« könnte durch Ex 12,16 (LXX) (vgl. Lev 23; Num 28,25 LXX) vorgeprägt sein (*K. L. Schmidt*: ThWNT III 497), doch muß hier wohl eher das Eigengewicht der Termini beachtet werden. Die angesprochene Heiligkeit hat ihren Grund in der Berufung durch Gott, nicht in der persönlichen Moralität der Korinther. Paulus gebraucht den Begriff »heilig« auch nie singularisch vom einzelnen Christen (vgl. *Conzelmann* 40). Heiligkeit ergibt sich aus der Zuordnung zu Gott (Entprofanisierung), die in der Zugehörigkeit zur wahren Kultgemeinde bzw. zur eschatologischen Heilsgemeinde ihren Ausdruck findet.
Ein Streit darüber, ob heidenchristliche Leser die aus apokalyptischer Sprachkompetenz stammende eschatologische Qualität des Heiligkeitsbegriffes und damit auch der »Gemeinde Gottes« dechiffrieren konnten, erübrigt sich. Denn die eschatologische Qualität ergibt sich letztlich nicht aus den Begriffen, sondern aus der *in Christus* veranstalteten Heils- und Heiligungstat Gottes. Sie ist die objektive Voraussetzung für die eschatologische Heiligkeit der »Gemeinde Gottes«, die deshalb als »die *in Christus Jesus* Geheiligten« angesprochen werden kann. »*In* Christus Jesus« ist nicht mystisch-räumlich (als Eingliederung in den mystischen Leib Christi), sondern instrumental zu verstehen, wobei hier gleichermaßen an die objektive Heilstat Christi (vgl. 1,30) wie an deren existentielle Aktualisierung (in der Taufe; vgl. 6,11) zu denken ist. Daß Paulus die Korinther, die sich in vielen Stücken durch einen eher unheiligen Lebenswandel auszeichnen, so dezidiert auf ihre Heiligkeit anspricht, darf nicht als rhetorische captatio benevolentiae gewertet werden. Gottes erwählender Ruf macht sie *tatsächlich* zu Heiligen. Er ermöglicht und fordert allerdings auch ein *entsprechendes* Verhalten, auf das der Brief die Adressaten dann verpflichten will. Direkt wieder aufgegriffen wird das Motiv der Heiligkeit in 3,16f (vgl. damit 6,18-20) und in 6,1-11. Sachlich wird in V. 2 das in den paulinischen Mahnungen allenthalben zu beobachtende Gefälle vom Indikativ zum Imperativ nach seiner indikativischen Seite vorbereitet.

In lockerem syntaktischem Anschluß fügt Paulus zu der ohnehin schon überladenen Adressatenangabe des V. 2 noch hinzu: »*alle, die den Namen unseres Herrn Jesus Christus anrufen* ...«.

»Herr« (›kyrios‹) in bezug auf Jesus Christus gehört der christlichen Eigensprache an, deren traditionsgeschichtliche Wurzeln in die aramäisch sprechende Gemeinde (vgl. den Gebetsruf des ›maranatha‹: 16,22; Did 10,6; vgl. Offb 22,20), wahrscheinlich sogar in das Leben des historischen Jesus zurückreichen (vgl. *F. Hahn*, Hoheitstitel 67–132). Im hellenistischen Judenchristentum wird der Kyriostitel – besonders aufgrund von Ps 109,1 LXX – vom Gedanken der Erhöhung beherrscht (vgl. Mk 12,36; Apg 2,34; Hebr 1,13; für Paulus: 1 Kor 15,24; [Kol 3,1; Eph 1,20]). Der Umstand, daß »Herr« wohl schon im jüdischen Raum Gottesbezeichnung sein konnte (*J. A. Fitzmyer*: EWNT II 816f), erleichtert die Übertragung göttlicher Prädikationen auf Jesus Christus. Allerdings führt der Weg wohl nicht über die LXX. Die Ersetzung des Tetragramms (JHWH) durch ›kyrios‹ wird erst christlich gebräuchlich; das hellenistische Judentum selbst ließ das hebräische Tetragramm im griechischen Text stehen (*J. A. Fitzmyer*: EWNT II 816; *Ph. Vielhauer*, Weg 147–150). Im heidnischen Raum (vor allem in den Mysterienkulten), wo »Kyrios« göttliche Macht anzeigte bzw. als Gottesbezeichnung fungierte (vgl. 8,5f), wird das Bekenntnis »Herr ist Jesus« (vgl. 12,3; Röm 10,9) zum unterscheidenden Merkmal gegenüber anderen religiösen Gruppen und Kulten.

Paulus gebraucht »Kyrios« mit Vorliebe im Zusammenhang mit Auferstehung und Parusie, im Unterschied etwa zu »Christus« (Tod und Auferweckung) oder »Sohn« (Präexistenz und Sendung). Der »Herr« ist der Auferweckte und Erhöhte, der am Ende wiederkommen wird (vgl. 1 Thess 4,16f; 5,2; 1 Kor 11,26). Doch ist der »Herr« keine jenseitige Größe, sondern (durch seinen Geist) ständig gegenwärtig. Der Gedanke der kosmischen Herrschaft des »Kyrios« (vgl. Phil 2,6-11) wird von Paulus vor allem ekklesiologisch zugespitzt. Dies geschieht nicht zuletzt durch die Bezeichnung »*unser* Herr« (bei Paulus ca. 35mal), die sich auch in V. 2 findet. Im übrigen handelt es sich bei der hier gebrauchten Wendung um einen Rückgriff auf Joel 3,5a LXX: »... jeder, der den Namen des Herrn anruft, wird gerettet werden« (vgl. Sach 13,9; Ps 98,6 LXX; zum gesamten atl. und ntl. Material: *P.-E. Langevin*, Ceux qui). Daraus war wohl schon vor Paulus eine christliche Selbstbezeichnung geworden (Apg 9,14.21; 2 Tim 2,22; vgl. Apg 22,16; direkt zitiert wird Joel 3,5 LXX in Röm 10,13; Apg 2,21). Überhaupt scheint Joel 3,1-5 bei der Artikulation des eschatologischen Selbstverständnisses der christlichen Gemeinde eine bedeutende Rolle gespielt zu haben (vgl. *G. *Dautzenberg*, Stellung 191–193). Einen Niederschlag davon finden wir nicht zuletzt in dem Grundsatz von Gal 3,28, der auch in Korinth bekannt gewesen sein dürfte (vgl. Einleitung 2.1).

Ist mit der Nennung aller Christgläubigen bereits der enge Kreis der unmittelbar angesprochenen Adressaten überschritten, so wird durch das angefügte »*an jeglichem Ort* ...« der universale Horizont dann auch ausdrücklich festgehalten. Der Ausdruck ist wohl jüdisch beeinflußt (vgl. die Inschriften in den Synagogen von ʿAlma und Kefr Birʿim: »Es sei Friede diesem Ort und allen Orten [seines Volkes] Israel[s]« [CIJ II 973.974; s. auch Bill. III 321]). Paulus dürfte jedoch weniger den jeweiligen Raum gottesdienstlicher Versammlung (analog zur Synagoge) oder die am jeweiligen Ort stattfindende gottesdienstliche Versammlung (vgl. jedoch: 1 Tim 2,8; Did 14,3) vor Augen gehabt haben, sondern eher die weltweite, alle Völker umfassende Gemeinschaft der Gläubigen (vgl. 2 Kor 2,14; 1 Thess 2,8), möglicherweise unter direkter Anspielung auf Mal 1,11. Das syntaktisch nachklappende »... *von ihnen und von uns*« ist aller Wahrscheinlichkeit nach auf »Ort« und nicht auf »Herr« zu beziehen (gegen: *Lietzmann*; *Allo*; ZB). Die Wendung ist auch semantisch schwierig. *Schlatter* möchte ihre beiden Glieder nahezu identifizieren; gedacht wäre dann an die Christen in Achaia (vgl. 2 Kor 1,1), die den Herrn jeweils an *ihrem* Ort anrufen, der zugleich der Ort von Paulus und Sosthenes (= »von *uns*«) ist, da diese durch ihre Wirksamkeit dort heimisch sind. Wahrscheinlich muß man die beiden Glieder jedoch stärker unterscheiden, wobei eine nähere Präzisierung problematisch bleibt. *Kümmel* denkt an die von anderen Aposteln (= »von ihnen«) und die von Paulus (= »von uns«) gegründeten Gemeinden. Unter Berücksichtigung der Kommunikationssituation dürfte es näherliegen, in »uns« Absender und Adressaten zusammengeschlossen zu sehen (so auch: *U. Wickert*, Einheit 80, dessen weitere Erklärung, der gesamte V. 2b sei auf Adressaten *und* Absender zu beziehen [76f], aber wohl doch zu spitzfindig ist). Es wäre dann die Zusammengehörigkeit der korinthischen Gemeinde und ihres Apostels einerseits mit den übrigen Gemeinden andererseits betont und doch die Eigenständigkeit der sich je an ihrem Ort zum Herrn Bekennenden als *Gemeinde* gewahrt. Im übrigen wird man V. 2b semantisch nicht überfordern dürfen, da seine eigentliche Funktion eine pragmatische ist.

Natürlich kann Paulus in einem Schreiben an die Korinther schwerlich die ganze Christenheit ansprechen wollen. Die Schwierigkeit würde entfallen, wenn man V. 2b auf »berufen« beziehen dürfte (s.o. 1). Dagegen erheben sich jedoch sprachliche Bedenken, da wohl nur die »Heiligen« als substantivischer Hauptbegriff aufgefaßt werden können, dem das Verbaladjektiv »berufen« untergeordnet ist. Darauf hat schon *Weiß* aufmerksam gemacht, der seinerseits eine Konjektur vorschlägt. Eine derartige literarkritische Eliminierung erübrigt sich jedoch, wenn man von einer stärker pragmatisch bedingten Sinnkonstitution ausgeht und V. 2b nicht als zusätzliche Adressatenangabe *neben* dem Primäradressaten von V. 2a wertet, sondern darin eine Äußerung sieht, die *im Blick auf* den Adressaten von V. 2a gemacht ist und bei diesem etwas bewirken will. Konkret würde Paulus dann mit V. 2b der Gemeinde von Korinth zu verstehen geben, daß sie unbeschadet der Tatsache, daß sie »Gemeinde Gottes« im vollen Sinne ist, nicht für sich allein existiert, sondern, gerade weil ihre Heiligkeit in der (objektiven) Heilstat Christi begründet ist, in Verbindung steht »mit allen, die den Namen unseres Herrn ... anrufen ...« (vgl. *Fee*); auf diese Gemeinschaft bleibt sie ständig verwiesen. Ähnlich wie bei der Betonung der Heiligkeit der Gemeinde in V. 2a zielt auch der Verweis auf die Katholizität der »berufenen Heiligen« auf die Schaffung einer paränetischen Motivation, die Paulus dann im Laufe des Briefes immer wieder in Anspruch nimmt (4,17; 7,17; 11,16; vgl. 14,33b). In 11,16 findet sogar das schwierige »an jeglichem Ort, *von ihnen und von uns*« seine genaue Entsprechung. Diese pragmatische, weit in das Briefcorpus hineinragende Dimension von V. 2b ist verkannt, wenn man – wie *Weiß* (XLI) – die »katholisierenden Bemerkungen« von 4,17; 7,17; 11,16; 14,33b insgesamt als Interpolationen ausscheidet (zum speziellen Problem von 14,33b siehe z. St.). Von einer »unzweifelhaft nachpaulinische(n) Erweiterung« kann nicht die Rede sein (gegen: *F. Schnider – W. Stenger*, Studien 23).

Die dargebotene pragmatische Erklärung von V. 2b ist im übrigen auch philologisch vertretbar. Die griechische Präposition ›syn‹ (»mit«) muß keineswegs strikt additiven Sinn haben (»mitsamt, nebst, einschließlich«); sie kann auch bedeuten: »in Gemeinschaft, in Verbindung, im Verein mit jemand« (vgl. *Mayser* II/2 399; so wohl auch in 2 Kor 1,1). Man ist daher weder genötigt, Paulus die Absicht einer »encyclischen Epistel« zu unterstellen (vgl. *Weiß*) – in diesem Fall wäre der Anschluß mit »und« wesentlich besser und eindeutiger (vgl. den Brief bei **A. Deissmann*, Licht 139) -, noch muß man den Präpositionalausdruck von V. 2b direkt auf »berufen« beziehen. V. 2b will vielmehr hervorheben, daß die Gemeinde

Gottes, die in Korinth ist, zugleich *in Gemeinschaft* steht mit den
übrigen Christen.

Vers 3: Der »*Friede*«, der in V. 3 zugesprochen wird, zielt nicht
nur auf den durch Abwesenheit des Krieges ermöglichten Zustand
der Ruhe (»Friede« als Oppositionsbegriff zu »Krieg«; so vor allem
die griechische Sprachkompetenz; vgl. die Ideologie der pax
romana) und erst recht nicht auf einen bloß inneren Frieden (wie in
der Stoa). Gemeint ist vielmehr »Friede« im Sinne des biblischen
›schâlôm‹, also ein Zustand des von Gott geschenkten und garan-
tierten Wohlergehens (semantische Nähe zu »Segen«!) im Sinne
eines umfassenden Heils (vgl. *W. Foerster-G. v. Rad*: ThWNT II
398–409). »Friede« ist daher ganz wesentlich »*Gnade*«, die ihn
begründet und durchhält. Sie ist deshalb in dem Doppelausdruck
»Gnade ... und Friede« auch betont vorangestellt. Inhaltlich
umfaßt »Gnade« sowohl die objektive eschatologische Heilstat, die
Gott in Jesus Christus veranstaltet hat, wie auch deren Vermittlung
und Zueignung »in Christus« (vgl. V. 4). Die theologische und
christologische Relation des mit »Gnade und Friede« gemeinten
Heils wird auch textlich entfaltet, wenn es ausdrücklich als »*von
Gott, unserem Vater, und dem Herrn Jesus Christus*« herkommend
charakterisiert wird. Das griechische ›apo‹ (»von«) bezeichnet den
Ausgangspunkt, hier im Sinne des Ursprungs, der Herkunft und
der Urheberschaft (vgl. *Mayser* II/2 378). Gottes Heilstat in
Christus ist zugleich der Ursprung wie auch die bleibende Quelle
von »Gnade und Friede« (zur inhaltlichen Präzisierung vgl. Röm
5,1f; dazu: *W. Schenk*, Phil 85–88). Die asyndetische Verbindung
von »Gott« und »Vater« – der griechische Text lautet wörtlich
übersetzt: »*Gott Vater unser*« – läßt die Vater-Bezeichnung »fast
wie einen Eigennamen« erscheinen (im Unterschied zu »Gott, *der*
Vater« oder »Gott *und* Vater«; vgl. *G. Schrenk*: ThWNT V 1008f,
Zitat: 1008). Die christliche Bezeichnung Gottes als »(unser)
Vater« stammt aus biblisch-jüdischer Tradition (vgl. 4. und 6. bzw.
5. und 6. Benediktion des XVIII-Gebetes [pal. bzw. bab. Rez.]:
Bill. IV/1 211f; vgl. *G. Schrenk*, a.a.O. 980f). Die Vorstellung ist
jedoch auch der griechischen und hellenistischen Religiosität nicht
unbekannt (vgl. *G. Schrenk*, a.a.O. 952–954.957–959). Charakte-
ristisch für den christlichen und speziell für den paulinischen
Sprachgebrauch ist die Verbindung des Gottesgedankens mit der
Christologie (vgl. dazu: *W. Thüsing, Gott; *W. Schrage, Theologie; *E. Gräßer, »Ein einziger ist Gott«). Die syntaktische Parataxe
des »*Herrn Jesus Christus*« darf jedoch semantisch nicht undiffe-

renziert ausgewertet werden. Es ist kein Zufall, daß »Gott, unser Vater,« an erster Stelle erscheint und daß Paulus überhaupt nur den »Vater« direkt als »Gott« bezeichnet. Paulus hält also am (jüdischen) Monotheismus fest und entfaltet die Christologie in dessen Rahmen. Sie ist Rede vom Handeln *Gottes* (vgl. Röm 8,3f; Gal 4,4f; u.ö.); die Herrschaft Christi hat nichts anderes zum Ziel, als daß letztlich »Gott alles in allem« sei (15,23-28). Andererseits kann Paulus von Gott nicht mehr unabhängig von Christus sprechen, da Gott eben in Christus sich eschatologisch geoffenbart hat. Insofern kann Paulus das Heilswerk als Tat Gottes *und* als Tat Christi darstellen (vgl. 2 Kor 5,21 mit 8,9; Röm 5,1-11; 8,31-39). Die Christologie ist die Interpretation der Theologie und bleibt doch immer eine Funktion der Theologie. In diesem Sinn ist auch das (sich gegenseitig interpretierende und explizierende) Nebeneinander von »Gott« und »Kyrios« in V. 3 zu verstehen (vgl. 8,6).

Schon aufgrund seiner formgeschichtlichen Herkunft (s. o. 2) ist V. 3 weit mehr als nur ein konventioneller Gruß, nämlich wirksam gedachter Segenszuspruch. Auch der hellenistische Leser, auf den die Formulierung zunächst fremdartig und archaisch wirken mußte (vgl. *O. Roller*, Formular 61.88f; **K. Berger*, Apostelbrief 197), konnte diese Textstrategie leicht erkennen (vgl. die theologische bzw. christologische Begründung von Gnade und Frieden und die eschatologische bzw. ekklesiologische Qualifizierung der Angesprochenen in V. 2). Die Adressaten werden durch die salutatio mit den eschatologischen Heilsgütern »behaftet«, die ihnen aufgrund der Heilstat Gottes in Christus bereits zukommen und nun durch den Zuspruch von Gott bzw. Christus her zu immer größerer Wirksamkeit entbunden werden sollen. In diesem Geschehen kommt dem Apostel eine spezifische Funktion zu. Er ist nicht nur der formale Sprecher des Segenszuspruchs, sondern besitzt auch die Autorität, die im Wunsch genannten Inhalte zu vermitteln (vgl. **K. Berger*, Apostelbrief 201). Es ist deshalb wohl auch kein Zufall, daß der Gruß als salutatio apostolica schon bei Paulus eine feste Form gewinnt (nur 1 Thess 1,1 stellt eine Ausnahme dar) und dann von den Deuteropaulinen entweder wörtlich (2 Thess 1,2; Eph 1,2) oder in leicht abgewandelter Form (Kol 1,2; 1 Tim 1,2; 2 Tim 1,2; Tit 1,4) übernommen wird. Darüber hinaus will **K. Berger* in der Herleitung der Segensgüter »*von (›apo‹)*« Gott bzw. Christus »eine sehr bezeichnende Abwandlung des hellenistischen Briefstils« erkennen, »in dem mit ›apo/para‹ ausnahmslos der Absender bezeichnet wird« (Apostelbrief 202). Damit »ist gewissermaßen Gott zum ›eigentlichen‹ Absender geworden« (ebd.),

demgegenüber der den Brief schreibende Apostel in der Rolle des
Sekretärs bzw. Zeugen erscheint (a.a.O. 203). Dieser direkten
Überblendung von apostolischer Absenderangabe (V. 1) und göttlicher Herkunftsbezeichnung (V. 3) steht jedoch schon die Einsicht
entgegen, daß beide formkritisch sehr wohl zu unterscheiden sind
(vgl. *F. Schnider* — *W. Stenger*, Studien 28f). Dennoch hat die
These *K. Bergers* insofern etwas Richtiges erfaßt, als der Segens-
wunsch nicht isoliert für sich, sondern in seiner Funktion und
Relation zum nachfolgenden Brief zu würdigen ist. Die Segensgüter, die V. 3 zuspricht, sind sachlich sowohl die Voraussetzung als
auch das Ziel der in dem Brief stattfindenden Kommunikation
zwischen Apostel und Gemeinde. Der Segenszuspruch ist das
Vorzeichen, unter dem die Leser den Brief lesen sollen. Der Brief
verfolgt nach eigenem Anspruch die Intention, die zugesprochenen
Segensgüter unter den Lesern wirksam werden zu lassen.

Das Proömium 1,4-9

4 Ich danke [meinem] Gott allezeit euretwegen für die Gnade
Gottes, die euch in Christus Jesus gegeben wurde, 5 daß ihr
in allem reich gemacht wurdet in ihm, in jeglichem Wort und
jeglicher Erkenntnis, 6 da ja das Zeugnis von (griech.: Gen.)
Christus unter euch befestigt wurde, 7 so daß ihr an keiner
Gnadengabe Mangel habt, die ihr erwartet (griech.: Part.) die
Offenbarung unseres Herrn Jesus Christus. 8 Er wird euch
auch festigen bis ans Ende, (daß ihr) unanklagbar (seid) am
Tage unseres Herrn Jesus [Christus]. 9 Treu (ist) Gott, durch
den ihr berufen wurdet in die Gemeinschaft seines Sohnes
Jesus Christus, unseres Herrn.

Literatur: L. L. Belleville, Continuity or Discontinuity: A Fresh Look at
1 Corinthians in the Light of First-Century Epistolary Forms and Conventions: EvQ 59 (1987) 15—37; *H.-D. Betz*, The Problem of Rhetoric and
Theology according to the Apostle Paul, in: *A. Vanhoye (Hrsg.)*,
L'Apôtre Paul 16—48; *E. J. Bickerman*, Bénédiction et prière: RB 69 (1962)
524—532; *H. Conzelmann* — *W. Zimmerli*, Art. χαίρω κτλ., in: ThWNT
IX 350—405; *N. A. Dahl*, Adresse und Proömium des Epheserbriefes: ThZ
7 (1951) 241—264; *M. Del Verme*, Le formule di ringraziamento postproto-

collari nell' epistolario paolino (Presenza 5), Roma 1971; *E. Dinkler*, Die Taufterminologie in 2 Kor 1,21f; in: *ders.*, Signum crucis. Aufsätze zum Neuen Testament und zur Christlichen Archäologie, Tübingen 1967, 99-117; *W. G. Doty*, Letters (s. Lit. zu 1,1-3); *F. X. J. Exler*, Form (s. Lit. zu 1,1-3); *W. Grundmann*, Art. ἀνέγκλητος κτλ., in: ThWNT I 358f; *H. Koskenniemi*, Studien (s. Lit. zu 1,1-3); *G. W. MacRae*, A Note on 1 Corinthians 1,4-9: ErIs 16 (1982) 171–175; *L. Monloubou*, Saint Paul et la prière. Prière et évangélisation (LeDiv 110), Paris 1982, 65–75; *T. Y. Mullins*, Disclosure. A Literary Form in the New Testament: NT 7 (1964/65) 44–50; *P. Th. O'Brien*, Introductory Thanksgivings in the Letters of Paul (NT.S 49), Leiden 1977; *ders.*, Thanksgiving within the Structure of Pauline Theology, in: *D. A. Hagner – M. J. Harris (Hrsg.)*, Pauline Studies. FS F. F. Bruce, Grand Rapids/Michigan 1980, 50–66; *B. Olsson*, Papyrusbriefe (s. Lit. zu 1,1-3); *P. von der Osten-Sacken*, Gottes Treue bis zur Parusie. Formgeschichtliche Beobachtungen zu 1 Kor 1,7b-9: ZNW 68 (1977) 176–199; *G. Panikulam*, Koinōnia in the New Testament. A Dynamic Expression of Christian Life (AnBib 85), Rom 1979; *J. H. Roberts*, The eschatological transitions to the Pauline letter body: Neotestamentica 20 (1986) 29–35; *J. M. Robinson*, Die Hodajot-Formel in Gebet und Hymnus des Frühchristentums, in: *W. Eltester – F. H. Kettler (Hrsg.)*, Apophoreta. FS E. Haenchen (BZNW 30), Berlin 1964, 194–235; *O. Roller*, Formular (s. Lit. zu 1,1-3); *J. T. Sanders*, The Transition from Opening Epistolary Thanksgiving to Body in the Letters of the Pauline Corpus: JBL 81 (1962) 348–362; *H. Schlier*, Art. βέβαιος κτλ., in: ThWNT I 600–603; *F. Schnider – W. Stenger*, Studien (s. Lit. zu 1,1-3); *P. Schubert*, Form and Function of the Pauline Thanksgivings (BZNW 20), Berlin 1939; *H. Seesemann*, Der Begriff *KOINΩNIA* im Neuen Testament (BZNW 14), Gießen 1933; *M. Theobald*, Die überströmende Gnade. Studien zu einem paulinischen Motivfeld (fzb 22), Würzburg 1982; *W. C. van Unnik*, Reisepläne und Amen-Sagen, Zusammenhang und Gedankenfolge in 2. Korinther 1:15-24, in: *J. N. Sevenster – W. C. van Unnik (Hrsg.)*, Studia Paulina in honorem J. de Zwaan, Haarlem 1953, 215–234; *P. Wendland*, Die urchristlichen Literaturformen (HNT I/3), Tübingen 1912; *J. L. White*, Saint Paul (s. Lit. zu 1,1-3); *ders.*, NT Epistolary Literature (s. Lit zu 1,1-3); *W. Zimmerli* (s. o. *H. Conzelmann*).

1. Zum Text und zur Übersetzung

Die Lesart »*meinem* Gott« (V. 4) ist relativ ungewöhnlich (Angleichung an Röm 1,8; Phil 1,3?). Eine sichere Entscheidung ist hier wie auch bei »Jesus *Christus*« (V. 8) kaum möglich.
Als satzeinleitende Konjunktion kann ›kathōs‹ (V. 6) begründen-

den Sinn haben: »ebenso wie«, »da«, »da ja« (vgl. BDR § 453,2 mit Anm. 4; *Bauer*, s.v. 3), hier wiedergegeben mit »da ja«. Zu ›anegklētos‹ = »unanklagbar« (V. 8) siehe die Einzelauslegung.

2. Analyse

Formgeschichtlich wird 1,4-9 meist als »Proömium« eingestuft, d. h. als Vor-Wort, Einführung. Für diese (rhetorische) Gattung ist allerdings weniger ein festgeprägtes syntaktisches Schema konstitutiv (wie etwa beim Präskript). Das eigentlich gattungsspezifische Merkmal besteht vielmehr in einer bestimmten rhetorischen Intention. Der formgeschichtliche Aspekt von 1,4-9 wird daher bei der pragmatischen Analyse mitbehandelt.

2.1 Syntaktische Analyse

Wenn man berücksichtigt, daß »er« am Eingang von V. 8 ein griechisches Relativpronomen (›hos‹) wiedergibt, besteht der Text aus zwei *Sätzen*: aus einem kürzeren Schlußsatz (V. 9), der sich wiederum in Hauptsatz und abhängigen Relativsatz gliedert, und einem relativ langen ersten Satz (VV. 4−8). Dieser ist stilistisch wenig elegant, eher überladen, indem an den Hauptsatz (V. 4) sukzessive Nebensätze angehängt sind (VV. 5.6.7). Daß über diesen Nebensätzen nicht die syntaktische Dominanz des Hauptsatzes V. 4 vergessen ist, zeigt die (im Griech. relativische) Einleitung von V. 8, die auf das Nomen »Gott« von V. 4 Bezug nimmt. Der syntaktisch zunächst naheliegende Rückbezug auf den unmittelbar vorangehenden »Herrn Jesus [Christus]« von V. 7 ist wegen des nichtreflexiven »am Tage *unseres Herrn* ...« in V. 8 unwahrscheinlich (gegen: *Allo*; *Barrett*; *G. Friedrich*, Christus 239f; *P. von der Osten-Sacken*, Treue 194f; mit *R. Baumann*, Mitte 39f [dort, Anm. 67, auch eine Übersicht über die kontroverse Deutung]; *J. Baumgarten*, Paulus 63; *E. Synofzik*, Gerichts- und Vergeltungsaussagen 18; *P. Th. O'Brien*, Introductory Thanksgivings 127f).
An *Einzelheiten* ist folgendes bemerkenswert: (1) Von »ich danke« in V. 4 abgesehen, sind die Verben entweder in der 3. Pers. Sing.

(VV. 6.8) oder in der 2. Pers. Plur. (VV. 5.9; logisch hierher zu rechnen ist auch die Infinitivkonstruktion von V. 7). (2) Der überwiegende Teil der Verben ist passivisch konstruiert: VV. 5.6.9; auch V. 4 Ende (im Griech. Partizipialkonstruktion). (3) Die Sätze sind meist ohne *nominales* Subjekt. Wenn man von dem untergeordneten V. 6 absieht, fungiert als solches nur »Gott« in V. 9 und das relativisch ebenfalls auf »Gott« (V. 4) bezogene »er« in V. 8. (4) Der Text enthält auffallend viele Präpositionalkonstruktionen, vor allem mit »in« (im Deutschen teilweise mit »unter« [V. 6] oder »an« [V. 7] bzw. »am« [V. 8] wiedergegeben). (5) Bemerkenswert ist schließlich noch die nur mit leichten Abwandlungen wiederholte Wendung »unseres Herrn Jesus Christus« in VV. 7.8.9.

Insgesamt haben die paulinischen Proömien eine relativ gleichbleibende Struktur in der Satzfügung. Von 2 Kor 1,3 (»gepriesen« = ›eulogētos‹) abgesehen, beginnen alle übrigen Proömien mit »ich danke« (›eucharistō‹), wobei nach *P. Schubert* wiederum zwei Typen (mit gewissen Überschneidungen) zu unterscheiden sind (vgl. *M. Del Verme*, formule 43–53). Typ Ia: »Ich danke« mit einem oder mehreren Partizipien + untergeordnetem Finalsatz (›hina‹, ›hopōs‹, ›eis to‹ mit Inf.) (so: 1 Thess, Phlm, Phil; vgl. Kol, Eph); Typ Ib: »Ich danke« + »daß« (›hoti‹)-Satz mit abhängigem Konsekutivsatz (so: 1 Kor, Röm; vgl. 2 Thess) (*P. Schubert*, Form 35; vgl. 34–39 und die Tabelle 54f).

2.2 Semantische Analyse

Der die semantische Kohärenz (Isotopie) beherrschende Begriff des Textes ist »Gott«, der am Ende des Textes in V. 9 dann auch ausdrücklich als *nominales Subjekt* erscheint. Semantisch und logisch ist Gott aber schon längst Subjekt und Handlungsträger. Bei den Passivkonstruktionen handelt es sich durchweg um passiva divina. Unter dieser Rücksicht wird auch das grammatische Subjekt in V. 6 – »das Zeugnis von Christus« – zum semantischen Objekt (aus der Tatsache, daß Gott das logische Subjekt ist, erklärt sich wohl auch die von B u. a. bezeugte Lesart »Zeugnis *Gottes*«). Bedenkt man ferner, daß der Dank in V. 4 auf die Gnade abzielt, die *Gott* gegeben hat, dann sind bis auf V. 7 alle Sätze des Textes von Gott als ihrem eigentlichen Subjekt beherrscht. Doch bringt auch V. 7 – ähnlich wie V. 4 – nur eine Reaktion auf das Handeln Gottes (VV. 5f) zur Sprache. Der Text hat also eine streng *theologische* Ausrichtung; sie bildet die semantische Achse des Textes.

Unter der Rücksicht, daß Gott der eigentliche Handlungsträger ist, versteht sich nun auch der syntaktische Befund, daß die Verben fast ausschließlich nur in der 3. Pers. Sing. oder der 2. Pers. Plur. vorkommen. Das Handlungsgefälle verläuft von Gott (3. Pers.) zu den Angesprochenen (2. Pers.). Dazu paßt, daß bei allen Verben der 3. Pers. das Objekt ausdrücklich mit dem Personalpronomen »ihr« bezeichnet wird (VV. 6.8; vgl. V. 4). Beachtet man ferner, daß alle Verben der 2. Pers. Plur. passivisch konstruiert sind, so erscheinen die Angesprochenen, die Gemeinde von Korinth, im gesamten Text ausschließlich als *Objekt* des Handelns. Eine gewisse Aktivität wird ihnen bestenfalls in V. 7 zugewiesen, wobei es, genau genommen, aber auch nur um eine (von Gott ermöglichte) Re-aktivität geht.

Das Handeln Gottes an der Gemeinde geschieht »*in* Christus Jesus« (V. 4; vgl. V. 5). Damit ist nicht nur ein zufälliges oder austauschbares Instrument bezeichnet. Aus der Tatsache, daß V. 6 das zu bezeugende Handeln Gottes direkt als »Zeugnis von Christus« ausweist, läßt sich vielmehr schließen, daß *Christus das Handeln Gottes schlechthin* ist (vgl. auch »sein Sohn« in V. 9). Von daher ergibt sich dann auch die semantische Brücke vom vergangenen (und immer noch gültigen) Handeln Gottes in den VV. 4-6 hinüber zur Zukunft, die in den VV. 7-9 in den Blick gefaßt wird. Weil Gottes Handeln unwiderruflich (vgl. »treu ist Gott« V. 9) »Jesus Christus« heißt, kann es auch in Zukunft nur »Offenbarung« Jesu Christi (V. 7) zu »Tage« fördern (V. 8) und – in bezug auf die davon Betroffenen – auf die Wahrung der einmal geschenkten »Gemeinschaft« Jesu Christi abzielen (V. 9).

Die Rolle des *Apostels* in diesem Handeln Gottes in Christus an der Gemeinde ist die des Zeugen. Dabei ist das Zeugnis sowohl von seinem Inhalt her als auch seiner Wirksamkeit nach Tat Gottes (V. 6), der sich freilich des Apostels bedient. Die angemessene Reaktion des Apostels kann daher nur Dankbarkeit sein (V. 4).

Überblickt man alle paulinischen Proömien, so läßt sich ähnlich wie bei der Syntax auch in der Thematik eine gewisse Stereotypie feststellen. *E. Synofzik* hat folgende Elemente zusammengestellt (Gerichts- und Vergeltungsaussgen 16f): (1) »Einleitungsformel« mit »Dank gegen Gott und Gedenken an die Briefempfänger«; (2) »Gegenstand des Dankes ist der ›Glaubensstand‹ der Gemeinde«; (3) »Verweis auf das Heilshandeln Gottes«; (4) »Mitteilungen über die besonderen Beziehungen zwischen Paulus und den Briefempfängern«; (5) »Ausdruck des Wunsches, die Briefempfänger zu sehen«; (6) »Fürbitte für die Briefempfänger«; (7)

»der eschatologische Ausblick«. Daß in 1 Kor die Elemente (4), (5), (6) und der zweite Teil von (1) fehlen, ist kaum Zufall, sondern hängt mit der pragmatischen Ausrichtung dieses Proömiums zusammen.

2.3 Pragmatische Analyse

Im antiken Brief folgen auf das Präskript meist Wünsche (zur formula valetudinis s. *H. Koskenniemi*, Studien 130−139.148−151; *F. X. J. Exler*, Form 101−112) oder auch ein Gebet bzw. ein Dank an die Götter (vgl. *P. Wendland*, Literaturformen 341f; *A. Deissmann*, Licht 147f.150. 154f.160f; *B. Olsson*, Papyrusbriefe passim; *O. Roller*, Formular 62−66). Aufs Ganze gesehen, haben solche einleitenden Bemerkungen nur eine untergeordnete informative bzw. referentielle Funktion; primär geht es ihnen um die Herstellung der Kommunikation. Unter dieser Rücksicht hat man sie sicher zu Recht »Proömien« genannt. Der Terminus stammt aus der Rhetorik und bezeichnet die normale Form der Einleitung (exordium) einer Rede. Das Proömium hat die Funktion, beim Richter bzw. Publikum Wohlwollen, Lernwilligkeit und Aufmerksamkeit zu wecken (iudicem benevolum, docilem, attentum parare; vgl. *Lausberg* I §§ 266−279).
Bis zu einem gewissen Grade ist dies auch das Ziel der paulinischen Proömien. Doch erschöpft sich ihre Funktion nicht in der captatio benevolentiae. Vielmehr drückt Paulus der vorgegebenen Konvention seinen unverwechselbaren Stempel auf. In 1 Kor kommt dies dadurch zum Ausdruck, daß er das Proömium als Mitteilung über das apostolische *Gebet* gestaltet, das hier speziell als reines *Dank*gebet konzipiert ist. Unter dieser Rücksicht ist *P. Th. O'Brien* im Recht, wenn er das Proömium des 1 Kor als eigenständige Kategorie behandelt (Introductory Thanksgivings 107f; ansonsten unterscheidet er noch: kombiniertes Dank- und Bittgebet [Phil 1,3-11; Phlm 4-6; Kol 1,3-14], Mischkategorien [1 Thess 1,2ff; 2 Thess 1,3ff; 2,13f; Röm 1,8ff] und Einleitungs-Berakah [2 Kor 1,3ff]). Bei der einleitenden Wendung »Ich danke ... Gott« (V. 4) kann Paulus auf geläufigen hellenistischen und (hellenistisch-)jüdischen Briefstil zurückgreifen (vgl. 2 Makk 1,11; *A. Deissmann*, Licht 145−150; *P. Schubert*, Form 158−179). Dies schließt Einfluß liturgischer Sprache nicht aus.

Dieser ist deutlicher noch zu verspüren in 2 Kor 1,3 (vgl. Eph 1,3; 1 Petr 1,3), wo ›eulogētos ho theos‹ (»gepriesen sei Gott«) dem jüdischen ›*bārûch* JHWH‹ entspricht; vgl. *E. J. Bickerman*, Bénédiction; *N. A. Dahl*, Adresse 250–254.262–264 (der allerdings Eulogie und Danksagung zu scharf unterscheidet); *M. Del Verme*, formule 75–116. Besonders aufschlußreich ist: *J. M. Robinson*, Hodajot-Formel 201–213, der auf die Hodajot-Formel aufmerksam macht, die im frühen Christentum die Berakot-Formel ersetzt habe.

Liturgisch beeinflußt dürfte auch der mehrfach wiederholte Ausdruck »unser Herr Jesus Christus« (VV. 7.8.9) sein, vielleicht auch die starke Häufung der Präpositionalausdrücke (s.o. 2.1). Dies gilt noch mehr für das formelhaft wirkende »treu (ist) Gott« in V. 9 (vgl. 10,13b; 2 Kor 1,18; 1 Thess 5,24; 2 Thess 3,3; *W. C. van Unnik*, Reisepläne 221, erinnert an »den Segensspruch nach der Haphtara in der Synagoge«; *J. T. Sanders*, Transition 358f, sieht in der Wendung einen Ersatz für das jüdische ›*bārûch* JHWH‹ am Gebetsende). *P. von der Osten-Sacken* meint sogar, in den VV. 7b-9 ein festes Traditionsstück ausmachen zu können, einen (eschatologisch-parakletischen) »Treuespruch« (Treue 181), der möglicherweise auf jüdische Vorbilder zurückgehe (a.a.O. 191; vgl. Av 2,16; Bill. III 321) und seinen Sitz im Leben in der Taufe habe; allerdings sei der Gebrauch des Spruches nicht »auf diesen einen gottesdienstlichen Akt« beschränkt, so daß »die regelmäßige gottesdienstliche Versammlung als Ort der Verlautbarung« in Frage komme (a.a.O. 186). Wichtiger als diese Einzelbeobachtungen ist jedoch der synchrone Gesamtbefund, daß Paulus den Dank an Gott so sehr in den Vordergrund schiebt, daß die Briefadressaten nur noch als Adressaten göttlichen Handelns in den Blick kommen (vgl. oben 2.2 Ende). Damit wird überaus deutlich, daß nicht menschlicher Kommunikationswille, sondern letztlich Gott selbst Grund und Ausgangspunkt für die nachfolgenden brieflichen Ausführungen ist. Das Proömium ist daher alles andere als Schmeichelei an die Adresse der Gemeinde. Das Gebet, von dem Paulus spricht, ist an Gott adressiert; und indem Paulus für dessen Handeln an der Gemeinde dankt, lenkt er deren Augenmerk auf das, was Gott an ihr getan hat. Die pragmatische Funktion von 1,4-9 ist damit offenkundig (vgl. auch: *P. Th. O'Brien*, Introductory Thanksgivings 134-137). Mit der Erinnerung an den Reichtum, den die Gemeinde von Gott her empfangen hat, bringt Paulus – wie vorher schon im Präskript – die Voraussetzung und Begründung für die apostolische Mahnung zur Sprache, in die der Text dann ab 1,10 übergeht.

Umgekehrt ist es kein Zufall, daß konkrete Themen aus dem paränetischen Corpus des Briefes bereits auf die Thematik des Proömiums abfärben (vgl. *R. Baumann*, Mitte 44—46; *J. Baumgarten*, Paulus 61f.67f; *L. L. Belleville*, Continuity 18—21). Das Stichwort der »Gnadengaben« in V. 7 intoniert schon die Kap. 12-14. Das »Wort« und die »Erkenntnis«, die in V. 5 genannt werden, spielen in den Konfliktfeldern der Kap. 1-4 und 8-10 (auch 12-14) eine nicht unbedeutende Rolle. Und schließlich ist das Thema der Eschatologie, das in VV. 7f angeschlagen wird, ein Grundproblem der korinthischen Gemeinde (vgl. nur Kap. 15).

3. Einzelerklärung

Vers 4: Daß Paulus um der Gemeinde willen Gott »*allezeit*« dankt, darf natürlich nicht gepreßt werden. Die Aussage gehört zum Stil paulinischer Proömien (vgl. Röm 1,9f; Phil 1,3f; 1 Thess 1,2f; vgl. Kol 1,3; 2 Thess 1,3), ist aber alles andere als bloße Floskel. Paulus hat die Gemeinde von Korinth gegründet (4,15; 9,2). Dennoch ist sie nicht sein Werk (vgl. 3,5-17), sondern Geschöpf Gottes, der in seinem Heilshandeln sich des Apostels bediente. Wie Paulus sein Apostelsein ganz Gott verdankt (vgl. 1,1), so entspringt auch das, was durch seine Verkündigung entstanden ist, ganz dem Heilsschaffen Gottes. Unter dieser Rücksicht gehört Dank zum Wesen apostolischer Existenz. Ihr Vollzug ist geradezu das immerwährende Dankgebet, von dem V. 4 spricht.

»*Gnade*« hat zwei Aspekte: (1) Sie ist huldvolle Zuwendung Gottes zu den Menschen. Die LXX übersetzt bezeichnenderweise mit ›charis‹ bzw. ›charizesthai‹ meist die Wortgruppe ›ḥen, ḥnn‹, was »sich beugen, geneigt sein, sich hinabbeugen (vom Stärkeren zum Schwächeren)« bedeutet (seltener dient ›charis‹ in der LXX zur Übersetzung von ›ḥæsæd‹, bei dem es »um die Bewährung einer Gemeinschaftsbeziehung geht« [*W. Zimmerli*: ThWNT IX 372,32f]). Das Moment des völlig unverdienten, frei geschenkten Gunsterweises läßt »Gnade« für Paulus zum »zentrale(n) Begriff« werden, »der am klarsten sein Verständnis des Heilsgeschehens ausdrückt« (*H. Conzelmann*: ThWNT IX 383,25f). (2) »Gnade« ist dann auch das Gnadengeschenk, das der Mensch aufgrund der Zuwendung Gottes bekommt. Beide Aspekte sind jedoch nicht

voneinander zu trennen, da das Gnadengeschenk nicht objektivier-
bar ist und dem Menschen nur durch Gottes fortdauernde Zuwendung zukommt (vgl. VV. 8f). Begründet ist die Gnade »*in Christus*«, d. h. im Kreuzesgeschehen, das Paulus in 1 Kor als die Mitte
der Verkündigung und des Glaubens hervorkehrt (1,18-25; 2,2);
nichts könnte die ganze Ungeschuldetheit der darin ergangenen
»Gnade« besser unterstreichen. Zugeeignet, »*gegeben*«, wird die
Gnade dem Menschen durch die Annahme des Glaubens bzw.
durch die Taufe. Insofern beide die »Gemeinschaft« mit Christus
(V. 9) begründen, ist »Gnade« letztlich eine personale Kategorie,
nämlich die Gemeinschaft mit Christus selbst. Die Gemeinschaft
mit dem Sohn Gottes Jesus Christus verändert die Glaubenden und
macht sie reich.

Vers 5: Daß die Korinther »*in allem*« reich gemacht wurden, ist
ebenso wenig rhetorische Floskel wie »allezeit« in V. 4. Gottes
Gnade ist, da aus der Fülle kommend, immer überfließend, jedes
menschliche Maß sprengend (vgl. Röm 5,12-21; zur Sache:
M. Theobald, Gnade 63–127). Die Aussage ist in keiner Weise
ironisch (wie in 4,8); eine solche Auslegung würde die streng
theologische Semantik des Abschnitts verkennen (s.o. 2.2). Paulus
meint hier wirklich, was er sagt; er erkennt an, daß die Korinther
tatsächlich reich sind. Allerdings betont er, daß sie dies nur sind,
weil *Gott* sie reich gemacht hat (Passivum divinum); und um jedes
Mißverständnis auszuschließen, fügt er – nach V. 4 fast tautolo-
gisch – ausdrücklich hinzu, daß dieser Reichtum sie »*in ihm*«
(Christus) überkommen hat. Indirekt ist damit ein klarer theologischer Kontrapunkt gesetzt zur korinthischen Überheblichkeit
(4,6.7f.18f; vgl. 5,2; 8,1) und zum korinthischen Rühmen mit
Menschen (3,21; vgl. 1,29-31).
Konkret will Paulus auf die Gnadengaben hinaus, mit denen die
korinthische Gemeinde in vielfältiger Weise gesegnet ist. Interessant ist, daß Paulus dieses Ziel, das er in V. 7 dann auch in dieser
allgemeinen Form nennt, hier in V. 5 zunächst in viel präziserer
Weise aufs Korn nimmt: Die Korinther sind reich gemacht worden
»*in jeglichem Wort und jeglicher Erkenntnis*«. Die Begriffe sind
nicht zufällig gewählt (zur philosophischen Tradition vgl. *H.-
D. Betz*, Problem 26–32). »Wort« bzw. »Rede« (›logos‹) und
»Erkenntnis« waren bei den Korinthern geschätzt. Allerdings
scheint man sich über die Inhalte keineswegs einig gewesen zu sein.
So führte gerade das, was von den einen als Mittel zur Integration
propagiert wurde, zur Uneinigkeit und zum Unmut der anderen.

Der Streit um den rechten ›logos‹ christlicher Weisheit (vgl. 1,17; 2,1.4.13; 4,19f) ließ die Parteien (1,12) entstehen und förderte die bereits angesprochene Überheblichkeit. »Erkenntnis« hatte mit der Aufdeckung göttlicher Geheimnisse zu tun (13,2; 14,6). Für einige in der Gemeinde wurde »Erkenntnis« zum Schlagwort (8,1.7.10f) ihrer Freiheit (vgl. 10,23; 6,12), mit der sie sich über die sittlichen Verbindlichkeiten des Leiblichen hinwegsetzten (6,12-21) bzw. die unwissenden »Schwachen« zur Einsicht bringen wollten (8–10; bes. 8,10f). Paulus wird eine solche »Weisheit des Wortes« (1,17) als Torheit entlarven (und dagegen das »Wort vom Kreuz« stellen: 1,18-25) und eine derartige »Erkenntnis« als Aufgeblasenheit brandmarken (8,1). Dies heißt nicht, daß Paulus »Wort« und »Erkenntnis« grundsätzlich ablehnt. Sofern sie dem Nutzen der Gemeinde untergeordnet werden, kann er sie durchaus positiv werten und unter die Charismen rechnen (vgl. »Wort der Weisheit« bzw. »Wort der Erkenntnis«: 12,8). Auch hier in **V. 5** erkennt er »Wort« und »Erkenntnis« an bzw. würdigt sie als Zeichen gottgeschenkten Reichtums. Paulus spricht aber bewußt von »*jeglichem* Wort« und von »*jeglicher* Erkenntnis«. Gerade so hält er die gottgewollte Pluralität der genannten Gaben offen und weist indirekt den Ausschließlichkeitsanspruch und die Rücksichtslosigkeit zurück, mit denen man in Korinth das jeweils eigene »Wort« und die jeweils eigene »Erkenntnis« durchsetzen wollte.

Vers 6: Hatte V. 4 die grundsätzliche theologische Ursache für den charismatischen Reichtum genannt, so begründet ihn V. 6 mit Verweis auf das die Gnade vermittelnde Zeugnis. ›To mystērion tou Christou‹ ist als gen. obj. zu verstehen: »*das Zeugnis von Christus*« (so u. a. *Weiß*; *Bachmann*; *Robertson-Plummer*; *Grosheide*; *Fee*; **R. Baumann*, Mitte 34). Inhaltlich konvergiert das Syntagma mit dem »Evangelium« (*P. Th. O'Brien*, Introductory Thanksgivings 121, spricht sogar von Synonymen). V. 6 blickt also zurück auf das gemeindegründende Zeugnis des Apostels. Ähnliche Rückblicke kennen wir auch aus anderen paulinischen Proömien (Phil 1,3-5; 1 Thess 1,2-10; 2,1-12).

Daß das Zeugnis der *Gemeinde* angesprochen sein soll (*G. W. MacRae*, Note, bes. 174: »the very lives of the Corinthians constitute a testimony to Christ«), ist relativ unwahrscheinlich, da man in diesem Fall kaum eine präpositionale Konstruktion mit »unter euch« (griech.: ›en‹ = »in euch«) erwarten würde. Die Wendung bezeichnet vielmehr das Objekt, auf das sich das Befestigen bezogen hat. Sofern dieses Objekt – die Gemeinde –

vor dem Befestigen des Zeugnisses noch nicht vorhanden war, sondern dadurch erst entstanden ist, deutet sich indirekt die schöpferische Kraft des Zeugnisses an.

Nicht unerheblich ist, daß Paulus die eigene Wirksamkeit, die er mit dem »Zeugnis« ins Auge faßt, durch die passivische Konstruktion völlig instrumentalisiert beschreibt. Wie in V. 5 schiebt er auch hier den göttlichen Urheber in den Vordergrund. Sowohl das Zeugnis als auch seine Wirkung sind letztlich göttliche Aktivitäten. Wegen der juristischen Note, die »befestigen« (und Derivate) im Griechischen haben kann (vgl. *H. Schlier*: ThWNT I 600–603), wird gelegentlich der Ton auf das *rechtskräftige* Vorbringen des Zeugnisses gelegt (*H. Schlier*, a.a.O. 603). Doch ist eine derartige Einengung des Begriffs durch den Kontext nicht angezeigt, es sei denn, man gibt der juristischen Terminologie einen soteriologisch-sakramentalen Rahmen, wie er für die (spätere) Gnosis auch tatsächlich nachweisbar ist (vgl. *E. Dinkler*, Taufterminologie 103–105). Dann wäre beim Befestigt-Werden an die (in der Taufe erfolgende) Übergabe in den Herrschaftsbereich Christi gedacht (vgl. 2 Kor 1,21f) und eine semantische Brücke nicht nur zu »festigen« in V. 8, sondern auch zur »Gemeinschaft ... unseres Herrn« in V. 9 geschlagen.

Vers 7: Folge des gemeindestiftenden Zeugnisses ist es, daß die Korinther »an (griech.: in) *keiner Gnadengabe Mangel haben*«. »Mangel haben« wird im Griechischen an sich mit dem Genitiv verbunden (*Bauer*, s. v.). Bei der Konstruktion mit »in« wirkt offensichtlich noch der Gedanke von V. 5 nach. Das dortige allgemeine »in allem« wird nun durch die Vielfalt der Gnadengaben interpretiert. Inhaltlich sind die Gnadengaben als individuelle Konkretionen der »Gnade« von V. 4 zu verstehen. Ähnlich wie in V. 5 ist auch in V. 7a die Formulierung bewußt gewählt. Hatte Paulus dort mit »Wort« und »Erkenntnis« zwei in Korinth geschätzte Phänomene aufgegriffen und deren mögliche Pluralität gegen korinthische Monopolisierungstendenzen in Schutz genommen, so spricht er jetzt generell die Vielfalt der in Korinth vorhandenen Gnadengaben an und unterstreicht damit deren Legitimität und Sinnhaftigkeit. In beiden Versen klingt also verhaltene Kritik an bzw. werden Themen intoniert, die später ausführlich entfaltet werden. In der Perspektive des V. 5 stehen die Ausführungen der Kapitel 1-4 und 8-10, während V. 7a schon die grundsätzliche Behandlung der »Geistesgaben« in 1 Kor 12-14 andeutet. Nicht

zufällig wird es daher sein, daß Paulus bereits jetzt den Begriff der
»Gnadengaben« (›charismata‹) verwendet, mit dem er dann in
Kapitel 12-14 die einseitige korinthische Sicht der »Geistesgaben«
(›pneumatika‹) (12,1) zu korrigieren sucht (vgl. 12,4.9.28.30f).
Der Übergang zu V. 7b (im Griech. Partizipialkonstruktion)
erfolgt stilistisch wie sachlich relativ unvermittelt. Ob man deswegen jedoch die Verarbeitung eines Traditionsstückes in den VV.
7b−9 postulieren muß (so: *P. von der Osten-Sacken*, Treue), ist
nicht zuletzt wegen der dann wohl nötigen Annahme von Umstellungen (*P. von der Osten-Sacken*, a.a.O. 183: VV. 9.8.7b) nicht
voll überzeugend. Meines Erachtens reicht es aus, wenn man mit
traditionellen Elementen bzw. Topoi rechnet. Für V. 7b ergibt sich
dann folgendes Bild: »Offenbarung« wird von Paulus sonst nicht
mit der Parusie verbunden, könnte also traditionell sein (vgl.
2 Thess 1,7; 1 Petr 1,7.13; 4,13). Dagegen ist die Bezeichnung
»Herr« auch Paulus in Parusiekontexten geläufig (vgl. 4,4f; 11,26;
Phil 3,20; 4,5; 1 Thess 4,15-17), was aber ebenfalls traditionell
vorgegeben ist. Sachlich ist die ganze Wendung »Offenbarung
unseres Herrn Jesus Christus« wahrscheinlich eine Explikation des
Gebetsrufes »Marana tha« (»Unser Herr, komm!«), den Paulus am
Ende des 1 Kor zitiert (16,22) und mit dem er eine Art Klammer
um das Ganze des Briefes legt. Daß Paulus nun das Thema der
Eschatologie anschlägt, gehört zur Topik paulinischer Proömien
(vgl. 2 Kor 1,10f; Phil 1,6.10; 1 Thess 1,3.10), hat hier aber auch
aktuellen Bezug (vgl. *J. H. Roberts*, transitions 30f; skeptisch: *E.
Synofzik*, Gerichts- und Vergeltungsaussagen 18f). Die reiche
Geisterfahrung hatte in Korinth einen Enthusiasmus gefördert, der
einer futurisch konzipierten Eschatologie zumindest teilweise
zuwiderlief (vgl. 4,8; 15,12). Um so mehr ist Paulus genötigt, im
Anschluß an VV. 4-7a festzustellen, daß »der Besitz der ›charismata‹ ... noch nicht die Verwirklichung des Eschaton (ist), sondern
Unterpfand dessen, was sein *wird*« (*Conzelmann*). »Erwarten«
blickt auch sonst auf die eschatologische Vollendung (vgl. Röm
8,19.23.25; Gal 5,5; Phil 3,20; Hebr 9,28; 1 Petr 3,20). Im Kontext
des ganz auf Gottes Handeln konzentrierten Proömiums (s.o. 2.2)
ist »erwarten« die einzige »Aktivität« des Menschen. Doch handelt
es sich auch nicht um ein opus proprium des Menschen, sondern
um eine von Gott eröffnete Möglichkeit. Im Heilsgeschehen ist der
Mensch notwendigerweise immer der Empfangende und auf Heil
Wartende. Dieser Wartezustand findet sein Ende erst bei der
»Offenbarung unseres Herrn Jesus Christus«. Das »in Christus«
(vgl. VV. 4f) veranstaltete Heil Gottes enthüllt endgültig seinen

personalen Charakter. Was bisher als Gnaden*gabe* im Miteinander der Gemeinde erfahrbar war, findet in der unmittelbaren Begegnung mit Christus seinen eigentlichen personalen Grund. An die Stelle des Glaubens tritt das Schauen von Angesicht zu Angesicht (vgl. 13,12). Anthropologisch entspricht der Offenbarung Christi die »Offenbarung der Söhne Gottes« (Röm 8,19; vgl. überhaupt Röm 8,18-39 als sachlichen Kommentar zu VV. 7b-9).

Vers 8: Obwohl der (in Korinth so angebrachte) eschatologische Vorbehalt ein furchtgebietender Gedanke sein kann (vgl. Phil 2,12), will Paulus damit nicht schrecken. Auch die Zeit der Erwartung ist getragen vom Heilshandeln Gottes. Er, der die Gemeinde durch das Evangelium im Herrschaftsbereich Christi festgemacht hat (vgl. V. 6), »er wird euch auch festigen bis ans Ende«. »*Bis ans Ende*« ist zunächst zeitlich zu verstehen (*Conzelmann*). Dies schließt die Perspektive einer auch sachlichen Vollendung jedoch keineswegs aus (so mit Nachdruck: *P. von der Osten-Sacken*, Treue 179.193; vgl. auch p46: »Er wird euch auch festigen *als vollkommene*«). Jedenfalls hat das Festigen bis ans Ende zur Folge, daß die Christen »unanklagbar« sind. ›anegklētos‹, obwohl im Griechischen häufig abgeschliffen gebraucht (im Sinne von »unbescholten«, vgl. *Bauer*, s. v.), hat hier forensische Funktion, bei der man die Bedeutung des zugrundeliegenden Verbs ›egkaleō‹ = »anklagen« (*Bauer* s. v.) noch mithören muß (vgl. Kol 1,22; *W. Grundmann*: ThWNT I 358f; *Robertson-Plummer*): Die Christen haben keine Anklage zu befürchten (als Kommentar vgl. Röm 8,33f); positiv entspricht dem die gänzliche Heiligung (vgl. 1 Thess 5,23; 3,13). Beim »*Tag unseres Herrn Jesus (Christus)*« handelt es sich um eine christologische Übertragung des »Tages Jahwes« (vgl. Am 5,16-20; Joel 2,11; 3,4). Damit bezeichnet wird die Parusie (einige Handschriften ersetzen »Tag« auch durch »Parusie«), wobei durch den Rückgriff auf alttestamentliche Diktion stärker deren Gerichtscharakter hervorgekehrt ist (vgl. auch: **J. Baumgarten*, Paulus 64f). Für das inhaltliche Verständnis des Gerichtstages ist entscheidend, daß er als »Tag *unseres Herrn Jesus (Christus)*« bestimmt ist. Richter bzw. Kriterium des Gerichts ist demnach Jesus Christus, in dem das *Heils*handeln Gottes seine eschatologische Gestalt gefunden hat. Damit ist zugleich der sachliche Grund für die erwartete Unanklagbarkeit benannt, die ihrerseits aber nicht die Verantwortung der Christen ausschließt. Durch die Betonung des »Herrn« Jesus Christus klingt sie auch indirekt an. Hier allerdings geht es weniger um einen Appell zu entsprechendem

Wandel (vgl. 1 Thess 3,12f; Phil 1,9-11; Kol 1,22f). Vielmehr will
der Apostel die Gemeinde – und wohl auch sich selbst – zu
vertrauensvoller Zuversicht ermutigen. Das Vertrauen, daß Gott
selbst die Gemeinde andauernd festigen wird, gibt den rechten
Rahmen für die Paränese. Unter diesem Vorzeichen wird man die
folgenden Mahnungen kaum mehr als puren Appell, als demüti-
gende Disziplinierung oder als entmutigende Überforderung lesen
können. Und auch der Apostel kann die Hoffnung haben, mit
seinem Anliegen nicht einfach ins Leere zu stoßen.

Vers 9: Eschatologische Heilsgewißheit lebt vom Vertrauen auf die
Treue Gottes, die in V. 9 nun auch ausdrücklich thematisiert wird.
Die Wendung »*treu (ist) Gott*« ist formelhaft (vgl. auch die Wendung »zuverlässig [›pistos‹] [ist] das Wort« in den Pastoralbriefen:
1 Tim 1,15; 3,1; 4,9; 2 Tim 2,11; Tit 3,8; zur Sache: *P. von der
Osten-Sacken*, Treue 186–192) und wahrscheinlich durch liturgische Sprache beeinflußt (s.o. 2.3). Gerade vor diesem Hintergrund
darf man darin sowohl einen Preis Gottes als auch einen Zuspruch
an die Adresse der Gemeinde sehen, mit dem der Apostel zum
unverzagten Vertrauen auf Gottes bleibende Treue ermuntern will.
Gott, der die Gemeinde durch seinen Ruf erwählt und geschaffen
hat, wird sie nicht im Stich lassen. Es ist aber wohl kein Zufall, daß
Paulus hier nicht von der Berufung zur »Gemeinde«, sondern zur
»Gemeinschaft seines Sohnes« spricht. Diese Gemeinschaft wird
nicht partnerschaftlich durch die Sozietät von Sohn und Gemeinde
konstituiert, sondern dadurch, daß Gott an der Sohnschaft seines
Sohnes Anteil gibt. Die Alternative, ob ›koinōnia‹ mit »Anteilha-
ben« oder »Gemeinschaft« übersetzt werden muß, ist daher über-
spitzt (gegen: *H. Seesemann*, Begriff 47f.51; mit **J. Hainz*,
KOINONIA 15–17). So sehr es richtig ist, daß die Berufung in
die Gemeinschaft Jesu Christi »ihr letztes und höchstes Ziel ... erst
erreicht« hat, »wenn die Christen für immer und unmittelbar mit
ihm vereinigt sein werden« (so: *Weiß* unter Verweis auf 1 Thess
2,12; 4,17; Phil 1,23), so ist hier primär doch an den bereits
ergangenen Ruf und die bereits geschenkte Gemeinschaft gedacht
(*G. Panikulam*, Koinōnia 14–16, betont den dynamischen Charakter). Insofern ist V. 9b Explikation der in Christus geschenkten
»Gnade Gottes« von V. 4 und Verdeutlichung von deren nicht-
objektivierbarem Charakter. Gnade ist keine Sache, sondern personale Gemeinschaft mit Jesus Christus, der als »Sohn« die Selbstmit-
teilung Gottes ist. Gerade deshalb ist auch die »Gemeinschaft«
einzigartig. Sie ist einerseits exklusiv: Sie läßt keinen anderen

Herrn und damit keine andere Bindung zu (vgl. *H. Seesemann*,
a.a.O. 51); indirekt ist damit die Kritik an den Parolen von 1,12
vorbereitet. Andererseits ist die Gemeinschaft weit mehr als nur
eine Vereinigung (so daß selbst die Charakterisierung einer »innig-
sten Lebensgemeinschaft mit Christus« [so: *Kuss*] noch unzureichend ist), sondern unmittelbar wirksame Stiftung und Setzung,
welche die dazu Berufenen – unbeschadet des bleibenden Herr-
Seins Jesu Christi – selbst in dessen Sohnschaft mit hineinzieht
und daher überhaupt erst ein wirklich vertrauensvolles Verhältnis
zu Gott ermöglicht (vgl. Gal 4,4-7; Röm 8,29f). Damit ist zugleich
der eigentliche sachliche Grund für die in V. 8 genannte Gewißheit
angegeben.

I. Hauptteil
Das Verhältnis der Verkündiger zur Gemeinde im Lichte des Gekreuzigten als der wahren Weisheit Gottes 1,10-4,21

Literatur: D. Adamo, Wisdom and Its Importance to Paul's Christology in I Corinthians: DBM 17 (1988) 31−43; *S. Arai*, Die Gegner des Paulus im 1. Korintherbrief und das Problem der Gnosis: NTS 19 (1972/73) 430−437; *E. Bammel*, Herkunft und Funktion der Traditionselemente in 1. Kor. 15,1-11: ThZ 11 (1955) 401−419; *C. K. Barrett*, Cephas and Corinth, in: **ders.*, Essays 28−39; *ders.*, Christianity at Corinth, in: **ders.*, Essays 1−27; *F. Ch. Baur*, Die Christuspartei in der korinthischen Gemeinde, der Gegensatz des petrinischen und paulinischen Christenthums in der ältesten Kirche, der Apostel Petrus in Rom, in: *ders.*, Ausgewählte Werke in Einzelausgaben, hrsg. v. *K. Scholder*, Bd. I: Historisch-kritische Untersuchungen zum Neuen Testament, mit einer Einführung v. *E. Käsemann*, Stuttgart-Bad Cannstatt 1963, 1−146; *K. Berger*, Die impliziten Gegner. Zur Methode des Erschließens von »Gegnern« in neutestamentlichen Texten, in: *D. Lührmann − G. Strecker (Hrsg.)*, Kirche. FS G. Bornkamm, Tübingen 1980, 373−400; *ders.*, Hellenistische Gattungen im Neuen Testament, in: ANRW II, 25.2 (1984) 1031−1432.1831−1885; *H.-D. Betz*, The Problem of Rhetoric and Theology according to the Apostle Paul, in: **A. Vanhoye (Hrsg.)*, L'Apôtre Paul 16−48; *V. P. Branick*, Source and Redaction Analysis of 1 Corinthians 1-3: JBL 101/2 (1982) 251−269; *L. Cerfaux*, Vestiges d'un florilège dans I Cor., I,18-III,24?: RHE 27 (1931) 521−534; *F. Christ*, Jesus Sophia. Die Sophia-Christologie bei den Synoptikern (AThANT 57), Zürich 1970; *C. Colpe*, Die religionsgeschichtliche Schule. Darstellung und Kritik ihres Bildes vom gnostischen Erlösermythus (FRLANT 78), Göttingen 1961; *N. A. Dahl*, Paul and the Church at Corinth according to 1 Corinthians 1:10-4:21, in: *W. R. Farmer u. a. (Hrsg.)*, Christian History and Interpretation. FS J. Knox, Cambridge 1967, 313−335; *G. Dautzenberg*, Art. Glossolalie, in: RAC XI 225−246; *E. v. Dobschütz*, Die urchristlichen Gemeinden. Sittengeschichtliche Bilder, Leipzig 1902; *P. E. Ellis*, Salvation through the Wisdom of the Cross (1 Cor 1:10-4:21), in: *D. Durken (Hrsg.)*, Sin, Salvation, and the Spirit. Commemorating the Fiftieth Year of the Liturgical Press, St. Paul/Minnesota 1979, 324−333; *E. Fascher*, Die Korintherbriefe und die Gnosis, in: *K.-W. Tröger (Hrsg.)*, Gnosis und Neues Testament. Studien aus Religionswissenschaft und Theologie, Gütersloh 1973, 281−291; *W. O. Fitch*, Paul, Apollos, Cephas, Christ. Studies in Texts: 1 Corinthians 1:12: Theology 74 (1971) 18−24; *Ch. Forbes*, Comparison, Self-Praise and Irony:

Paul's Boasting and the Conventions of Hellenistic Rhetoric: NTS 32 (1986) 1–30; *Th. W. Gillespie*, A Pattern of Prophetic Speech in First Corinthians: JBL 97 (1978), 74–95; *M. Goguel*, L'apôtre Pierre a-t-il joué un rôle personnel dans les crises de Grèce et de la Galatie?: RHPhR 14 (1934) 461–500; *R. M. Grant*, The Wisdom of the Corinthians, in: *S. E. Johnson (Hrsg.)*, The Joy of Study. Papers on New Testament and Related Subjects. FS F. C. Grant, New York 1951, 51–55; *J. J. Gunther*, St. Paul's Opponents and their Background. A Study of apocalyptic and Jewish sectarian Teachings (NT.S 35), Leiden 1973; *V. Hasler*, Das Evangelium des Paulus in Korinth. Erwägungen zur Hermeneutik: NTS 30 (1984) 109–129; *R. A. Humphries*, Paul's Rhetoric of Argumentation in I Corinthians 1-4, Ann Arbor/Michigan – London (University Microfilms International) 1979; *L. D. Hurst*, Apollos, Hebrews, and Corinth: Bishop Montefiore's Theory examined: SJTh 38 (1985) 505–513; *G. A. Kennedy*, New Testament Interpretation through Rhetorical Criticism, Chapel Hill/North Carolina 1984; *M. Küchler*, Frühjüdische Weisheitstraditionen. Zum Fortgang weisheitlichen Denkens im Bereich des frühjüdischen Jahweglaubens (OBO 26), Freiburg/Schweiz – Göttingen 1979; *H.-W. Kuhn*, Der irdische Jesus bei Paulus als traditionsgeschichtliches und theologisches Problem: ZThK 67 (1970) 295–320; *J. Lambrecht*, Rhetorical Criticism and the New Testament: Bijdr. 50 (1989) 239–253; *P. Lampe*, Theological Wisdom and »Word About the Cross«. The Rhetorical Scheme in I Corinthians 1-4: Interp. 44 (1990) 117–131; *F. Lang*, Die Gruppen in Korinth nach 1. Korinther 1-4: ThBeitr 14 (1983) 68–79; *T. H. Lim*, ›Not in persuasive words of wisdom, but in the demonstration of the Spirit and power‹: NT 29 (1987) 137–149; *A. D. Litfin*, St. Paul's Theology of Proclamation. An Investigation of 1 Cor. 1-4 in the Light of Greco-Roman Rhetoric (Diss. Phil.), Oxford 1983; *W. Lütgert*, Freiheitspredigt und Schwarmgeister in Korinth. Ein Beitrag zur Charakteristik der Christuspartei (BFChTh 12,3), Gütersloh 1908; *Ch. Machalet*, Paulus und seine Gegner. Eine Untersuchung zu den Korintherbriefen, in: Theok. II (1970–1972) (= FS K. H. Rengstorf, hrsg. v. *W. Dietrich u. a.*, Leiden 1973) 183–203; *B. L. Mack*, Logos und Sophia. Untersuchungen zur Weisheitstheologie im hellenistischen Judentum (StUNT 10), Göttingen 1973; *T. W. Manson*, The Corinthian Correspondence (1).(2), in: *ders.*, Studies in the Gospels and Epistles, hrsg. v. *M. Black*, Manchester 1962, 190–209.210–224; *J. Martin*, Antike Rhetorik. Technik und Methode (HAW II/3), München 1974; *H. Merklein*, Die Einheitlichkeit des ersten Korintherbriefes, in: *ders.*, Studien 345–375; *T. Y. Mullins*, Disclosure. A Literary Form in the New Testament: NT 7 (1964/65) 44–50; *J. Painter*, Paul and the πνευματικοί at Corinth, in: *M. D. Hooker – S. G. Wilson (Hrsg.)*, Paul and Paulinism. Essays in honour of C. K. Barrett, London 1982, 237–250; *Ch. Perelman*, Das Reich der Rhetorik. Rhetorik und Argumentation, München 1980; *ders. – L. Olbrechts-Tyteca*, Traité de l'argumentation. La nouvelle rhétorique, Bruxelles ²1970; *R. Pesch*, Peter in the Mirror of Paul's Letters, in: *L. De Lorenzi (Hrsg.)*, Paul 291–309; *E. Peterson*,

1 Korinther 1,18f. und die Thematik des jüdischen Bußtages, in: *ders.*, Frühkirche, Judentum und Gnosis. Studien und Untersuchungen, Freiburg i. B. 1959 (unveränd. Nachdr. Darmstadt 1982), 43–50; *K. A. Plank*, Paul and the Irony of Affliction (Society of Biblical Literature. Semeia Studies), Atlanta 1987; *J. B. Polhill*, The Wisdom of God and Factionalism: 1 Corinthians 1-4: RExp 80 (1983) 325–339; *J. F. Räbiger*, Kritische Untersuchung über den Inhalt der beiden Briefe des Apostels Paulus an die Korinthische Gemeinde mit Rücksicht auf die in ihr herrschenden Streitigkeiten, Breslau 1847; *W. Rebell*, Gehorsam und Unabhängigkeit. Eine sozialpsychologische Studie zu Paulus, München 1986; *R. Reitzenstein*, Die hellenistischen Mysterienreligionen nach ihren Grundgedanken und Wirkungen, Darmstadt 1966 (Nachdr. von ³1927); *P. Richardson*, On the Ansence of »Anti-Judaism« in 1 Corinthians, in: *ders.* – *D. Granskou (Hrsg.)*, Anti-Judaism in Early Christianity I. Paul and the Gospels (Studies in Christianity and Judaism 2), Waterloo 1986, 59–74; *J. M. Robinson*, Kerygma und Geschichte im Neuen Testament, in: **H. Köster* – *J. M. Robinson*, Entwicklungslinien 20–66; *ders.*, LOGOI SOPHON: Zur) Gattung der Spruchquelle Q, in: **H. Köster* – *J. M. Robinson*, Entwicklungslinien 67–106; *J. T. Sanders*, The Transition from Opening Epistolary Thanksgiving to Body in the Letters of the Pauline Corpus: JBL 81 (1962) 348–362; *H. Schlier*, Die Erkenntnis Gottes nach den Briefen des Apostels Paulus, in: *ders.*, Besinnung auf das Neue Testament. Exegetische Aufsätze und Vorträge II, Freiburg – Basel – Wien 1964, 319–339; *W. Schmithals*, Neues Testament und Gnosis (EdF 208), Darmstadt 1984; *N. Schneider*, Die rhetorische Eigenart der paulinischen Antithese (HUTh 11), Tübingen 1970; *F. Schnider* – *W. Stenger*, Studien (s. Lit. zu 1,1-3); *E. Schüssler Fiorenza*, Rhetorical Situation and Historical Reconstruction in 1 Corinthians: NTS 33 (1987) 386–403; *E. Schwarz*, Wo's Weisheit ist, ein Tor zu sein. Zur Argumentation von 1 Kor 1-4: WuD 20 (1989) 219–235; *E. Schweizer*, Art. χοϊκός, in: ThWNT IX 460–468; *ders.*, Art. ψυχὴ κτλ., in: ThWNT IX 635–657.662–664; *F. Siegert*, Argumentation bei Paulus: gezeigt an Röm 9-11 (WUNT 34), Tübingen 1985; *ders.*, Philon von Alexandrien. Über die Gottesbezeichnung »wohltätig verzehrendes Feuer« (De Deo): Rückübers. d. Fragm. aus d. Armen., dt. Übers. u. Kommentar (WUNT 46), Tübingen 1988; *A. C. Thiselton*, Realized Eschatology at Corinth: NTS 24 (1978) 510–526; *Th. H. Tobin*, The Creation of Man. Philo and the history of interpretation (CBQ.MS 14), Washington 1983; *R. Trevijano Etcheverria*, El contraste de sabidurias (1 Cor 1,17-4,20): Salm. 34 (1987) 277–298; *C. M. Tuckett*, 1 Corinthians and Q: JBL 102 (1983) 607–619; *Ph. Vielhauer*, Paulus und die Kephaspartei in Korinth, in: *ders.*, Oikodome. Aufsätze zum Neuen Testament, Bd. 2, hrsg. v. *G. Klein* (TB 65), München 1979, 169–182; *N. Walter*, Der Thoraausleger Aristobulos. Untersuchungen zu seinen Fragmenten und zu pseudepigraphischen Resten der jüdisch-hellenistischen Literatur (TU 86), Berlin 1964; *D. F. Watson*, The New Testament and Greco-Roman Rhetoric: A Bibliography: JETS 31 (1988) 465–472; *J.*

Weiß, Beiträge zur paulinischen Rhetorik, in: *C. R. Gregory u. a. (Hrsg.)*, Theologische Studien. FS B. Weiß, Göttingen 1897, 165–247; *L. L. Welborn*, On the Discord in Corinth: 1 Corinthians 1-4 and Ancient Politics: JBL 106 (1987) 85–111; *U. Wilckens*, Das Kreuz Christi als die Tiefe der Weisheit Gottes. Zu 1. Kor 2,1-16, in: **L. De Lorenzi (Hrsg.)*, Paolo 43–81; *ders.*, Art. σοφία κτλ., in: ThWNT VII 465–475.497–529; *R. McL. Wilson*, Gnosis und Neues Testament (UB 118), Stuttgart – Berlin – Köln – Mainz 1971; *ders.*, How gnostic were the Corinthians?: NTS 19 (1972/73) 65–74; *ders.*, Gnosis at Corinth, in: *M. D. Hooker – S. G. Wilson (Hrsg.)*, Paul and Paulinism. Essays in honour of C. K. Barrett, London 1982, 102–114; *M. Wolter*, Apollos und die ephesinischen Johannesjünger (Act 18,24-19,7): ZNW 78 (1987) 49–73; *W. Wuellner*, Haggadic Homily Genre in 1 Corinthians 1-3: JBL 89 (1970) 199–204; *ders.*, Greek Rhetoric and Pauline Argumentation, in: *W. R. Schoedel – R. L. Wilken (Hrsg.)*, Early Christian Literature and the Classical Intellectuel Tradition. FS R. M. Grant (ThH 54), Paris 1979, 177–188; *ders.*, Paul as Pastor. The Function of Rhetorical Questions in First Corinthians, in: **A. Vanhoye (Hrsg.)*, L'Apôtre Paul 49–77; *ders.*, Where Is Rhetorical Criticism Taking Us?: CBQ 49 (1987) 448–463.

Anders als etwa bei 1 Thess ist die Frage nach der Ausdehnung des Proömiums und dem Beginn des eigentlichen Briefcorpus im Falle des 1 Kor leicht zu beantworten. Der Gedankengang des Proömiums erreicht in 1,8 seine eschatologische Klimax und wird mit dem Verweis auf die Treue Gottes abgeschlossen (vgl. *P. Schubert*, Form [s. Lit. zu 1,4-9]4). Das performative Verb »ermahnen« und die direkte Anrede »Brüder« in 1,10 markieren deutlich den Beginn eines neuen Abschnitts (weitere Elemente: *J. T. Sanders*, Transition; vgl. *T. Y. Mullins*, Disclosure).
Nach vorne reicht der Abschnitt bis 4,21. Darüber herrscht bei den Auslegern Einmütigkeit, so daß selbst rigorose Vertreter der Literarkritik 1,10-4,21 als zusammengehörigen und einheitlichen Text bewerten. Etwas weniger einhellig fällt das Urteil über die innere Struktur des Abschnitts aus. Dabei ist es für die Gesamtwürdigung noch von geringerer Bedeutung, daß manche Interpreten meinen, bei 2,6-16 einen »Bruch« annehmen zu müssen (*Conzelmann* 79; siehe unten zu 2,6-16). Denn selbst wenn man dem zustimmt, bringt 2,6-16 bestenfalls eine kräftige Neuakzentuierung, nicht aber einen völligen Wechsel des Gesamtthemas. Unter dieser Rücksicht dürfte das größere Problem in einer angemessenen Relations- und Funktionsbestimmung von Kap. 4 liegen. Da man sich thematisch meist auf die formale Seite des korinthischen »Parteien«-Streits konzentriert (vgl. die Überschriften in den Kommen-

taren, z. B.: *Weiß* 12; *Conzelmann* 48; vgl. *Lietzmann* 6), sieht man in den ersten drei Kapiteln gerne auch die Hauptsache der paulinischen Ausführungen und behandelt Kap. 4 als bloßen Anhang, als »eine neue Gedankenreihe« (*Lietzmann* 18), nachdem »die prinzipielle Beleuchtung des Parteitreibens ... abgeschlossen« ist (*Weiß* 92). Ob dies zutrifft, kann nur eine Gesamtanalyse von 1,10-4,21 entscheiden.

Nicht überzeugen kann die These von *F. Schnider* und *W. Stenger*, die 1,10-4,21 als »briefliche Selbstempfehlung« bestimmen, die »noch nicht zum eigentlichen Briefcorpus gehört« (Studien 50–68, bes. 57f; Zitat: 58). Diese Definition übersieht, daß Paulus in 1,10-4,21 nicht nur wegen der »*folgenden* brieflichen Anordnungen« gegen den »Autoritätsverlust seiner Person« angeht (a.a.O. 57, Hervorhebung vom Verf.). Die Werbung für die eigene Person steht vielmehr von Anfang an im Dienste einer zu monierenden Sache (Parteienstreit, falsch verstandene Christologie) (wohl nicht zufällig fehlen 1,18-25; 2,6-16 und 3,18-23 in der Tabelle a.a.O. 68). 1,10-4,21 ist daher selbst schon ein erster Hauptteil des Briefcorpus.

1. Syntaktische Analyse

Auf eine ausdrückliche Untersuchung der syntaktischen Kohärenz wird verzichtet, da die entscheidende Kohärenzfrage auf thematischem bzw. pragmatischem Gebiet zu stellen ist. Im Mittelpunkt stehen Beobachtungen auf Satzebene. Die angegebenen Häufigkeitsindices geben die durchschnittliche Häufigkeit eines Phänomens pro Vers wieder.

Geht man von den *Satztypen* aus, so lassen sich hauptsächlich die folgenden drei unterscheiden:

S I: [(Subjekt) + Prädikat + Akkusativ-Objekt]
(Objekt-Satz; andere Kasus sind keine eigentlichen Objekt-Kasus, sie spielen im Untersuchungstext ohnehin nur eine untergeordnete Rolle)

S II: [Subjekt + Prädikat (bzw. Subjekt oder Prädikat allein)]
(Subjekts-/Prädikats-Satz)

S III: [Subjekt + Prädikat (bzw. Subjekt oder Prädikat) + Prädikatsnomen]
(Satz mit Prädikatsnomen)

Satztyp I ist relativ gleichmäßig über die gesamte Textstrecke verteilt. Eine gewisse Präponderanz läßt sich für die beiden ersten Kapitel feststellen, wo in 2,6-16 und 1,26-31 die Spitzenwerte erreicht werden (1,63 und 1,166). 2,6-16 hebt sich scharf von den umgebenden Passagen 2,1-5 und 3,1-4 ab, die das geringste Vorkommen im Gesamttext aufweisen (0,2 bzw. 0,25). Überhaupt ist Satztyp I in 3. Kapitel relativ selten vertreten (3,5-17: 0,615; 3,18-23: 0,5). Dagegen ergeben sich für das vierte Kapitel wie auch für die restlichen Abschnitte des ersten Kapitels wieder durchschnittliche Werte (1,10-17: 0,875; 1,8-25: 0,875; 4,1-5: 1,0; 4,6-13: 0,875; 4,14-21: 1,0).

Satztyp II findet sich besonders häufig im dritten und vierten Kapitel, und zwar blockartig in 3,1-4.5-17 und 4,1-5.6-13 (2,25; 1,385 und 1,0; 2,125). 3,18-23 und 4,14-21 zeichnen sich allerdings durch ein geringes Vorkommen aus (0,5 und 0,75). Die gleiche Tendenz zeigt sich in 1,18-2,16 (1,18-25: 0,625; 1,26-31: 0,833; 2,1-5: 0,8; 2,6-16: 0,727). Dagegen nähert sich 1,10-17 den Werten der beiden Blöcke im dritten und vierten Kapitel an (1,375).

Für Satztyp III ergibt sich ein relativ klares Bild. Gehäuft und regelmäßig taucht er erst ab 3,5 auf (3,5-17: 0,923; 3,18-23: 0,66; 4,1-5: 0,4; 4,6-13: 1,0; 4,14-21: 0,125). In den vorausliegenden Abschnitten fehlen derartige Sätze weitgehend. Nur 1,18-25 bildet eine nennenswerte Ausnahme (0,5; ansonsten noch 1,26-31: 0,166 und 2,6-16: 0,09).

Zusammenfassend lassen sich gewisse Gesetzmäßigkeiten erkennen, von denen die Zäsur zwischen Kapitel 2 und 3 wohl die wichtigste ist. Objektorientierte Sätze (I) haben, obwohl über den ganzen Text relativ regelmäßig verteilt, in den ersten beiden Kapiteln ein leichtes Übergewicht. Genau das Gegenteil ist bei den Sätzen mit Prädikatsnomen (III) der Fall. Dies gilt in etwa auch für die Subjekts- bzw. Prädikatssätze (II). Unter dem Blickwinkel von Satztyp II und III lassen sich die Kapitel 3 und 4 sogar noch etwas näher strukturieren. Aus der Sicht von II gehören 3,1-4.5-17 und 4,1-5.6-13 enger zusammen; 3,18-23 und 4,14-21 fallen demgegenüber ab. Das Bild, das sich aus der Sicht von III ergibt, ist insofern vergleichbar, als in 3,5-17 und 4,6-13 jeweils der Spitzenwert erreicht wird, während 3,18-23 und 4,14-21 sich wieder auf niedrigerem Niveau bewegen. Eine Zäsur zwischen Kapitel 3 und 4 läßt sich von keinem der Satztypen her rechtfertigen. Allenfalls unter dem Gesichtspunkt der objektorientierten Sätze ist bei Kapitel 4 ein leichter Anstieg gegenüber Kapitel 3 zu verzeichnen.

Bestätigt wird der syntaktische Paradigmenwechsel von 1 Kor 1.2 zu 3.4 auch durch die Verteilung der *Tempora*. Ab 3,1 steigt die Häufigkeit des Präsens (wozu auch ›oida‹ = »ich weiß« gezählt ist) deutlich an, während die der Vergangenheitstempora (hauptsächlich Aorist; Perfekt und Imperfekt spielen im Untersuchungstext nur eine untergeordnete Rolle) abnimmt. Errechnet man in den einzelnen Abschnitten das Verhältnis von Gegenwart und Vergangenheit, dann ergeben sich folgende Durchschnittswerte pro Vers: 1,10-17: 1,0; 1,18-25: 2,33; 1,26-31: 0,833; 2,1-5: 0,33; 2,6-16: 1,0; 3,1-4: 2,33; 3,5-17: 3,51; 3,18-23: 9,036; 4,1-5: 1,75; 4,6-13: 1,083; 4,14-21: 1,4. Mit Ausnahme von 1,18-25 liegen die Werte in 1,10-

2,16 bei 1,0 oder darunter, während sie bei 3,1-4,21 meist klar darüber liegen. Eine ähnliche Regelmäßigkeit ergibt sich hinsichtlich der Verteilung der Futura. Von den Zitaten in 1,19 und 2,16 abgesehen, enthält 1,10-2,16 überhaupt kein Futur. Dagegen findet es sich in relativ regelmäßiger Verteilung in Kapitel 3 und 4 (3,1-5: 0; 3,5-17: 0,769; 3,18-23: 0; 4,1-5: 0,6; 4,6-13: 0,125; 4,14-21: 0,375).

Als Bestätigung des bisherigen Befundes darf gewertet werden, daß direkt an die Leser gerichtete *Fragen* nur in 1 Kor 3 und 4 enthalten sind (3,3b.4.5a[2mal]; 4,21 [2mal]; evtl. auch 4,7 [3mal]), während die Fragen in 1,20 (4mal); 2,11a.16a(Zitat!) durchweg sachbezogenen Charakter haben. Dazu paßt auch, daß *Imperative* − von 1,26 abgesehen (wo er aber keinen moralischen Appell enthält) − ebenfalls nur in den Kapiteln 3 und 4 vorkommen (besonders häufig in 3,18-23).

Auf die Auflistung weiterer Phänomene (wie z. B. Präpositionalobjekte, Infinitiv und Partizipialkonstruktionen, satzverbindende Partikeln/Junktoren) wird verzichtet, da sich an ihnen kaum distributorische Gesetzmäßigkeiten ablesen lassen.

Sachliche Konsequenzen aus dem syntaktischen Befund zu ziehen ist schwierig, da die Phänomene an sich ambivalent sind und erst im Rahmen einer umfänglicheren semiotischen Betrachtung Eindeutigkeit gewinnen. Unter syntaktischer Rücksicht kann immerhin ein gewisser stilistischer Paradigmenwechsel zwischen 1 Kor 1.2 und 3.4 festgehalten werden. Seine sachliche Entsprechung wird er weitgehend in den Ergebnissen der rhetorischen Analyse finden, ohne daß man freilich syntaktische und rhetorische Befunde einfach parallelisieren könnte.

2. Thematische Analyse

Die Untersuchung bewegt sich im wesentlichen auf der Ebene einer intensionalen Semantik, d. h., es geht allein um die Themen des Abschnitts und deren interne Organisation und Verknüpfung. Die referentiellen Aspekte der Semantik treten demgegenüber zurück. Soweit sie, wie z. B. bei der Weisheitsthematik, eng mit der zugrundeliegenden Situation zusammenhängen, wird dazu etwas im Rahmen der (pragmatischen) Situationsanalyse zu sagen sein. Die Suche der Themen folgt dem Duktus des Textes.

Eine *erste Themenangabe* findet sich in **1,10-12**: »*Innergemeindli-*

*che Streitigkeiten unter konkurrierender Berufung auf unterschied-
liche Autoritäten«.* Die entscheidenden Stichwörter sind »Streitigkeiten« (1,11) bzw. »Spaltungen« (1,10) und »dasselbe sagen«
(1,10) vs »(je Unterschiedliches) sagen« (1,12). Das in 1,10-12
angeschlagene Thema wird in 3,3.4 (»Eifersucht«, »Streit«, »[je
Unterschiedliches] sagen«) wieder greifbar, indirekt auch in 3,5-9.
Ein deutlicher Rückverweis findet sich dann noch einmal in 3,18-
23. Allerdings wäre es falsch, die Reichweite des ersten Themas
darauf zu begrenzen. Nach 3,21 können die Streitigkeiten als
»Sich-Rühmen« ausgelegt werden (vgl. 1,29.31). Unter dieser
Rücksicht gewinnt das erste Thema dann auch einen Brückenkopf
im 4. Kapitel, wo »Sich-Rühmen« im Kontext von »Sich-Aufblä-
hen« (4,6) erscheint. Im Vordergrund steht der spezielle Aspekt,
daß die Verkündiger, die als Berufungsinstanz dienen, selbst in den
Sog der gruppenspezifischen Überheblichkeit hineingezogen werden. Thematisch geht es also um eine Variation bzw. Projektion
der innergemeindlichen Konkurrenz auf die Ebene der Verkündiger. Das Thema der Überheblichkeit beherrscht den gesamten Rest
des Kapitels 4, das mit scharfen Worten an die Adresse der
»Aufgeblähten« endet.

Inhaltlich sind die Streitigkeiten von 1,10-12 im Kontext einer
Weisheitsdebatte anzusiedeln. Zumindest schlägt Paulus dieses
zweite Thema sogleich am Ende des ersten Textabschnittes an und
erklärt in 1,17, daß *er* »nicht in Weisheit des Wortes« das Evangelium verkünden will. Der Gegensatz ›Weisheit vs Torheit‹
bestimmt die Ausführungen von 1,18 bis 2,16 und kehrt dann in
3,18-20 noch einmal wieder. Die unmittelbar anschließende Konklusion von 3,21-23, die auf die korinthischen Streitigkeiten Bezug
nimmt, unterstreicht im übrigen den engen Zusammenhang des
Weisheitsthemas mit der in 1,10-12 angegebenen Thematik.

Von den in 1,18-2,16 vorherrschenden Oppositionen darf man sich
allerdings nicht verleiten lassen, »Weisheit und Torheit« unmittelbar als Thema des Abschnitts zu etablieren. Die Oppositionen
werden vielmehr eingesetzt, um eine Weisheit zurückzuweisen, die
Paulus als »Weisheit des Wortes« apostrophiert (1,17), und um ihr
gegenüber die wahre Weisheit, die »Weisheit Gottes«, herauszu-
stellen. Es geht in **1,18-2,16** also um die Frage des semantischen
Codes von »Weisheit« (»Weisheit« steht gegen »Weisheit«!), so
daß als Thema dieser Textpassage sich *»die wahre Weisheit«* anbie-
tet. Die von Paulus abgelehnte Weisheit bewegt sich im Rahmen
menschlicher Logik (vgl. 1,17; »Wort« = ›logos‹!), gehorcht den
Gesetzmäßigkeiten und Kriterien menschlicher Erkenntnis. Sie ist

intensivierbar (2,1), kann mit rhetorischen Mitteln überzeugend gemacht werden (2,4) und im Rahmen menschlicher Erkenntnisfähigkeit gelehrt und gelernt werden (2,13). Demgegenüber betont Paulus, daß die Weisheit Gottes mit den Kriterien menschlicher bzw. weltlicher Weisheit nicht erkannt werden kann (1,21a; 2,8.11.14.16). Nur Gott selbst bzw. der Geist kann sie zugänglich machen, »offenbaren« (2,10) bzw. »schenken« (2,12); der Mensch kann sie nur »empfangen« (2,12), »annehmen« (2,14), »glauben« (1,21b). Ob Paulus damit gegen ein korinthisches Ideal einer kognitiv bzw. noetisch zugänglichen Weisheit polemisiert oder ob er die von den Korinthern beanspruchte Weisheit nur so apostrophiert, ist im Rahmen der pragmatischen Analyse zu klären. Das gilt auch für die Frage, ob Paulus mit der abgelehnten Weisheit eine bestimmte Partei im Visier hat bzw. inwieweit er unter dieser Rücksicht alle Parteien zusammenfassen kann. Was die nähere Organisation des in 1,18-2,16 behandelten Themas betrifft, so läßt sich insbesondere 1,18-25 (»das Wort vom Kreuz«) und 2,6-16 (die »Weisheit Gottes im Geheimnis«) als Darlegung des in Antithese zur »Weisheit des Wortes« (1,17) stehenden Sachverhaltes verstehen. Die beiden Abschnitte dazwischen erläutern diesen Sachverhalt am konkreten Beispiel (1,26-31: Gemeinde; 2,1-5: Apostel). Abschließend bleibt zu vermerken, daß auch das zweite Thema, wie schon das erste, über seinen unmittelbaren Darstellungsbereich hinaus lebendig bleibt. Es taucht wieder auf am Ende von Kapitel 3, wo es ausdrücklich mit dem ersten Thema verkoppelt wird (3,18-23). Aber auch die Opposition ›Wort vs Kraft‹ von 4,19f nimmt unverkennbar den Ausgangspunkt des Weisheitsthemas wieder auf (vgl. die »Weisheit des *Wortes*« 1,17 im Gegensatz zum »Wort vom Kreuz«, das denen, die gerettet werden, »*Kraft* Gottes« ist [1,18; vgl. 1,24; 2,4]). Die semantische Zuweisung des »Wortes« zu den »Aufgeblähten« in 4,19 unterstreicht im übrigen auch von hier aus noch einmal die enge Zusammengehörigkeit des ersten und zweiten Themas.

3,1-4 schließt an die Ausführungen von 2,6-16 an (vgl. das Stichwort »geistlich« in 2,13.14.15; 3,1), führt jedoch nicht das Thema dieses Abschnitts weiter (daher auch der Wechsel in der Terminologie: »unmündig« und »fleischlich« [3,1.3] spielten in 2,6-16 keine Rolle). Es handelt sich vielmehr um eine metasprachliche Reflexion dieses Themas, näherhin um eine Erläuterung, warum Paulus das eben dargebotene Thema – der Gekreuzigte als die wahre Weisheit – den Korinthern nicht schon früher auseinandergesetzt hat.

Die Antwort, daß sie dazu noch nicht reif waren (3,1.2a) und
— wie die Streitigkeiten zeigen — dies auch jetzt noch nicht sind
(3,2b-4), lenkt zurück zum ersten Thema und leitet eben damit
zugleich das nächste ein.

Damit ist schon angedeutet, daß das *dritte Thema*, das in 3,5-17
behandelt wird, nicht als eigenständiges Thema neben die bisherigen gestellt werden kann. Es resultiert vielmehr daraus, daß die
Darlegungen des zweiten Themas (1,18-2,16) nun auf die korinthischen Auseinandersetzungen um die Verkündiger (erstes Thema)
angewandt werden: »Was also ist Apollos? Was ist Paulus?« (3,5a).
Die in 3,5b thesenartig gegebene Antwort wird in 3,6-17 entfaltet.
Der Tenor ist: Weil es allein auf Gott ankommt (3,6f.16f; vgl.
zweites Thema, bes. 1,21; 2,10), können die Verkündiger nur
»Diener« sein und haben in dieser Beziehung sich nichts voraus.
Ihr (je unterschiedliches) Werk ist kein Kriterium der Botschaft,
sondern unterliegt umgekehrt dem Kriterium des Gerichts Gottes.
Als drittes Thema könnte man daher festhalten: »*Die Verkündiger
als bloße Diener im allein entscheidenden Handeln Gottes an der
Gemeinde*«.

Mit 3,18 beginnt kein neues Thema, sondern eine Zusammenfas-
sung des Bisherigen mit Nutzanwendung für die Leser. Auf die
Rückbeziehungen wurde bereits aufmerksam gemacht: **3,18-20**
zieht die Konsequenz aus den Darlegungen des zweiten Themas
und fordert, im Sinne dieser Welt töricht zu werden (3,18b). **3,21-
23** formuliert die Quintessenz aus dem dritten Thema und unter-
sagt jeden Konkurrenzkampf um die Verkündiger (3,21a).

Der folgende Abschnitt **4,1-5** gehört einerseits noch zur Zusam-
menfassung des dritten Themas; er verweist auf die Gehilfenfunk-
tion der Verkündiger und kehrt das Gericht des Kyrios als das
entscheidende Kriterium für deren Treue hervor. Die Konsequenz
für die Gemeinde lautet: »Richtet nicht ...« (4,5). Damit ist andererseits aber zugleich eine Überleitung zum vierten Thema gegeben, in dessen Diensten auch die Verengung des Blickfeldes von
den Verkündigern (in der Mehrzahl: 4,1f) hin zu Paulus (4,3-5)
steht.

Auch das *vierte Thema* ist nicht selbständig. Dies gibt schon seine
Einführung in 4,6 zu erkennen, die auf das dritte Thema zurück-
blickt: Paulus hat seine Ausführungen auf sich und Apollos hin
gestaltet (3,5-17), »damit ihr euch nicht aufbläht, der eine für den
einen gegen den anderen«. Inhaltlich ist damit das Motiv des »Sich-
Rühmens« variiert, wie wir es bereits im Zusammenhang mit dem
ersten Thema beobachten konnten. Der innergemeindliche Kon-

kurrenzkampf um die Verkündiger führt zur Überheblichkeit gegenüber den Verkündigern. Was anfangs noch als allgemeines Phänomen erscheint, wird schließlich als spezifischer Konflikt mit Paulus (und seinem Verständnis als Verkündiger bzw. Apostel) abgehandelt, so daß das vierte Thema nicht nur als Variation, sondern auch als Spezifizierung des ersten Themas anzusehen ist. Es geht um »*die Überheblichkeit der Gemeinde bzw. einer bestimmten Gruppe in der Gemeinde* (die Paulus dann in 4,19 als »Aufgeblähte« tituliert) *gegenüber Paulus*«. Bemerkenswert ist, daß bei der inhaltlichen Durchführung dieses Themas zumindest indirekt mit semantischen Anleihen aus dem Bereich des zweiten Themas gearbeitet wird. So lehnt sich die Charakterisierung der Kontrahenten in 4,10 an die Beschreibung der Gemeindeminderheit in 1,26-28 an. Paulus selbst erscheint, indem er sich als Toren (4,10) und Ausgestoßenen (4,13) darstellt, als Repräsentant des Gekreuzigten. Das Verfahren ist also ähnlich wie bei 3,5-17: Die Darlegungen des zweiten Themas werden auf die Sachlage des konkreten Konflikts angewendet.

4,14-21 stellt die Schlußfolgerung dar. Die eigentliche Nutzanwendung »Werdet meine Nachahmer!« (4,16) mag überraschen, weil sie der Konklusion des dritten Themas in 3,21-23 und auch der Eingangsmahnung in 1,10 (erstes Thema) zu widersprechen und die Paulus-Parole zu favorisieren scheint. Tatsächlich besteht zwischen der Eingangsmahnung in 1,10 und der Schlußmahnung in 4,16, die beide bezeichnenderweise mit der gleichen performativen Wendung »ich ermahne euch« beginnen, ein Spannungsbogen, der für die Pragmatik des Textes von fundamentaler Bedeutung sein dürfte. Semantisch stellt diese Spannung jedoch keinen Widerspruch dar. 4,16 und 3,21-23 bzw. 1,10 sind vielmehr die unterschiedlichen Konsequenzen der Anwendung des gleichen Sachverhalts auf unterschiedliche, wenngleich einander bedingende Ausgangssituationen.

Dies zu verdeutlichen gibt zugleich die Gelegenheit, das bisher Gesagte *zusammenzufassen* und die integrative Organisation der ohnehin aufeinander bezogenen Themen im Zusammenhang darzulegen. Die in der ersten Themenangabe angesprochene Ausgangssituation resultiert daraus, daß die Gemeinde unter Berufung auf ihre unterschiedlichen Verkündiger nach unterschiedlichen Kriterien bemißt, was als der authentische Inhalt christlicher Verkündigung und christlichen Selbstverständnisses zu gelten hat. So stellt sie ihre Verkündiger in ein Konkurrenzverhältnis und zer-

splittert darüber selbst in rivalisierende Gruppen (erstes Thema).
Inhaltlich ist der Streit im Kontext einer Debatte zu sehen, die
durch das Verständnis der christlichen Botschaft als »Weisheit«
ausgelöst wurde (Referenz). Wendet man auf diese Ausgangssituation den objektiven Sachverhalt christlicher Verkündigung an, der
nach der Darlegung von 1,18-2,16 nur der gekreuzigte Christus
sein kann (zweites Thema), dann ergibt sich, daß *alle* Verkündiger
nur Diener und unter dieser Rücksicht eins sind (drittes Thema:
3,5-17). Die Konklusion kann nur lauten: Keine Konkurrenz! Wo
es sie dennoch gibt, geht man am objektiven Inhalt christlicher
Verkündigung vorbei (man »rühmt sich mit Menschen«) und verrät
die allein entscheidende Abhängigkeit von Christus (3,21-23). Als
(sachlich notwendige) Folge des innergemeindlichen Streites um
den authentischen Verkündiger macht sich eine gruppenspezifische
Überheblichkeit über den jeweils inferioren Verkündiger breit;
betroffen ist vor allem Paulus selbst (viertes Thema: 4,6-13). Die
jetzt vorausgesetzte Ausgangssituation stellt eine Variation und
Spezifizierung der Ausgangssituation von 1,10-12 dar (Folgesitua-
tion: 4,6). Allerdings bedingt die Spezifizierung auch eine Verschiebung in der Anwendung bzw. in der Konklusion, und zwar
aufgrund des gleichen Sachverhaltes. Ließ der Sachverhalt, daß der
Gekreuzigte die wahre Weisheit ist, es als belanglos erscheinen,
welcher Verkündiger diesen Sachverhalt predigt, so muß eine
Abqualifizierung des Paulus, der eben diesen Sachverhalt verkündet (dies wird nicht direkt gesagt, aber indirekt vorausgesetzt bzw.
aus der Darlegung von 1,18-2,16 übertragen), zur Konklusion
führen, daß die Korinther den gekreuzigten Christus als den
entscheidenden Verkündigungsinhalt annehmen und eben darin
Nachahmer des Paulus werden sollen (4,16). De facto votiert
Paulus also für sich und seine Verkündigung (des Gekreuzigten),
ohne allerdings die ihn favorisierende Parteiparole durchsetzen zu
wollen. Gerade weil es allein auf den Gekreuzigten ankommt, ist
der Streit der Korinther um den besseren Verkündiger müßig, sind
die Parteiparolen (auch die Parole der Pauluspartei) verfehlt. Aber
ebenso gilt: Weil es allein auf den Gekreuzigten ankommt, ist die
Annahme der paulinischen Kreuzespredigt nötig.
Schematisch läßt sich das Geflecht der Themen etwa so darstellen:

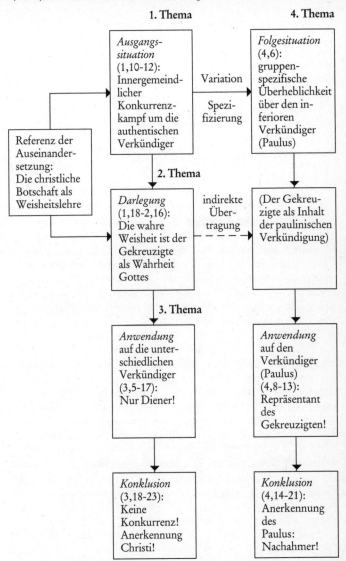

Als *Hyper-Thema* könnte man dann formulieren: »*Das Verhältnis der Verkündiger zur Gemeinde im Lichte des Gekreuzigten als der wahren Weisheit Gottes*«.

3. Pragmatische Analyse

Schon aufgrund der Klammerfunktion der am Anfang und am Ende pointiert hervorgehobenen Mahnung (1,10; 4,16) dürfte klar sein, daß es sich bei 1,10-4,21 insgesamt um einen *performativen*, d. h. konkret, um einen *mahnenden Text* handelt. Da Paulus diese Mahnung in einer sehr kunstvollen Weise in Szene setzt, soll der Text zunächst intern unter rhetorischer Rücksicht ins Auge gefaßt werden. In einem zweiten Schritt soll dann nach der Gemeindesituation gefragt werden, auf die der als Kommunikationsgeschehen zu verstehende Text Bezug nimmt.

3.1 Rhetorische Analyse

Rhetorik hat als ars bene dicendi auch eine ethische Seite. Dies wird nicht selten vernachlässigt, so daß die Tendenz besteht, Paulus von allen rhetorischen »Machenschaften« zu entlasten (zur Forschungsgeschichte vgl. *H.-D. Betz*, Problem 16−21). Es hat sogar den Anschein, als könnte man sich dafür auf Paulus selbst berufen: »Mein Wort und meine Verkündigung (bestanden) nicht in überredenden Worten der Weisheit, sondern im Aufweis von Geist und Kraft« (2,4). Es bleibt jedoch die Frage, ob ein auf Kommunikation ausgerichtetes Reden oder Schreiben überhaupt ohne Rhetorik auskommen kann. Selbst wer rhetorische Mittel nicht bewußt einsetzt, gebraucht sie unbewußt. Ob dies ein Vorteil ist, kann füglich bezweifelt werden. Reflexion kann ja auch zur Aufdeckung und Verhinderung von Manipulation beitragen. Deshalb erweist der Versuch, die Ehre des Paulus mit »einer völlig ungesuchten Rhetorik des Herzens« zu retten, »die ... ohne alle kunstmässige Art sei« (*J. Weiß*, Beiträge 165, der selbst anders denkt: s. u.), dem eigentlichen Anliegen des Paulus einen zweifelhaften Dienst. Im übrigen will auch Paulus mit 2,4 nicht unbedingt einen Mangel an Rhetorik konstatieren (siehe dazu auch: *H.-D. Betz*, Problem 36−38; vgl. *F. Siegert*, Argumentation 80.248−251; *T. H. Lim*, Not in persuasive words; mit rhetorischer Ausbildung rechnet *Ch. Forbes*, Comparison 22−24). Seine Behauptung ist vielmehr primär darin begründet, daß der Inhalt seines »Wortes« (der Gekreuzigte) sich nicht mit Hilfe rhetorischer Bemühungen vermitteln läßt. Dies beabsichtigt Paulus auch in 1,10-4,21 nicht. Die dabei zu beobachtenden rhetorischen Anstrengungen haben nicht das Ziel, den

Gekreuzigten akzeptabel zu machen. Mit ihrer Hilfe will Paulus
vielmehr die Inkonsequenz der Korinther aufdecken bzw. korrigieren, und zwar angesichts des Gekreuzigten, den Paulus fraglos
als Basis christlicher Verkündigung festhält. Es geht also um weit
mehr als nur um die »Spannung zwischen Überreden und Überzeugen« (gegen: *M. Bünker, Briefformular 49).
Tatsächlich ist 1,10-4,21 »ein Stück feinster Schriftstellerei oder
Beredsamkeit«, dessen Abfassung »Talent und Schulung« voraussetzt (J. Weiß, Beiträge 210). Neuerdings hat *M. Bünker (Briefformular) den Abschnitt einer eingehenden rhetorischen Analyse
unterzogen, deren Ergebnisse weitgehend mit unseren Beobachtungen zur Syntax und Thematik des Textes konvergieren. Wie die
Analyse von *M. Bünker stehen auch die folgenden Ausführungen
unter dem Einfluß der »literarischen Rhetorik« von Lausberg (vgl.
auch: J. Martin, Rhetorik; A. D. Litfin, Theology 22−104). Sie
sind also ganz bewußt (nicht nur aus historischen, sondern auch
aus theologischen Gründen) auf die Botschaft bzw. den Inhalt
ausgerichtet, ohne jedoch das Anliegen der »neuen Rhetorik« zu
verkennen oder gar ausschließen zu wollen, die stärker die produk-
tive Rolle des Lesers betont (W. Wuellner, Rhetorical Criticism;
ders., Paul as Pastor; vgl. Ch. Perelman − L. Olbrechts-Tyteca,
Traité; Ch. Perelman, Reich; G. A. Kennedy, New Testament
Interpretation; J. Lambrecht, Rhetorical Criticism; eine [rhetori-
sche und historische Aspekte] vermittelnde Position nimmt
E. Schüssler Fiorenza, Situation, ein).
Die Disposition der Ausführungen folgt in etwa der Ordnung und
Abfolge der klassischen antiken Rede: exordium − narratio −
argumentatio − peroratio (vgl. dazu: Lausberg §§ 263−430). Das
exordium stellt 1,10-17 dar. Es hat das Ziel, den Richter (beim
genus iudiciale: Lausberg §§ 140−223) bzw. − was hier als Analogie wohl zu bevorzugen ist − die Volksversammlung (beim genus
deliberativum: Lausberg §§ 224−238) für den Gegenstand der
Rede zu gewinnen (Lausberg § 263). Genauer handelt es sich um
ein exordium im Sinne der insinuatio (Lausberg §§ 280f), die »das
Unterbewußtsein des Publikums« in einem für den Redner »gün-
stigen Sinne« zu beeinflussen sucht (ebd. § 281). Dies zeigt schon
die Mahnung von 1,10b, die selbstverständlich auch jede der
korinthischen Parteien unterschrieben hätte. Einmütigkeit wollten
wohl alle, wenngleich jeweils zu ihren Bedingungen. Erst nach
dieser Einleitung, bei der Paulus sich der Zustimmung seiner Leser
bzw. Hörer gewiß sein kann, folgt die Exposition, die Angabe des
(Rede-)Gegenstandes (1,11f) (vgl. *M. Bünker, Briefformular 53).

Der Gewinnung der Adressaten für die eigene Sache dienen dann auch die rhetorischen Fragen (1,13), deren Bejahung auch die Korinther von sich weisen würden.

Man könnte fragen, ob die Definition von 1,10-17 als exordium nicht eine gattungsmäßige Verdoppelung in Kauf nehmen muß, nachdem bereits 1,4-9 als »Proömium« (= exordium; vgl. *Lausberg* 263) bezeichnet wurde. Doch bleibt zu bedenken, daß 1,4-9 sich auf den gesamten Brief bezieht, während 1,10-17 die spezielle Einleitung zu der in 1,10-4,21 verhandelten Thematik darstellt. Im übrigen wird man aus der Bestimmung von 1,4-9 als »Proömium« nicht folgern dürfen, daß der ganze 1 Kor nach rhetorischen Gesichtspunkten aufgebaut ist. Bei der pragmatischen Analyse von 1,4-9 wurde bereits darauf hingewiesen, daß es sich nicht einfach um die Übernahme einer rhetorischen Gattung, sondern eher um eine für das briefliche Anliegen des Paulus spezifische Anwendung rhetorischer Elemente handelt.

Als *narratio* ist **1,18-2,16** zu verstehen (**M. Bünker*, Briefformular 55f; nach *P. Lampe*, Wisdom, liegt eine rhetorische Form der verdeckten Rede, des ›schēma‹, vor). Sie ist »das Fundament« der nachfolgenden argumentatio und dient der (durchaus parteilichen) Mitteilung des umstrittenen Sachverhalts (*Lausberg* § 289). Konkret geht es um die »Weisheit (Gottes)«, die Paulus in seinem Sinne, d. h. im Sinne des Gekreuzigten darstellt und antithetisch von einer falsch verstandenen »Weisheit (der Welt)« abhebt (zur Antithese als paulinischer Stilform vgl. *N. Schneider*, Eigenart 34–67). Dem entspricht es, daß sich der Abschnitt – vor allem 1,18-25 und 2,6-16 – als metasprachliche Codeabklärung (bezogen auf »Weisheit«) darbietet (s. o. 2; gegen **M. Bünker*, a.a.O. 55, der 1,18 als »These« bestimmt, »die dann in einem dreifachen Beweisgang begründet wird«). Dann freilich bleibt zu fragen, ob 2,6-16 als »Digression« zu bezeichnen ist (so: **M. Bünker*, ebd., im Anschluß an *J. Weiß*, Beiträge 204). In jedem Fall geht es 2,6-16 nicht um das »permovere« (so: **M. Bünker*, a.a.O. 125 Anm. 68), sondern um das »docere« (so auch 1,18-25), welches das eigentliche Ziel der narratio ist (*Lausberg* § 293). Sofern die zu bewirkende Überzeugung aus der opinio der Angesprochenen aufzubauen ist (*Lausberg* § 327), geht Paulus sehr geschickt vor. Er »redet von Weisheit« (2,6), wie das ja auch, wenngleich in gänzlich anderer Weise, die Korinther (bzw. bestimmte Kreise in Korinth) tun wollen. Von den beiden zwischen 1,18-25 und 2,6-16 geschobenen Abschnitten (1,26-31; 2,1-5), die sich semantisch als Exemplifikation des in 1,18-25 dargelegten Sachverhaltes darstellen, operiert vor allem der zweite rhetorisch mit dem Mittel des Affekts. Die Erinnerung an die erste (zaghafte) Begegnung mit den Korinthern will die Adressaten bewegen (movere: *Lausberg* §§ 330—334) und so für die argumentatio eine »günstige Atmosphäre« schaffen (ebd. § 332).

3,1-4 lenkt zurück zur Exposition (1,11f) und stellt damit den Übergang (transitus; vgl. *Lausberg* §§ 343—347) zur eigentlichen *argumentatio* in **3,5-17** her. Näherhin handelt es sich um eine probatio, d. h. um einen positiven Nachweis für die Richtigkeit der eigenen Meinung (vgl. *Lausberg* § 430). Der Gegenstand (causa), bezüglich dessen die Ausführungen des Paulus eine Entscheidung herbeiführen wollen, wird eingangs in Frageform (quaestio) genannt (3,5; vgl. *Lausberg* § 66). Die Beweisführung (3,6-17) erfolgt mit Hilfe mehrerer Vergleiche (*Lausberg* §§ 394.395) bzw. Exempel (ebd. §§ 410—426). Sachlich vorausgesetzt ist dabei immer die Darlegung der narratio, vor deren Hintergrund überhaupt erst die exempla eingeführt werden können (inductio; vgl. *Lausberg* §§ 419—421). Wie die narratio will auch die argumentatio (probatio) belehren (docere), jedoch mehr im Sinne der Bekräftigung des eigenen Urteils (vgl. *Lausberg* § 348). Von daher erklärt sich auch der syntaktische Paradigmenwechsel, der mit Kapitel 3 einsetzt (s. o. 1).

3,18-21 stellt eine erste *peroratio* dar. Sie dient der Rekapitulation und der (abschließenden) Beeinflussung der Hörer (*Lausberg* §§ 431—439). Sie ist affektbetont und neigt zum Pathos. Syntaktisch entspricht dem die Häufung der Imperative und die furiose Klimax von 3,21b-23.

Kapitel 4 ist nicht nur unter semantischer, sondern auch unter rhetorischer Rücksicht kein bloßer Anhang (vgl. dazu auch: *K. A. Plank*, Paul 11—31). **M. Bünker* spricht zu Recht von einer *refutatio* (Briefformular 57f), dem negativen Gegenstück zur probatio. Nur sollte man die refutatio auf **4,6-13** begrenzen (**M. Bünker*, a.a.O.: 4,1-13!). **4,1-5** stellt eine Art transitus dar (s. o. 2). Ironie und incrementum bzw. amplificatio (steigernde Beschreibung) als klassisches Mittel dieses Redeteiles (*Lausberg* §§ 430.402.902) sind reichlich auch in 4,6-13 vertreten.

Die refutatio findet ihren Abschluß in der zweiten *peroratio* **4,14-21**. Die Elemente einer recapitulatio sind nicht so deutlich gegeben wie bei 3,18-23; soweit sie vorhanden sind (4,18-20), beziehen sie sich aber nicht nur auf die refutatio, sondern (zumindest indirekt) auf den gesamten Text 1,10-4,21 (s. o. 2). Im Vordergrund von 4,14-21 steht die affektbetonte Beeinflussung der Adressaten, die

durch die gefühlvolle Vater-Kind-Metaphorik zur Nachahmung
aufgefordert (4,14-16) bzw. durch Drohung von weiterer Überheblichkeit abgehalten werden sollen (4,18-21). Eine doppelte
peroratio ist rhetorisch nichts Außergewöhnliches, besonders dann
nicht, wenn zwischendurch eine recapitulatio angebracht erscheint
(vgl. *Lausberg* §§ 441f).

Unter dieser Voraussetzung ist 4,14-21 als peroratio des *gesamten*
Abschnittes 1,10-4,13 anzusehen (so auch: *M. Bünker*, Briefformular 58). Was sich semantisch als die sukzessive Erörterung
zweier Ausgangssituationen (die allerdings nicht unabhängig voneinander sind: die zweite ist eine Spezifizierung der ersten; s. o. 2)
dargestellt hatte, muß demnach unter rhetorischer Rücksicht noch
stärker als Einheit angesehen werden. Der über den beiden Mahnungen von 1,10 und 4,16 sich erhebende Spannungsbogen dürfte
dann in der Tat der Exponent der pragmatischen Dimension des
Textes sein, der sich damit auch formal als eindeutig dem genus
deliberativum (der symbuleutischen Gattung) zugehörig erweist
(vgl. *Lausberg* §§ 224−238; *K. Berger*, Formgeschichte 216f;
ders., Gattungen 1132−1138; vgl. 1326−1340). Dabei ist die Funktion des Spannungsbogens pragmatisch noch nicht ausreichend
gewürdigt, wenn man »eine innere Übereinstimmung zwischen
beiden Mahnungen« konstatiert (so fragend: *M. Bünker*, Briefformular 130 Anm. 121; die Frage dürfte durch den Befund der
thematischen Analyse beantwortet sein!). Die Mahnungen müssen
vielmehr auch in ihrer illokutiven Rolle aufeinander bezogen werden. Das heißt im rhetorischen Duktus des Textes: die Mahnung
von 1,10 zielt letztlich bereits auf 4,16. Es geht Paulus also nicht
bloß um Einmütigkeit; er will Einmütigkeit unter *seiner* Autorität
(4,16; vgl. *N. A. Dahl*, Paul 319f)! Daß er diese Autorität um der
Sache willen (d. h. um des Gekreuzigten willen, der der Inhalt
seiner Verkündigung ist: vgl. narratio) fordert, nimmt der Forderung zwar den Geruch des bloßen Machtinteresses, zeigt aber
gleichzeitig, daß auch der Gekreuzigte als Inhalt der Verkündigung
mit der Autorität des Apostels steht oder fällt. Die bei Paulus
allenthalben zu beobachtende enge Verbindung von Evangelium
und Apostolat wird sichtbar. Natürlich gilt diese Verbindung für
jeden Verkündiger, weil im Prinzip niemand etwas anderes verkündigen kann als den Gekreuzigten; so denkt es jedenfalls Paulus.
Daß die anderen Verkündiger de facto doch andere Akzente gesetzt
haben werden, dürfte mit zum Entstehen der innergemeindlichen
Streitigkeiten beigetragen haben. Die Schuld dafür freilich schiebt
Paulus − von einigen indirekten Äußerungen der Skepsis gegen-

über dem Werk des Apollos einmal abgesehen (s. u. 3.2.3.1)
– nicht den anderen Verkündigern zu, sondern der Gemeinde, die
sich eben darin als unmündig erweist, daß sie die unterschiedlichen
Verkündigungsweisen nicht im Lichte des Gekreuzigten zu interpretieren vermag. Gerade deshalb aber, also um der Sache willen,
muß Paulus in concreto die Anerkennung seiner Autorität fordern.
Dabei gilt es zu beachten, daß mit der »Sache« auch eine Selbstbin-
dung des Apostels verknüpft ist. Unter dieser Rücksicht relativiert
sich die Paradoxie der Doppelverpflichtung (»seid selbständig/
bleibt unter meiner Leitung«), die W. Rebell als »Dilemma« der
paulinischen Gemeinden herauszuarbeiten versucht (Gehorsam
104–148; Zitat: 146).

Blickt man auf die bisherige Untersuchung zurück, so zeigt sich,
daß 1,10-4,21 vor allem unter thematischer und rhetorischer Rücksicht einen in sich konsistenten und wohl organisierten Text darstellt. Dies läßt darauf schließen, daß der Text als ganzer unter
einer einheitlichen Zielsetzung generiert wurde. Dies schließt nicht
aus, daß bei der Formulierung einzelne traditionelle Vorstellungen,
Wendungen oder auch kleinere Textstücke verwendet bzw. schon
vorhandene Texte ausgewertet wurden. So ist es grundsätzlich
durchaus denkbar, daß Paulus beispielsweise bei seinen Schriftzitaten auf ein Florilegium zurückgegriffen hat (L. Cerfaux, Vestiges)
oder bei der Gestaltung seiner Ausführungen dem Muster homile-
tischer Vorbilder (homiletic pattern) gefolgt ist (W. Wuellner, Haggadic Homily Genre; vgl. E. Peterson, 1 Korinther 1,18f.). Darauf
ist bei der Einzelexegese näher einzugehen. Unwahrscheinlich ist es
jedoch, daß Paulus gleich ganze Textblöcke zur Verfügung gestanden haben sollen, die sich so organisch in seine Argumentation
einfügen ließen. Dies spricht etwa gegen die von E. E. Ellis vertretene These, daß in 1,18-31 und 2,6-16 zwei Midraschim verarbeitet
seien (Prophecy 155f.213–220). Noch unwahrscheinlicher ist die
weitergehende Annahme V. P. Branicks, der in 1,18.31; 2,6-16;
3,18-21.22b-23 eine ganze Homilie ausmachen will, die Paulus
ursprünglich für eine andere Gelegenheit geschrieben und erst
sekundär in den Kontext von 1 Kor 1-3 eingefügt habe (Source
264–267).

Was V. P. Branick herauslöst, ist im wesentlichen das, was wir als narratio
bezeichnet haben, einschließlich der um das Thema des Parteienstreits
(3,22a) bereinigten Konklusion von 3,18-23. Dieses Ergebnis ist u. a. die

Folge des von *V. P. Branick* gewählten methodischen Ansatzes, der die zu
Recht hervorgehobenen zwei Themen — »die wahre Weisheit des Geistes«
und »die Streitigkeiten in der Gemeinde von Korinth« (vgl. ebd. 252) —
zum literarkritischen Kriterium erhebt (ebd. 251–253), anstatt nach ihrer
Korrelation zu fragen (zum methodischen Vorrang der Kohärenzprüfung
vgl. *H. Merklein*, Einheitlichkeit 348–351).

Unbeschadet eventuell abweichender, späterer Detailerkenntnisse
bleiben wir daher bei dem oben erzielten Ergebnis einer insgesamt
wohl organisierten und kohärenten Einheit von 1,10-4,21, der als
solcher — und das gilt auch für die sie konstituierenden Einzelele-
mente, sofern sie funktionale Teile ihrer Organisation sind — eine
unmittelbare pragmatische Referenz zur Situation in Korinth zu
unterstellen ist (gegen: *V. P. Branick*, Source 267–269).

3.2 Situative Analyse

Im Rahmen der Ausführungen zur Sozialstruktur der korinthischen Gemeinde klang bereits an, daß die Kommunikation zwischen Paulus und Korinth nicht auf ein bilaterales Geschehen
reduziert werden darf. Mit 1 Kor greift Paulus vielmehr in ein
relativ komplexes Gefüge von Interaktionen ein, die sich innerhalb
der Gemeinde abspielen. Das gilt in ganz besonderer Weise im
Blick auf 1 Kor 1-4, wo ausdrücklich innergemeindliche Streitigkeiten thematisiert werden. Für eine einigermaßen umfassende
Erklärung dieser Kapitel ist es daher erforderlich, sie als Teil dieses
komplexen Interaktionsgefüges verständlich zu machen. Sachlich
geht es dabei im wesentlichen um eine Charakterisierung der
korinthischen »Parteien«, wie man die Vertreter der in 1,12
genannten Parolen seit *F. Ch. Baur* (s. u.) meist zu nennen pflegt.
Der Begriff darf allerdings nicht gepreßt werden. Es ist damit zu
rechnen, daß es sich um relativ offene, vielleicht sogar noch
variable Gruppierungen handelte, deren Identitätsfindung noch
keineswegs abgeschlossen, sondern im Gegenteil Gegenstand des
Streites war. Jedenfalls hat die Auseinandersetzung noch nicht zu
einem Auseinanderbrechen der gesamten Gemeinde geführt. Nach
A. Schreiber kann »das Problem der ›korinthischen Parteien‹ als
Struktur- und Einheitsproblem der Großgruppe von Korinth«
erörtert werden (Gemeinde 155). Dagegen geht es entschieden zu
weit, wenn *J. Munck* überhaupt von einer »Gemeinde ohne Parteien« sprechen will (Paulus 127–161). Selbstverständlich ist der

Parteienstreit auch ein »Machtkampf« (*L. L. Welborn*, Discord 87.89). Doch wird man der Reduktion auf eine politisch-soziale Motivation genauso skeptisch begegnen müssen wie einer rein theologischen Begründung, die nicht die Interdependenz von soziologischen Faktoren und theologischen Aussagen beachtet.

Nicht verschwiegen werden darf, daß mit den folgenden Ausführungen ein erhebliches methodisches Problem verbunden ist. Denn so sehr einerseits ein Wissen um die Situation in Korinth zur Erklärung von 1 Kor 1-4 hilfreich, ja nötig ist, so muß andererseits klar gesehen werden, daß wir für die Erhebung dieses Wissens nahezu ausschließlich auf den zu erklärenden Text angewiesen sind. Die Gefahr eines Zirkelschlusses liegt nahe. Um ihr entgegenzusteuern, ist der hermeneutische Stellenwert der Parteienhypothese – und um eine solche kann es sich immer nur handeln – zu relativieren. Das heißt, sie hat primär die Funktion, zur Erhellung der Textauslegung beizutragen, ohne daß diese ausschließlich von jener abhängig gemacht werden darf. Mit anderen Worten: Die nachfolgende Textauslegung behält – von Nuancen abgesehen – auch dann ihre Gültigkeit, wenn einmal die Parteienhypothese zu revidieren oder zu modifizieren ist. Bis dahin aber vermag sie der Auslegung zusätzliches Profil zu verleihen.

3.2.1 Zur Problematik der »Parteien« (Forschungsgeschichte)

Wie man die »Parteien« näher zu charakterisieren hat, ist bis heute heftig umstritten (vgl. die Übersichten bei: *Lietzmann* 6f; *Allo* 80−87; *W. Schmithals*, Gnosis 110−117; *J. C. Hurd*, Origin 96−107; *R. Baumann*, Mitte 7−19; *Ch. Machalet*, Paulus 183−190; *E. E. Ellis*, Prophecy 88−115; *W. G. Kümmel*, Einleitung 235−237; *Ph. Vielhauer*, Geschichte 134−140; *G. Sellin*, Hauptprobleme 3011−3016; *J. Theis*, Paulus 10−111). Als Problem wurde insbesondere die *Christus-Parole* empfunden (vgl. *R. Baumann*, Mitte 49−54), die aus dem Rahmen der übrigen Parolen von 1,12 herausfällt und sich als einzige nicht auf menschliche Autorität beruft. Dies führte teilweise dazu, daß man eine Konjektur vorschlug (»Ich gehöre zu *Krispus*«; vgl. dazu die Angaben bei *Bachmann* 58) oder eine Glosse annahm (*Weiß* 16−18; *U. Wilckens*, Weisheit 17 Anm. 2). Auch eine Verbindung zu Barnabas wurde schon postuliert (*V. Hasler*, Evangelium 123f). Andere meinten, daß hinter der Christus-Parole keine eigene »Partei« stünde; vielmehr sei diese Parole von allen (drei) »Parteien« in Anspruch genommen worden (*J. F. Räbiger*, Untersuchungen 47f). Wieder

andere sahen in der vierten Parole eine Antithese des Paulus gegen
die ersten drei Parolen, die allein in Korinth kursiert hätten
(*E. v. Dobschütz*, Gemeinden 57–59; vgl. Chrysostomus, PG
61,24, der überdies in den drei ersten Parolen nur Decknamen
aufgerufen sieht). Eine Art Modifikation der beiden letzten Thesen
wurde von *R. Reitzenstein* und *E. Käsemann* vorgetragen. Nach
R. Reitzenstein ist die Christus-Parole »unter rhetorischem
Zwange als viertes Glied zugefügt, um durch diesen Gegensatz zu
zeigen, wie unpassend jene Eigentumserklärungen an Menschen
sind, weil sie diese Menschen dem Gotte gleichsetzen« (Mysterienreligionen 334). Nach *E. Käsemann* ist die vierte Parole »als ironisierende Überbietung der anderen umlaufenden Parolen, also aus
spezifisch paulinischer Rhetorik zu begreifen« (Einführung zu:
F. Ch. Baur, Ausgewählte Werke X; vgl. **Ph. Vielhauer*,
Geschichte 136f).
Das Problem besteht vor allem darin, daß sich mit philologischen
Mitteln kaum eine Entscheidung herbeiführen läßt. Die »Parallelität der Formulierung«, die *Conzelmann* für die »Existenz der
Christus-Gruppe« ins Feld führt (52), ist nur von der syntaktischen
Paradigmatik her ein Argument. Auf semantischer Ebene kann
zwischen den ersten drei Parolen (Menschen!) und der vierten
durchaus unterschieden werden. Gegen die Existenz der Christus-
Partei könnte dann sogar auf 3,21f verwiesen werden, wo das
Parteiwesen als »Rühmen mit Menschen« disqualifiziert wird und
dementsprechend nur mehr die menschlichen Parteihäupter
genannt werden (**Ph. Vielhauer*, Geschichte 336). Doch könnte
dies auch damit zusammenhängen, daß die Christus-Parole in 3,23
in kritischer Umkehrung gegen das gesamte Parteitreiben eingesetzt wird. Kaum auswertbar ist 1 Klem 47,3, wo Paulus, Kephas
und Apollos erwähnt werden, nicht aber Christus (vgl. *Bachmann* 58f). Ebensowenig zwingend sind die (überscharfen) philologischen Einwände von *Heinrici* und *Weiß* gegen die These von
J. F. Räbiger (nach *Heinrici*, in: *Meyer-Heinrici* 28 Anm.*, müßte
›men‹ dreimal wiederholt werden; nach *Weiß* 15 müßte ›eimi de
[kai] Christou‹ stehen). Sie berücksichtigen nicht die mögliche
Pragmatik des Textes; denn, sollten die ersten drei Parteien (oder
wenigstens eine von ihnen) sich ausdrücklich auch auf Christus
berufen haben, so bekäme die außergewöhnliche Syntax einen
geradezu provozierenden Sinn (s. o. *R. Reitzenstein*). Unter text-
pragmatischer Rücksicht fällt auch der andere Einwand von *Weiß*
(gegen *E. v. Dobschütz*) dahin, daß »kein Leser ... merken«
könne, »daß der Sprecher des 4. ›ego‹ einer anderen Kategorie

angehören solle« (16). Nicht sonderlich überzeugend ist schließlich das Sachargument von *Weiß*, daß V. 13a (»Ist Christus zerteilt?«) nur dann »einen kraftvollen Sinn« habe, wenn die Christus-Parole in V. 12 »unberücksichtigt« bleibe (17). Man könnte ja auch fragen, ob V. 13a ohne das vorausgehende »Ich gehöre zu Christus« überhaupt verständlich gewesen wäre (vgl. *W. G. Kümmel*, Einleitung 236; *F. Lang* Gruppen 68). Eine Entscheidung bezüglich der Christus-Partei bleibt also schwierig.

Die Sache kompliziert sich noch, wenn es darum geht, die drei oder vier *Parteien inhaltlich* zu charakterisieren. Immerhin gibt es einen deutlichen Trend zugunsten der Möglichkeit, daß Paulus sich (vorrangig) gegen *eine* Partei und nicht gegen alle Parteien gewandt habe (zur Sache vgl. *G. Sellin*, Hauptprobleme 3018f).

Dennoch ist die Lage alles andere als klar. Den Stein ins Rollen brachte *F. Ch. Baur*. Er ging von einem Gegensatz zwischen einer heidenchristlichen und einer judenchristlichen Gruppe aus. Zur ersteren rechnete er die Anhänger des Paulus und des Apollos, zur letzteren die *Petrusanhänger* mit den *Christus-Leuten* als ihrem radikalen Flügel (Christuspartei, bes. 23f.47f.54). In dieser Form wird die These von *F. Ch. Baur* kaum mehr vertreten (vgl. jedoch: *E. Bammel*, Herkunft 412, der in der Christus-Partei Anhänger des Jakobus sieht). Sie hat aber – in modifizierter Form – eine Nachfolgerin in der Auffassung derer gefunden, die in der *Kephas-Partei* die entscheidenden Kontrahenten des Paulus sehen und 3,10-17 als Kritik an Petrus werten (*Weiß* XXXIV–XXXVI; *Ph. Vielhauer*, Geschichte 137–139; *ders.*, Paulus und die Kephaspartei; vgl. auch *T. W. Manson*, Correspondence 193–207.210f; *C. K. Barrett*, Christianity 3f; *ders.*, Cephas 31–34.37f; *ders.*, 1 Kor 44; *J. J. Gunther*, Opponents 10–12.300-302; *G. Lüdemann*, Paulus II 120–125. *T. W. Manson*, a.a.O. 207f, und *C. K. Barrett*, Christianity 12, sehen Paulus in einen Zweifrontenkrieg verwickelt, dessen Hauptrivalen die Kephas- und die Christuspartei bilden).

Den stärksten Impuls bekam die Forschung wohl durch die Arbeit von *W. Lütgert*. Ihm zufolge sind die Kontrahenten des Paulus, vor allem die *Christus-Partei*, keine Judaisten, sondern »libertinistische Pneumatiker. Sie glauben, in derselben Richtung wie der Apostel weit über ihn hinausgegangen zu sein. Für sie ist er ein Schwächling, der auf halbem Weg stehen geblieben ist, kein wirklicher Pneumatiker« (Freiheitspredigt 86). Ideologisch sind die Gegner des Paulus Vertreter eines »Gnostizismus«, ihre Praxis ist von »Schwarmgeisterei« und »Enthusiasmus« bestimmt (a.a.O. 134f).

Weiter ausgebaut wurde diese These vor allem von *W. Schmithals* (Gnosis 188−194; vgl. *U. Wilckens*, Weisheit; *R. Jewett*, Terms 32−40.passim; *L. Schottroff*, Der Glaubende 170−227; *M. Winter*, Pneumatiker 207−229). Dessen konsequent einseitige Ausführungen ließen allerdings auch die Problematik der Gnostiker-Hypothese deutlich hervortreten (vgl. *E. Fascher*, Korintherbriefe). Zum Teil behalf man sich mit einer abgeschwächten Form im Sinne einer Frühgnosis (*H. Schlier*, Erkenntnis 319; *R. McL. Wilson*, How gnostic; *ders.*, Gnosis 54f; *ders.*, Gnosis at Corinth; *S. Arai*, Gegner). Insgesamt hat die These von *W. Lütgert* sich aber insofern durchgesetzt, als die eigentlichen Kontrahenten, mit denen sich Paulus in 1 Kor auseinanderzusetzen hat, heute meist als Enthusiasten und Vertreter einer präsentischen Eschatologie beschrieben werden (vgl. die Übersicht bei *W. Schmithals*, Neues Testament 29f; *A. C. Thiselton*, Eschatology). Dabei bleibt es allerdings umstritten, ob die von Paulus bekämpfte Auffassung endogen aus einer Fehlinterpretation des paulinischen Evangeliums entstanden oder von außen eingedrungen bzw. wenigstens von außen beeinflußt ist.

Wo man letzteres vertritt, richtet sich das Interesse zunehmend wieder auf die *Apollos-Partei* (vgl. schon: *Rückert* 17; *Evans* 66; *E. v. Dobschütz*, Gemeinden 57f), deren hellenistisch-jüdisch orientierte Weisheitsspekulation den innergemeindlichen Streit wesentlich bestimmt haben soll (*R. M. Grant*, Wisdom; *E. Käsemann*, Einführung zu: *F. Ch. Baur*, Ausgewählte Werke I, X; *B. A. Pearson*, Terminology; *ders.*, Wisdom Speculation; *R. A. Horsley*, Wisdom; *U. Wilckens*, Kreuz, bes. 59−81; *W.-H. Ollrog*, Paulus 163f.215−219; *G. Sellin*, Geheimnis; *ders.*, Streit 290; *ders.*, Hauptprobleme 3021f; *P. F. Beatrice*, avversari 15−19.22-25). Davon wird noch zu sprechen sein.

Dies mag als Überblick genügen. Als methodische Einsicht kann festgehalten werden, daß eine Entscheidung bezüglich der Parolen von 1,12 und nicht zuletzt auch bezüglich der Existenz der Christus-Partei pragmatisch abgesichert sein muß. Es ist also zu fragen, ob und welche Rückschlüsse auf die konkrete innergemeindliche Situation sich aus dem Befund ergeben, daß Paulus den Parteienstreit mit dem Weisheitsthema und einer Verteidigung seiner selbst verbindet.

3.2.2 Die korinthische »Weisheit« und ihr religions-
geschichtlicher Hintergrund

Die Begriffe »Weisheit« (›sophia‹) bzw. »weise« (›sophos‹), die in
1 Kor 1-3 überaus häufig und von konstitutiver Bedeutung sind (16
bzw. 10 Vorkommen), spielen in den paulinischen Briefen außerhalb dieser drei Kapitel kaum mehr eine Rolle (›sophia‹: 12,8;
2 Kor 1,12; Röm 11,33; ›sophos‹: 6,5; Röm 1,14.22; 16,19).
Aufgrund dieses Befundes geht man fast allgemein davon aus, daß
diese Terminologie nicht von Paulus eingebracht wurde, sondern
von seiten der Korinther vorgegeben war. Dies deutet im übrigen
auch darauf hin, daß die korinthische Problematik nicht nur endogen aus einer Fehlinterpretation der paulinischen Verkündigung
entstanden sein dürfte (gegen: *Conzelmann* 34f; *Ph. Vielhauer*,
Geschichte 138f), was auch durch einige speziellere Beobachtungen
bestätigt wird. Dazu gehören u. a. der Gegensatz ›psychisch vs
pneumatisch‹ (2,14f), die damit verbundene Adam-Christus-Spe-
kulation in Anlehnung an Gen 2,7 (15,45f) und »überhaupt die
Spuren weisheitlicher Anthropologie und Theologie« (*G. Sellin*,
Hauptprobleme 3019f; Zitat: 3020).
Setzt man aber voraus, daß das Weisheitsthema durch die Korinther vorgegeben war, dann wird man aus den negativen Urteilen
über die »Weisheit« als weltliche und menschliche Größe (1,20;
2,5.6.13; 3.19; vgl. 1,25; 3,4) auch paulinische Polemik heraushö-
ren müssen. Nach Auffassung der Korinther dürfte eben diese von
Paulus abqualifizierte »Weisheit« ihre Anhänger zu »Pneumatikern« und »Vollkommenen« gemacht haben, die über die irdische
(psychische?) Welt der noch »Unmündigen« erhaben sind (2,6-
3,4). Und wenn Paulus für die von ihm vertretene »Weisheit«
energisch bestreitet, daß sie Weisheit des »Wortes« bzw. der
»Rede« ist (›logos‹: 1,17; vgl. 2,1.4), dann wird gerade der ›logos‹
für die Korinther ein entscheidendes Kriterium der Weisheit gewesen sein.
Wenig wahrscheinlich ist es allerdings, daß die korinthische »Weisheit« mit der *Überlieferung der Herrenworte* (Q, Thomasevange-
lium) zusammenhängt, die nach *J. M. Robinson* zur Gattung der
»Sprüche der Weisen« (›logoi sophōn‹) gehören (vgl. *ders.*,
LOGOI SOPHON; zur Gattung vgl. *M. Küchler*, Weisheitstradition 157−318.562−567). Näherhin soll es sich um eine gnostisie-
rende Auslegung der Herrenworte im Kontext einer gnostisieren-
den Interpretation des Auferstehungskerygmas gehandelt haben
(*J. M. Robinson*, Kerygma 38f; *H.-W. Kuhn*, Der irdische

Jesus 317f; *S. Arai*, Gegner 433f). Dagegen spricht schon, daß die
in 1 Kor direkt zitierten Herrenworte (7,10f; 9,14; 11,23-25) sich
gerade nicht im Zusammenhang der Weisheitsdebatte von 1 Kor 1-
4 finden. Anklänge an die Feldrede (4,5.8.11-13) lassen sich kaum
im Sinne traditionsgeschichtlicher Abhängigkeit auswerten (gegen:
J. M. Robinson, Kerygma 41f). Am auffälligsten ist noch die Verbindung von »Zeichen«, »Weisheit« und »Kerygma«, die sich
neben 1,21.22f im Neuen Testament nur noch in Q (Lk 11,29-32
par Mt 12,38-42) findet; doch auch hier bleibt fraglich, ob man
deswegen von einer »gemeinsame(n) Tradition« sprechen darf
(gegen: *J. M. Robinson*, ebd. 40; zum Verhältnis 1 Kor − Q vgl.
auch: *C. M. Tuckett*, 1 Corinthians).
Vor allem **W. Schmithals* wollte in den paulinischen Gegnern
Gnostiker (Christus-Partei) sehen (Gnosis 110−270; ähnlich:
*U. Wilckens, Weisheit; **J. Jervell*, Imago Dei 257−271;
*E. Brandenburger, Adam 68−157; u. a.). Allerdings wird man
kaum mehr auf den sog. Urmensch-Mythos zurückgreifen können
(vgl. dagegen: *C. Colpe*, Schule; **H.-M. Schenke*, Gott
»Mensch«). Sofern man den Dualismus zum Kennzeichen der
Gnosis erhebt (**L. Schottroff*, Der Glaubende 166−176), bleibt es
letztlich eine Definitionsfrage, ab wann ein Dualismus gnostisch
genannt werden kann. Der in 1 Kor greifbare Dualismus scheint
eher von einer hellenistisch-jüdischen Weisheitsspekulation
geprägt zu sein, die ihrerseits von Einfluß auf die Gnosis war
(insbesondere in bezug auf die Interpretation von Gen 1,27 und
2,7), selbst aber noch nicht gnostisch genannt werden sollte (vgl.
*G. Sellin, Streit 195−209; **ders.*, Hauptprobleme 3020f).
Ohne auf die gesamte Forschungsgeschichte im einzelnen eingehen
zu können (vgl. dazu den Überblick bei **M. Winter*, Pneumatiker
3−55), sind wir damit bei der *hellenistisch-jüdischen Philosophie
und Theologie* angelangt, die in jüngerer Zeit zunehmend als
religionsgeschichtlicher Verstehenshorizont favorisiert werden
(bes.: **B. A. Pearson*, Terminology, bes. 7−43; **ders.*, Wisdom
Speculation; **R. A. Horsley*, Wisdom; **ders.*, Pneumatikos;
*ders., How can; *E. Schweizer*: ThWNT IX 460−468.662−664;
U. Wilckens, Kreuz, bes. 68−81; **G. Sellin*, Geheimnis 79−91;
*ders., Hauptprobleme 3021f; vgl. **J. Dupont*, Gnosis 151−180;
*E. Brandenburger, Fleisch 114−221; die nachbiblische jüdische
Weisheitstradition insgesamt faßt **J. A. Davies*, Wisdom 7−62, ins
Auge). Konkret geht es um das Denken des alexandrinischen
Judentums, wie es vor allem durch Sapientia Salomonis (Weish)
und Philo repräsentiert wird (zu Aristobul: *N. Walter*, Thoraausle-

ger; *ders.*, JSHRZ III 261-268; *U. Wilckens*: ThWNT VII 502,14ff). Für das Konzept dieses Denkens kann jetzt auf die ausgezeichnete Darstellung von **G. Sellin* verwiesen werden (Streit 79−189; unter Rückgriff auf: *Th. H. Tobin*, Creation; vgl. auch: *B. L. Mack*, Logos; **G. Schimanowski*, Weisheit 67−95).

3.2.2.1 Zur alexandrinischen Weisheitsspekulation. Um zu erkennen, welch zentrale Rolle die »Weisheit« (›sophia‹ im alexandrinischen Judentum spielte, muß man nur *Weish* 6−9 lesen (vgl. dazu auch: **G. Theißen*, Aspekte 349−355). Weisheit steht höher als Gesundheit, Schönheit, Macht und Reichtum (Weish 7,8ff). Weisheit, die Meisterin aller Dinge, lehrt alles Verborgene und Offenbare (7,21). Sie lehrt die Tugenden (8,7). Sie »kennt das Vergangene und errät das Zukünftige, sie versteht sich auf kunstvolle Rede und auf die Lösungen der Rätsel; ... im voraus erkennt sie den Ausgang der Zeiten und Fristen« (8,8). Das Streben nach Weisheit führt zur »königlichen Würde« (›basileia‹: 6,20). Der Verkehr mit ihr verleiht Unsterblichkeit (8,13.17; vgl. 6,18f) Dahinter steht die sich durch die gesamte hellenistisch-jüdische Weisheitsspekulation ziehende Vorstellung von der Weisheit als eines personifizierten himmlischen Wesens (so schon: Spr; Sir; vgl. *U. Wilckens*: ThWNT VII 498−502). Dabei bleibt allerdings zu beachten, daß gerade in der biblisch-frühjüdischen Tradition zwischen Bezeichnendem und Bezeichnetem noch einmal zu unterscheiden ist. Nicht jede hypostasierende Redeweise will sogleich als Ausdruck einer ontischen Realität gelesen werden. Der zweifellos vorhandene Trend findet erst in der späteren Gnosis seine letzte Eindeutigkeit. In der frühjüdischen Spekulation sind die Grenzen zumindest noch fließend. Doch ist es immerhin bezeichnend, daß von der Weisheit als einem himmlischen Wesen gesprochen werden kann. Als solches ist sie präexistent und bei der Schöpfung beteiligt (8,4; 9,9; vgl. Spr 8,22-31; Sir 24,3-10). Sie lebt in Synusie mit Gott (9,4; 8,3), deren Nachvollzug (vgl. 9,2f; 9,10) in der Synusie des Weisen mit der Weisheit (7,28; 8,2.9.16.18; vgl. Sir 14,20-27; 15,2; 51,13-30) umfassendes Wissen über Irdisches und Himmlisches sowie die Kenntnis (›ginōskein‹) des Planes und Willens Gottes und damit Rettung vermittelt (9,10-19).

Auch für *Philo* ist »Weisheit« Mittel und Inhalt einer höheren (d. h. der wesentlichen) Existenz. Wer Weisheit besitzt, ist »vollkommen« (›teleios‹) und nicht mehr »unmündig« (›nēpios‹). In Auslegung von Gen 12,1 unterscheidet Philo einen Ort der »Unmündigen« und der »Vollkommenen«; der erste heißt

»Askese«, der zweite »Weisheit« (Migr 46; vgl. Migr 28f; Congr 19ff; All I 94; III 196; Agr 9). Im Anschluß an die Stoa ist für Philo allein der Weise ein »freier Mann« (›eleutheros‹) und ein »Herrscher« (›archōn‹) (Post 138), ein »König« (›basileus‹) (Som II 243f; Mut 152; Sobr 57; Migr 197).

Entscheidend ist, daß Weisheit keine Fähigkeit ist, über die der Mensch von sich aus verfügt. Sie ist vielmehr eine übernatürliche, göttliche Gabe. Als »Hauch der Kraft Gottes«, »Ausfluß der Herrlichkeit des Allherrschers«, »Widerschein des ewigen Lichts«, als »ungetrübter Spiegel der Wirksamkeit Gottes« und »Abbild seiner Vollkommenheit« (Weish 7,25f) besitzt sie Offenbarungscharakter. Sie ist identisch mit dem »heiligen Geist« Gottes (Weish 7,22; 9,17), um den man beten muß (Weish 7,7; vgl. 8,21 mit 9,1-19). Ähnlich spricht Philo vom »göttlichen Geist der Weisheit« (Gig 47; vgl. Som II 13 sowie Her 264f mit Migr 34f.38-40). Die Vorstellung vom (göttlichen) ›pneuma‹ bringt Philo dann auch in die Anthropologie ein, und zwar, um in (einer noch näher zu beschreibenden) Gegenüberstellung zur »Seele« (›psychē‹) zwischen »himmlischem« und »irdischem« Menschen zu unterscheiden. Dies ist im Blick auf 1 Kor besonders interessant, da wir dort einer vergleichbaren Opposition von ›pneumatisch vs psychisch‹ und – damit verbunden – von ›himmlisch vs irdisch‹ begegnen (2,13-15; 15,42-49; zu Jak 3,13-18; Jud 19 vgl. *G. Sellin*, Streit 184 Anm. 259; 187 Anm. 272). Die aufschlußreichsten Ausführungen finden sich in den ersten Büchern des allegorischen Genesiskommentars (All I–III), insbesondere in All I 31–42 (*G. Sellin*, Streit 101–114; *Th. H. Tobin*, Creation 56–101; vgl. *E. Schweizer*: ThWNT IX 462–465.662). Ausgangspunkt ist Gen 2,7 (vgl. 1 Kor 15,45): »Und Gott bildete den Menschen, indem er Staub von der Erde nahm, und blies ihm ins Antlitz den Hauch (›pnoē‹) des Lebens, und der Mensch wurde zu einer lebenden Seele (›psychē zōsa‹)«. In diesem Zusammenhang unterscheidet Philo zwischen einem »himmlischen« (›ouranios‹) und einem »irdischen« (›gēinos‹) Menschen. Der erste ist »nach dem Ebenbild Gottes« (›kat' eikona theou‹) geschaffen (vgl. Gen 1,26f) und ohne Anteil am Vergänglichen und Erdhaften (31). Der aus Erde gebildete Mensch ist selbst seinem ›nous‹ (»Verstand«, also seinem höchsten Seelenteil) nach irdisch und vergänglich, wenn ihm Gott nicht die Kraft wahren Lebens einhauchen (›empneuein‹) würde (32). Dabei unterscheidet Philo zwischen dem ›pneuma‹ und der nach Gen 2,7 eingehauchten ›pnoē‹ (33). Die Wahl des letzteren Begriffs begründet er damit, daß nur dem »nach (Gottes) Ebenbild geschaffenen

›nous‹« (= dem himmlischen Menschen) wirklich Anteil am
›pneuma‹ zugesprochen werden könne, während dem aus Materie
(›hylē‹) gebildeten Menschen nur ein »Hauch« (›pnoē‹) (vom
›pneuma‹) – vergleichbar dem »Luftzug« und dem »Dunst« –
zukomme.
Diese Auslegung von Gen 2,7 ist ambivalent. Es vermischen sich
verschiedene philosophische und theologische Konzepte: die stoische Sicht von dem alles durchdringenden Pneuma, der platonisch-
pythagoreische Dualismus von Geist und Materie und die biblische
Auffassung von Gott als Schöpfer (schon deswegen sollte man
nicht von Gnosis sprechen!). Entscheidend ist: Zum lebendigen
Wesen wird der Mensch erst durch die göttliche Einhauchung.
Ohne die ›pnoē‹ wäre selbst die ›psychē‹ nicht wahrhaft lebendig
bzw. wäre vergänglich wie der irdische ›nous‹. Eingebettet in den
Dualismus von irdischem und himmlischem ›nous‹ ist damit die
Möglichkeit eröffnet, den ›psychē‹-Begriff negativ zu fassen (vgl.
All III 247; Som I 118f). Der Sache nach ist die Opposition
zwischen ›psychē‹ und ›pneuma‹ grundgelegt, die in 1 Kor 2,14f;
15,45f direkt ausgesprochen ist. Wo die Opposition dann erstmals
auch terminologisch expressis verbis artikuliert wurde – noch in
der hellenistisch-jüdischen Weisheitsspekulation oder erst in deren
urchristlicher Rezeption (in jedem Fall aber wohl schon vorpauli-
nisch; so auch *G. Theißen, Aspekte 360), ist demgegenüber von
untergeordneter Bedeutung. Philo selbst liegt an der genannten
Stelle ›freilich mehr an der ›psychē zōsa‹ (der »lebenden Seele«),
weil er damit die Potentialität des geschaffenen Menschen ausdrük-
ken kann. Die Einhauchung der göttlichen ›pnoē‹ in den irdischen
›nous‹ bewirkt, daß der Mensch einen »Begriff« (›ennoia‹) vom
Guten bzw. von Gott selbst bekommt (34f.37). Die Seele besitzt
dadurch die Fähigkeit, Gott zu erkennen. Weil Gott den menschlichen ›nous‹ »zu sich hinaufgezogen hat«, kann er das »Wesen
Gottes erfassen« (›antilabesthai theou physeōs‹) (38; vgl. Migr 79f).
Dem Menschen (›psychē zōsa‹) wohnt also die Fähigkeit inne, Gott
zu erkennen und seine Weisheit sich anzueignen, zwar nicht von
sich aus, wohl aber aufgrund der Einhauchung göttlichen Geistes
bei der Schöpfung (*B. A. Pearson, Wisdom Speculation 53; vgl.
*ders., Terminology 38f; U. Wilckens, Kreuz 75f). Zu beachten
bleibt jedoch, daß diese Fähigkeit der ›psychē zōsa‹ nur potentiell
zukommt. Der Mensch von Gen 2,7 ist nach beiden Seiten hin
offen. Er kann auch der ›pnoē‹ verlustig gehen, wenn er sich der
Erde zuwendet, die Tugend vergißt und so nur noch (vergängli-
cher) irdischer ›nous‹ ist (vgl. All I 53–55). Es zeigt sich, daß es

Philo bei seiner Auslegung von Gen 2,7 nicht nur um die Schöpfungsaussage (Anthropogonie) geht, sondern, indem er die Schöpfung als Potentialität zur Erlösung darstellt, auch um eine soteriologische Aussage.

Erlösung ist für Philo Entweltlichung, positiv gesprochen, Geistempfang. Wie wir gesehen haben, besitzt der menschliche ›nous‹ dafür eine schöpfungsmäßig grundgelegte Potentialität. Allerdings ist die Zuordnung (und Definition) von ›nous‹ und ›pneuma‹ bei Philo nicht einheitlich, je nachdem er den Erlösungsvorgang als Aufstieg des ›nous‹, als pneumatische Inspiration des ›nous‹, oder als ekstatische Selbstaufgabe des ›nous‹ deutet (vgl. *G. Sellin*, Streit 139–155). Die Vorstellungen sind systematisch auch nicht zu harmonisieren. Durchgehend hält Philo jedoch daran fest, daß Erlösung nur durch Gott, die Weisheit oder das Pneuma (bzw. der himmlische, pneumatische Mensch/›nous‹) möglich ist. Um den »königlichen Weg« (›hodos basilikē‹; vgl. Num 20,17) gehen zu können, dessen »Ziel ... das Erkennen (›gnōsis‹) ‚und die Kenntnis (›epistēmē‹) Gottes« ist (Imm 143f; vgl. Imm 159f.180; Post 101; Gig 64; Migr 146; SpecLeg IV 168), ist der Mensch darauf angewiesen, daß Gott »sich zeigt und offenbart«. Nicht der »Weise sieht Gott«, sondern »Gott erscheint dem Weisen« (Abr 80; SpecLeg I 41ff). Es gilt das Prinzip analogischer Erkenntnis (vgl. Gig 9; Mut 3–10.56; SpecLeg I 41–50): »durch die Weisheit wird das Weise geschaut« (Migr 39f). Die höchste Form der Gotteserkenntnis, die Gottesschau, besteht daher darin, daß der Mensch vom ›pneuma‹ völlig erfaßt wird und sein ›nous‹ ganz zurückgedrängt ist; so umschreibt Philo die Ekstase (vgl. Her 263–266; 68–70; Som II 228–236). Der vollkommene Weise ist deshalb der Prophet (vgl. Migr 38; Her 259), der »Mensch Gottes« bzw. der »Schauende« (vgl. Gig 60–63; Imm 138f), der nichts Eigenes mehr zu sagen hat, sondern nur mehr zum Ausdruck bringt, was das göttliche ›pneuma‹, das in seine Seele eingedrungen ist, ihm vorsagt (SpecLeg IV 49; vgl. SpecLeg I 65; Praem 55; VitMos I 281.283.286; in Som I 118f ist es der ›logos‹, der sich der Seelen bemächtigt). Die Gottesschau ist identisch mit der »erhabenen, himmlischen Weisheit« (im Gegensatz zur »irdischen Weisheit«: All I 43).

In diesem Zusammenhang ist auf die mythisch-mystische Synusievorstellung zu verweisen, die in ähnlicher Weise in Weish 6–9 anzutreffen ist (s. o.; zur religionsgeschichtlichen Herkunft s. *U. Wilckens*: ThWNT VII 501, 25ff; *ders.*, Weisheit 145–157; *B. L. Mack*, Logos 154–171). Ausgangspunkt ist die Synusie Gottes (Vater) mit der Weisheit (Mutter), woraus der göttliche ›logos‹

(bzw. das All) hervorgeht (Fug 108–112 bzw. Ebr 30f). In diese Synusie wird der Weise einbezogen, und zwar durch eine mystische Synusie, die er seinerseits mit der Weisheit eingeht, die einerseits »Tochter Gottes«, andererseits – in bezug auf die Seele – aber männlich ist und als »Vater« in dieser »Bildung, Wissen, Einsicht und gute und lobenswerte Handlungen aussät und erzeugt« (Fug 49–52; vgl. Quaest in Ex II 39–47 und Cher 42–50, wo Philo in diesem Zusammenhang von »Geheimlehre« [›teletē‹], von »heiligen Geheimnissen« [›hiera mystēria‹] für »Eingeweihte« [›tetelesmenoi‹] spricht). Wer auf diese Weise »zum Gipfel der Weisheit gelangt ist«, kann mit dem »göttlichen ›logos‹«, dem früheren »Führer des Weges« »Schritt halten«, so daß beide zu »Genossen des allführenden Gottes« werden (Migr 174f; vgl. Conf 59; Quaest in Ex II 40). Ein solcher Mensch ist »würdig, Sohn Gottes zu heißen« wie der ›logos‹ selbst (Conf 146f; vgl. Quaest in Ex II 29.40; Mut 181f). Er wird zum »Mittelwesen« (›methorios‹) zwischen Gott und Mensch (Som II 228–236; vgl. II 188f; Mut 45; nach Fug 167 ist Isaak, der vollkommene Weise, »kein Mensch«), der an Gott heranreicht und erst wieder »Mensch wird« (›anthrōpos ginetai‹), wenn »die Begeisterung zum Stillstand kommt« (Som II 233).

Systematisch schwer einzuholen, für das philonische Denken aber bezeichnend ist weiter der Umstand, daß dualistisches Konzept und hierarchisches Stufendenken sich teilweise überlagern. So kann Philo den »himmlischen Menschen«, der dualistisch dem »irdischen Menschen« gegenübersteht, noch einmal aufspalten und gelangt so zu einer Hierarchie von »Erdenmenschen«, »Himmelsmenschen« und »Gottesmenschen« (Gig 60). Die ersteren sind »die, welche den Lüsten des Körpers nachjagen«; die Himmelsmenschen sind »alle Künstler, Verständigen und Lernbegierigen«, deren ›nous‹ - das »Himmlische« im Menschen – sich »in den geistigen Dingen« (›en noētois‹) übt (Gig 60); die Gottesmenschen hingegen sind »die Priester und Propheten«, die »alles Wahrnehmbare« (›aisthēton pan‹) übersprungen haben und »als Bürger in dem Staate der unvergänglichen und unkörperlichen Ideen (›aphthartōn kai asōmatōn ideōn politeia‹)« eingetragen sind (Gig 61). Beim Himmelsmenschen ist der ›nous‹ noch aktiv und schwingt sich zum Himmel auf, der Gottesmensch aber hat die wahrnehmbare Welt gänzlich hinter sich gelassen und steht selbst am »Ort« (›topos‹) des Logos. In der Ethik entspricht dem die Unterscheidung von »Asketen« und »Vollkommenen, Weisen« bzw. von »Unmündigen« und »Vollkommenen« (s. o.), in der allegorischen Typologie der Unterschied zwischen Abram, Jakob, Joseph einerseits und Abraham, Isaak, Israel, Mose andererseits, in der Erkenntnistheorie die Unterscheidung von »Abbild« (›mimēma‹, ›apeikonisma‹) und »Urbild« (›typos‹, ›archetypos‹, ›eikōn‹). Entsprechend kann Philo dann zwischen einer Gotteserkenntnis durch den Logos (Schöpfung) und einer Gotteserkenntnis durch Inspiration unterscheiden, teilweise (tendenziell) sogar zwischen Logos und Sophia (vgl. *G. Sellin*, Streit 156–169).

Bei aller Unterscheidung bleiben die Übergänge in gewisser Weise auch wieder fließend, was angesichts der eigentlichen (dualistischen) Opposition des Unterschiedenen zum Irdischen nicht verwundert. Im Blick auf 1 Kor könnte in diesem Zusammenhang eine Stelle interessant sein, auf die bereits *R. A. Horsley* aufmerksam gemacht hat: Migr 70–85 (Wisdom, bes. 225–229, mit weiteren Belegen). Dort bezieht Philo das Wort Gottes an Abraham »Ich werde dich segnen (›eu-logēsō‹)« (Gen 12,2) auf das Geschenk eines »löblichen ›logos‹«, den er analog zu den oben genannten Unterscheidungen in einen ›logos prophorikos‹ (Sprache) und einen ›logos endiathetos‹ (Gedanke) differenziert. Während Philo bei der Beschreibung des Weges zur ekstatischen Gottesschau in Her sagen konnte, daß die Seele den »Körper«, die »Sinnlichkeit« (›aisthēsis‹), den ›logos‹ (gemeint ist der ›logos prophorikos‹) und sich selbst verlassen muß, um »nach Korybantenart ... verzückt und in prophetischer Begeisterung gotterfüllt zu sein« (Her 69; vgl. 71.85), bezieht er hier die beiden ›logoi‹ stärker aufeinander: »Die Verbesserung jeder dieser Arten des Logos bedeutet großen Reichtum«; der eine ›logos‹ dient der »reifen Überlegung«, der andere der »rechten Unterweisung« (Migr 71). »Vollkommenheit« (›teleiotēs‹) liegt in beiden Fähigkeiten zusammen, daß man also »Gedanken leicht findet und sie auch klar darlegen (›hermeneuein‹) kann« (Migr 73). Damit dürfte deutlich sein, daß die in Her geforderte Zurücklassung des ›logos prophorikos‹ eine *objektive* (erkenntnistheoretische) Charakterisierung des Weges zur höheren Erkenntnis war. Soll diese Erkenntnis aber vermittelt werden, so ist sie auf den ›logos‹ der Beredsamkeit und Redekunst angewiesen (Migr 77). Beide ›logoi‹ sind »Brüder« wie Mose und Aaron (Migr 78). Wie der »allweise« Mose, in dem »Gott durch die unsterblichen Gedankengänge (›logoi‹) der Erkenntnis und der Weisheit das Licht der Wahrheit hat aufflammen lassen« (Migr 76), bei der Auseinandersetzung mit den »ägyptischen Sophisten« sich des Aaron bediente, der für das Sprachvermögen, »die Kunst und Macht des Redens« (›hē peri logōn technē kai dynamis‹) steht (Migr

77f), so muß »jeder, der sich in einen Kampf mit den Sophisten einlassen will, sich ... um Beredsamkeit mühen (›epimelesthai logou‹)« (Migr 82). Der »göttlich begeisterte ›nous‹«, d. h. Mose, bedarf der »die Gedanken verdolmetschenden Rede (›logos‹)«, d. h. Aarons, der deshalb auch »Prophet« genannt wird: »Denn das Geschlecht, das das Göttliche verdolmetscht, ist das der Propheten, das göttliche Besessenheit und göttlichen Rausch genießt« (Migr 84).

Insgesamt zeigt sich, daß die Erlösung bei Philo *noetisch bzw. idealistisch* gedacht ist. Selbst dort, wo der irdische ›nous‹ vom himmlischen aufgesogen wird oder das ›pneuma‹ den ›nous‹ gänzlich zurückdrängt, geht es nicht um eine soteriologische Antithese zum ›nous‹ (die eigentliche Antithese ist die wahrnehmbare Welt bzw. der Körper), sondern um eine Transzendierung des Noetischen in sein eigenes Erkenntnismittel (begriffliches, vernünftiges Denken) bzw. in das ihm eigene Erkenntnisziel des begrifflich nicht mehr differenzierbaren, reinen Seins (Gedanke, Idee; zum Weisen als »Idee« vgl. Mut 33) (vgl. *G. Sellin*, Streit 123f.133f.138.157—160.161f).

3.2.2.2 Zur korinthischen »Weisheit«.

3.2.2.2 Zur korinthischen »Weisheit«. Eine Auswertung des dargelegten Befundes muß sich selbstverständlich davor hüten, diesen einfach auf Korinth zu übertragen (zur grundsätzlichen Problematik vgl. *K. Berger*, Gegner). Selbst wenn sich alexandrinischer Einfluß wahrscheinlich machen läßt, ist keineswegs gesagt, daß direkt Philo rezipiert wurde. Zudem wird man mit Modifikationen von Rezipient zu Rezipient rechnen müssen, also auf dem Weg von Alexandrien ins weitere Diasporajudentum, von da nach Korinth und schließlich bei der Rezeption in Korinth selbst. Im übrigen ist davon auszugehen, daß es in Korinth nicht um eine Philosophie, sondern um eine Theologie bzw. Christologie ging, woraus sich schon hermeneutisch eine erhebliche Differenz ergibt. Offenbleiben kann vorerst, ob die korinthische »Weisheit« als ein einheitliches Phänomen anzusehen ist oder aber von den »Parteien« in unterschiedlicher Weise ausgelegt wurde. Hier geht es zunächst um die Frage, ob und wie sich die von Paulus in 1 Kor 1-4 attackierte »Weisheit« vom alexandrinisch-philonischen Befund her profilieren läßt.

Unter der Voraussetzung, daß im hellenistisch beeinflußten Frühjudentum die »Weisheit« als Mittel und Inhalt heilsamer Erkenntnis galt, nimmt es nicht wunder, daß auch das Urchristentum seinen Glauben an den heilbringenden Christus Jesus weisheitlich reflektierte und formulierte. Es kam zur Identifizierung der Weisheit mit Christus (vgl. *F. Christ*, Jesus Sophia) und zur Ausbildung der Präexistenzchristologie (vgl. **M. Hengel*, Sohn Gottes 78–79.104–120; **H. Merklein*, Entstehung, bes. 262–276). Für Korinth wird man davon ausgehen dürfen, daß das dort bekannte christologische Kerygma (15,1f.3–5) in den Kontext einer Weisheitslehre gestellt wurde, die Christus selbst als Inbegriff der »Weisheit« verstand. Der Auffassung, daß die Korinther Christus lediglich als Lehrer der göttlichen Sophia (wie Apollos etc.) angesehen hätten (so: **R. A. Horsley*, How can 230), steht die Darstellung des Paulus entgegen. Die Tatsache, daß er Weisheit und Christus identifiziert (vgl. 1,24), und die Art und Weise, wie er dies (dialektisch) tut, lassen darauf schließen, daß er unter dem Zwang einer korinthischen Vorgabe steht. Das muß allerdings noch nicht bedeuten, daß die Korinther »Christus als Sophia im Sinne einer hypostasierten Erlösergestalt verstanden« haben (so zu Recht **L. Schottroff*, Der Glaubende 189, in kritischer Auseinandersetzung mit der von **U. Wilckens*, Weisheit 38f.98f, vertretenen These).

Ein wesentlicher Grund für die Annahme, daß die korinthische »Weisheit« von der alexandrinischen Spekulation beeinflußt ist, ergibt sich aus ihrem Zusammenhang mit dem Gegensatz von ›psychē‹ und ›pneuma‹ (2,14f; 15,45f). Die religionsgeschichtliche Verwandtschaft als solche ist von **G. Sellin* überzeugend nachgewiesen worden (Streit 79-189, bes. 181–187). Die Frage ist nur, was sich daraus für die Rekonstruktion der korinthischen »Weisheit« ergibt. Kann man den von Paulus vertretenen, schroffen Gegensatz zwischen »psychisch« und »pneumatisch« als Antithese zu einer stärker an Philo orientierten, die Kontinuität betonenden Sicht der Korinther verstehen? Diese Auffassung, die vor allem von *U. Wilckens* vertreten wurde (Kreuz 77–79; vgl. **M. Winter*, Pneumatiker 152–157; **G. Theißen*, Aspekte 358f), hat gewiß etwas Richtiges erfaßt, bedarf jedoch der Präzisierung. Wie oben ausgeführt (3.2.2.1), ist der schroffe Gegensatz von ›psychē‹ und ›pneuma‹ zumindest der Sache nach auch bei Philo angelegt. Das heißt, auch die Korinther könnten, sofern sie nach philonischer Art die Pneumainspiration als den entscheidenden Heilsvorgang angesehen haben, der paulinischen Antithese (formal) durchaus zustimmen. Umgekehrt wird man Paulus schwerlich unterstellen dürfen, daß er dem psychischen Menschen, sofern man ihn nach philonischem Vorbild mit dem kreatürlichen Menschen in eins setzen darf, jedwede Potentialität zur Gotteserkenntnis absprechen würde.

Dann könnte die fehlende Erkenntnis nicht eingeklagt (1,21a; vgl.
2,8) und der Mensch nicht — wie es Paulus dann in Röm 1-3 tut —
als Sünder angeklagt werden. Es zeigt sich, daß eine eventuell
zwischen Paulus und den Korinthern bestehende Differenz in der
Beurteilung der Opposition ›psychisch vs pneumatisch‹ anders
bestimmt werden muß. Zur näheren Begründung der folgenden
Ausführungen muß teilweise auf die spätere Einzelauslegung verwiesen werden.

Für Paulus ist der schroffe Gegensatz zwischen »psychisch« und
»pneumatisch« letztlich im Gekreuzigten begründet. Dieser läßt
ihn erkennen, daß alle Sünder sind (vgl. *H. Merklein*, Bedeutung
4—9) bzw. — in der Sprache von 1 Kor — daß »die Welt Gott nicht
erkannte« (1,21a). Dies ist kein prinzipielles Urteil über eine
ontologische Unfähigkeit des kreatürlichen Menschen, sondern
eine aus dem Kreuz erschlossene Feststellung des faktischen Befundes. Prinzipiell ist der psychische Mensch — ähnlich wie bei
Philo — also durchaus offen für beides: für das Erkennen und das
Nicht-Erkennen. Das Kreuz allerdings zeigt, daß der psychische
Mensch *faktisch* je immer die letzte Möglichkeit ergriffen hat.
Sofern aber das Eingeständnis faktischen Nicht-Erkennens integra-
ler Bestandteil des allein Heil und Geist vermittelnden Glaubens an
den Gekreuzigten ist, treten psychischer und pneumatischer
Mensch dann doch diametral gegenüber. Sub specie crucis gilt, daß
der psychische Mensch das Wesen des Geistes nicht erfaßt (2,14).
Zugleich zeigt sich, daß Paulus sich von den Korinthern nicht so
sehr durch eine formal andere (antiphilonische) Definition des
Gegensatzes von ›psychē‹ und ›pneuma‹ unterscheidet, als vielmehr
durch eine andere inhaltliche Bestimmung der ihr zugeordneten
Weisheit.

Paulus kann von Weisheit nur so sprechen, daß er sie mit dem
Gekreuzigten identifiziert. In der weisheitlichen Christologie der
Korinther hingegen scheint das Kreuz keine oder nur eine sehr
untergeordnete Rolle gespielt zu haben (vgl. 1,17!). Sofern man
ihnen ein weisheitliches Denken alexandrinisch-philonischen
Zuschnitts unterstellen darf, ist dies auch nicht verwunderlich.
Christus übernimmt dann die Funktion einer ontologisch bzw.
protologisch konzipierten Weisheit und die Rolle eines idealistisch
gedachten Logos. Anthropologisch wird Christus zum urbildlichen, pneumatischen Menschen bzw. zur Idee des Menschen
schlechthin. Erlösung besteht dann im wesentlichen in der
Erkenntnis bzw. in der Annahme Christi als des Urbildes des
eigenen pneumatischen Selbst. Das christologische Kerygma

bekommt eine völlig andere Funktion. Die Auferstehung Christi
wird zur Chiffre des noetisch-pneumatischen Aufstiegs. Das Kreuz
wird zum Paradigma der Entweltlichung. Das im Kerygma festgehaltene Heilsgeschehen ist letztlich ein exemplarisches Geschehen,
dem Singularität bestenfalls im Sinne typologischer und erkennt-
nisvermittelnder Priorität zukommt. Die heilsgeschichtliche und
eschatologische Dimension des Kerygmas geht verloren bzw. wird
zum mythologischen Ausdruck einer ontologisch bzw. protologisch konzipierten Erlösungslehre. Der pneumatische Mensch ist ja
auch nicht (wie für Paulus) der letzte (›eschatos‹), sondern der erste
Mensch (vgl. 15,45-49). Jesu Tod und Auferstehung sind nicht
mehr ein Akt wirklicher eschatologischer Neuschöpfung, sondern
ein Akt der Wiedererlangung der reinen Urbildlichkeit. Aus Tod
und Auferstehung geht nicht der neue eschatologische Mensch
hervor, dessen himmlische Qualität eine verwandelte, pneumatische Leiblichkeit einschließt, sondern der urbildliche Mensch, der
die Inferiorität und Posteriorität der Sinnlichkeit (›aisthēsis‹) und
Körperlichkeit (›sōma‹) des irdischen bzw. psychischen Menschen
hinter sich läßt. Tod und Auferstehung sind nicht das Initialgeschehen einer neuen eschatologischen Wirklichkeit, sondern Befreiung
zu einer rein ideellen Ursprünglichkeit. Eine Auferstehung von den
Toten im Sinne der Verleihung einer neuen Leiblichkeit muß
folgerichtig abgelehnt werden (vgl. 15,12). Der Tod Jesu wird zum
bloßen Durchgang, der gekreuzigte Christus bestenfalls zum
Signum der verlassenen und zu verlassenden Leiblichkeit.

Die Aneignung der christologisch vermittelten bzw. von Christus
repräsentierten Weisheit geschah grundsätzlich in der Annahme
der christlichen Botschaft bzw. in der Taufe. Im Blick auf den
Parteienstreit ist dieses Initialgeschehen jedoch von untergeordneter Bedeutung. Da es für alle gleich war, ist es als solches nicht
konfliktauslösend, es sei denn, man hätte sich auf die unterschiedlichen Täufer berufen (s. dazu 1,13-16). Doch hätte auch dies wohl
nur dann zum Konflikt geführt, wenn mit den Taufenden auch
unterschiedliche Konzepte der christlichen Botschaft verbunden
waren. Unter dieser Voraussetzung ist die hier entscheidende
Frage, wie die Vertreter der oben dargestellten Weisheitschristologie das in der Taufe grundgelegte Heil existentiell nachvollzogen
haben. Ganz allgemein wird man davon auszugehen haben, daß
dies vor allem auf noetische Weise, also in Akten des Erkennens
geschah. Von daher ließe sich gut erklären, daß Paulus vom
»Erkennen« als Weg zur Weisheit Gottes in unserem Textabschnitt
nur negativ spricht (1,21; 2,8; vgl. 2,11.14.16). Daraus darf aller-

dings weder gefolgert werden, daß Paulus eine prinzipielle Unfähigkeit zur Erkenntnis Gottes behaupten wollte, noch, daß die
Korinther die christliche Weisheit einfach als Verlängerung einer
eigenmächtigen natürlichen Erkenntnis verstanden. Die Sachlage
ist differenzierter. Selbstverständlich waren auch die Korinther der
Meinung, daß Christus keine weltimmanente Weisheit, sondern
eine gnadenhafte Gabe Gottes ist, die nur durch Geistmitteilung
zugänglich ist. Doch werden sie, wenn man wieder Denkstruktu-
ren in Analogie zu Philo voraussetzt, in der pneumatisch gedachten
Weisheit die Explikation der kreatürlich eingestifteten ontologischen Potentialität des Menschen gesehen haben. Insofern ist Christus die Aufgipfelung und Vollendung dessen, was als (göttlicher
Hauch ›pnoē‹) den psychischen Menschen zum lebendigen Wesen
macht, was als ›nous‹ auf das eigentliche Ziel des Menschen verweist und überhaupt als Urbild dem Menschen zugrunde liegt und
als Erlösung wiedergefunden werden muß. Die Heilsaneignung ist
demzufolge im wesentlichen ein Akt des »Erkennens« eben dieses
Sachverhaltes: ein Aufstieg des ›nous‹ zu seinem himmlischen
Urbild, die Verwirklichung der im psychischen Menschen ontologisch angelegten soteriologischen Potenz durch die (erkennende)
Übernahme des ihm voraus- und zugrundeliegenden pneumatischen Menschen (Christus).
Konkret wurde solch heilsames Erkennen wohl durch den ›logos‹
der Rede ausgelöst bzw. gefördert und bestärkt (vgl. demgegenüber die Polemik des Paulus gegen die »Weisheit des Wortes« 1,17
und den »›logos‹ der Aufgeblähten« 4,19). Möglicherweise sind der
»›logos‹ der Weisheit« und der »›logos‹ der Erkenntnis« (12,8; vgl.
1,5) in diesem Zusammenhang zu sehen, die dann als weisheitliche
Interpretation der christlichen Botschaft zu verstehen sind. Möglicherweise wird man an eine allegorische, pneumatische Schriftauslegung denken dürfen, wie sie vom Typ her durch Philo
bekannt ist (vgl. neben der Schriftauslegung des Philo selbst auch
dessen Beschreibung der Schriftauslegung der Therapeuten in Vit-
Cont 75—79, bes. 78). Dazu würde auch passen, daß die Weisheit
bzw. das Pneuma offensichtlich als durch ›logoi‹ lehrend gedacht
wurde, wie man aus der Polemik des Paulus in 2,13 wohl noch
erschließen kann.
Der noetische Charakter des so geschilderten Erkennens muß nicht
ausschließen, daß es dabei — »im Überschwang des ›logos‹ oder der
Weisheit« (vgl. 2,1) — auch zu enthusiastischer Begeisterung kam,
die ihrerseits wieder als hervorragendes Zeichen der Geistinspira-
tion und des Pneumatikertums gedeutet werden konnte. Dabei

mag es dahingestellt bleiben, ob die Korinther auch eine Ekstase im Sinne der philonischen Verdrängung des ›nous‹ durch das ›pneuma‹ kannten. Wenn dies der Fall gewesen sein sollte, dann freilich nicht so, daß man diese Ekstase mit der Glossolalie identifizieren dürfte. Die paulinische Gegenüberstellung von Sprechen ›tō noi‹ und Sprechen ›tō pneumati‹ (zur Charakterisierung der Prophetie und der Glossolalie: 14,14-19) läßt sich schwerlich mit der philonischen Ausschaltung des menschlichen Bewußtsein (›nous‹) durch den göttlichen Geist erklären (gegen: *G. Theißen*, Aspekte 285–288). Die pneumatische Ekstase bei Philo steht nicht im Gegensatz zum vernünftigen Sprechen (die Propheten, von deren Ekstasen Philo konkret berichtet, reden keinesfalls glossolalisch, sondern verständlich; vgl. VitMos I 175.201.277f.283.288f; Her 259ff), sondern transzendiert die Vernunft in einer begrifflich nicht mehr faßbaren (und damit auch sprachlich nicht mehr formulierbaren) Schau des reinen Seins (Idee), also einem von der Glossolalie strikt zu unterscheidenden Phänomen (*F. Siegert*, Philon 91–93, spricht von einer »Ekstase am Schreibtisch«). Die paulinischen Reserven gegen das glossolalische Reden ›tō pneumati‹ in 1 Kor 14 können die korinthischen Weisheitsanhänger also kaum auf sich bezogen haben. Sofern sie in der Opposition von 1 Kor 14 unterzubringen sind, werden sie sich eher dem Sprechen ›tō noi‹ verbunden gefühlt haben. Unter dieser Voraussetzung scheint es sogar wahrscheinlicher zu sein, daß sich Weisheits- oder Geistempfang für sie weniger nach dem Modell der Ekstase als nach dem der Pneumainspiration oder des Aufstiegs des ›nous‹ in die himmlische Welt vollzog. Dazu würde auch passen, daß nach 1 Kor 1-4 der (begriffliche) ›logos‹ wohl doch im Vordergrund stand.

In jedem Fall aber wird man davon ausgehen müssen, daß die Weisheit bzw. die Erkenntnis zum Enthusiasmus führte. Indem ihre Verfechter in Christus, dem »Herrn der Herrlichkeit« (?) (2,8), ihr eigenes pneumatisches Urbild erkannten, hatte ihr ›nous‹ die irdische Verhaftung und Gefährdung des psychischen Menschen bereits hinter sich gelassen, war selbst zum pneumatischen ›nous‹ geworden. In Christus erkannten sie sich als Pneumatiker, als himmlische Menschen, die als solche das irdische Menschsein überwunden hatten (vgl. 3,4) und zur Vollkommenheit gelangt waren (vgl. 2,6). Insofern waren sie davon erfüllt, satt und reich zu sein und die Herrschaft schon angetreten zu haben (vgl. 4,8), ein Hochgefühl, das bestenfalls noch durch die Hoffnung auf ein postmortales, vom Körper völlig befreites Pneumatikertum gesteigert werden konnte.

Ob die Korinther darüber hinaus noch meinten, im Sinn des philonischen Weisen selbst zu einem erlösenden Logos (d. h. letztlich zu Christus) geworden zu sein, ist der (ontologischen) Tendenz nach zwar nicht auszuschließen, durch den Textbefund aber nicht zu sichern. Die Christus-Parole, die *G. Sellin* anführt, um das Selbstbewußtsein des zu den Weisheitsanhängern gehörigen Verkündigers zu charakterisieren (Geheimnis 94–96), gibt m. E. derartige Schlußfolgerungen nicht her (siehe dazu unten 3.2.3.1[2]).

Ein gewisses Problem stellt der Begriff der »Vollkommenen« dar (2,6), der wohl als Selbstbezeichnung der Weisheitsanhänger zu interpretieren ist. Was aber heißt das? Ist der Begriff einem hierarchischen Stufendenken, wie wir es von Philo her kennen, zuzuordnen, so daß mit den »Vollkommenen« die »Gottesmenschen« gemeint sind, die alle Aktivitäten des ›nous‹ hinter sich gelassen haben und selbst zum Reich der Ideen gehören? Dann wäre das Bewußtsein der Vollkommenheit allerdings auf die Augenblicke ekstatischer Pneumabegabung zu begrenzen. Wenn es jedoch richtig ist, daß sich der Pneumaempfang nach dem Verständnis der korinthischen Weisheitsanhänger vornehmlich nach dem Modell vom Aufstieg des ›nous‹ vollzog, dann wird man in der Selbstbezeichnung der »Vollkommenen« wohl doch einen Ausdruck ihres andauernden weisheitlich-christologischen Bewußtseins sehen müssen. Dazu paßt auch der Oppositionsbegriff der »Unmündigen« (vgl. 3,1), der, sofern er ebenfalls aus dem Mund der Weisheitsanhänger stammt, kaum zur Bezeichnung des eigenen, normalen Standards als »Himmelsmenschen«, sondern eher zur polemischen Qualifizierung nicht weisheitlich denkender Gemeindemitglieder gedient haben konnte.

Mit einiger Sicherheit wird man die (stoisch beeinflußte) Parole »Alles ist (mir) erlaubt« (6,12; 10,23) und das darin sich artikulierende Freiheitsbewußtsein mit den Weisheitsanhängern in Verbindung bringen dürfen. Dahinter steht der auch bei Philo belegte Gedanke, daß der Weise der wahrhaft Freie ist. Allerdings sind der in 6,12-20 erkennbare ethische Libertinismus bzw. die in 10,14-22 angesprochene rituell-kultische Indulgenz nicht von Philo her zu erklären. Hier wird man mit zusätzlichen Einflüssen aus dem heidnischen Milieu bzw. mit einer spezifisch heidnischen Rezeption hellenistisch-jüdischen Gedankengutes rechnen müssen (vgl. *G. Sellin*, Streit 57–59.61 Anm. 90, 155 Anm. 207). Möglicherweise gab es unter den Weisheitsanhängern sogar unterschiedliche »Verwirklichungen« der Freiheit: eine libertinistische und eine aszetische. Für letztere wäre dann auf 1 Kor 7 zu verweisen.

3.2.3. Die Parteien in Korinth

Fragt man nun, welcher Zusammenhang zwischen der eben geschilderten Weisheit und den Parteien besteht, so ergibt sich zunächst folgendes Problem: Auf der einen Seite hat man den Eindruck, daß Paulus gegen eine relativ einheitliche Weisheitsvorstellung argumentiert. Auf der anderen Seite wird man daraus aber kaum schließen können, daß *alle* korinthischen Parteien Anhänger einer hellenistisch-jüdisch vermittelten Weisheit waren und ihr Streit lediglich aus unterschiedlichen Nuancen in der Beurteilung der Weisheit resultierte. Zumindest bei den Anhängern des Paulus ist vor dem Hintergrund von 2,1-5 und 3,1f nicht damit zu rechnen, daß sie aus eigenem Antrieb zur Weisheitsspekulation neigten. So wird man eher davon ausgehen müssen, daß die »Weisheit« zunächst nur von einer Gruppe in der Gemeinde favorisiert und propagiert wurde und die Parteien erst in positiver oder abgrenzender Reaktion darauf entstanden sind. »Weisheit« wurde so für alle zum entscheidenden Stichwort, das sie mit recht unterschiedlichen Inhalten füllten. Im Endeffekt aber kamen alle zu einem schiefen, da von falschen Kriterien ausgehenden Verständnis der christlichen Botschaft.

3.2.3.1. Die Apollos-Gruppe als Anhänger der hellenistisch-jüdisch beeinflußten Weisheitschristologie. Vor allem zwei Beobachtungen sprechen dafür, daß es die Apollos-Partei war, von der die christliche Botschaft unter eine weisheitliche Hermeneutik gestellt wurde. (1) Von den in 1,12 genannten Verkündigern läßt sich die *Person des Apollos* am leichtesten mit einer Weisheit des vorgestellten Typs in Verbindung bringen (vgl. dazu auch: *R. A. Horsley*, Wisdom 231f; *U. Wilckens*, Kreuz 61f; *G. Sellin*, Geheimnis 73−79; *ders.*, Streit 65−69; *ders.*, Hauptprobleme 3014f). Allerdings sind wir dabei auf die wenigen Angaben der Apostelgeschichte angewiesen, deren historischer Wert umstritten ist (zur lukanischen Darstellung des Apollos vgl. *M. Wolter*, Apollos). Immerhin ist es bemerkenswert, daß Apollos in Apg 18,24f als »*beredter* (›logios‹) Mann« beschrieben wird, der »in den *Schriften* sehr bewandert« und »feurig im *Geiste*« ist. Beredsamkeit und Geistbegabung sind Kennzeichen der korinthischen Weisheit. Auch Schriftgelehrsamkeit (vgl. dazu auch Apg 18,28) würde sich gut in ihren Kontext einfügen. Nach Apg 18,24 ist Apollos zudem ein Jude und stammt aus *Alexandrien*. Gewiß ist nicht »jeder alexandrinische Jude ein Philo« (vgl. *Barrett* 43; *ders.*, Christianity 4;

J. Munck, Paulus 136f). Doch sichert die Herkunft zumindest die Möglichkeit, daß Apollos mit der alexandrinischen Weisheitsspekulation vertraut war. Im übrigen ließe sich deren Vermittlung nach Korinth gerade über Apollos sehr plausibel erklären. Auf die Hypothese, daß Apollos den Hebräerbrief verfaßt und nach Korinth geschickt habe, kann hier nur aufmerksam gemacht werden (vgl. *L. D. Hurst*, Apollos).

(2) Neben diesen textexternen Indizien ist es der *Argumentationsduktus von 1 Kor 1-4 selbst*, der darauf schließen läßt, daß die korinthische Weisheitschristologie mit Apollos bzw. den Apollosanhängern in Verbindung steht (vgl. *E. Schwarz*, Weisheit). Auffällig sind schon die *Rückverweise auf die Parolen von 1,12*. Auf die Christusparole als Schlagwort einer Partei wird überhaupt nicht mehr Bezug genommen; lediglich in 3,23 kehrt sie, angewandt auf die gesamte Gemeinde, wieder. Die Kephasparole wird nur noch einmal im Rahmen der ersten peroratio aufgegriffen (3,22), hat aber sonst keine erkennbare Verankerung in der Argumentation von 1 Kor 1-4, wenn man nicht in 3,10f einen indirekten Hinweis auf sie erblicken will (dazu s. u.). Dagegen finden sich Rückverweise auf die Apollos-Gruppe nicht nur in der ersten peroratio (3,22; neben Paulus und Kephas), sondern bezeichnenderweise auch am Eingang der argumentatio (3,4.5) und der refutatio (4,6), und zwar jeweils verbunden mit einer Erwähnung des Paulus. Sollen die beiden Namen nur auf parallele Beispiele verweisen oder stehen sie im Zusammenhang mit der Antithetik von korinthischem und paulinischem Weisheitsverständnis?

Nun wird man den korinthischen Parteienstreit nicht einfach auf einen Konflikt zwischen Paulus und Apollos zurückführen dürfen. Eine direkte Auseinandersetzung zwischen den beiden ist eher auszuschließen (zu einer sozialpsychologischen Bewertung vgl. *W. Rebell*, Gehorsam 82—92). In **16,12** spricht Paulus von Apollos als »Bruder« und gibt Nachrichten über ihn weiter.

G. Lüdemann möchte daraus ableiten, daß es zwischen Paulus und Apollos bzw. der Apollos-Partei keine Differenzen gegeben habe: »man pflegt nicht einen Gegner zu fragen, wann der eigene Meister wieder nach Korinth komme« (Paulus II 120). Doch wissen wir weder, ob die Anfrage sich auf das *Kommen* des Apollos bezog, noch ist es ausgemacht, daß »die Frage ... von der Apollospartei gekommen sein« muß (ebd.); es ist nicht einmal sicher, ob 16,12 überhaupt auf eine *Anfrage* Bezug nimmt (vgl. *M. M. Mitchell*, Concerning, bes. 256 Anm. 120). Aber selbst wenn es so wäre, läßt sich mit dem Argument *G. Lüdemanns* allenfalls eine direkte

»Paulusfeindschaft« ausschließen. Mögliche Zwischentöne bedenkt *G. Lüdemann* nicht. Für eine differenzierte Auswertung sind die Angaben von 16,12 allerdings auch allzu knapp. Oder ist die Kürze schon bezeichnend? Was bedeutet es, daß Paulus den Apollos »dringend gebeten hat« (›parakaleō'; vgl. 1,10; 4,16), nach Korinth zu kommen? Soll er dort etwas »zurechtrücken« (*W.-H. Ollrog*, Paulus 218)? Was meint die vage Feststellung, daß es »durchaus nicht der Wille war, daß er (Apollos) jetzt komme« und daß »er kommen wird, wenn er Gelegenheit findet«? Man wird über Spekulationen nicht hinauskommen und sollte daher aus 16,12 keine allzu weitreichenden Schlußfolgerungen ziehen, weder in die eine noch in die andere Richtung.

Viel wichtiger für unsere Fragestellung dürfte **4,6** sein: » (a) Dies aber, Brüder, habe ich als Anwendung auf mich und Apollos gestaltet um euretwillen, (b) damit ihr an uns lernt: Nicht über das hinaus, was geschrieben ist, (c) damit ihr euch nicht einer für den einen gegen den anderen aufbläht«. Den rätselhaften Mittelteil des Verses können wir hier übergehen. Der Schluß des Verses (c) läßt erkennen, daß es sich zunächst um innergemeindliche Streitigkeiten handelte, bei denen freilich die Verkündiger gegeneinander ausgespielt wurden. Die thematische Analyse hat gezeigt (s. o. 2), daß der Konflikt im wesentlichen durch das kritische bzw. überhebliche Verhalten einer bestimmten Gruppe gegenüber Paulus ausgelöst war, wobei die Überheblichkeit in einem unmittelbaren Bedingungszusammenhang mit der »Weisheit« gestanden haben dürfte. Ist es aber gerechtfertigt, die Gruppe der Überheblichen mit der Apollos-Partei zu identifizieren? 4,6 selbst würde dem zumindest nicht widersprechen; es liegt sogar nahe, »für den einen« und »gegen den anderen« in 4,6c auf die unmittelbar zuvor in 4,6a genannten Paulus und Apollos zu beziehen. Dies bedarf freilich einer etwas umfassenderen Absicherung.

Auszugehen ist vom anaphorischen Charakter von 4,6. Das einleitende »dies« bezieht sich also auf den Vortext, insbesondere auf **3,5-17**, wo Paulus tatsächlich von sich und Apollos sprach. Entscheidend ist, daß dort in 3,5-9 nicht etwa das gute subjektive Einvernehmen zwischen Paulus und Apollos dargelegt wurde, sondern der *objektive* Tatbestand, daß alle Verkündiger in Relation zur allein entscheidenden Wirksamkeit Gottes nur Diener sind. Wenn man *diesen* Maßstab zugrunde legt – so ist die Logik des anaphorischen »dies« in 4,6 –, dann ist aufgeblasene Parteinahme zugunsten eines Verkündigers ein Unding! 4,6 operiert also nicht mit dem moralischen Beispiel einer *persönlichen* Harmonie zwischen Paulus und Apollos, wie gelegentlich unterstellt wird (vgl. *W. Schmithals*, Gnosis 191f; *G. Lüdemann*, Paulus II 119f; auch *W.-H. Ollrog*, Paulus 216f, urteilt hier zu einseitig). Bei genauerem Zusehen enthält 3,5-17 sogar unterschwellige Kritik an Apollos selbst, vor allem in den VV. 10-17. Nun hat man gerade in dieser Passage eine *Kritik an Kephas* bzw. *der Kephas-Partei* erkennen wollen. Das Hauptargument bildet die Aussage von 3,11, in der man eine Antithese zu Mt 16,18f sehen will (**Ph. Vielhauer*, Geschichte 137f; *ders.*, Paulus 177f; **G. Lüdemann*, Paulus II 120f; vgl. *T. W. Manson*, Correspondence 194; *C. K. Barrett*, Cephas 6f; *R. Pesch*, Peter 299f). Dem widerspricht jedoch der Duktus des Textes. 3,11f führen aus, daß der Daraufbauende (d. h. der nach Paulus in Korinth wirkende Verkündiger), der in 3,10 neben Paulus, der das Fundament gelegt hat, genannt wird, kein anderes Fundament legen (3,11), sondern eben nur *darauf* aufbauen kann (3,12). Dieser Daraufbauende ist aber in der Gedankenfolge von 3,5-9.10-17 nicht Kephas, sondern Apollos. Gerade die Parallelität von 3,5-9 und 3,10-17, die **G. Lüdemann* sorgfältig herausgearbeitet hat (Paulus II 121f), läßt nur diesen Schluß zu. **G. Lüdemann* kann nur deswegen auf Kephas kommen, weil er nicht konsequent bei der Parallelität bleibt und den »anderen«, der nach 3,10 »daraufbaut«, auf einen anderen »an Stelle des Apollos« bezieht (a.a.O. 121). **G. Sellin* hat zu Recht darauf verwiesen, daß der ganze Abschnitt »bildsemantisch« eine Einheit (»Isotopie«) bildet (Geheimnis 76). »Pflanzen« (3,6-9) und »Fundamentlegen« (3,10-15) einerseits und »Begießen« (3,6-9) und »Daraufbauen« (3,10-15) andererseits sind nur verschiedene Metaphern für die gleichen Sachverhalte und die gleichen Relationen. Wenn daher in 3,5-9 Paulus und Apollos die dazugehörigen Personen sind, dann gilt dies auch für 3,10-17. Daß Paulus in 3,10-17 nicht mehr den Namen des Apollos nennt, sondern ganz allgemein von einem »anderen« spricht, dürfte damit zu tun haben, daß er Apollos nicht direkt eine Schuld zuweisen will oder kann, aber doch dem Ergebnis seiner Wirksamkeit, dem nun sichtbar werdenden »Werk«, skeptisch gegenübersteht.

Allerdings dürfte es über das Ziel hinausschießen, wenn **G. Sellin* in Apollos einen Verkündiger »vom Schlage der Pneumatiker-Apostel« sehen will, »mit denen Paulus sich im 2 Kor auseinandersetzt« (Geheimnis 77; ob die Empfehlungsbriefe von 2 Kor 3,1 mit Apg 18,27 in Zusammenhang stehen, ist fraglich). Noch weniger überzeugt es, wenn er Apollos mit Hilfe der ihm zugeschriebenen Christusparole zu einem »Mittler zwischen den Seinen und Christus« stilisiert (a.a.O. 95; vgl. **ders.*, Hauptprobleme 3015f). Mit dem Anspruch »zu Christus zu gehören« (›Christou einai‹) in 2 Kor 10,7 läßt sich schon deswegen nur schwerlich eine differentia specifica eines gegnerischen Apostelbegriffs begründen, weil Paulus im selben Atemzug die gleiche Christuszugehörigkeit auch für sich in Anspruch nimmt. Allenfalls könnte man auf die religionsgeschichtliche Sachlage verweisen (s. o. 3.2.2.1), die das postulierte Christus-unmittelbare Apostelverständnis rechtfertigen könnte (vgl. jedoch unten 3.2.3.3). Doch steht gegen diese Schlußfolgerung dann immer noch der Befund, daß Paulus in 1 Kor 3.4 sehr vorsichtig und zurückhaltend argumentiert. Daß er, wenn er sich mit Leuten »vom Schlage der Pneumatiker-Apostel« auseinandersetzt, ganz andere Töne anzuschlagen weiß, zeigt nachdrücklich 2 Kor 10-13. Vor allem will beachtet sein, daß Paulus in 1 Kor 3.4 sich zu keinem direkten Wort der Kritik an der Person des Apollos aufraffen kann. Was Paulus mit Sorge und Skepsis betrachtet, ist das »Werk« des Apollos, wobei noch dahingestellt bleiben muß, ob er damit die Verkündigung des Apollos selbst meint oder das, was die Korinther daraus gemacht haben. Aber selbst über das »Werk« fällt Paulus kein unmittelbares Urteil, sondern überläßt dieses dem eschatologischen Gericht, wobei freilich wohl nicht zufällig das Bild vom »Verbrennen« im Vordergrund steht (3,13-15).

Wendet man diese Beobachtungen auf die Anapher von 4,6 an, so läßt sich diese in Ergänzung des bereits Gesagten folgendermaßen auflösen: An sich und Apollos hat Paulus verdeutlicht (4,6a), 1. daß alle Verkündiger nur »Diener« und unter dieser Rücksicht nicht unterscheidbar (»eins«: 3,8) sind, und 2. daß jede (daraufbau- ende) Verkündigung nach Paulus (also auch die des Apollos) mit dessen grundlegender Predigt übereinstimmen muß (vgl. dazu auch: *W.-H. Ollrog, Paulus 167–169). Unter dieser Vorausset- zung läßt die aus dem Rückverweis auf Paulus und Apollos gefol- gerte Nutzanwendung in 4,6c wohl nur den Schluß zu, daß sich hinter der Parteinahme zugunsten »des einen gegen den anderen« eine Parteinahme zugunsten des Apollos gegen Paulus verbirgt. Dies wird durch die skeptische Haltung gegen das »Werk« des Apollos, wie sie aus 3,10-17 herauszuhören ist, geradezu zur Gewißheit.
Die Gemeindemitglieder, die sich gegenüber Paulus aufblähen, sind also Anhänger des Apollos. Die von Apollos importierte weisheitliche Hermeneutik der Christusbotschaft hat sie begeistert. Demgegenüber erschien ihnen die Verkündigung des Paulus wie Säuglingsnahrung (vgl. 3,2), die sie hinter sich lassen konnten, da sie nun im Höhenflug der Weisheit ihrer Vollkommenheit und Geisterfülltheit inne wurden (vgl. 2,6-16). Offenbleiben kann, ob die korinthische Weisheit, wie wir sie im Vorausgehenden zu rekonstruieren versuchten, direkt mit der Lehre des Apollos iden- tisch ist oder das Produkt einer einseitigen und verzerrenden Rezeption von dessen Verkündigung darstellt (so betont: *W.- H. Ollrog, Paulus 217f). Was uns einigermaßen greifbar ist, ist die Faszination, die die Weisheitspredigt des Apollos auf bestimmte Kreise in Korinth ausübte. In dieser Situation dürften die Apollos- und die Paulus-Partei entstanden sein. Denn während die einen von der von Apollos erschlossenen »Weisheit« hingerissen waren, blieben die anderen konservativ bei ihrem bisherigen Verständnis

der Christusbotschaft bzw. bei ihrer bisherigen Praxis christlichen Lebens und legitimierten dies im Gegenzug mit der Autorität des von den anderen »überholten« Gemeindegründers Paulus. Möglich ist auch, daß ein Teil der Apollos-Anhänger überhaupt erst durch die Predigt des Apollos für die christliche Gemeinde gewonnen wurde (so: *A. Schreiber*, Gemeinde 124.126.135f.158).

Festgehalten zu werden verdient, daß für die Apollos-Partei nicht nur die Berufung auf eine formale Autorität, sondern mehr noch ein bestimmtes inhaltliches Verständnis der christlichen Botschaft konstitutiv war. Dies wird bei den anderen Parteien nicht anders gewesen sein. Letztlich dürfte es bei dem Parteienstreit um ein Integrationsproblem gegangen sein. In welcher Theologie und in welcher Praxis findet die Gemeinde ihre wahre christliche Identität? Mit den Parteiparolen dürften unterschiedliche Integrationsmodelle promulgiert, verteidigt oder legitimiert worden sein (diese inhaltliche Seite wird von *L. L. Welborn*, Discord, völlig ausgeblendet: die »Weisheit« sei »nothing other than rhetoric« [102]; ähnlich: *A. D. Litfin*, Theology 355).

3.2.3.2 Die Weisheit der Apollos-Gruppe und die Glossolalie der Paulus-Gruppe.
Nach unseren bisherigen Erkenntnissen hängt der Parteienstreit ganz wesentlich mit einem Konflikt zwischen Apollos- und Paulusanhängern zusammen. Doch während für die Apollos-Gruppe mit dem Stichwort einer hellenistisch-jüdisch vermittelten »Weisheit« auch ein inhaltliches Charakteristikum benannt werden konnte, blieb die Paulus-Gruppe in dieser Hinsicht noch relativ blaß. Unter der Voraussetzung, daß hinter den Parteiparolen konkurrierende Integrationsmodelle stehen, können vielleicht einige *soziologische bzw. psychologische Erwägungen* weiterhelfen. Mit einiger Sicherheit kann davon ausgegangen werden, daß zur Apollos-Partei vorwiegend gebildete und besser situierte Gemeindemitglieder gehörten (zur Bildung vgl. auch *A. Schreiber*, Gemeinde 124.126). Das ergibt sich schon aus der Tatsache, daß man die christliche Botschaft mit dem Stichwort der »Weisheit« unter den Anspruch des hellenistischen Bildungsideals stellte. Aber auch inhaltliche Gründe sprechen dafür. Denn die oben dargelegte »Weisheit« setzt zumindest ein gewisses philosophisches Interesse und auch ein bestimmtes Maß an Reflexionsvermögen voraus (vgl. dazu auch: *G. Theißen*, Schichtung 259). So liegt es nahe, den Parteienstreit und zumal den Konflikt zwischen Apollos- und Paulus-Gruppe in Parallele zu einem innergemeindlichen Bildungs- und Sozialgefälle zu setzen. Tatsächlich ist eben dieses soziologi-

sche Gefälle in 1,26-31 auch in die Argumentation des Textes eingegangen und kritisch gegen die gehobene Schicht, also die Apollos-Gruppe, gewendet (vgl. auch 4,10), die mit ihrem »Bildungsanspruch« (der Terminus stammt von *U. Wilckens*, Kreuz 62) den Streit ausgelöst hatte und deshalb als der Primäradressat der »törichten« Weisheit des Paulus zu gelten hat.

Ihrer philosophischen Herkunft und ihrem hermeneutischen Konzept nach besaß die von der Apollos-Gruppe favorisierte Weisheit einen noetisch-idealistischen Charakter (s. o. 3.2.2.1). Sie appellierte also an den ›nous‹ bzw. das »Erkennen« und konnte in einem begrifflich faßbaren ›logos‹ (Wort, Rede) ausgedrückt werden. Aus der Polemik des Paulus gegen eine »Weisheit des ›logos‹« (1,17; 2,1.[4].13; 4,19f; vgl. 3,20) wird man schließen dürfen, daß der Streit um den ›logos‹ der Weisheit im Parteienkonflikt eine Rolle spielte und daß speziell die Apollos-Gruppe sich mit der noetischen Qualität ihres ›logos‹ brüstete. Wenn diese Überheblichkeit sich nicht nur gegen Paulus und seine Verkündigung gerichtet hat, sondern zugleich auch für den innergemeindlichen Streit konstitutiv gewesen sein sollte, dann müßte man als Widerpart der Apollos-Partei nach einer Gruppe Ausschau halten, die das entscheidende Kennzeichen des Christlichen gerade nicht in einem noetisch konzipierten ›logos‹ sah. Nun gab es in Korinth tatsächlich Christen, deren pneumatische Äußerungen geradezu durch den Gegensatz zum noetischen Reden definiert werden konnten (14, bes. 14,13-19). Es handelt sich um die Glossolalen, die sich auch bildungsmäßig in das bisher gewonnene Bild gut einfügen würden, sofern *G. Theißen* damit recht hat, daß die Glossolalie besonders für die weniger Gebildeten attraktiv gewesen sein dürfte (Aspekte 299–301).

Ist also die Paulus-Gruppe mit den Glossolalen zu identifizieren? Immerhin läßt sich unter dieser Voraussetzung ein *Modell* für die Entstehung des Konfliktes zwischen Apollos- und Paulusanhängern entwickeln. Es ist davon auszugehen, daß die Glossolalie in Korinth eine Erscheinung der ersten Stunde war und bereits im Gefolge des ersten missionarischen Wirkens des Paulus auftrat. Wahrscheinlich hat Paulus selbst die Glossolalie als Äußerung des Geistes gedeutet bzw. anerkannt (siehe zu 2,4). Er lehnt sie jedenfalls nicht grundsätzlich ab, sondern ist nach eigenen Angaben selbst in hohem Maße glossolalisch begabt (14,18). Besonders einfachere Gemeindemitglieder werden in der Glossolalie ein Phänomen gesehen haben, das sie schon jetzt an der eschatologischen Welt teilhaben ließ. Gebildetere Gemeindemitglieder hingegen werden der Glossolalie mit Skepsis begegnet sein. Das unverständliche Sprechen konnte von ihnen nur schwer als Signum christlicher Identität anerkannt werden. Für sie muß die Verkündigung des Apollos geradezu ein befreiendes Erlebnis gewesen sein. Die weisheitliche Hermeneutik erlaubte es ihnen, die Christusbotschaft als eine noetisch-idealistische Erlösungslehre zu verstehen, die sich auch in der gebildeten Welt durchaus sehen lassen konnte. Der Versuch, diese weisheitliche Rede von Christus als Kriterium christlicher Identität durchzusetzen, dürfte zum Streit geführt haben, aus dem Apollos- und Paulusparole hervorgegangen sind. Denn während die Verfechter eines weisheitlichen christlichen Selbstverständnisses sich auf Apollos stützten und Paulus als inferioren Prediger abqualifizierten, werden die Glossolalen, die zu solcher Weisheit nicht bereit und bildungsmäßig wahrscheinlich auch nicht fähig waren, sich auf Paulus berufen haben, der ihr verzücktes Reden als pneumatisches Phänomen anerkannt hatte. Die Glossolalie, die für Paulus nur eine Geistesäußerung unter anderen war (so führt er es jedenfalls dann in 1 Kor 12-14 aus), wird so im Gegenzug zu der von den Apollosanhängern favorisierten Weisheit nun selbst zum Kriterium christlicher Identität, auf das sich die Glossolalen berufen. Der ›logos‹, in dem die wahre Weisheit zur Sprache kommt, ist dann die Glossolalie.

Bei den vorausgehenden Überlegungen handelt es sich allerdings nur um ein gedankliches Modell. Die entscheidende Frage ist, ob auch textlich abgesichert werden kann, daß der Konflikt zwischen Apollos- und Paulus-Gruppe ein Streit zwischen Weisheitsanhängern und Glossolalen war. Es gibt immerhin einige beachtliche Indizien:

(1) Zunächst seien einige kleinere Beobachtungen zusammengetragen, auf die dann bei der Einzelauslegung näher eingegangen werden soll. Kurz erwähnt wurde bereits **2,4**, wo der »Aufweis von Geist und Kraft« wohl doch auf die Glossolalie zu beziehen ist. Auch das aus apokalyptischer Tradition stammende Zitat von **2,9** könnte bereits von den Glossolalen gebraucht worden sein. Mit dem Begriff der »Vollkommenen« in **2,6** greift Paulus wahrscheinlich auf Terminologie und Selbstverständnis der Weisheitsanhänger zurück (vgl. 3.2.2.2). Sie wollten mit dieser Selbstbezeichnung zum Ausdruck bringen, daß sie mit ihrer Weisheit das Stadium der »Unmündigen« (**3,1**) überwunden hatten. Nun spricht aber einiges dafür, daß der *Vorwurf der Unmündigkeit* sich gerade *gegen die Glossolalen* gerichtet hat. Psychologisch gesehen, ist Glossolalie regressives Verhalten; der Glossolale kehrt zu kindlichen Sprach-

formen zurück (vgl. dazu: *G. Theißen*, Aspekte 312–314). Diese (psychologische) Charakterisierung hat ihren Anhalt vor allem in **14,20**, wo Paulus die Glossolalen – unter deutlichem Rückgriff auf 2,6; 3,1 – mahnt, nicht Kinder (›paidia‹) im Denken zu werden, sondern unmündig (›nēpiazein‹) in der Bosheit und vollkommen (›teleioi‹) im Denken zu sein. Indirekt werden hier die Vorwürfe der »vollkommenen« Weisheitsanhänger aus 1 Kor 2 und 3 aufgegriffen, allerdings nicht in deren Sinn ausgelegt, sondern paränetisch zur Motivierung der Prophetie eingesetzt (vgl. 14,22-25). Auch **13,11** dürfte eine Anspielung auf die Glossolalie sein, die hier zudem im Kontext der von den korinthischen Weisheitsanhängern geschätzten »Erkenntnis« und der von Paulus favorisierten »Prophetie« erscheint (13,8f; vgl. auch das »Vollkommene« in 13,10).

(2) Überhaupt ist festzustellen, daß die *Problematik von 1 Kor 12-14 sich mit der von 1 Kor 1-4 überschneidet, teilweise sogar in spiegelbildlicher Symmetrie zu ihr steht.* Man darf sich allerdings nicht verleiten lassen, 1 Kor 12-14 einfachhin als Stellungnahme gegen die Glossolalie zu lesen. Die Glossolalen sind gewiß die Primäradressaten (wie in 1 Kor 1-4 die Weisheitsanhänger). Aber es ist zu beachten, daß Paulus generell das Problem der »Geistesgaben« (›pneumatika‹) (12,1) ansprechen will. Entsprechend muß auch die Anfrage der Korinther generell ausgerichtet gewesen sein, sofern man eine solche für 1 Kor 12-14 voraussetzen darf (die bloße Einleitungsformel ›peri de‹ in 12,1 reicht dafür allerdings nicht aus, vgl. *M. M. Mitchell*, Concerning). Die Ausführungen über die Glossolalie sind also eingebettet in eine Stellungnahme zur Funktion und zum Stellenwert der Geistesgaben überhaupt. Dies setzt voraus, daß es in Korinth eine Konkurrenz unter den Geistesgaben gegeben haben muß, d. h. einen Streit darüber, welche Geistesgabe die wahre »Kundgabe des Geistes« (vgl. 12,7) bzw. das eigentliche Kennzeichen christlicher Identität ist. Zumindest unter formaler Rücksicht haben wir es also mit einem ähnlichen Problem zu tun wie in 1 Kor 1-4. Inhaltlich fällt auf, daß in der ersten Charismenliste 12,8-10 die »Weisheits- und Erkenntnisrede« (›logos sophias‹, ›logos gnōseōs‹) am Anfang und das »Zungenreden« (›genē glōssōn‹) bzw. die »Übersetzung der Zungenrede« (›hermēneia glōssōn‹) am Ende steht. Ist diese Klammer zufällig? Oder spiegelt sich darin der Tatbestand, daß hinter 1 Kor 12-14 auch inhaltlich ein ähnlicher Konflikt wie in 1-4 steht? Also ein Antagonismus zwischen einer (ontologisch ansetzenden) noetisch-idealistisch konzipierten Weisheitstheologie und einem völlig anders ausgerichteten, dem noetischen ›logos‹ geradezu mit Skepsis

begegnendem Konzept. Diese Annahme wird durch die Argumentation des Paulus bestätigt, der in 1 Kor 14 selbst diesen Gegensatz aufgreift (14,1-5.13-19.20-25). Daß Paulus mit der Bevorzugung des noetisch kontrollierten Redens dann nicht die (ontologisch konzipierte) Weisheit, sondern die (eschatologisch ausgerichtete) Prophetie favorisiert, zeigt lediglich, worauf Paulus selbst hinauswill (s. u.). Daraus zu folgern, der korinthische Konflikt habe sich zwischen Glossolalie und Prophetie abgespielt, ist ebenso verfehlt, wie aus 1 Kor 1-4 einen innergemeindlichen Streit zwischen einer Weisheit apollonischer Provenienz und einer Weisheit paulinischer Provenienz abzuleiten. In beiden Fällen ist vielmehr eine vergleichbare Konfliktsituation zwischen Weisheitsanhängern und Glossolalen vorausgesetzt. Daß Paulus dazu zweimal Stellung nimmt und einmal diese und das andere Mal jene stärker in den Vordergrund treten läßt, hängt mit der unterschiedlichen Ausgangsposition und dem unterschiedlichen Argumentationsziel zusammen.

Hinter 1 Kor 1-4 stehen Nachrichten, die Paulus von den »Leuten der Chloë« erhalten hat (1,11). Man wird sie zu den einfachen Leuten rechnen müssen (vgl. *G. Theißen*, Legitimation 229), die vielleicht selbst zu den Glossolalen gehörten bzw., falls sie selbst in Ephesus zu Hause waren, vornehmlich mit diesen Kontakt hatten. Aus der Sicht der einfachen Leute stellt sich das Problem als Autoritätskonflikt dar. Sie waren wohl nicht in der Lage, der »Weisheit« der Gebildeten mit Sachargumenten zu begegnen. So berufen sie sich zur Rechtfertigung ihres Selbstverständnisses auf Paulus. Damit provozieren sie im Gegenzug eine Herabsetzung des Paulus — unter Berufung auf Apollos. 1 Kor 12-14 hingegen setzt sich mit einer Sachfrage auseinander: Was ist die adäquate Äußerung des Geistes? Ist die Glossolalie das oberste Kriterium des Geistbesitzes (so die Glossolalen) oder gibt es auch andere, der Glossolalie sogar vorzuziehende pneumatische Äußerungen, wie z. B. die Weisheits- oder Erkenntnisrede (so die Weisheitsanhänger)? Es ist gut vorstellbar, daß diese dem Text impliziten Fragen auch direkt als Anfrage an Paulus herangetragen wurden. Am ehesten wird man dann an den in 7,1 erwähnten Fragebrief zu denken haben, der wohl auch von gebildeteren Gemeindemitgliedern formuliert worden war. So wird verständlich, warum die in 1 Kor 12-14 verhandelte Sache stärker unter dem Blickwinkel einer noetisch bedingten Reserve gegen die Glossolalie ins Auge gefaßt wird, wie umgekehrt deutlich ist, daß in 1 Kor 1-4 der Autoritätskonflikt mehr aus der Perspektive eines Vorbehaltes gegen eine weisheitliche Interpretation der christlichen Botschaft angegangen wird. Unterschiedliche Perspektiven verlangen aber auch unterschiedliche Antworten. Wo unter Berufung auf die Autorität der Verkündiger unterschiedliche Äußerungen des Geistes (Weisheit, Glossolalie) zum Kennzeichen der christlichen Botschaft hochgespielt werden, gerät das Kerygma selbst in Gefahr. Paulus kann im Gegenzug nur christologisch argumentieren und mit Verweis auf den Gekreuzigten als den entscheidenden Inhalt des Kerygmas zur Einheit drängen (1-4). Gerade weil somit aber Weisheit und Glossolalie als Kennzeichen christlicher Identität ausgeschlossen sind, kann Paulus beide als Geistesgaben in einer noch größeren pneumatischen Vielfalt anerkennen, die er ekklesiologisch begründen und zugleich differenzieren kann (12-14).

(3) Für eine vergleichbare Konfliktsituation in 1 Kor 1-4 und 1 Kor 12-14 spricht auch die *Konvergenz der Konfliktlösungen*. Soziologisch und gruppenpsychologisch geurteilt, operiert Paulus mit Kompromissen, die auf eine Integration beider Seiten abzielen. Gegen die philosophisch-ontologische Hermeneutik der Apollosanhänger betont er den eschatologischen Charakter der »Weisheit Gottes«, der alle bisherigen weisheitlichen Konzepte als nichtig erscheinen läßt (1,18-25; 2,6-16). Das kommt in gewisser Weise der Position der Glossolalen nahe, die ihr verzücktes Reden als eschatologische Gabe und Teilhabe an der Sprache der Engel (vgl. 13,1) verstanden (vgl. dazu: *G. Dautzenberg*: RAC XI 237–240). Den Glossolalen gegenüber hält Paulus aber daran fest, daß das christliche Kerygma, wenn sein eschatologischer Charakter einmal sichergestellt ist, durchaus verständlich zu artikulieren und zu entfalten ist. Paulus selbst trägt die Botschaft vom gekreuzigten Christus als einen mit dem ›nous‹ wahrnehmbaren ›logos‹ (1,18) bzw. als noetisch kommunikable »Weisheit« (2,6) vor. In dieser einerseits nur durch eschatologische Offenbarung zugänglichen und andererseits doch als begrifflichen ›logos‹ artikulierbaren Weisheit des gekreuzigten Christus sollen beide Seiten ihre gemeinsame christliche Identität finden.

In ganz ähnlicher Weise zielt auch 1 Kor 12-14 auf eine Lösung in der Mitte zwischen den Fronten. Als Gegengewicht zur Glossolalie favorisiert Paulus nicht einfach Weisheits- oder Erkenntnisrede (vgl. 12,8), sondern speziell die Prophetie (14). Anders als die von den Apollosanhängern geschätzte Weisheit, darin aber durchaus vergleichbar der Glossolalie, ist die Prophetie eine Gabe, die nicht auf die Erkenntnis des ontologischen Wesens, sondern auf die Offenbarung eschatologischer Geheimnisse ausgerichtet ist (vgl. 13,2; 14,30). Dieser eschatologische Charakter der Prophetie schließt allerdings nicht aus, daß der Inhalt der Offenbarung auch noetisch vermittelbar ist. Darin stimmt die Prophetie mit der Weisheit überein und unterscheidet sich von der Glossolalie, deren pneumatisches Reden dem ›nous‹ unzugänglich ist (14,13-19; vgl. 14,2); für sie fordert Paulus daher auch »Übersetzung« (14,5.13.27f). Man könnte demnach die Prophetie als eine vermittelnde Größe zwischen Weisheit und Glossolalie bezeichnen. Dem Glossolalen bietet sie sich als übersetzte Glossolalie an und dem Weisheitsanhänger als eschatologische Weisheitsrede (in diesem Sinn ist wahrscheinlich auch 2,6-16 als Prophetie zu verstehen: vgl. *G. Dautzenberg*, Botschaft 139−157; gegen: *G. Theißen*, Aspekte 345).

In mehrfacher Hinsicht bestätigt sich demnach, daß 1 Kor 1-4 und 1 Kor 12-14 einen vergleichbaren Konflikt, nämlich den zwischen Weisheitsanhängern und Glossolalen, voraussetzen. Dies bestärkt die im Modell entwickelte Hypothese, daß die als der eigentliche Widerpart der Apollos-Gruppe figurierenden Paulusanhänger unter denen zu suchen sind, die entweder selbst glossolalisch begabt waren oder die Glossolalie wenigstens favorisierten.

Unter dieser Voraussetzung läßt sich die häufig vertretene Auffassung, die Parteiparolen hingen mit einer durch die *Taufe* grundgelegten Bindung an den jeweiligen Täufer zusammen (so zuerst: *Heinrici* 41f.89f), nicht aufrechterhalten. Sie ist im Blick auf Kephas und noch mehr auf Christus ohnehin problematisch. Daß sie den ironischen Charakter von 1,13-16 verkennt, wird noch auszuführen sein (s. die Einzelauslegung). Wenn die Paulus-Partei im wesentlichen mit den Glossolalen zu identifizieren ist, dann handelt es sich zumindest bei dieser Gruppe überwiegend um Leute, die von Paulus *nicht* getauft worden waren. Denn daß Krispus, Gaius und Stephanas (1,14.16) zu den Glossolalen gehört haben sollen, ist schon aus soziologischen Gründen nicht naheliegend. Auch die Art ihrer Erwähnung, die nicht die Spur eines Tadels erkennen läßt, spricht nicht dafür, sie als Mitglieder oder gar »die entscheidenden Leute der ›Pauluspartei‹« zu identifizieren (gegen: *G. Theißen*, Legitimation 227f). Aufgrund der geringen Zahl der von ihm Getauften schließt es Paulus in 1,15 aus, daß jemand sagen könne, er sei auf seinen Namen getauft worden. Gerade diese hypothetische Befürchtung wird sehr verständlich, wenn sie sich konkret auf Glossolalen bezieht, die sich auf Paulus berufen, von ihm aber nicht getauft worden sind.

3.2.3.3 Die Christus-Parole. Über die Befürchtung von 1,15 fällt

vielleicht auch Licht auf die schwer zu deutende Christus-Parole.
Es fällt auf, daß Paulus in 1,13 mögliche pseudosoteriologische
Konsequenzen der korinthischen Streitigkeiten mit *seiner Person* in
Verbindung bringt. Dies kann rhetorische und pragmatische
Gründe haben. Paulus würde dann am *Beispiel* seiner Person
darlegen, was er im Prinzip auch an Kephas oder Apollos verdeutlichen könnte. Aber warum wählt er gerade sich als Exempel und
nicht die anderen bzw. nicht *auch* die anderen? Dies könnte
natürlich damit zusammenhängen, daß Paulus über die ihn rekla-
mierende Parole besonders ungehalten ist. Könnte es aber nicht
auch sein, daß gerade für die Paulus-Gruppe die Grenze zwischen
der soteriologischen Instanz Christus und dem vermittelnden Apostel besonders dünn war? In diesem Zusammenhang gewinnt ein
Aspekt der Glossolalie an Bedeutung, auf den *G. Theißen* aufmerksam gemacht hat: Zur Glossolalie gehört ein Abhängigkeitssyndrom (Aspekte 297–299). Beobachtungen bei modernen Glossolalen (Pfingstbewegung) haben ergeben, daß diese von »übertrie-
benen Erwartungen ... an ihre Gemeindeleiter« geprägt waren;
oftmals war nicht mehr zu unterscheiden, »ob sie von ihm oder von
Christus sprachen« (a.a.O. 297, unter Berufung auf *J. P. Kildahl*,
The Psychology of Speaking Tongues, New York 1972, 44).
Entstammt vielleicht auch die Christus-Parole einem ähnlichen
Abhängigkeitssyndrom, bei der die Differenz der autoritären
Instanzen nivelliert werden konnte? Das würde bedeuten, daß die
Parole »Ich gehöre zu Christus« zum Legitimationsinventar der
sich auf Paulus berufenden Glossolalen gehörte.

Diese Annahme schließt im übrigen nicht aus, daß auch die anderen Gruppen die Christus-Parole für sich in Anspruch genommen
haben könnten. Sie hätten dann damit unterstrichen, daß ihre
jeweilige gruppenspezifische Eigenheit, die sie mit Berufung auf die
Autorität eines Verkündigers legitimierten, der authentische, von
Christus selbst gedeckte Ausdruck christlicher Identität sei. Besonders die Apollos-Gruppe, die (neben den Glossolalen) ohnehin als
der auslösende Faktor des Parteienstreites anzusehen ist, könnte
die Christus-Parole im Gegenzug zu den Glossolalen für sich und
ihren Identitätsanspruch eingesetzt haben. Dieser Vorgang könnte
durch die ontologische Struktur ihres Denkens noch erleichtert
worden sein, vor allem, wenn man den philonischen Gedanken
voraussetzen dürfte, daß der Weise letztendlich selbst zu einem
(erlösenden) ›logos‹ wird (s. o. 3.2.2.1). Freilich würde man dann
eher eine Identitätsformel (»Ich bin Christus«) und nicht eine

Abhängigkeitsformel erwarten (das spricht auch gegen die These von *Th. W. Gillespie*, Pattern, der die Parolen insgesamt von der Identifikationsformel der bei Origenes, Contra Celsum 7,8-23, bezeugten Propheten her erklären möche). So wird man doch wohl nicht mit einer primären, sondern allenfalls mit einer sekundären Verwendung der Christus-Parole durch die Apollos-Gruppe rechnen dürfen. Die Problematik des Vorschlags von *G. Sellin*, der in der Christus-Parole einen Ausdruck des apostolischen Bewußtseins des Apollos selbst erkennen möchte, wurde bereits erörtert (s. o. 3.2.3.1[2]). Wenn **G. Sellin* neuerdings Kephas als Alternative ins Spiel bringt (Hauptprobleme 3016; allerdings eher zurückhaltend), dann ändert das nichts an der Problematik. Insgesamt wird man sich mit der Erkenntnis begnügen müssen, daß die Christus-Parole weniger der Abgrenzung gegenüber den anderen Gruppen als vielmehr der Legitimation des eigenen Anspruchs diente. In diesem Sinn könnte sie von allen Gruppen verwendet worden sein, wobei die Initialzündung wohl von der Paulus-Gruppe ausging.

Sofern die bisherige Rekonstruktion der korinthischen Situation zutrifft, ist jedoch auszuschließen, daß die Christus-Parole von einer separaten Partei vertreten wurde. Es handelte sich zumindest um eine völlig profillose Partei, da für sie kaum mehr eines der in 1 Kor angesprochenen Themen übrigbleibt (gegen: *C. K. Barrett*, Christianity 5f). Gerade der Enthusiasmus, der gerne mit der Christus-Partei in Verbindung gebracht wird (*W. Lütgert*, *W. Schmithals*: s. o. 3.2.1), kann kaum mehr für sie veranschlagt werden, wenn man die in 1 Kor 12-14 hervortretenden Glossolalen mit der Paulus-Partei und die enthusiastischen Auferstehungsleugner von 1 Kor 15 mit der bereits 1 Kor 1-4 beherrschenden Apollos-Partei zu identifizieren hat (dazu: **G. Sellin*, Streit 290–294.passim). Auch in 1 Kor 1-4 selbst ist von einer Christus-Partei und ihren möglichen Auffassungen nichts zu spüren. Es ist daher wohl kein Zufall, daß in der Konklusion von 3,18-23 lediglich davor gewarnt wird, »sich mit *Menschen* zu rühmen« (V. 21a). Eine Kritik an einer Christus-Partei ist nicht zu erkennen. Sollte es sie gegeben haben, dann hätte sie sich keine deutlichere Bestätigung ihres Selbstbewußtseins wünschen können, als sie es durch die paulinischen Ausführungen von 3,21-23 dann tatsächlich erfahren haben würde.

3.2.3.4 Die Kephas-Partei. Wie fügt sich nun die Kephas-Parole in das bisher gewonnene Bild? An der Existenz einer Gruppe, die sich auf Kephas berufen hat, kann vor allem aufgrund von 3,21f kaum ein Zweifel sein. Wenn jedoch 3,11 nicht als Polemik gegen Kephas gedeutet werden kann (s. o. 3.2.3.1[2]), ist über die formale Parole von 1,12 hinaus in 1 Kor 1-4 nur schwer etwas zu erkennen, womit sich die Kephas-Partei auch inhaltlich profilieren läßt.

Wir richten unser Augenmerk auf einen Sachverhalt, der bislang kaum Beachtung gefunden hat. Recht unvermittelt, aber sehr dezidiert wird in 1,22-24 die Opposition ›Juden vs Griechen/Heiden‹ in die Argumentation eingebracht. Dies könnte darauf hindeuten, daß hinter den korinthischen Streitigkeiten nicht nur soziale bzw. bildungsmäßige Integrationsprobleme standen (Apollos- und Paulus-Gruppe, s. o. 3.2.3.2), sondern vielleicht auch ethnische bzw. religiöse. Es könnte sogar sein, daß der Anspruch der Integrationsformel von Gal 3,28 hier mit im Spiele war (vgl. Einleitung 2.1). Möglicherweise sahen die gebildeten Anhänger des Apollos gerade in der weisheitlichen Interpretation des christlichen Kerygmas eine Chance, den christlichen Weg sowohl für Juden als auch für Heiden akzeptabel zu machen und so für beide eine gemeinsame Integrationsbasis zu schaffen. Daß die Glossolalen ihr ›nous‹-unabhängiges Sprechen in ähnlicher Weise als Integrationsfaktor verstanden haben, legt sich durch 1 Kor 12 (bes. VV. 12f) nahe (vgl. *H. Merklein*, Entstehung und Gehalt, bes. 336f). In diesem Kontext ergibt die Berufung auf Kephas einen guten Sinn. Man hat dann vorwiegend an Christen zu denken, die für die Integration von Juden und Heiden auf die Einhaltung von bestimmten Normen drängten, die mit dem Namen des Kephas in Verbindung gebracht wurden. Dabei muß es sich keineswegs nur um Judenchristen gehandelt haben (s. u.). Sicherlich aber waren es keine kämpferischen Konservativen (Judaisten), da weder — wie in Gal — die Beschneidung noch die Einhaltung eines kultischen Kalenders gefordert wurde. Überhaupt fehlt in 1 Kor jeder Hinweis auf eine grundsätzliche Gesetzesdebatte. Deshalb schießt auch der Versuch von *J. A. Davies*, die korinthische Weisheit (analog zur jüdischen Weisheitstradition) generell mit dem Gesetz in Verbindung zu bringen (Wisdom, bes. 142—147; vgl. 143: »nomistic wisdom«), weit über das Ziel hinaus (vgl. *E. J. Schnabel*, Law 243f). Das schließt nicht aus, daß es in Korinth Juden- und auch Heidenchristen gab, die eine »weisheitliche« Integration von Juden und Heiden nicht ohne Beachtung bestimmter Normen akzeptieren konnten, die im weiteren Sinn auf Anliegen des Gesetzes basierten.

Welche Normen im einzelnen eine Rolle spielten, läßt sich allerdings nicht mehr genau feststellen. Doch wird man nicht fehlgehen, wenn man annimmt, daß beispielsweise die Proteste gegen eine allzu liberale Praxis in der Frage des Götzenopferfleisches (vgl. 1 Kor 8,1-11,1) nicht zuletzt aus den Reihen der Kephas-Partei gekommen sind (so auch: *T. W. Manson*, Correspondence 200; *C. K. Barrett*, Cephas 33f; vgl. *P. Richardson*, Absence 67–73). Dies bedeutet nicht, daß die »Schwachen« von 8,9 (vgl. 8,7.11.12) überwiegend oder gar ausschließlich Judenchristen gewesen sein müssen. In 8,7 kommen deutlich Heidenchristen ins Spiel, die »wegen der bis jetzt (dauernden) Gewöhnung an die Götzen (das Fleisch) wie Götzenopferfleisch essen«. Dahinter steckt eine durch die Bekehrung erzeugte Tabuisierung der Götzen bzw. des Götzenopferfleisches, die von den anderen, die Erkenntnis beanspruchten, als Schwäche ausgelegt wurde. Diese Tabuisierung wird vielen Judenchristen willkommen gewesen sein, da so ein jüdisch besonders anstößiges Integrationshindernis beseitigt war. So wird man hinter der Kephas-Partei eine gemischte, aus Juden- und Heidenchristen bestehende Gruppe sehen dürfen, die sich u. a. gegen eine freizügige Praxis in Sachen Götzenopferfleisch wandte. Zur gemischten Gruppe paßt auch die nach allen Seiten hin abwiegelnde Schlußmahnung des Paulus in 10,32 (vgl. 9,19-23; *G. Theißen*, Die Starken 273f). Die Hauptkontrahenten werden die Vertreter der »Erkenntnis«-Parole (8,1), also wohl Leute aus der Apollos-Gruppe, gewesen sein. Doch muß damit gerechnet werden, daß die Fronten im Götzenopferfleischkonflikt etwas anders verlaufen sind als im Parteienstreit. Möglicherweise haben die Verfechter der liberalen Speisepraxis sich auch auf Paulus berufen. Jedenfalls wird es kein Zufall sein, daß Paulus in Verteidigung seines Apostelamtes in 9,1f.3-7 sich mit apostolischen Privilegien auseinandersetzen muß, wie sie von den »übrigen Aposteln und den Herrenbrüdern« (also wohl von Jerusalemer Autoritäten, vgl. 15,7) und von »Kephas« in Anspruch genommen wurden (9,5). Wahrscheinlich hatten die »Schwachen« sich auf Kephas berufen und ihm gegenüber die Kompetenz des Paulus als Apostel in Zweifel gezogen. Ob Kephas selbst in Korinth gewesen ist (so: *C. K. Barrett*, Cephas; *Ph. Vielhauer*, Paulus 172f; anders: *G. Lüdemann*, Paulus I 157 Anm. 10, unter Berufung auf *M. Goguel*, L'apôtre Pierre), ist schwer zu beurteilen. Die Kephas-Gruppe könnte auch unter dem Einfluß nicht näher benennbarer Judenchristen aus Jerusalem, die sich ihrerseits auf Kephas berufen haben, entstanden sein. Dabei wäre noch einmal zu überlegen, ob direkt antipaulinische judenchristliche Missionare in Korinth am Werke waren (so: *G. Lüde-mann*, Paulus II 118–125) oder ob der Einfluß über ohnehin bestehende Kontakte nach Jerusalem zustande kam.

Denkbar wäre allerdings auch ein Zusammenhang mit Antiochien und dem dortigen Missionsbereich (vgl. W. O. Fitch, Paul, der die Parteien überhaupt als Weiterentwicklung der im sog. antiocheni-schen Zwischenfall aufbrechenden Fronten verstehen will). Im Ge-folge der in Gal 2,11-14 erwähnten Auseinandersetzung, bei der Paulus wohl den kürzeren gezogen hat, dürfte es in Antiochien zu einer vermittelnden Praxis gekommen sein, die auf das Empfinden der Judenchristen stärker Rücksicht nahm und die Heidenchristen zur Einhaltung bestimmter Minimalforderungen verpflichtete (unter Bezug auf Lev 17f?). Zur Legitimation dieser Praxis wird man sich neben Jakobus und den Jerusalemer Autoritäten vor allem auf Kephas berufen haben, der Gal 2,11-14.18 zufolge wohl selbst von der radikalen Haltung des Paulus abgerückt und zu einer vermittelnden Praxis übergewechselt war. Die in Apg 15,19f.28f (vgl. Apg 21,25) überlieferten sog. Jakobusklauseln sind wohl eine (spätere) Folgeerscheinung einer in Antiochien initiierten Integra-tionspraxis (nach *G. Lüdemann*, Paulus I 97–101, soll ein derar-tiges Dekret bereits auf dem Apostelkonvent verabschiedet worden sein). Daß auch Barnabas, mit dem Paulus bislang von Antiochien aus Mission betrieben hatte, sich dieser Praxis anschloß (vgl. Gal 2,13), führte zur Trennung und veranlaßte Paulus, eigene missio-narische Wege zu gehen (vgl. Apg 15,36-41, wo die Trennung recht vordergründig mit einem Streit über Johannes Markus begründet wird). Die Tatsache, daß Paulus in 1 Kor 9,6 erneut Barnabas neben sich nennt, hat kaum damit zu tun, daß Barnabas sich später wieder der paulinischen Mission angeschlossen hat (so: *Barrett* 204), sondern beweist höchstens, daß Barnabas bei seinen Mis-sionszügen – ähnlich wie Paulus – selbst für seinen Unterhalt sorgte (vgl. *G. Theißen*, Legitimation 214). Andererseits ist die Nennung des Barnabas in 9,6 nur sinnvoll, wenn Paulus ihn in Korinth als bekannt voraussetzen kann (so auch: *W.-H. Ollrog*, Paulus 15f). Das aber bedeutet, daß es Verbindungen von Korinth nach Antiochien gegeben haben muß. Über diese Kanäle könnte auch die Kunde von der antiochenischen, von Kephas selbst geüb-ten Integrationspraxis nach Korinth gedrungen sein, auf die sich dann die Kephas-Partei berief (vgl. *F. Lang*, Gruppen 69f.74f).

Anzumerken bleibt noch, daß diese Integrationspraxis zu pauschal gewürdigt ist, wenn man sie einfach auf die »Einführung von rituellen Gesetzesforderungen« abzielen läßt (*G. Lüdemann*,

Paulus II 124 Anm. 71). Von einem derartigen Bemühen ist in
1 Kor 8-10 in der Tat nichts zu bemerken. Aber auch die Jakobusklauseln sind unter dieser Überschrift nur unzulänglich gewürdigt.
Was das Essen betrifft, zielen sie nicht auf die Wahrung oder die
Einführung der jüdischen Speisevorschriften (diese sind viel
umfangreicher), sondern sind lediglich darauf bedacht, bestimmte
*Mindest*forderungen zu standardisieren, um ein Zusammenleben
von Juden und Heiden zu ermöglichen. Konkret geht es u. a. um
das Verbot, sich mit Götzen bzw. Götzenopferfleisch zu verunrei-
nigen (vgl. Apg 15,20.29; 21,15). Genau dies aber ist auch der
Streitpunkt in Korinth. Sollte daher eine derartige oder vergleichbare antiochenische Regelung, die sich noch dazu auf Petrus stützen konnte, in Korinth bekannt geworden sein, dann ist die
Berufung auf Kephas nur zu verständlich.

Wenn in den bisherigen Ausführungen ein einigermaßen zutreffendes Bild gelungen ist, wird man davon ausgehen müssen, daß sich
die Kephas-Partei in Reaktion auf den Streit zwischen Apollos-
und Paulus-Gruppe gebildet hat. Die Kephas-Leute werden dem
Streit um die wahre »Weisheit« und den rechten ›logos‹ von ihr
skeptisch begegnet sein, solange in der Praxis die ihnen wichtigen
Minimalforderungen vernachlässigt wurden bzw. sogar z. B. das
Essen von Götzenopferfleisch im Namen der neu gewonnenen
Freiheit als Akt der Erkenntnis propagiert wurde (vgl. 8,1-13;
10,23). Auch in dem in 1 Kor 5 erwähnten Fall der »Unzucht«
(verbotene Ehe; vgl. Lev 18) haben sie wohl anders geurteilt als die
»aufgeblasenen« Befürworter (5,2; Apollos-Leute?). Ob sie ihre
Sicht der Dinge ebenfalls unter das Stichwort der »Weisheit«
gestellt oder die von Kephas mitgetragene antiochenische Regelung
als den entscheidenden ›logos‹ bezeichnet haben, wird man offen-
lassen müssen. Sofern ihnen freilich der Streit um den rechten
›logos‹ der Weisheit ohne Berücksichtigung ihres Anliegens als
verfehlt erschienen sein muß, wird ihr Desiderat wenigstens indirekt dann doch zum Kriterium der Weisheit.

Unter soziologischer Rücksicht könnte man fragen, ob die hinter
der Kephas-Parole vermuteten Juden- und Heidenchristen ihrem
sozialen bzw. bildungsmäßigen Status nach sich näher eingrenzen
lassen. Das dürfte jedoch kaum möglich sein. Allenfalls könnte
man sagen, daß es bei den Judenchristen wohl überwiegend die
Tendenz gegen das Essen von Götzenopferfleisch gegeben haben
dürfte. Im Blick auf die übrigen Parteien bedeutet dies, daß die
Apollos-Gruppe sich hauptsächlich aus Heiden und Gottesfürchtigen sowie eventuell einer kleinen jüdischen Minderheit zusammen-

setzte, während die Paulus-Gruppe sich vorwiegend aus Heiden rekrutierte, wobei auch hier ein kleinerer Anteil an Judenchristen nicht ausgeschlossen werden kann.

Gruppenbildungen in der Gemeinde 1,10-17

10 Ich ermahne euch aber, Brüder, beim Namen unseres Herrn Jesus Christus, damit ihr alle einmütig seid (wörtl.: dasselbe sagt) und keine Spaltungen unter euch sind, (damit) ihr vielmehr vollendet seid in derselben Gesinnung und in derselben Meinung. 11 Es wurde mir nämlich über euch, meine Brüder, von den Leuten der Chloë kundgetan, daß Streitigkeiten unter euch sind. 12 Ich meine aber dies, daß jeder von euch sagt: Ich gehöre zu Paulus, ich zu Apollos, ich zu Kephas, ich zu Christus. 13 Ist Christus zerteilt? Wurde etwa Paulus für euch gekreuzigt? Oder wurdet ihr auf den Namen des Paulus getauft? 14 Ich danke [Gott], daß ich niemand von euch getauft habe außer Krispus und Gaius, 15 damit nicht einer sage, daß ihr auf meinen Namen getauft wurdet. 16 Getauft habe ich allerdings (wörtl.: aber) auch das Haus des Stephanas. Sonst weiß ich nicht, ob ich (noch) jemand anderen getauft habe. 17 Denn Christus hat mich nicht gesandt zu taufen, sondern das Evangelium zu verkünden, nicht in Weisheit des Wortes, damit nicht entleert werde das Kreuz Christi.

Literatur: K. *Aland*, Die Säuglingstaufe im Neuen Testament und in der alten Kirche (TEH 86), München 1961; R. J. *Banks*, Paul's Idea of Community. The Early House Churches in their Historical Setting, Grand Rapids/Michigan 1980; G. *Barth*, Die Taufe in frühchristlicher Zeit (Biblisch-theologische Studien 4), Neukirchen-Vluyn 1981; G. *Beasley-Murray*, Die christliche Taufe. Eine Untersuchung über ihr Verständnis in Geschichte und Gegenwart, Kassel 1968; C. J. *Bjerkelund*, Parakalô. Form, Funktion und Sinn der parakalô-Sätze in den paulinischen Briefen (BTN 1), Oslo 1967; M. *Gielen*, Zur Interpretation der paulinischen Formel ἡ κατ᾽ οἶκον ἐκκλησία: ZNW 77 (1986) 109–125; H. *Halter*, Taufe und Ethos. Paulinische Kriterien) für das Proprium christlicher Moral (FThSt 106), Freiburg – Basel – Wien 1977, 133–144; J. *Jeremias*, Die Kindertaufe in den ersten vier Jahrhunderten, Göttingen 1958; *ders.*, Nochmals: Die Anfänge der Kindertaufe (TEH 101), München 1962; T. Y. *Mullins*, Disclosure. A Literary Form in the New Testament: NT 7 (1964/65) 44–50; J. T. *Sanders*, The Transition from Opening Epistolary Thanksgiving to Body of the Letters of the Pauline Corpus: JBL 81 (1962) 348–362; H. *Schlier*, Kerygma und Sophia. Zur neutestamentlichen

Grundlegung des Dogmas, in: *ders.*, Die Zeit der Kirche. Exegetische
Aufsätze und Vorträge, Freiburg — Basel — Wien ³1962, 206—232;
R. Schnackenburg, Die Taufe in biblischer Sicht, in: *ders.*, Schriften zum
Neuen Testament. Exegese in Fortschritt und Wandel, München 1971,
459—477; *J. L. White*, Introductory Formulae in the Body of the Pauline
Letter: JBL 90 (1971) 91—97; *U. Wilckens*, Kreuz und Weisheit: KuD 3
(1957) 77—108.

1. Zum Text

Anstelle des sonst üblichen »Ich danke *Gott*« (Röm 1,8; 7,25;
1 Kor 1,4; 14,18; Phil 1,3; Phlm 4; vgl. 1 Thess 1,2; 2,13) lesen
gewichtige Textzeugen (Sinaiticus, B u. a.) in V. 14 nur »Ich
danke«. Handelt es sich hierbei um einen Abschreibfehler? Oder
basiert der mehrheitlich bezeugte Text auf einer sekundären
Angleichung (vgl. 1 Kor 1,4!)? Eine endgültige Entscheidung ist
kaum möglich.

2. Analyse

2.1 Syntaktische Analyse

Der Abschnitt besteht aus 10 in sich geschlossenen Sätzen (VV. 10
— 11 — 12 — 13a — 13b — 13c — 14.15 — 16a — 16b — 17). Relativ
häufig werden sie durch das vorangestellte Verbum (ohne nominales Subjekt) eingeleitet (VV. 10 — 11 — 12 — 14f — 16a). Abgesehen von den VV. 13abc.16a bestehen die übrigen Verse aus
Hauptsätzen mit davon abhängigen Nebensätzen. Diese werden durch »damit« (›hina‹) (VV. 10b.15.17b), »daß« (›hoti‹)
(VV. 11b.12b.14b.[15b]) oder »ob« (›ei‹) (V. 16bβ) eingeleitet. Der
erste Damit-Satz enthält drei parataktisch aneinander gereihte Glieder (V. 10bα.bβ.bγ). Vom zweiten Damit-Satz ist wiederum ein
Daß-Satz abhängig (15b). Abhängiger Infinitiv findet sich in
V. 17a (2mal). Zählt man die über- und untergeordneten Sätze

einschließlich ihrer parataktischen Glieder je für sich, ergeben sich
24 Einheiten. Folgende syntaktische »Gesetzmäßigkeiten« sind
festzuhalten:

(1) Der Text enthält zehn *nominale Subjekte*: Elf Sätze sind reine *Verbal-
sätze* (VV. 10a.10bγ.11a.12a.13c.14a. 14b.15b.16a.16bα.16bβ), darunter
die meisten der übergeordneten Sätze, bei denen zudem (im Griechischen)
das Verbum immer an der Spitze steht (VV. 10a.11a.12a.14a.16a; vgl.
16bα.)
(2) Die *Verben* weisen die 1. Pers. Sing. (8mal), die 3. Pers. Sing. (7mal),
die 2. Pers. Plur. (4mal) und die 3. Pers. Plur. (1mal) auf. Berücksichtigt
man, daß der größte Teil der in der 3. Pers. gehaltenen Verben mit
Personalpronomina der 1. Pers. Sing. (VV. 11a.17a) oder der 2. Pers. Plur.
(VV. 10bβ.11a.11b.12bα; vgl. V. 13b) verbunden ist, dann deutet sich eine
Polarität zwischen der 1. Pers. Sing. und der 2. Pers. Plur. an, die semantisch und pragmatisch weiter zu beachten ist. Am auffälligsten ist die
Verteilung der *Tempora*. In den VV. 10-12 findet sich fast ausschließlich
das Präsens (8mal; jeweils im Aktiv), während die VV. 13-17 nahezu nur
Vergangenheitsformen enthalten. Ausnahmen bilden im ersten Abschnitt
der Aorist (Passiv!) in V. 11a und im zweiten Abschnitt das Präsens in V.
14a (als Präsens zu rechnen ist auch ›oida‹ = »ich weiß« in V. 16bα).
(3) Der Text enthält relativ viele *Präpositional-Objekte*, ganz besonders in
den VV. 10.11. *Genitiv-Objekte* finden sich nur in V. 12bβ (4mal), der im
übrigen auch das einzige Stück direkter Rede darstellt. *Dativ-Objekte* gibt
es nur in V. 11a bzw. in V. 14a(?). Die beiden Einheiten heben sich auch
durch die Wahl der Tempora aus ihrem Kontext heraus (s. o.). Die
Akkusativ-Objekte sind relativ gleichmäßig über den ganzen Abschnitt
verteilt. Meist sind sie von einem Verbum in der 1. Pers. Sing. abhängig
(VV. 10a.12a.14b.16a.16bβ; Ausnahmen: VV. 10bα.17a).
(4) Die einzigen *Fragesätze* finden sich in V. 13. Die Verben sind dort
durchgehend im Passiv gehalten. Überdurchschnittlich häufig findet sich in
diesem Vers die 3. Pers. Sing. Überboten wird er unter dieser Rücksicht
nur noch von V. 17. Mit V. 17b und V. 10bγ teilt V. 13a die Gemeinsamkeit des reinen Prädikationssatzes (ohne weiteres Objekt).

Syntaktisch liegt zwischen den Versen 12 und 13 eine gewisse
Zäsur. Sie ergibt sich vor allem aus dem Paradigmenwechsel der
Tempora, wird jedoch auch durch andere Phänomene (direkte
Rede in V. 12bβ, Fragesätze in V. 13 u. a.) hervorgehoben.

2.2 Semantische Analyse

Die bei der Syntax sich andeutende Polarität zwischen 1. Pers. Sing. und 2. Pers. Plural läßt sich semantisch noch weiterführen. Es stehen sich dann gegenüber: Aussagen, die Paulus von sich macht (VV.10a.11a.12a.13c.14a.14b.16a.16bα.16bβ.17a), und Aussagen, die er über bzw. im Blick auf die Korinther macht (VV.10bα.10bβ.10bγ.11b.12bα.12bβ[1-4].15a.15b). Eine ausschließlich sachbezogene 3. Pers. findet sich in V. 13a und V. 17b. Sachbezug und Bezug auf Paulus bzw. die Korinther sind vermischt in V. 13b. Eine Verbindung in bezug auf Paulus und die Korinther weist V. 13c auf (vgl. VV. 14b.15), während V. 17a Sachaussage und Paulus aufeinander bezieht.

Fragt man nach dem Sinn der Aussagen, so ist der Text im wesentlichen von der Opposition geprägt, die sich zwischen der Absicht bzw. der Verkündigung des *Paulus* und dem Sachverhalt in *Korinth* auftut. Schematisch läßt sich dies etwa so darstellen:

Paulus	vs	*Korinther*
V. 10 Keine Spaltungen!		**V. 11** Streitigkeiten
V 13 Ist Christus zerteilt? Wurde etwa Paulus für für euch gekreuzigt?		**V. 12b** Ich gehöre zu Paulus. Ich gehöre zu Apollos. Ich gehöre zu Kephas. Ich gehöre zu Christus.
Wurdet ihr auf den Namen des Paulus getauft?		
VV. 14-16 (Explikation von **V. 13c**) (nicht Anti-Text zu einer korinthischen Behauptung)		
V. 17a (Übergang) **V. 17b** Verkündigung nicht in Weisheit des Wortes		[Verkündigung in Weisheit des Wortes]

Der Forderung des Paulus in V. 10, daß die Korinther eines Sinnes sein und keine Spaltung dulden sollen, steht offensichtlich der Tatbestand gegenüber, daß die Korinther gespalten sind. Tatsächlich wird dieser semantische Gegensatz in V. 11 dann auch textlich realisiert. In V. 12 werden die »Streitigkeiten« sogar direkt mit dem Text der Korinther wiedergegeben. Im Gegenzug dazu formuliert Paulus V. 13. Doch ist die Opposition von V. 12 und V. 13 nicht von der gleichen Art wie die von V. 10 und V. 11, wo die paulinische Mahnung die Umkehrung des korinthischen Tatbestands zum Inhalt hatte: ›Keine Spaltungen!‹ (V. 10) vs ›Streitigkeiten‹ (V. 11). Im Falle von V. 13 läßt sich durch die Umkehrung der paulinischen Fragen jedoch kaum eine gegenteilige Behauptung der Korinther erhalten. Die Korinther werden ja nicht der Meinung gewesen sein, daß Christus zerteilt werden könne, und erst recht nicht werden sie behauptet haben, daß Paulus für sie gekreuzigt wurde oder sie auf den Namen des Paulus getauft wurden.

Es ist deshalb auch fraglich, ob die VV. 14-16, die sich durch das Thema der Taufe als semantische Einheit zu verstehen geben, als paulinischer Anti-Text zu lesen sind, aus dem man die gegenläufige korinthische Auffassung erschließen könnte, die Taufe würde bleibende Bindungen und damit Parteien schaffen. Es könnte sich ebenso gut um eine – dann ironisierende (s. u. 2.3) – Explikation des Gedankens von V. 13(b)c handeln, der – wie bereits festgestellt – sicherlich nicht eine korinthische Auffassung wiedergibt.

Daß es sich in den VV. 14-16 um eine Art Exkurs handelt, wird durch den betonten Bezug auf die Person des Apostels unterstrichen (von 7 Verben stehen 5 in der 1. Pers. Sing.). Die Adressaten werden direkt nur in V. 15 angesprochen, wo festgestellt wird, daß sie gar keinen Anlaß haben können, das in V. 13c angedeutete Mißverständnis der Taufe sich zueigen zu machen. Aber dabei handelt es sich – genauso wie bei V. 13c – um eine durchaus irreale Überlegung. So legt sich auch von hier aus noch einmal nahe, daß die VV. 14-16 ausschließlich als Exkurs und nicht als Anti-Text des Paulus zu werten sind.

Der Exkurs erstreckt sich bis einschließlich V. 16b, wo mit »sonst« (›loipon‹) deutlich der Abschluß angezeigt wird. V. 17a schafft den Übergang vom Thema der Taufe zum Thema der Verkündigung. Textsemantisch ist dies als Rückkehr zu der von den korinthischen Streitigkeiten vorgegebenen Thematik zu verstehen. Wie wir gesehen haben (s. zu 1,10-4,21: 3.2.3), entstammen die Parteiparolen von V. 12b dem Streit um die Verkündiger. Im Blick auf Paulus läßt der Text auch kaum eine andere Interpretationsmöglichkeit zu. Nach der Einlassung von VV. 14-16 und der Aussage von V. 17a kann Paulus ja wohl nur als *Verkündiger* (und nicht als Täufer!) zum Streitpunkt geworden sein. Dann aber ist es naheliegend, die am Ende von V. 17a betont hervorgehobene Abgrenzung der eigenen Verkündigung durch »nicht in Weisheit des Wortes« als Anti-Text zu lesen, mit dem Paulus korinthische Einstellung bzw. Praxis kommentiert oder apostrophiert. Der Ausdruck »Weisheit des Wortes« (›sophia logou‹) ist nicht einfach zu beurteilen. Immerhin stellt der Genitiv sicher, daß Paulus nicht generell gegen »Weisheit« polemisiert. Das wäre auch nicht mit den folgenden Ausführungen vereinbar (bes. 2,6-16, aber auch 1,24). Was abgelehnt wird, ist »Weisheit des *Wortes*«. Die Gegenüberstellung zum »Kreuz Christi« macht es wahrscheinlich, daß ›logos‹ nicht nur formal zu verstehen ist, so daß es nur um Beredtsamkeit bzw. um die adäquate Darstellungsweise der Weisheit gehen würde. Zur Debatte steht auch der Inhalt des ›logos‹ (zur Auseinandersetzung um »Struktur« und »Inhalt« vgl. die Diskussion zwischen *H. Schlier*, Kerygma, und *U. Wilckens*, Kreuz und Weisheit; dazu: *R. Baumann*, Mitte 70–79). Gerade darüber dürfte der Streit in Korinth entbrannt sein. Daß dadurch das »Kreuz Christi entleert« wird, ist den Korinthern zumindest nicht als bewußte Absicht zu unterstellen. Doch indem sie konkurrierende ›logoi‹ als Kennzeichen der Weisheit favorisieren, tun sie dies de facto. Ob »Weisheit des Wortes« direkt korinthische Ausdrucksweise wiedergibt, kann nicht mit Sicherheit gesagt werden. Es könnte sich auch um die paulinische Konterkarierung eines Sachverhaltes handeln, der in Korinth schlicht als »Weisheit« bzw. als ›logos‹ oder als ›logos sophias‹ (Weisheitswort bzw. Weisheitsrede) bezeichnet wurde.

2.3 Pragmatische Analyse

Pragmatisch erfüllt der Abschnitt eine ähnliche Funktion, wie sie innerhalb einer Rede dem exordium bzw. der insinuatio zukommt: er will zum Redegegenstand hinführen und für ihn Sympathie gewinnen (s. o. zu 1,10-4,21: 3.1; vgl. *J. T. Sanders*, Transition; *T. Y. Mullins*, Disclosure; *J. L. White*, Formulae).
Dabei lassen sich die VV. 10-12 und die VV. 13-17 von ihrer Funktion her unterscheiden. In den VV. 10-12 wird der Redegegenstand erst einmal vorgestellt. Eingeleitet durch das illokutive (den Sprechakt bezeichnende) Verbum »ermahnen«, nennt V. 10 unmittelbar das von Paulus angestrebte Ziel seiner Ausführungen. Die VV. 11.12 liefern die zugrundeliegenden Fakten. Mit der Funktion der VV. 10-12, den Redegegenstand vorzustellen, harmoniert das Vorherrschen des präsentischen Tempus. Aber auch

die nominalen Subjekte, die allesamt der korinthischen Szenerie
entnommen sind (»alle«, »Spaltungen«, »Streitigkeiten«, »jeder«
bzw. »ich«), fügen sich in die Darstellung des (zu beseitigenden)
Ist-Zustandes ein.

Mit V. 13 beginnt der eigentliche Versuch, die Leser für den in
Rede stehenden Gegenstand zu gewinnen. In Form von rhetorischen, nur negativ zu beantwortenden Fragen werden die Leser
dazu gebracht, selbst die Unsinnigkeit ihres Streites zu konstatieren (insinuatio!). Zur insinuatio im eigentlichen Sinn sind auch die
VV. 14-16 zu rechnen, die das Thema von V. 13c weiterspinnen.
Die Illokution »ich danke« gibt den Versen einen ironischen
Unterton, indem Paulus sich dafür bedankt, daß aufgrund seiner
tatsächlichen Wirksamkeit in Korinth wenigstens das nicht geschehen kann, was den Korinthern aufgrund ihrer Streitigkeiten sonst
noch zuzutrauen wäre (vgl. V. 15). Inhaltlich geht es Paulus um die
allein entscheidende Heilstat Christi am Kreuz (und deren existentielle Applikation in der Taufe), die eine Verkündigung in Weisheit
des Wortes und daher einen Streit nach Art der Korinther nicht
zuläßt. Entsprechende sachbezogene Aussagen (3. Person!) markieren denn auch Anfang und Ende des Unterabschnitts in V. 13a
und V. 17b (mit »Christus« bzw. »Kreuz Christi« als direkten
nominalen Subjekten).

Die Gesamtstrategie des Textes bewegt sich im Gefälle der beiden
Damit-Sätze in den VV. 10b und 17b. Die in V. 10b angezielte
Überwindung der Parteistreitigkeiten bleibt vordergründig, bleibt
Behandlung von Symptomen, wenn nicht deren (christologische)
Ursache beseitigt wird. Letztlich geht es, wie V. 17b andeutet, um
die Ernstnahme der Kreuzesbotschaft. Da die Botschaft vom
Gekreuzigten aber aufs engste mit der Verkündigung und der
Sendung des Paulus verquickt ist (V. 17a; daher wohl auch schon
die ironische Verknüpfung in V. 13b), bildet das pragmatische
Gefälle der Damit-Sätze von VV. 10b.17b eine Parallele zu dem
Spannungsbogen, der sich mit 1,10 und 4,16 über das gesamte Feld
der ersten vier Kapitel des 1 Kor erstreckt (s. zu 1,10-4,21: 3.1).

3. Einzelerklärung

Vers 10: Anders als etwa im Galater- oder Römerbrief beginnt Paulus sofort mit der Paränese. Dies hängt mit dem Charakter des 1 Kor zusammen, der sich weniger mit Fragen der Lehre als mit Gemeindeproblemen beschäftigt. Dies schließt nicht aus, daß die Gemeindeprobleme auf ihre doktrinären Ursachen zurückgeführt werden bzw. daß ihre doktrinären Konsequenzen aufgedeckt werden. Gerade 1 Kor 1-4 ist hierfür ein gutes Beispiel.

Zur illokutiven Bezeichnung der paränetischen Rede verwendet Paulus immer ›parakalō‹ (nie ›paraineō‹) (zur Sache vgl. *A. Grabner-Haider*, Paraklese 7-55). Das Wort, das lexikalisch die Bedeutung »herbeirufen, einladen, zu Hilfe rufen; aufrufen, auffordern, ermahnen; anrufen, bitten, ersuchen; ermuntern, zusprechen, trösten; gut zureden, freundlich zusprechen, gute Worte geben« besitzt (*Bauer*), will nicht autoritär dekretieren, sondern an die Einsicht der Leser appellieren. Im Sprachgebrauch hellenistischer Herrscher wird es vom »befehlen« abgesetzt (*C. J. Bjerkelund*, Parakalô 59−74). Paulus spricht die Korinther denn auch bewußt als »Brüder« an (der Begriff schließt selbstverständlich die »Schwestern« ein! Vgl. *Fee* 52 Anm. 22). Die Mahnung erfolgt »beim Namen unseres Herrn Jesus Christus«. »Der Name repräsentiert die Person« (*Conzelmann*). Paulus verweist damit auf den sachlichen Grund seiner (brüderlichen) Mahnung. Paulus und die Korinther gehören zur Gemeinschaft derer, die den Namen unseres Herrn Jesus Christus anrufen und in Christus geheiligt sind (1,2). Aus diesem gemeinsamen (brüderlichen) Sein in Christus ergibt sich aber auch eine Verpflichtung. Darauf zielt die Mahnung des Apostels. Als Apostel repräsentiert er geradezu das allen Christen bleibend vorgegebene Gegenüber Christi, so daß »der Name unseres Herrn Jesus Christus« die eigentliche Autorität angibt, die es bei der brüderlichen Mahnung des Apostels zu beachten gilt.

Als Inhalt der Mahnung wird angegeben, daß »ihr alle dasselbe sagt«. Der Ausdruck stellt eine geläufige Redewendung dar (im Sinne von »einmütig sein«) (Thuk IV, 20,4; V,31,6; Polyb II,62,4; V,104,1; JosAnt 18,375.378; bei Paulus vgl. ›to auto phronein‹: Röm 12,16; 15,5; 2 Kor 13,11; Phil 2,2; 4,2). Hier ist er aber wohl bewußt gewählt. Er bildet das Widerlager zu den unterschiedlichen Aussagen der Korinther in V. 12. In diesem Sinne wird der Ausdruck dann auch erläutert: Die Einmütigkeit soll verhindern,

daß »Spaltungen unter euch sind«. Bei »Spaltungen« (›schismata‹;
zum Begriff vgl. *Weiß*) ist nicht an ein Schisma (im Sinne des
späteren terminus technicus), sondern an innergemeindliche Differenzen zu denken. Noch ist die Gemeinde nicht auseinandergebro-
chen. Doch betreffen ihre Spaltungen nicht nur einzelne sezessioni-
stische Randgruppen, sondern gefährden sie als ganze. Deshalb muß
sie insgesamt gemahnt werden, sich in den gehörigen Zustand zu
versetzen und in diesem Sinne »vollendet« zu sein (vgl. *Bauer*).
Gemeint ist wiederum die Einmütigkeit, die nun in bezug auf
»Gesinnung« (›nous‹) und »Meinung« (›gnōmē‹) umschrieben wird.
Der Ausdruck ist wohl formelhaft und für weitere Differenzierung
nicht geeignet.
Insgesamt wird in V. 10 der Inhalt der Mahnung nur sehr formal und
allgemein dargestellt. Noch ist nicht gesagt, *worin* die Korinther
übereinstimmen sollen. So könnte man sagen, daß in V. 10 mehr das
(ekklesiologische) Ziel der Mahnung (vgl. »damit«!) und noch nicht
deren Substanz zum Ausdruck kommt. Diese ist, wie sich bald
herausstellt, christologischer Natur.

Vers 11: Nun rückt der konkrete Anlaß für die allgemeine Mahnung
von V. 10 in den Vordergrund. Die Informationen stammen »von
den Leuten der Chloë«. Wahrscheinlich handelt es sich um Sklaven
der Chloë (s. Einleitung: 2.2.1). Von ihnen hat Paulus erfahren,
»daß Streitigkeiten unter euch sind«. Paulus nennt nun als Ist-Stand,
was nach der Mahnung von V. 10bβ ausgeschlossen sein sollte. Daß
er jetzt von »Streitigkeiten« und nicht von »Spaltungen« spricht,
bringt dem (außenstehenden bzw. heutigen) Leser keinen nennenswerten Erkenntniszuwachs, zeigt aber, wie vorsichtig sich Paulus
den in Korinth natürlich bekannten Inhalten der Differenzen
nähert.
Dazu paßt auch die (nach V. 10) an sich redundante und sogar noch
intensivierte Anrede »meine Brüder«. Sie verweist noch einmal auf
den sachlichen Grund der Mahnung (s. zu V. 10) und unterstreicht
– in der Wiederholung – den Integrationswillen des Paulus.

Vers 12: Gleichsam im dritten Anlauf erklärt Paulus, was er konkret
mit den Spaltungen und Streitigkeiten meint. Was nach der metasprachlichen Einleitung (»Ich meine aber dies«) folgt, ist möglicherweise zur Gänze ein Zitat aus dem Bericht der Chloë-Leute. Der
Ausdruck »daß jeder von euch sagt« darf nicht gepreßt werden.
»Jeder« ist Gegensatz zu »alle« von V. 10. Paulus will andeuten, daß
die ganze Gemeinde von den rivalisierenden Parolen erfaßt ist.

Die Parteiparolen wurden bereits ausführlich diskutiert (s. zu 1,10-4,21: 3.2.3), so daß hier einige Andeutungen genügen. Ausgelöst wurde der Streit wahrscheinlich durch Anhänger des Apollos, die die christliche Botschaft als Weisheitslehre verstanden und auf weisheitliche Art durchdringen und vermitteln wollten. Diese Auffassung setzte insbesondere die Glossolalen unter Druck, die ihr verzücktes Sprechen für die angemessene Verlautbarung (›logos‹) des christlichen Glaubensinhaltes (der wahren »Weisheit«?) hielten. Sie beriefen sich wohl auf Paulus, gegen den die Apollos-Leute polemisierten. Hinter der Kephas-Gruppe dürften Gemeindemitglieder gestanden haben, die weder in der Weisheitsrede noch in der Glossolalie eine der Gemeinde förderliche Integrationsmöglichkeit sahen, solange nicht wenigstens in bestimmten Grundfragen (z. B. Essen von Götzenopferfleisch, Teilnahme an heidnischen Kultmählern) eine energische Abkehr vom Heidentum vollzogen war, die auch den Judenchristen das Zusammenleben erleichterte. Möglicherweise beriefen sie sich auf Regeln, die im Anschluß an den Zusammenstoß zwischen Paulus und Petrus in Antiochien formuliert worden waren. Die Christus-Parole könnte von den Glossolalen ins Spiel gebracht, dann aber auch von den anderen Gruppen beansprucht worden sein.

Paulus selbst verzichtet darauf, die Parteien näher zu charakterisieren. Dies ließe sich pragmatisch ganz einfach damit begründen, daß die Hintergründe des Parteienstreits in Korinth bekannt waren. Berücksichtigt man jedoch, daß konkrete Einzelheiten des Streits in der gesamten Argumentation des Paulus nie direkt zur Sprache kommen, so wird dieses Schweigen auch sachliche Gründe haben. Die eigentliche Gefahr ergab sich für Paulus offensichtlich aus der Tatsache, *daß* in der Gemeinde rivalisierende Gruppen waren. Er wendet sich daher nicht gegen die eine oder die andere Gruppe, sondern appelliert an die ganze Gemeinde, sofern sie sich in Gruppen aufspaltet.

Vers 13: Mit V. 13 verändert sich die Perspektive. War bisher das Phänomen des korinthischen Streites im Blick, so lenkt Paulus die Aufmerksamkeit jetzt auf die inhaltliche Seite des Streites, d. h. auf den Sachgehalt, der nach seiner Meinung in Wahrheit auf dem Spiele steht. Die erste Frage »Ist Christus zerteilt?« knüpft unmittelbar an das letzte Schlagwort von V. 12 an (vgl. im Griechischen ›ho Christos‹). Sie legt die Annahme nahe, daß alle Gruppen sich auf Christus berufen haben. Aber eben darin – so meint Paulus – liegt das Problem. Die rivalisierende Inanspruchnahme Christi zerteilt Christus, der nicht der einen oder anderen Gruppe gehört; vielmehr gehören umgekehrt alle *ihm* an, wie Paulus in 3,23 richtigstellt. Ein ekklesiologisches Verständnis im Sinne von »Christus = Leib Christi = Kirche« ist vom Textbefund her nicht nahegelegt (vgl. **H. Merklein*, Entstehung und Gehalt 327; gegen: *Weiß*; *Lietzmann-Kümmel*; *Conzelmann*). Paulus argumentiert nicht mit dem Leib, der an sich einer sein sollte (vgl. 1 Klem 46,5-9). Was er anmahnt, ist, daß die Zugehörigkeit zu Christus mit der Gruppenzugehörigkeit und der konkurrierenden Berufung auf favorisierte Verkündiger verquickt wird. Was auf dem Spiele steht, ist letztlich die Christologie bzw. – präziser noch – die Soteriologie.

Diese wird denn auch in den beiden anschließenden Fragen – in ironischer Applikation – in die Debatte geworfen. Die erste Frage (V. 13b) zielt auf die objektive Heilstat, die zweite (V. 13c) auf die subjektive Heilsaneignung. Daß Paulus gerade sich (und nicht einen anderen Verkündiger) nennt, ist nur vordergründig mit der persönlichen Verärgerung zu erklären. Sachlich hängt die exemplarische Konkretion damit zusammen, daß Paulus auf das Kreuz Christi hinauswill (V. 17b), das nach *seiner* Auffassung das entscheidende Heilsgeschehen markiert. In der Formulierung des V. 13b kann sich Paulus auf traditionelle Glaubensformeln stützen (vgl. Röm 5,6.8; 14,15; 1 Kor 8,11; 15,3; 1 Thess 5,10), wobei er allerdings die allgemeine Aussage vom »*Sterben* für uns bzw. unsere Sünden« betont auf das Sterben am Kreuz zuspitzt. Dies entspricht der spezifisch paulinischen Sicht (vgl. dazu: **H. Merklein*, Bedeutung) und steht hier im Dienste der nachfolgenden Ausführungen über das Wort vom Kreuz als der wahren Weisheit (1,18-2,16). Bei der Formulierung der subjektiven Heilsaneignung in der Taufe in V. 13c greift Paulus ebenfalls auf traditionelle Ausdrucksweise zurück, konkret auf die sog. eingliedrige Taufformel (Apg 8,16; 19,5; Did 9,5; Herm vis III,7,3; vgl. Apg 2,38; 10,48, im Gegensatz zur trinitarischen Tauformel: Mt 28,19; Did 7,1.3; vgl. *G. Barth*, Taufe 44–59). Sie hat wohl finalen Sinn: »sich taufen lassen, um auf Grund des Namens Jesu, durch seine Vermittlung Sündenvergebung und Heil zu erlangen« (*R. Schnackenburg*, Taufe 465). Im Kontext mit V. 13b geht es Paulus wiederum speziell um die Vermittlung des am Kreuz eröffneten Heils (vgl. Röm 6,6; Gal 2,19). Weil objektives und subjektives Heilsgeschehen allein im Kreuzestod Christi begründet sind, muß Paulus den Korinthern klarmachen, daß hinter ihren Streitigkeiten nicht bloß ein ekklesiologisches bzw. ekklesiales Problem steckt. Unter-

schiedliche Gruppen in der Gemeinde sind an sich nichts Verwerf-
liches. Sie können sogar positiv und fruchtbar sein, sofern sie sich
gegenseitig anregen. Indem die korinthischen Gruppen aber unter
Berufung auf den jeweils favorisierten Verkündiger ihre spezifische
Präferenz (Weisheitsrede, Glossolalie, Mindestforderungen für das
Zusammenleben) zum Kriterium des Christlichen machen, stellen
sie die Singularität und Exklusivität des Heilstodes Christi in
Frage.

Verse 14-16: Eben deshalb führt Paulus die Frage von V. 13c, die
auf die Taufe als Mittel zur subjektiven Aneignung des am Kreuz
eröffneten Heils hingewiesen hatte, in einem ironischen Exkurs in
den VV. 14-16 weiter. Wenn man sich derart auf die Autorität eines
Verkündigers berufen könnte, dannn könnte man ja gleich sagen:
»Paulus ist für uns gekreuzigt worden!« oder: »Wir sind auf den
Namen des Paulus getauft worden!« Wenn ihr so weitermacht,
meint Paulus ironisch, dann kann ich (Gott) nur danken, daß ich
kaum jemanden getauft habe (vgl. V. 14 und den Nachtrag in
V. 16). Dann kann ich nur froh sein, daß es nicht meine Sendung
ist zu taufen (vgl. V. 17a). Denn sonst käme es noch so weit, daß
einer tatsächlich sagte, ihr seid auf meinen Namen getauft (V. 15).
Für die in den VV. 14-16 genannten Namen muß auf die Einleitung
verwiesen werden (s. 2.2.1).
Aus den VV. 14-16 wird oft auf ein mysterienhaftes Verständnis
der Taufe geschlossen. In den Mysterienkulten tritt derjenige, der
in das Mysterium eingeweiht wird (Myste), in ein besonders enges,
bleibendes Verhältnis zu dem, der ihn einführt (Mystagoge). Entsprechend habe man in Korinth die Taufe verstanden und aus
diesem Verständnis seien dann die Parteistreitigkeiten entstanden.
Im Blick auf die Paulus-Gruppe ist dies jedoch schon deswegen
unwahrscheinlich, weil nach VV. 14-16 Paulus kaum jemanden
getauft hat. Gegen einen Zusammenhang der Parteistreitigkeiten
mit der Taufe sprechen aber auch sachliche Gründe. Wie wir
gesehen haben, war der soziologische Ausgangspunkt der korinthischen Streitigkeiten ein gewisses Bildungsgefälle, in dessen Kontext
dann die theologische Frage nach dem wahren Kriterium christlicher Identität (Weisheitsrede, Glossolalie, bestimmte Normen für
das Zusammenleben) virulent wurde. Ob die Antwort auf diese
Frage durch den jeweiligen Taufspender schon präjudiziert war,
muß bezweifelt werden (weitere Argumente gegen einen Zusammenhang von Parteibildung und Taufe bei *W. Schmithals*, Gnosis
243f; *R. Baumann*, Mitte 58−61). Ähnlich zurückhaltend wird

man die These beurteilen müssen, die Parteien hätten sich aus Rivalitäten von Hausgemeinden entwickelt (so: *R. J. Banks*, Idea 38; *H.-J. Klauck*, Hausgemeinde 39f). Es ist überhaupt die Frage, ob der zugrundeliegende neutestamentliche Ausdruck (›hē kat' oikon N.N. ekklēsia‹: Röm 16,5; 1 Kor 16,19; Phlm 2; Kol 4,15) auf Hausgemeinden oder auf die an einem bestimmten Ort (Haus des N.N.) stattfindende Versammlung der lokalen Gemeinde zu beziehen ist (vgl. *M. Gielen*, Interpretation).

Nur kurz sei auf ein Problem hingewiesen, das in Zusammenhang mit der Rede vom »Taufen des *Hauses* des Stephanas« erörtert wurde und wird. Läßt sich von der sog. Oikos-Formel her (weitere Stellen: Apg 16,15; 18,8; vgl. Apg 11,14; 16,31.33) ein urchristlicher Brauch der Kindertaufe ableiten? *J. Jeremias*, der auf die Parallelität der jüdischen Proselytentaufe verwies, meinte, dies bejahen zu müssen (Kindertaufe). Dagegen wandte sich *K. Aland* (Säuglingstaufe), dem dann noch einmal *J. Jeremias* antwortete (Nochmals). Die Debatte ist seither weitergegangen (vgl. *G. Barth*, Taufe 138–141, mit Anm. 322: Lit). Eine eindeutige Entscheidung aufgrund des Begriffs ›oikos‹ dürfte aber exegetisch nicht möglich sein (zum Oikos-Begriff vgl. auch: *H.-J. Klauck*, Hausgemeinde 15–20).

Vers 17: Aus V. 17a läßt sich nicht eine paulinische Abwertung der Taufe erschließen (vgl. *G. Beasley-Murray*, Taufe 236–238; gegen: *Lietzmann*; vgl. Röm 6! *Schlatter* macht zu Recht auf die Parallelität von Kreuz und Taufe in V. 13 aufmerksam). Allerdings geht es Paulus auch kaum um die Abwehr einer »ungeschichtliche(n) Existenzweise« (*Conzelmann*). Für die Auslegung von V. 17a ist der Zusammenhang mit den VV. 14-16 zu berücksichtigen, die ironisch gemeint sind und nicht eine tatsächliche Berufung der Korinther auf ihre Täufer zum Hintergrund haben. Paulus kann die Verse ja gerade formulieren, weil sich niemand auf eine Heilsrelevanz des Täufers Paulus beruft! Nun könnte dies – wie Paulus in ironischer Dankbarkeit feststellt – seinen Grund zunächst ganz einfach darin haben, daß sich niemand auf ihn berufen *kann*, weil er kaum jemanden getauft hat bzw. – wie er jetzt in V. 17a sagt – weil er nicht zum Taufen gesandt ist. Damit leitet er zum realen Problem in Korinth über, wobei er das *Prinzip*, das er im Blick auf die Taufe schon aufgrund seiner faktischen Taufpraxis anwenden konnte: daß nämlich der Vermittler nicht heilsrelevant ist, nun auch auf die Verkündigung anwenden will. Auch hier gilt, daß die Heilsrelevanz der Botschaft nicht vom spezifischen Wort des vermittelnden Verkündigers abhängig ist. Wie die Taufe kann auch die Verkündigung nur das am Kreuz eröffnete Heil vermitteln. Eben deshalb ist »Weisheit des Wortes« ein völlig untaugliches Kriterium der christlichen Heilsbotschaft. Und Paulus beeilt sich, darauf zu verweisen, daß *seine* Verkündigung nie unter diesem Kriterium gestanden hat.

In Korinth dagegen hat der Streit um die »Weisheit des Wortes« zur Bildung der Parteien geführt. Sachlich läuft dies nach Meinung des Paulus darauf hinaus, daß das Kreuz Christi entleert wird (V. 17b; vgl. *H. Weder*, Kreuz 125—137). Die Zurückweisung einer Verkündigung »in Weisheit des Wortes« richtet sich wohl in erster Linie gegen die Auffassung der Apollos-Gruppe (s. zu 1,10-4,21: 3.2.3.2). Sie hatte die christliche Botschaft unter dem Stichwort der »Weisheit« gefaßt und Erlösung als einen noetisch-idealistischen Erkenntnisprozeß verstanden. Unter dieser Voraussetzung kommt es natürlich auf das vermittelnde »Wort« (›logos‹) an, das den Verstand (›nous‹) anspricht und zum Aufstieg zu seinem himmlischen Urbild anregt. Daß bei diesem Konzept das Kreuz entleert wird, wurde bereits ausgeführt (s. zu 1,10-4,21: 3.2.2.2). Das Kreuz wird zum Durchgangsstadium, zum Symbol der zu verlassenden irdischen Wirklichkeit.

Indirekt trifft der Vorwurf der »Weisheit des Wortes«, die das Kreuz Christi entwertet, aber auch die übrigen Parteien. Denn im Gegenzug zum weisheitlichen ›logos‹ der Apollos-Leute werden die Glossolalen ihr verzücktes Sprechen als den wahren ›logos‹ hervorgekehrt und sich dafür auf Paulus berufen haben, der das glossolalische Reden als Zeichen des Geistes gewürdigt hatte (s. zu 1,10-4,21: 3.2.3.2). Die Kephas-Leute vermochten weder den weisheitlichen ›logos‹ der Apollos-Gruppe noch den glossolalischen ›logos‹ der Paulus-Gruppe als Integrationsformel christlicher Gemeinde zu akzeptieren, sofern nicht ein klares Reglement für das Zusammenleben von Juden- und Heidenchristen gefunden war. Sie stützten sich dafür auf den ›logos‹ des Petrus und die von ihm wohl unterstützten gesetzlichen Mindestforderungen (für Heidenchristen), wie sie wahrscheinlich infolge des sog. antiochenischen Zwischenfalles (Gal 2,11-14) vereinbart worden waren (s. zu 1,10-4,21: 3.2.3.4).

Die Anliegen der verschiedenen Gruppen sind nicht in sich schlecht. Auch die Verbindung dieser Anliegen mit den Namen bestimmter Verkündiger muß nicht prinzipiell negativ beurteilt werden. Es gibt dafür sogar ein fundamentum in re, sofern Apollos tatsächlich eine weisheitlich gefärbte Theologie vertreten, Paulus die Glossolalie akzeptiert haben und Kephas für eine gesetzliche Minimalregelung eingetreten sein dürfte. Das von Paulus monierte

Übel beginnt dort, wo die unterschiedlichen Gruppen ihr Anliegen und den dafür reklamierten Verkündiger zum Kriterium des Christlichen machen. Der ›logos‹ der Verkündiger wird zum Kriterium der heilsamen Wahrheit bzw. Weisheit. Wo aber Gruppenzugehörigkeit zur heilsrelevanten Frage wird, wird die von allen reklamierte »Weisheit« zu einer »Weisheit des Wortes«. Diese aber entleert das Kreuz Christi, das nach paulinischer Auffassung *allein* über Heil und Unheil der Menschen entscheidet.

Das Wort vom Kreuz
1,18-25

18 Denn das Wort vom Kreuz ist denen, die ins Verderben gehen, Torheit, denen aber, die gerettet werden, uns, ist es Kraft Gottes. 19 Denn es steht geschrieben: *Verderben werde ich die Weisheit der Weisen, und die Einsicht der Einsichtigen werde ich vernichten.* 20 Wo (ist) ein Weiser? Wo ein Schriftgelehrter? Wo ein Gelehrter dieses Äons? Hat Gott nicht zu Torheit gemacht die Weisheit der Welt? 21 Denn da die Welt an der Weisheit Gottes Gott durch die Weisheit nicht erkannte, gefiel es Gott, durch die Torheit der Verkündigung die Glaubenden zu retten. 22 Da die Juden Zeichen fordern und die Griechen Weisheit suchen, 23 wir aber Christus, den Gekreuzigten, verkündigen, (scl. verkündigen wir) den Juden einen Anstoß, den Heiden eine Torheit, 24 den Berufenen selbst aber, Juden wie Griechen, Christus (als) Gottes Kraft und Gottes Weisheit. 25 Denn das Törichte Gottes ist weiser als die Menschen, und das Schwache Gottes (ist) stärker als die Menschen.

Literatur: K. E. Bailey, Recovering the Poetic Structure of I Cor. 1,17-2,2: NT 17 (1975) 265−296; *R. S. Barbour,* Wisdom and the Cross in 1 Corinthians 1 and 2, in: *C. Andresen − G. Klein (Hrsg.),* Theologia crucis, signum crucis. FS E. Dinkler, Tübingen 1979, 57−71; *S. Barton,* Paul and the Cross: A Sociological Approach: Theol. 85 (1982) 13−19; *E. Best,* The Power and the Wisdom of God. 1 Corinthians 1.18-25, in: *L. De Lorenzi (Hrsg.),* Paolo 9−39; *D. A. Black,* Paul, Apostle of Weakness. Astheneia and its Cognates in the Pauline Literature (American University Studies, Series VII,3), New York — Berne — Frankfort on the Main — Nancy 1984, 93—97; *G. Bornkamm*, Glaube und Vernunft bei Paulus, in: *ders.*, Studien zu Antike und Christentum. Gesammelte Aufsätze II (BEvTh 28), München ³1970, 119—137; *E. Brandenburger*, Σταυρός, Kreuzigung Jesu und Kreuzestheologie: WuD NF 10 (1969) 17—43; *L. Cerfaux*, Vestiges d'un florilège dans I Cor., I,28–III,24?: RHE 27 (1931) 521—534; *M.-A. Chevallier*, La prédication de la croix: ETR 45 (1970) 131–161.233—246; *S. Cipriani*, Cristo »potenza di Dio e sapienza di Dio« in 1 Cor. 1,24, in: La Cristologia in san Paolo. Atti della XXIII Settimana Biblica, Brescia 1976, 341—360; *ders.*, »Sapientia crucis« e sapienza »umana« in Paolo: RivBib 36 (1988) 343—361; *H. Conzelmann*, Paulus und die Weisheit, in: *ders.*, Theologie als Schriftauslegung. Aufsätze zum Neuen Testament (BEvTh 65), München 1974, 177—190; *W. D. Davies*, Paul and Rabbinic Judaism. Some Rabbinic Elements in Pauline Theology, London ³1970, 147—176; *G. Delling*, Der Kreuzestod Jesu in der urchristlichen Verkündigung, Göttingen 1972, 17—26; *W. D. Dennison*, Paul's Two-Age Construction and Apologetics, Lanham — New York — London 1985, 55—85; *J. Eckkert*, Der Gekreuzigte als Lebensmacht. Zur Verkündigung des Todes Jesu bei Paulus: ThGl 70 (1980) 193—214; *G. Friedrich*, Die Verkündigung des Todes Jesu im Neuen Testament (Biblisch-theologische Studien 6), Neukirchen-Vluyn 1982, 119—142; *A. T. Hanson*, The Paradox of the Cross in the Thought of St. Paul (Journal for the Study of the New Testament, Suppl. Ser. 17), Sheffield 1987, 11—23; *M. Hengel*, Mors turpissima crucis. Die Kreuzigung in der antiken Welt und die »Torheit« des »Wortes vom Kreuz«, in: *J. Friedrich u. a. (Hrsg.)*, Rechtfertigung. FS E. Käsemann, Tübingen — Göttingen 1976, 125—184; *H. Hübner*, Der vergessene Baruch. Zur Baruch-Rezeption des Paulus in 1 Kor 1,18-31: SNTU, Serie A, 9 (1984) 161—175; *E. Käsemann*, Die Heilsbedeutung des Todes Jesu bei Paulus, in: *ders.*, Paulinische Perspektiven, Tübingen 1969, 61—107; *K. Kertelge*, Das Verständnis des Todes Jesu bei Paulus, in: *ders. (Hrsg.)*, Der Tod Jesu. Deutungen im Neuen Testament (QD 74), Freiburg — Basel — Wien 1976, 114—136; *H.-W. Kuhn*, Jesus als Gekreuzigter in der frühchristlichen Verkündigung bis zur Mitte des 2. Jahrhunderts: ZThK 72 (1975) 1—46; *ders.*, Der Gekreuzigte von Givᶜat ha-Mivtar. Bilanz einer Entdeckung, in: *C. Andresen — G. Klein (Hrsg.)*, Theologia crucis, signum crucis. FS E. Dinkler, Tübingen 1979, 303—334; *U. Luz*, Theologia crucis als Mitte der Theologie im Neuen Testament: EvTh 34 (1974) 116—141; *B. Mayer*, Unter Gottes Heilsratschluß. Prädestinationsaussagen bei Paulus (fzb 15), Würzburg 1974; *H. Merklein*, Die Weisheit Gottes und die Weisheit der Welt (1 Kor 1,21). Zur Möglichkeit und Hermeneutik einer »natürlichen Theologie« nach Paulus, in: *ders.*, Studien 376—384; *K. Müller*, 1 Kor 1,18-25. Die eschatologisch-kritische Funktion der Verkündigung des Kreuzes: BZ NF 10 (1966) 246—272; *ders.*, Anstoß und Gericht. Eine Studie zum jüdischen Hintergrund des paulinischen Skandalon-Begriffs (StANT 19), München 1969; *F.-J. Ortkemper*, Das Kreuz in der

Verkündigung des Apostels Paulus. Dargestellt an den Texten der paulinischen Hauptbriefe (SBS 24), Stuttgart 1976; *R. Penna*, La δύναμις θεοῦ. Riflessioni in margine a 1 Cor 1,18-25: RivBib 15 (1967) 281−294; *E. Peterson*, 1 Korinther 1,18f. und die Thematik des jüdischen Bußtages, in: *ders.*, Frühkirche, Judentum und Gnosis. Studien und Untersuchungen, Freiburg i. Br. 1959 (unveränd. Nachdr. Darmstadt 1982), 43−50; *P. Richardson*, The Thunderbolt in Q and the Wise Man in Corinth, in: *ders.* − *J. C. Hurd (Hrsg.)*, From Jesus to Paul. FS F. W. Beare, Waterloo/Ontario 1984, 91−111; *A. van Roon*, The Relation between Christ and the Wisdom of God according to Paul: NT 16 (1974) 207−239; *H. Schlier*, Über die Erkenntnis Gottes bei den Heiden: EvTh 2 (1935) 9−26; *ders.*, Von den Heiden. Römerbrief 1,18-32, in: *ders.*, Die Zeit der Kirche. Exegetische Aufsätze und Vorträge (I), Freiburg − Basel − Wien ³1962, 29−37; *ders.*, Die Erkenntnis Gottes nach den Briefen des Apostels Paulus, in: *ders.*, Besinnung auf das Neue Testament. Exegetische Aufsätze und Vorträge II, Freiburg − Basel − Wien 1964, 319−339; *P. Stuhlmacher*, Glauben und Verstehen bei Paulus: EvTh 26 (1966) 337−348; *ders.*, Achtzehn Thesen zur paulinischen Kreuzestheologie, in: *J. Friedrich u. a. (Hrsg.)*, Rechtfertigung. FS E. Käsemann, Tübingen − Göttingen 1976, 509−525; *H. Ulonska*, Paulus und das Alte Testament, o. O. (Brackwede) o. J. (1964); *H.-R. Weber*, Kreuz. Überlieferung und Deutung der Kreuzigung Jesu im neutestamentlichen Kulturraum (ThTh Ergänzungsband), Stuttgart − Berlin 1975; *A. J. M. Wedderburn*, ἐν τῇ σοφίᾳ τοῦ θεοῦ − 1 Kor 1,21: ZNW 64 (1973) 132−134; *U. Wilckens*, Kreuz und Weisheit: KuD 3 (1957) 77−108; *H. Windisch*, Die göttliche Weisheit der Juden und die paulinische Christologie, in: *A. Deissmann − H. Windisch (Hrsg.)*, Neutestamentliche Studien. FS G. Heinrici, Leipzig 1914, 220−234; *W. Wuellner*, Haggadic Homily Genre in I Corinthians 1-3: JBL 89 (1970) 199−204.

1. Zum Text und zur Übersetzung

Textkritisch enthält der Abschnitt keine nennenswerten Probleme. Eine gewisse Schwierigkeit stellt die Übersetzung von ›epeidē‹ am Anfang von V. 21 und V. 22 dar. Im klassischen Griechisch meist temporal (»nachdem«, »als nun«) verwendet, wird es im Neuen Testament so gut wie immer kausal (»da ja«, »weil denn«) gebraucht (BDR §§ 455,1; 456,3). Nun ist ein kausales Verständnis für V. 21 gut möglich, für V. 22 hingegen schwierig, sofern man die VV. 23f als dazugehörigen Hauptsatz ansieht. Viele Übersetzer

behelfen sich daher – gegen die Grammatik – mit einem adversativen Sinn: »Denn während ..., predigen wir ...« (ZB; sinngemäß
ähnlich: LB; gänzlich unübersetzt gelassen bei EÜ). Eine befriedi-
gende Lösung ergibt sich, wenn man V. 23a noch zu dem in V. 22
beginnenden Nebensatz rechnet und für den Übergang zum
Hauptsatz VV. 23b.24 eine Ellipse (vgl. dazu: BDR § 479,1)
annimmt. Am Anfang von V. 23b ist dann »verkündigen wir« aus
V. 23a zu ergänzen.

2. Analyse

2.1 Syntaktische Analyse

Der Text besteht aus relativ einfach aufgebauten Satzeinheiten. Sie
sind überwiegend nach dem Paradigma ›Subjekt + Prädikat
+ Akkusativ-Objekt‹ gebildet (8mal). Präpositionale Wendungen
fehlen mit Ausnahme von V. 21 gänzlich. Die Sätze sind hauptsächlich durch *kausale* Konjunktionen verknüpft.
Das hervorstechende Merkmal des Textes sind die *Parallelismen*.
Auf eine poetische Struktur (so: *K. E. Bailey*, Recovering, für 1,17-
2,2) wird man deswegen allerdings nicht schließen dürfen. *Antithetischer* Parallelismus findet sich in VV. 18a/18b; 22/23a; 23b/24.
Schon unter mehr inhaltlicher Rücksicht ist hierher auch V. 21 zu
rechnen. Bei ihm fällt zudem eine gegenläufige Anordnung (nach
der Wortfolge des Urtextes) auf:

V. 21a

nicht erkannte	↑ die Glaubenden
die Welt	zu retten
durch die Weisheit	durch die Torheit der Verkündigung
↓ Gott	Gott
	gefiel es
	V. 21b

Synthetische Parallelismen liegen vor in VV. 19a/19b; 20aα/20aβ/
20aγ; 22a/22b; 23bα/23bβ; 23a/24 (in den VV. 22-24 sind syntheti-
scher und antithetischer Parallelismus verschränkt!). Einen synthetischen Parallelismus stellt auch V. 25a/25b dar, der durch die

komparativische Form aber zugleich die vorausgehende Antithetik
fortführt und zusammenfaßt. Überhaupt steht der synthetische
Parallelismus im Dienste des antithetischen. Bei der Antithetik des
Textes hat auch die semantische Analyse anzusetzen.

2.2 Semantische Analyse

Hier sollen nur einige allgemeine Beobachtungen zusammengetra-
gen werden. Die semantische Feinanalyse wird im Rahmen der
Einzelerklärung erfolgen. Der Text ist nahezu durchgehend von
Oppositionen geprägt. Die wichtigsten sind: ›Weisheit vs Torheit‹
und ›Gott vs Welt‹ (vgl. auch: *H.-R. Weber*, Kreuz 117–123;
**H. von Lips*, Traditionen 323). Die Bezugsgröße ist jeweils das
Wort vom Kreuz.

18   Denn *das Wort vom Kreuz*
  ist denen,   ist denen aber,
  die ins Verderben gehen,   die gerettet werden,
                                                uns,
  Torheit,   Kraft Gottes.

19   Denn es steht geschrieben:
                                 Verderben werde ich
  die Weisheit der Weisen,
  und die Einsicht
    der Einsichtigen

                                 werde ich vernichten.

20 Wo (ist) ein Weiser?
  Wo ein Schriftgelehrter?
  Wo ein Gelehrter
    dieses Äons?

                                 Hat Gott
                                 nicht zu Torheit gemacht
  die Weisheit der Welt?

21 Denn da

           an der Weisheit Gottes

die Welt
durch die Weisheit

           Gott

nicht erkannte,

           gefiel es Gott,
           durch die Torheit der
           Verkündigung
           die Glaubenden
           zu retten.

22 Da	und	
die Juden	die Griechen	23 wir aber
Zeichen	Weisheit	Christus, den Gekreuzigten,
fordern	suchen,	verkündigen,
		(scil. verkündigen wir)
den Juden	den Heiden	24 den Berufenen selbst aber,
		Juden wie Griechen,
		Christus
einen	eine	als Gottes Kraft
Anstoß,	Torheit,	und Gottes Weisheit.

25 Denn
           das Törichte Gottes
           ist weiser als

die Menschen,

           und das Schwache Gottes
           ist stärker als

die Menschen.

Im Sinne des Textes sind ›Gott‹ und ›Welt‹ einander ausschließende Gegensätze. Der Grund für diese Definition ist das »Wort vom Kreuz«. Weil die Welt das Wort vom Kreuz nur als Torheit und nicht als göttliche Weisheit erkennt, während von Gott her das weltlich törichte Wort vom Kreuz Weisheit ist, muß der Gegensatz von Gott und Welt als kontradiktorische Opposition konstituiert werden.

Bei der zweiten Opposition ›Weisheit vs Torheit‹ handelt es sich nach üblichem Sprachgebrauch um eine konträre oder eine subkonträre Opposition, je nachdem ob auf göttlicher oder menschlicher Ebene gegenübergestellt wird. ›Göttliche Weisheit vs göttliche

Torheit‹ stellt – rein gedanklich – eine *konträre* Opposition dar, d. h., von *Gott* kann nicht zugleich ›Weisheit‹ und ›Torheit‹ ausgesagt werden. Wenn von Gott ›Weisheit‹ universell zu affirmieren ist, dann muß ›Torheit‹ in bezug auf ihn universell negiert werden. ›Menschliche Weisheit vs menschliche Torheit‹ hingegen stellt eine *subkonträre* Opposition dar, d. h., beim Menschen kann nicht zugleich ›Weisheit‹ und ›Torheit‹ negiert werden. Weil vom Menschen ›Weisheit‹ nur partiell affirmiert werden kann, kann auch ›Torheit‹ nur partiell negiert werden.

Die semantische Besonderheit von 1,18-25 besteht nun darin, daß die konträren und subkonträren Oppositionen dialektisch verwendet werden. In bezug auf Gott wird zugleich von Weisheit (VV. 21a.24b) und von Torheit (V. 25a; vgl. V. 21b) gesprochen sowie von ihm zugleich Kraft (VV. 18.24b) und Schwachheit (V. 25b) ausgesagt. Von der menschlichen Weisheit, die auf der Ebene subkonträrer Opposition zur Torheit komplementär ist, wird ausdrücklich gesagt, daß Gott sie zu Torheit gemacht hat (V. 20b). Nun hat diese Dialektik sicherlich damit zu tun, daß die Urteile von unterschiedlichen Standpunkten aus gesprochen sind, so daß das, was menschlich als weise, vom göttlichen Standpunkt aus als töricht erscheint und das, was göttlich als töricht, vom menschlichen Standpunkt aus als weise erscheint. Ebendies aber läßt die Eigenart unseres Textes um so deutlicher hervortreten. Üblicherweise gelten die Urteile auf der subkonträren (hier menschlichen) Oppositionsebene als Implikate der Urteile auf der konträren (hier göttlichen) Oppositionsebene. Die von Gott universell zu affirmierende Weisheit impliziert die nur partiell zu affirmierende Weisheit beim Menschen. Menschliche Weisheit stellt sich als partielle Verwirklichung der Gott universell zukommenden Weisheit dar. Die bei Gott universell zu negierende Torheit impliziert beim Menschen eine nur partiell zu negierende Torheit. Menschliche Torheit stellt sich als partielle Negation der bei Gott universell zu negierenden Torheit dar. Diese Implikationen werden in 1,18-25 aufgegeben. Wie schon bei der Opposition ›Gott vs Welt‹ wird deutlich, daß das »Wort vom Kreuz« sein eigenes semantisches System konstituiert. Als Implikat göttlicher Weisheit erscheint das nach menschlichem Urteil Törichte, während menschliche Weisheit Gott dann geradezu als töricht prädizieren muß. Umgekehrt erscheint menschliche Weisheit als Implikat einer ansonsten zu verneinenden göttlichen Torheit. Kurzum: Begriffe, die sonst in der Urteilslogik kontradiktorisch gebraucht werden, rücken in das Verhältnis der Implikation, während herkömmliche Implikationen in Kontradiktionen überführt werden. Die göttliche Weisheit impliziert die sonst kontradiktorisch ausgeschlossene menschliche Torheit. Und die sonst implizite menschliche Weisheit wird der göttlichen Weisheit kontradiktorisch gegenübergestellt. Es ist klar, daß in einem derartigen semantischen System die göttliche Weisheit nicht mehr in Entsprechung zur menschlichen Weisheit gedacht werden kann. Das Wort vom Kreuz entlarvt, daß das »übliche« semantische System, wie es in den vorausgehenden Überlegungen vorausgesetzt wurde, der göttlichen Weisheit nicht angemessen ist, d. h. selbst der Semantik menschlicher Weisheit folgt. Menschliche Weisheit, die das Kreuz als Torheit prädizieren muß, führt jedoch niemals zum (heilsamen) Erkennen Gottes, bringt nicht Rettung, sondern Verderben (V. 18). Die am Kreuz konstituierte Weisheit Gottes ist vielmehr die Krisis aller Heilsansprüche menschlicher Weisheit, die sie unter dieser Rücksicht verdirbt, vernichtet (V. 19) und zu Torheit macht (V. 20). Das Wort vom Kreuz setzt einen semantischen Paradigmenwechsel und verlangt seinen Nachvollzug. Dies geschieht im »Glauben« (V. 21b), wo der Versuch aufgegeben wird, Gott mit Hilfe und nach Art menschlicher Weisheit erkennen zu wollen. Wahres »Erkennen« Gottes (positiv besetzt ist der Begriff in unserem Abschnitt allerdings nicht realisiert) gibt es nur im An-erkennen des am Kreuz konstituierten semantischen Systems.

Bemerkenswert ist, daß Paulus dieses System mit einem Schriftzitat aus Jes 29,14 belegt (V. 19). Dies zeigt, daß die paradoxe Semantik, die Paulus entfaltet, nicht gänzlich neu ist, sondern in einem Überlieferungszusammenhang steht, den man im weiteren Sinn als weisheitlich bezeichnen kann (vgl. *H.-R. Weber*, Kreuz 124f). Auch die übrigen in 1,18-3,23 verwendeten Schriftzitate (außer 1,19 vgl. noch V. 1,31; 2,9.16; 3,19f) unterstreichen diese Beobachtung (zur semantischen Homogenität der Zitate vgl. **K. Th. Kleinknecht*, Gerechtfertigte 213−221). Ob man daraus bestimmte literarische oder traditionsgeschichtliche Abhängigkeitsverhältnisse erschließen kann, ist eine andere Frage. Nach *L. Cerfaux* folgt Paulus in 1,18-3,23 einem Florilegium (Jes 29,14; 19,11f; 23,18; 40,13; 44,15; Ijob 5,12f; Ps 33,10; 94,11; Jer 9,22f) (Vestiges; zur Kritik vgl. **J. Munck*, Paulus 137−139). Bedenkenswert ist die These von *E. Peterson* (1 Korinther 1,18f., im Anschluß an *H. St. J. Thackeray*, The Septuagint and Jewish Worship [The Schweich Lectures 1920], London ²1923, 95f). Er rekurriert auf den Text von Bar 3,9-4,4, der eine Homilie über Jer 8,13-9,24(23) darstellt. Der Jer-Text wurde im Synagogengottesdienst am 9. Ab, dem Tag der Tempelverbrennung, gelesen. *E. Peterson* folgert daraus, daß Paulus »in analoger Weise den Text des Bußtages homiletisch ausgelegt hat, wie der Prediger im Baruch-Buch« (1 Korinther 1,18f. 46). Ausdrücklich lehnt

E. Peterson »literarische Entlehnungen« ab und erklärt »die Berührungen ... aus der gleichen homiletisch-liturgischen Situation« (ebd.). Nun wird die konkrete Zuweisung zur Liturgie des 9. Ab aufgrund der Quellenlage problematisch bleiben müssen. Dennoch könnte die Annahme, daß die Argumentation des Paulus inhaltlich unter dem Einfluß einer lebendigen homiletisch-liturgischen Tradition steht, grundsätzlich auf der richtigen Fährte sein (vgl. die Diskussion bei *R. Baumann*, Mitte 139−146, der selbst von einem »weisheitliche[n] Denkschema und Koordinatensystem« spricht [144]). Ob sich 1,18-3,21 auch formal dem »homily genre« zuweisen lassen, wie *W. Wuellner* meint (Homily Genre), ist fraglich. Die von ihm postulierte dreifache Behandlung des in 1,19 formulierten Themas in 1,20-25; 1,26-31 und 2,6ff (Homily Genre 201; 2,1-5 wird als Digression gewertet) wird in ihrer additiven Sequenz der komplexen thematischen und rhetorischen Struktur des Textes (vgl. zu 1,10-4,21: 2 und 3.1) nicht voll gerecht. Noch problematischer ist der Vorschlag von *E. E. Ellis*, der in 1,18-25 und 2,6-16 (christliche) Midraschim sehen will, die Paulus für seine Zwecke in 1 Kor nutzbar gemacht hat (Prophecy 155f.213−216: »they appear to constitute the ›texts‹ on which the larger midrash, 1 Cor 1,18-3,20, is constructed«; für 1,18-31 als »Midrasch-Einheit« plädiert *H. Hübner*, Baruch 170). Noch weiter geht die These von *V. P. Branick*, die m. E. allerdings die Grenze des methodisch Nachvollziehbaren überschreitet (s. zu 1,10-4,21: 3.1 Ende). Damit soll nicht ausgeschlossen sein, daß Paulus im konkreten Umgang mit den verwendeten Schriftzitaten (bes. 1,19.31; 2,9[16]; 3,19f) bestimmten (midraschischen) Auslegungsformen verpflichtet ist. Eine genauere Konkretisierung ist aber wohl nicht mehr möglich.

Dies gilt auch bezüglich möglicher Verbindungen zu synoptischem Material (bes. Q). Gewiß ist die begriffliche und thematische Verwandtschaft von 1,17-2,16 insbesondere zu Lk 10,21-24 par (auch Mt 12,38-42 par) unverkennbar (vgl. *B. Fjärstedt*, Tradition 138−153). Ob man daraus aber folgern darf, daß Paulus derartige Herrenworte gekannt haben muß, um 1,17-2,16 zu schreiben, oder bei seinen Lesern eine entsprechend bekannte Tradition ansprechen wollte (*B. Fjärstedt*, Tradition 153), ist keineswegs zwingend. Noch weniger überzeugen kann allerdings die These von *P. Richardson*, der die paulinischen Ausführungen in 1 Kor 1 und 2 als Auseinandersetzung mit einer stärker von Q beeinflußten gegnerischen Theologie (bes. der des Apollos) erklären will (Thunderbolt 107−110). Die Beziehungen von 1 Kor 1 und 2 zu Lk 10,21f par und ähnlichen vergleichbaren Herrenworten erklären sich ausreichend mit der Annahme einer im hellenistischen Judenchristentum verbreiteten Weisheitsspekulation, die wohl schon vor Paulus das Todesgeschick Jesu mit der Sendung und Offenbarung der Weisheit zusammengedacht hat (vgl. *H. Merklein*, Entstehung 260.271f). Eine traditionsgeschichtlich oder gar literarisch eindeutige Verhältnisbestimmung ist m. E. nicht möglich (vgl. auch zu 1,10-4,21: 3.2.2).

2.3. Pragmatische Analyse

Die Verben, die der Text enthält, weisen größtenteils die 3. Pers. auf. Ausnahmen bilden nur die 1. Pers. Sing. in V. 19 (Schriftzitat) und die 1. Pers. Plur. in V. 23. Das Überwiegen der 3. Pers. läßt auf eine referentielle Funktion (Darstellung eines Sachverhaltes) schließen. Dies bestätigen auch die mehrfach gebrauchten kausalen Konjunktionen. Mit dem referentiellen Charakter des Textes stimmt der Befund der rhetorischen Analyse überein, daß mit 1,18 die narratio einsetzt (s. zu 1,10-4,21: 3.1). Eine narratio ist allerdings nicht in dem Sinne referentiell, daß sie auf eine objektive Darstellung des Sachverhaltes abzielt. Dieser wird vielmehr durchaus parteilich (aus der Sicht des Redners) mitgeteilt.

Unter diesem Aspekt ist eine weitere Beobachtung bemerkenswert. Die Texteinheit setzt (im Griechischen) mit dem betont vorangestellten ›ho logos‹ = »das Wort« ein. Bewußt wird damit an die Rede von der »Weisheit des Wortes« in V. 17a angeknüpft und dieser gegenübergestellt (im Griechischen wird dies durch die im NT seltene Nachstellung des Artikels noch unterstrichen [vgl. BDR § 271,1b]: ›ho logos gar ho tou staurou ...‹ = »denn das Wort, und zwar das vom Kreuz ...«). So gesehen handelt es sich bei 1,18-25 um einen metasprachlichen Text. Er dient der Begriffsklärung (Abklärung des Codes). Paulus will den Korinthern klarmachen, auf welchen ›logos‹ es allein ankommt. Wo man im Streben nach der (heilsamen) Weisheit unterschiedliche ›logoi‹ konkurrierend gegeneinander ausspielt, macht man die Weisheit zu einer »Weisheit des Wortes«. Die göttliche Weisheit, die man um des Heiles willen sucht, wird pervertiert zu einer menschlichen bzw. weltlichen Weisheit, um die man streiten kann. Daß man sich für den jeweiligen ›logos‹ auf unterschiedliche Verkündiger beruft, unterstreicht nur den menschlichen Charakter des ganzen Vorgangs. Letztlich wird so eine menschlich definierte Weisheit zum beherrschenden Gegenstand des christlichen ›logos‹ (grammatisch entspricht dem die »Weisheit« als nomen regens in der »Weisheit des Wortes« in V. 17a). Die wahre, göttliche Weisheit steht außerhalb jeder Konkurrenz. Nun verweist allerdings auch Paulus auf einen ›logos‹: »das Wort vom Kreuz«. Doch erweitert er damit nicht das Feld der konkurrierenden ›logoi‹. Das Wort vom Kreuz steht so jenseits aller Weisheit, um deren Weisheitlichkeit man streiten kann, daß es die Konkurrenz nicht verschärft, sondern beendet. Für dieses »Wort vom Kreuz« die Korinther einzunehmen ist das Ziel der narratio. Dabei verbietet es die darzulegende »Sache«, daß

Paulus sie als mit anderen Sachverhalten vergleichbares Objekt in
gemessener Distanz vom Leser aufbaut. Er greift vielmehr zum
Mittel der Antithetik, die eine zustimmende oder ablehnende
Entscheidung fordert und eine Mittelposition nicht zuläßt. Repres-
siv wird man die Antithetik aber nicht nennen können, selbst wenn
man ihren (aus der Sicht des Paulus bestehenden) Sachzwang
einmal außer acht läßt. Tatsächlich kommt die Antithetik auch dem
Leser entgegen. Indem Paulus keinen weiteren ›logos‹ zu den
konkurrierenden ›logoi‹ der Korinther hinzufügt, sondern mit dem
Wort vom Kreuz die Antithese dazu formuliert, macht er den
Korinthern deutlich, daß ihre Konkurrenz auf eine (menschliche)
Weisheit hinausläuft, die sie eigentlich selbst nicht wollen. Das
Wort vom Kreuz, das er ihnen als den Sachverhalt darstellt, um den
es in Wahrheit geht, schließt Parteibildung aus und stellt in unüber-
bietbarer Weise die göttliche Qualität einer menschlich überhaupt
nicht mehr begründbaren Weisheit sicher. Beides entspricht im
Prinzip auch den Zielvorstellungen der Korinther. Gerade darin
liegt das pragmatische Wirkpotential des Textes, das explizit dann
in der argumentatio und peroratio entfaltet wird.

3. Einzelklärung

Vers 18: Mit dem »Wort vom Kreuz« sind zwei Oppositionen
verbunden: ›die ins Verderben gehen vs die gerettet werden‹ und
›Torheit vs Kraft Gottes‹. Das erste Gegensatzpaar entstammt
der apokalyptischen Vorstellungswelt (vgl. *P. Volz*, Eschatologie 284−286.290−293.304f.309−320.passim). Trotz prädestinatia-
nischer Untertöne ist die Entscheidung des Menschen nicht ausgeschlossen (vgl. *B. Mayer*, Heilsratschluß 109-124). Das beigefügte
»uns« läßt keinen Zweifel, daß diejenigen, »die gerettet werden«,
im Sinne des Paulus identisch sind mit den »Glaubenden« (vgl. V.
21b). Allerdings ist auch der Glaube keine Möglichkeit des Menschen (im Sinne einer dem Menschen zu Gebote stehenden oder
von ihm zu schaffenden Möglichkeit). Das läßt das »Wort vom
Kreuz« in aller Deutlichkeit hervortreten, das menschlich gesprochen »Torheit« ist. Als »Kraft« kann es nur qualifiziert werden,
sofern es göttliche Stiftung, also »Kraft Gottes« ist. Eben darin
besteht die Glaubensentscheidung, daß das Wort vom Kreuz, das

aus menschlicher Sicht »Torheit« ist, als »Kraft Gottes« anerkannt wird. Dieser Akt, der sich zwar vernünftig artikulieren läßt, selbst aber nicht noetischer Bemühung entstammt, sondern ein Akt des Gehorsams ist, entreißt die Glaubenden dem Verderben und macht sie zu solchen, die gerettet werden.

Bemerkenswert ist die konkrete Oppositionalität des zweiten Gegensatzpaares. Daß Paulus der (menschlichen) »Torheit« (auf seiten derer, »die ins Verderben gehen«) nicht (menschliche) »Weisheit« (auf seiten derer, »die gerettet werden«) gegenüberstellt, ist eigentlich selbstverständlich. Denn das Wort vom Kreuz bleibt auch für die Glaubenden »Torheit« nach menschlichen Maßstäben. Dies war ja gerade der Fehler der Korinther, daß sie in ihrem Drang, die christliche Heilsbotschaft weisheitlich zu verstehen, deren paradoxe Torheit verdrängten und damit die Heilsbotschaft zu einer menschlichen Weisheit degradierten. Damit waren sie auf dem besten Wege, der in V. 17b beschworenen Gefahr zu erliegen. Hätten sie das »Wort vom Kreuz« als den schlechthinnigen Inhalt christlicher Botschaft ernst genommen, hätte eine derartige Konformisierung mit (menschlicher) »Weisheit« nicht geschehen können. Das Wort vom Kreuz kann nicht in dieser Weise als »Weisheit« bezeichnet und behandelt werden. Wenn Paulus in 2,6 das Wort vom Kreuz dann doch als »Weisheit« anspricht, dann hat er nicht menschliche Weisheit, sondern »*Gottes* Weisheit« im Sinn, die auch für den, der sie annimmt, immer »Geheimnis« bleibt (2,7). Das Wort vom Kreuz läßt die (subkonträre) Opposition ›(menschliche) Torheit (aus der Sicht derer, die ins Verderben gehen) vs (menschliche) Weisheit (aus der Sicht derer, die gerettet werden)‹ nicht zu; es erlaubt nur die (kontradiktorische) Opposition von ›(menschlicher) Torheit vs (göttliche) Weisheit‹. Diese Opposition wird in V. 24 tatsächlich realisiert und wäre auch in V. 18 möglich. Daß Paulus von »Kraft Gottes« spricht, erklärt sich wohl aus der Verbindung mit »retten«. Der semantische Gehalt und die passivische Konstruktion dieses Verbums unterstreichen, daß das Heil allein göttlicher Aktivität, also der Kraft und Schöpfermacht Gottes entspringt. Der Glaube, der menschlicherseits der rettenden Kraft Gottes entspricht, besteht daher nicht in der Vervollkommnung der menschlichen Erkenntnisfähigkeit oder menschlicher Weisheit, sondern in der gehorsamen Annahme der von Gott eröffneten Möglichkeit des Heils. Das Wort vom Kreuz stellt vor die Entscheidung, die aufgrund seines Inhalts nur in der Alternative bestehen kann, ob man die Torheit dieses Wortes als Kraft Gottes annimmt oder nicht. Dies allein entscheidet über Verderben oder Heil des Menschen.

Verse 19.20: Nach V. 18 kommt Gottes Kraft gerade in dem zum Zuge, was menschlich als töricht erscheint. Dieses Paradox enthält implizit ein Verdikt der menschlichen Weisheit. Wenn Gottes Kraft in der Torheit in Erscheinung tritt, dann ist das menschlich Törichte (das Kreuz) das eigentlich Weise (im Sinne einer heilsrelevanten Weisheit); und umgekehrt ist das, was menschlich als Weisheit erscheint, das eigentlich Törichte. Dies findet Paulus in der Schrift bestätigt. Er zitiert das Wort des Propheten Jesaja Jes 29,14 nach der LXX. Allerdings ersetzt er das dort am Ende stehende Verbum »verbergen« (›krypsō‹) durch »vernichten«. Nur so fügt sich das Zitat voll in den Zusammenhang, wobei die Veränderung wohl auch durch den ersten Teil des Zitats (»verderben«) erleichtert wurde (vgl. *D.-A. Koch*, Schrift 152f). Die Futura »ich *werde* verderben/vernichten« sind nicht im Sinn der Androhung einer noch ausstehenden Zukunft zu interpretieren (so: *H. Ulonska*, Paulus und das Alte Testament 96). Der Bezugspunkt ist das Wort vom Kreuz, in dem die Zukunft des Zitats bereits verwirklicht ist.

Weil dem so ist, kann Paulus in V. 20a fragen: »Wo ist ein Weiser? Wo ein Schriftgelehrter? Wo ein Gelehrter dieses Äons?« Die Fragen verlangen selbstverständlich Antworten mit negativer Wertung.

Schlatter wollte die Abfolge »Weiser/Schriftgelehrter/Gelehrter« im Rückgriff auf jüdische Terminologie verständlich machen (ḥŏkhām/sôfer/darschān: Paulus »zählt die Titel auf, mit denen die Judenschaft ihre Gelehrten geehrt hat«). Vom Kontext her haben die Begriffe jedoch eher die Funktion, die Weisheitssuche der gesamten Welt, der heidnischen wie der jüdischen, in Frage zu stellen (vgl. *K. Müller*, Anstoß 87f). Der zuletzt genannte »Gelehrte« (›syzētētēs‹) ist einer, der disputiert und Wortgefechte führt. Sollte man in ihm eine Anspielung auf den griechischen Philosophen sehen dürfen, dann könnte man die drei Begriffe von V. 20a so einander zuordnen, daß der »Weise« generell auf die Institution des Weisheitslehrers verweist, den Paulus dann jüdisch als »Schriftgelehrten« und griechisch als »Wortfechter« konkretisiert. Oder sollte der zuletzt genannte »Gelehrte *dieses Äons*« die generelle Bezeichnung darstellen, so daß die erste Frage auf das griechische und die zweite Frage auf das jüdische Feld der Weisheitssuche abzielen würde (vgl. die Zuordnung der »Weisheit« zu den »Griechen« in V. 22)?

Möglicherweise hat die Aufreihung jüdischer und griechischer Instanzen (wie dann auch die Nennung von Juden und Griechen in den VV. 22-24) eine noch konkretere pragmatische Funktion. Sofern die Kephas-Partei auf die Einhaltung bestimmter Minimalforderungen der Tora gedrungen hat (s. zu 1,10-4,21: 3.2.3.4), wäre es immerhin denkbar, daß sie im korinthischen Streit um die »Weisheit« ihre Ansprüche mit dem Hinweis auf die Weisheit der Tora geltend gemacht hat. Die Nennung des »Schriftgelehrten« würde sich dann konkret gegen die Kephas-Partei richten. Von einer allzu exklusiven Zuordnung wird man allerdings Abstand nehmen müssen, da Schriftgelehrsamkeit und philosophisches Denken sich durchaus verbinden konnten (s. zu 1,10-4,21: 3.2.2.2); dies dürfte bei der Apollos-Partei denn auch der Fall gewesen sein.

Wie dem auch sei, für Paulus steht fest: Alle Institutionen der Weisheit – Weisheitslehrer, Schriftgelehrte und Philosophen – sind durch das Wort vom Kreuz in Frage gestellt. Alle Weisheitsinstitutionen, die das Wort vom Kreuz in Frage stellen, erweisen sich als Institutionen »dieses Äons«. Sie lehren »Weisheit der Welt«, die nicht zum Heil führt, sondern von Gott – durch das Wort vom Kreuz – »zu Torheit gemacht« ist (V. 20b). Insofern ist die Weisheit der Gelehrten und Weisen (nicht die der Schöpfung oder der Tora) nichtig.
Theologisch besonders zu würdigen ist der Umstand, daß Paulus dieses paradoxe Geschehen in einem Schriftwort bestätigt sieht. Auf den weisheitlichen Überlieferungszusammenhang wurde bereits hingewiesen (s. o. 2.2). Inhaltlich steht dahinter die Überzeugung, daß Gottes und der Menschen Wege diametral gegenüberstehen und wahre (heilsame) Weisheit nur von Gott geschenkt sein kann (vgl. Weish 9,13-19; Bar 3,9-4,4; Jes 55,8f; u. ö.). Indem Paulus das Kreuz als diakritisches Zeichen setzt, spitzt er den Gegensatz zu. Dies hat zur Folge, daß er generell alle Weisheit, die das Kreuz nicht akzeptiert, als menschliche Weisheit einer Gott nicht erkennenden Welt disqualifizieren muß. Insofern ist das Kreuz nicht nur die Bestätigung dessen, was die traditionelle Weisheit schon immer gewußt hat, sondern zugleich die eschatologische Offenbarung der göttlichen Weisheit. Es deckt auf, was bei Gott schon immer gegolten hat, bislang aber – in dieser paradoxen Konkretion – verborgen war. Damit sind wir schon beim Thema von V. 21.

Vers 21: Problematisch ist, wie die beiden Wendungen »*an der Weisheit Gottes*« (›en tē sophia tou theou‹) und »*durch die Weisheit*« (›dia tēs sophias‹) in V. 21a semantisch aufeinander zu beziehen sind. Dies hängt aufs engste mit einer philologischen Frage zusammen, die — wenngleich in der vorgeschlagenen Übersetzung bereits eindeutig beantwortet — doch noch einer erläuternden Diskussion bedarf: Wie ist ›en tē sophia tou theou‹ zu übersetzen? Verschiedene Möglichkeiten werden erwogen (vgl. *A. J. M. Wedderburn*, 1 Kor 1,21; **J. Theis*, Paulus 175—179):

(1) ›en‹ = instrumental: »durch, mit Hilfe«. Bei dieser Übersetzung besteht freilich die Gefahr der Synonymität mit ›dia tēs sophias‹. *Schlatter* unterscheidet daher folgendermaßen: »Mit ›en‹ ist der Empfänger der Wirkung in enge Verbindung mit ihrem Geber gebracht, während an ›dia‹ die Vorstellung ›Werkzeug‹ haftet«. Sachlich ergeben sich damit jedoch die Schwierigkeiten, die uns auch in den beiden folgenden Punkten beschäftigen werden.
(2) ›en‹ = temporal: »während, in der Zeit von«. Die Wendung wäre dann analog zu Röm 3,26 (»in der [Zeit der] Geduld Gottes«) zu übersetzen, also heilsgeschichtlich zu verstehen (so: *Lietzmann*, dem sich in der heilsgeschichtlichen Deutung auch *Kümmel* anschließt, obwohl er »an der Weisheit Gottes« [s. u. 4] übersetzt). »Es gefiel Gott« in V. 21b würde bedeuten, daß die Periode der Weisheit Gottes jetzt durch eine andere, nämlich durch die Periode der Kreuzespredigt, abgelöst ist. Doch wird dieses Zwei-Phasen-Modell wohl kaum der Dialektik des Kontextes gerecht, der dann auch und gerade den Gekreuzigten als »Weisheit Gottes« bezeichnen muß (V. 24).
(3) ›en‹ = lokal: »inmitten«. Die Weisheit ist demnach als Existenzraum der Welt zu verstehen. Die Welt ist von der Weisheit Gottes umfangen, aber sie erkennt diese Weisheit nicht. Diese Deutung wurde zuerst von *H. Schlier* (Über die Erkenntnis Gottes 10f.18—20; vgl. *ders.*, Von den Heiden 31f; *ders.*, Erkenntnis Gottes 321.329f) vorgetragen. **U. Wilckens*, der ihm folgte, bezog ›dia tēs sophias‹ ebenfalls auf die göttliche Weisheit: »›Dia tēs sophias‹ bezieht sich nicht auf eine andere Sophia als die ›sophia tou theou‹. Paulus setzt hier nicht zwei Weisheiten, eine objektive und eine subjektive, eine göttliche und eine menschliche, sondern er setzt zwei Funktionen der einen ›sophia tou theou‹ nebeneinander. Die eine ›Weisheit Gottes‹ ist 1. der Existenzraum derer, die ›in ihr‹ existieren, und 2. zugleich das Erkenntnismittel, durch das man Gott erkennen kann« (Weisheit 34). Das letztere ist jedoch nicht überzeugend (vgl. **R. Baumann*, Mitte 95f). Paulus kann schwerlich sagen wollen, man könne mit dem Erkenntnismittel der göttlichen Weisheit Gott nicht erkennen. Besser ist daher der Vorschlag *K. Barths*, der ›dia tēs sophias‹ mit »in Anwendung ihrer eigenen vermeintlichen Weisheit« verdeutlicht (Kirchliche Dogmatik II/1, Zollikon-Zürich ³1948, 490). Diese Deutung paßt auch besser zu V. 20, wo die Weisheit der Welt von Gott zur Torheit degradiert wird. Mit einer solchen (in den Augen Gottes törichten) Weisheit ist in der Tat Gott nicht zu erkennen. Wenn dies richtig ist, legt sich eine vierte Verständnismöglichkeit nahe.
(4) ›Ginōskein (»erkennen«) en‹ ist im Neuen Testament sehr häufig. Mit

der Präposition ›en‹ wird der Erkenntnisgrund angegeben, also das, woran man etwas erkennt, bzw. der Grund, weswegen man etwas erkennt. Diese Deutung vertrat schon *Weiß*: »die ›sophia t. theou‹ (in der Schöpfung) ist das Gebiet, auf dem die ›sophia‹ der Menschen sich hätte betätigen sollen. Dies Wortspiel erklärt sich begriffsgeschichtlich aus dem Sprachgebrauch der Weisheitsbücher, wo ›sophia‹ bald die göttliche Eigenschaft oder Betätigung ..., bald ein Besitz, eine Befähigung, ein Bestreben der Menschen ist« (vgl. auch: **H. von Lips*, Traditionen 330f). Das »Erkennen« in V. 21a meint dann selbstverständlich nicht ˙einen isolierten kognitiven Vorgang, sondern schließt die sich daraus ergebende Konsequenz des rechten Verhaltens Gott gegenüber ein. Der Sinn von V. 21a wäre dann so zu umschreiben: Die Welt hat an der Weisheit Gottes, d. h. an der in der Schöpfung (aber auch in der Tora) sich zeigenden Weisheit Gottes, mit Hilfe dessen, was sie, die Welt, als Weisheit beurteilte, Gott nicht erkannt; sie ist durch ein derart weisheitliches Erkennen nicht in das angemessene Verhältnis zu Gott getreten.

Was ist mit der Aussage von V. 21a gemeint? Zunächst wird man sich hüten müssen, darin ein prinzipielles Urteil zu sehen, welches das »Nicht-Erkennen« *ontologisch* im Wesen des Menschen verankert. Der Glaube spricht kein prinzipielles Verdikt über ein vernünftiges Verstehen aus (vgl. *G. Bornkamm*, Glaube, bes. 119f.125f). Wie die Semantik des gesamten Abschnittes durch das »Wort vom Kreuz« konstituiert ist, so ist auch das Urteil von V. 21a aus dem Kreuz erschlossen. Paulus ist nicht an einer Ontologie, sondern an dem *faktischen Befund* interessiert, wie er sich unter der Hermeneutik des Kreuzes darstellt. Würde man V. 21 als ontologisch begründetes Urteil lesen, wäre die Welt schuldlos. Dies ist mit der sonstigen Sicht des Paulus kaum in Einklang zu bringen. V. 21a enthält eine versteckte Anklage: Die Menschen, die Gott an seiner Weisheit hätten durchaus erkennen können, haben ihn *faktisch* nicht erkannt. Den besten Kommentar zu V. 21a stellt Röm 1,18-3,20 dar. Dort führt Paulus aus, daß alle, Juden wie Heiden, Sünder sind. Auch dies ist kein prinzipielles Urteil. Vielmehr sind alle Sünder, weil sie faktisch das Gesetz nicht erfüllt haben; für die Juden ist das die gottgegebene Tora, für die Heiden das ins Herz geschriebene Gesetz. Was im Römerbrief mehr ethisch unter dem Aspekt des Ungehorsams ausgedrückt ist, das wird in 1 Kor 1,21a mehr kognitiv unter dem Aspekt des Nicht-Erkennens ins Auge gefaßt. Doch, wie bereits angedeutet, handelt es sich hier nicht um Gegensätze, sondern nur um die zwei Seiten des gleichen Sachverhaltes. Konkret will Paulus mit V. 21a sagen: Faktisch haben die weisheitlichen Bemühungen des Menschen nicht dazu geführt, die in Schöpfung und Tora präsente Weisheit Gottes als solche zu erfassen. Noetische Bemühungen nach Art menschlicher Weisheitssuche scheiden als Weg zu Gott daher aus; sie bringen den Menschen nicht in das rechte Verhältnis zu Gott. Diese Einsicht verdankt Paulus nicht der Empirie. Diese Einsicht setzt vielmehr – um es noch einmal zu wiederholen – das Wort vom Kreuz voraus und ist aus ihm erschlossen. Weil Gott sich durch das Wort vom Kreuz geoffenbart hat, das nach den Maßstäben menschlicher Weisheit als töricht erscheint, muß Paulus folgern, daß alles, was menschlich als Weisheit zu bezeichnen ist, nicht zu Gott führt, nicht die allein heilsame Weisheit Gottes erkennt.

Mit der Aussage von V. 21a verfolgt Paulus ein konkretes, pragmatisches Ziel. V. 21a richtet sich gegen die Weisheitssuche und den darüber entbrannten Konkurrenzkampf der Korinther, vor allem gegen den Weisheitsdrang der Apollos-Gruppe, die durch weisheitliches (noetisch-idealistisches) Erkennen die Fülle der göttlichen Weisheit durchdringen will, dabei aber gerade die Kreuzesbotschaft zu kurz kommen läßt (s. zu 1,10-4,21: 3.2.2.2). Doch auch die anderen Gruppen sind angesprochen. Auch bei ihnen hat ein konkurrenzfähiger ›logos‹ das Wort vom Kreuz zumindest faktisch aus dem Zentrum ihres Denkens und Strebens verdrängt. Insofern ist alles, was die streitenden Korinther als heilsame Weisheit und als Kriterium ihrer Erkenntnis postulieren und verteidigen, letztlich Menschenweisheit bzw. der Versuch, die Weisheit Gottes mit Hilfe menschlicher Weisheit zu erkennen. Selbstverständlich werden auch die Kontrahenten von Korinth ihre (je unterschiedliche) Art, die göttliche Weisheit zu definieren und zu erkennen, nicht als Versuch menschlicher Weisheit gewertet haben. Dies unterstreicht noch einmal, daß Paulus in V. 21a nicht philosophisch argumentiert und nicht auf die Mitteilung eines erkenntnistheoretischen Grundsatzes abzielt. Dann würde seine Argumentation ins Leere laufen. Erkenntnistheoretisch werden die Korinther mit Paulus mehr oder minder übereingestimmt haben. Auch für sie dürfte das Urteil, daß mit Hilfe menschlicher Weisheit Gott nicht zu erkennen ist, zumindest formal außer Frage gestanden haben. Vielleicht war die Apollos-Gruppe hinsichtlich der (noetischen) Affinität von menschlicher und göttlicher Weisheit zuversichtlicher als Paulus; aber auch dies ist nicht sicher (s. zu 1,10-4,21: 3.2.2.2). Was Paulus und die streitenden Korinther trennt, ist letztlich der Inhalt göttlicher Weisheit und die daraus sich ergebende Definition, was menschlich-weisheitliches Erkennen ist. Solange die

Korinther um die Erkenntnis göttlicher Weisheit streiten und
– unter Berufung auf den favorisierten Verkündiger – einen
jeweils anderen ›logos‹ als Kriterium dafür ins Feld führen, machen
sie die göttliche Weisheit zu einer (menschlichen) Wort-Weisheit
(vgl. 1,17), die die Weisheit Gottes verfehlt. Indem sie so auf
menschlich-weisheitliche Weise die Weisheit Gottes erkennen wollen, sind sie dabei, sich selbst erneut als »Welt« zu konstituieren.
Auch die »Welt« definiert sich vom Kreuz her (vgl. *U. Luz*,
Theologia crucis 123–125). Sie stellt sich dar als die Menschen-
Welt, die Gott durchaus erkennen will, ihn dabei aber verfehlt,
weil sie ihn mit Hilfe und nach den Maßstäben ihrer Weisheit
erkennen will. Weltliche Weisheit definiert Gott letztlich immer
nur als weltliche Größe und erkennt daher Gott nicht, der an seiner
eigenen Weisheit gemessen werden will. Menschenweisheit führt
nicht zu Gott, sondern nur in die Welt und das ihr innewohnende
Verderben (vgl. V. 18). Rettung (im Sinne von V. 18) kann es nur
von Gott her geben.
Eben dies ist in **V. 21b** zum Ausdruck gebracht. V. 21a und V. 21b
sind streng antithetisch gebaut, und zwar nicht nur auf der vorder-
gründigen Ebene der verwendeten Begriffe (s. o. 2.2), sondern
auch in der Komplexität ihrer Aussagen.

V. 21a	**V. 21b**	
Denn da an der Weisheit Gottes die Welt (Subj.) Gott (Obj.) nicht erkannte durch die Weisheit,	Gott (Subj.) gefiel es, durch die Torheit der Verkündigung	die Glaubenden (Obj.) zu retten

Schon eine grammatische Beobachtung ist aufschlußreich. Während V. 21a, der die weisheitliche Gottsuche des Menschen schil-
dert, mit Gott als Objekt endet (nach der griechischen Wortstel-
lung), beginnt V. 21b mit Gott als Subjekt. Nicht der Mensch ist
es, der mit *seinem* Suchen und Erkennen Gott erreichen kann.
Heilsames Erkennen gibt es nur durch die rettende Tat Gottes.
Nicht auf das aktive »Erkennen«, das als menschliches Erkennen
immer nur Menschenweisheit findet, kommt es an, sondern auf das
passive (von Gott) »Erkannt-Werden« (vgl. 8,2f). Dem entspricht
hier das »Retten«, das als Wohlgefallen Gottes dem »Erkennen«

bzw. »Nicht-Erkennen« der Welt gegenübersteht. Beim Wohlgefallen Gottes ist — wie Semantik und Tempus des griechischen
Verbums nahelegen (›eudokēsen‹) — an den eschatologischen
Heilsentschluß Gottes und dessen Durchführung am Kreuz Christi
gedacht.

Gerade am Kreuz wird aber auch deutlich, warum mit menschlicher Weisheit Gott nicht zu erkennen ist. Denn daß der Tod am
Kreuz heilsames Geschehen, ja das heilsame Geschehen schlechthin ist, erscheint menschlicher Weisheit als Torheit. Rettung kann
es daher nur geben, wo der Versuch aufgegeben wird, Gott auf
menschliche Weisheit festzulegen, und die Torheit der Verkündigung im Gehorsam gegen Gott angenommen wird. Diesen Gehorsam nennt Paulus Glauben. Es ist daher kein Zufall, daß in V. 21b
nicht mehr der Begriff »Welt« auftaucht. Die allein rettende Torheit der Verkündigung stellt vor die Entscheidung, scheidet in
Glaubende (Gemeinde) und Nicht-Glaubende (Welt); oder besser
gesagt: das törichte Wort der Verkündigung *schafft* Glaubende,
indem es diese der Welt und ihrem Verderben entreißt und sie zu
solchen macht, »die gerettet werden« (V. 18).

Diesem Sachverhalt entspricht, daß »Welt« und »Glaubende« sich
auch in grammatischer Antithese — als Subjekt und Objekt —
gegenüberstehen. Indem die Welt Gott nach ihren Maßstäben
erkennen will, degradiert sie Gott zu ihrem Objekt — und verfehlt
ihn! Rettung, heilsame Begegnung mit Gott, gibt es nur dort, wo
Glaubende sich zum Objekt des Handelns Gottes machen lassen.
Zum Schluß ist noch ein Wort zum *theologischen Konzept* der
Aussage von V. 21 zu sagen. Nicht selten wird V. 21 heilsgeschichtlich gedeutet, so daß der vorchristlichen Epoche (V. 21a) die
Zeit seit Christus (V. 21b) entgegensteht. Nun ist es nicht zweifelhaft, daß die Feststellung »es gefiel Gott« auf ein bestimmtes
Handeln Gottes in der Geschichte Bezug nimmt (Kreuzesgesche-
hen) und insofern eine heilsgeschichtliche Aussage macht.

Dennoch ist das Konzept von V. 21 kein heilsgeschichtliches.
V. 21a gilt nicht nur für die Zeit vor Christus. Dies ergibt sich
schon daraus, daß Paulus damit die Korinther treffen will, die mit
ihrem konkurrierenden Weisheitsstreben Gefahr laufen, die Weisheit Gottes zu verfehlen. Umgekehrt wird man aus V. 21a nicht
unbedingt ableiten können, daß vor Christus jedwede Gotteserkenntnis im Sinne des in V. 21b angeführten Glaubens *prinzipiell*
ausgeschlossen war, auch wenn diese Möglichkeit hier nicht ins
Auge gefaßt wird und im Rahmen der konkreten Argumentation
auch nicht zur Debatte steht. Dennoch gilt grundsätzlich: Wo

Menschen sich wirklich der Weisheit Gottes gestellt haben, d. h. letztlich, geglaubt haben, konnten sie auch schon vor Christus Gott finden bzw. sich von ihm finden lassen. Im Galater- und Römerbrief stellt Paulus Abraham als den Vater der Glaubenden vor. Abraham hat gleichsam den Glauben an den Gekreuzigten als Weisheit Gottes vorweggenommen, indem er seine eigene Weisheit hintanstellte und die töricht erscheinende Verheißung Gottes im Gehorsam annahm. Heilsgeschichtliche Kategorien reichen daher zur Würdigung von V. 21 nicht aus. Sonst wäre das Kreuz eine Art Notlösung zur Rettung der Menschen, eine ultima ratio, bei der Gott Zuflucht gesucht hat, nachdem seine in der Schöpfung bzw. in der Tora präsente Weisheit an der mangelnden Erkenntnis der Menschen gescheitert ist. Welch grotesker Gedanke! Hier ist daran zu erinnern, daß bereits das Urteil von V. 21a das Kreuz voraussetzt und aus der Perspektive des Kreuzes gefällt ist. Das törichte Wort vom Kreuz fördert zutage, was Weisheit Gottes ist bzw. wie ihr schon immer zu begegnen war und ist und sein wird. Nicht »Weisheit Gottes« und »Torheit der Verkündigung« stehen sich in V. 21 antithetisch gegenüber. Den Gegensatz zur »Torheit der Verkündigung« markiert die »(menschliche) Weisheit«. Diese aber stellt den exklusiven Gegensatz zur göttlichen Weisheit dar, zu der daher die »Torheit der Verkündigung« das logische Implikat bildet (s. o. 2.2). Sachlich bedeutet dies: Die Torheit der Verkündigung ist nicht die heilsgeschichtliche Ablösung der (in Schöpfung und Tora präsenten) Weisheit Gottes, sondern deren Aufdeckung und Zuspitzung in der (durch das Kreuz möglichen) Verkündigung (vgl. *R. S. Barbour*, Wisdom 64; *F. Froitzheim*, Christologie 71f). Das Neue und Rettende der Torheit der Verkündigung ist nicht eine *andere* Weisheit Gottes, sondern die eschatologische Aufdeckung dessen, was Gott gegenüber von Anfang an gegolten hat und gilt: daß nämlich die Weisheit Gottes zu glauben und nicht nach den Kriterien der eigenen Weisheit zu definieren ist. V. 21 stellt daher weniger einen heilsgeschichtlichen Abriß dar als vielmehr eine Kurzfassung der *Rechtfertigungslehre* bzw. deren Vorwegentwurf im griechischen Gewande.

Der Umstand, daß bereits V. 21a aus der Hermeneutik des Kreuzes gesprochen ist, ist auch für die konkrete *Rhetorik und Argumentationsweise* des Paulus aufschlußreich. Es zeigt sich nämlich, daß Paulus auf keinen Fall bereit ist, das Wort vom Kreuz argumentativ zur Disposition zu stellen. Er streitet mit den Korinthern nicht darüber, ob mit dem Wort vom Kreuz die christliche Botschaft adäquat erfaßt ist. Wahrscheinlich haben die Korinther hier

etwas anders geurteilt. Doch Paulus bleibt an diesem Punkt the-
tisch. Insofern ist 1,18ff tatsächlich die narratio, die Darlegung des
eigenen Standpunktes. Daß dieser Standpunkt sich dennoch *vermitteln* läßt, wurde bereits gezeigt (s. o. 2.3). Er hat vor allem den
Vorzug, das akute Problem der Korinther hinfällig zu machen. Das
Wort vom Kreuz läßt keine Parteien aufkommen, die sich um eine
Weisheit des Wortes streiten; es kennt nur eine Polarisierung
zwischen denen, die verloren gehen, und denen, die gerettet werden (V. 18), zwischen der Welt und den Glaubenden. Eben diese
Polarisierung mit ihrer je unterschiedlichen Kriteriologie wird
dann in den VV. 22-24 weiter entfaltet.

Verse 22-24: Wie in V. 21 (»Welt«!) macht Paulus eine generelle
Aussage. Er faßt die ganze Menschenwelt ins Auge: »Juden und
Griechen/Heiden«. Die Perspektive ist jüdisch (der Grieche würde
sagen: »Griechen und Barbaren«). Doch will Paulus diese Polarisierung nicht festschreiben, sondern darauf aufmerksam machen,
daß sie durch das Wort vom Kreuz überholt ist. Das Wort vom
Kreuz schafft ganz andere Fronten, die quer durch Juden und
Heiden hindurchgehen. Mit der generellen Aussage zielt Paulus
indirekt auf die konkrete Situation in Korinth, wo die Konkurrenz
um die Weisheit ebenfalls eine dem Kreuz unangemessene Polarisierung hervorgerufen hat.
Die Charakterisierung von Juden und Griechen in V. 22 geschieht
recht allgemein, fast klischeehaft. Die Behauptung, daß »die Juden
Zeichen fordern«, hängt wohl mit der christlich-jüdischen Auseinandersetzung um den Messias zusammen. Es ginge dann um mes-
sianische Beglaubigungszeichen (vgl. jedoch auch: *K. Müller*,
Anstoß 95f). In diesem Sinne findet sich die Zeichenforderung auch
in den synoptischen Evangelien (Mk 8,12; Lk 11,29f par; u. ö.).
Mit der Bemerkung, daß »die Griechen Weisheit suchen«, spielt
Paulus auf die griechische Weisheitsliebe (Philosophie) an. Sie
dürfte auch der christlichen Gemeinde von Korinth, und in ihr
insbesondere den Gebildeten, nicht fremd gewesen sein. Um so
verständlicher ist es, daß die hellenistisch-jüdische Weisheitsspekulation eines Apollos auf Resonanz stieß, erlaubte sie doch, die
christliche Botschaft als »Weisheit« zu begreifen. Diese Weisheit
führte allerdings nicht zur Integration der Gemeinde, sondern zum
Konkurrenzkampf um die bessere Weisheit.
Nach den Worten des Paulus sind weder die jüdische Zeichenforderung noch die griechische Weisheitssuche die Integrale der
christlichen Gemeinde. Für sie gilt vielmehr: »wir aber verkündi-

gen Christus, den Gekreuzigten«. Mit »wir« sind hier nicht die
Apostel oder Verkündiger gemeint, sondern die gesamte Gemeinde. Was sie verkündet und der Welt zu bieten hat, ist »Christus, der Gekreuzigte« (zur perfektischen Form ›estaurōmenos‹
s. *R. Baumann, Mitte 104f). Diese Konzentration auf das Kreuz
will weder die Bedeutung des Lebens des irdischen Jesus schmälern
noch die Auferstehung ausklammern. Wenn es um christliche
Lebensgestaltung geht, greift Paulus selbst auf Worte des Irdischen
zurück (in 1 Kor z. B.: 7,10f). Ohne das Auferstehungskerygma
würde Paulus nicht vom gekreuzigten Messias reden können.
Dennoch, in soteriologischer Hinsicht ist für Paulus der Tod Jesu
am Kreuz die entscheidende Heilstat (vgl. *H. Merklein, Bedeutung 49−54). Das Kreuz »bleibt ... die Signatur des Auferstande-
nen« (E. Käsemann, Heilsbedeutung 102; vgl. P. Stuhlmacher,
Thesen 511f.515f.520f; zu U. Wilckens, Kreuz und Weisheit 84−
89, vgl. *L. Schottroff, Der Glaubende 195f).
Mit der Betonung des Gekreuzigten ist zugleich festgestellt,
warum Zeichenforderung und Weisheitssuche christlich ungeeig-
net sind. Ein gekreuzigter Messias ist kein Beglaubigungszeichen
und kein Bild zur Verkörperung der Weisheit. Ein Gekreuzigter ist
− so stellt V. 23b fest − »den Juden ein Anstoß und den Heiden
eine Torheit« (zum Kreuzestod in der Antike vgl. E. Brandenburger, Σταυρός 19-26; M. Hengel, Mors; H.-W. Kuhn, Jesus; zur
Art und Weise der Kreuzigung: H.-W. Kuhn, Der Gekreuzigte).
Für die Einschätzung des Kreuzestodes in der nicht-jüdischen Welt
genügt es, auf die Worte Ciceros in seiner Rede für Rabirius (pro
Rabirio 5,16) aus dem Jahre 63 v. Chr. zu verweisen:

Wenn schließlich der Tod angedroht wird, so wollen wir (wenigstens) in
Freiheit sterben, doch der Henker, die Verhüllung des Kopfes und schon
das bloße Wort Kreuz sei ferne nicht nur von Leib (und Leben) der
römischen Bürger, sondern auch von (ihren) Gedanken, Augen und Ohren.
Denn von all diesen Dingen ist nicht nur der Vollzug und das Erleiden,
sondern schon die Möglichkeit, die Erwartung, ja selbst die Erwähnung
eines römischen Bürgers und freien Mannes unwürdig.

Der römisch-heidnischen Welt dürfte daher ein gekreuzigter Erlöser weithin als ›superstitio prava immodica‹ - als »wüster, maßloser
Aberglaube« − erschienen sein (vgl. Plinius min., Ep. X,96,8).
Doch auch in der jüdischen Welt traf die Rede von einem gekreuzigten Messias keineswegs auf ein bereitstehendes Vorstellungs-
schema, das nur aufgegriffen werden mußte. Im Gegenteil! Die

Kreuzigung war eine an sich unjüdische Strafe. Sie stammt aus der heidnischen Umwelt und wurde im jüdischen Raum erst in hasmonäischer Zeit gelegentlich angewendet. Josephus berichtet, daß Alexander Jannai im Jahre 88 v. Chr. 800 Pharisäer, die einen Putsch gegen ihn anführten, habe kreuzigen lassen (Jos. Bell 1,97f; Ant 13,380-383; vgl. 4 QpNah I,4-9). Auffällig ist, daß seit Beginn der Römerherrschaft im Jahre 63 v. Chr. bis zum jüdischen Krieg »alle uns bekannten Kreuzigungen in diesem Land, soweit das feststellbar ist, von Römern vorgenommen« wurden (*H.-W. Kuhn*, Jesus 4). »Als jüdische Todesstrafe« scheint die Kreuzigung in dieser Zeit – und das gilt auch für die Regierung des Herodes – zumindest in der Praxis »verpönt« gewesen zu sein (*M. Hengel*, Mors 177). Um so bemerkenswerter ist, daß die Rechtstheorie Qumrans (priesterlich-sadduzäisches Recht?) die Kreuzigung vorsah, und zwar als Strafe für Volksverrat (11 QTemple 64,6b–13a), wobei der Kreuzestod im Anschluß an Dtn 21,22f als Fluchtod interpretiert wurde: »Verfluchte Gottes und der Menschen sind ans Holz Gehängte« (64,12). Dies unterstreicht noch einmal die Schmählichkeit, die dem Kreuzestod aus jüdischer Sicht anhaftete. Selbstverständlich läßt sich daraus nicht folgern, daß jüdischerseits jeder Gekreuzigte als Verfluchter betrachtet wurde (dies betont *G. Friedrich*, Verkündigung 122–130, zu Recht). Doch bestand zumindest die Gefahr, daß ein gekreuzigter Messias in dieser Weise interpretiert und damit abgelehnt wurde, wie dies der (allerdings spätere) Dialog Justins mit dem Juden Tryphon belegt (89,2; 90,1). Paulus selbst stellt sich mutig der auch von Qumran bezeugten Auslegungstradition von Dtn 21,22f und hält in Gal 3,13 den Gekreuzigten ausdrücklich als Verfluchten fest – mit der Folge, daß er die Funktion des Gesetzes völlig neu definieren muß (vgl. dazu: *H. Merklein*, Bedeutung). Auch wenn die Gesetzesthematik in Korinth keine Rolle gespielt haben dürfte, so zeigen die von Paulus gezogenen Konsequenzen doch, wie sehr ein gekreuzigter Messias traditionelles jüdisches Denken brüskierte, zumal dann, wenn man – wie Paulus – dessen Bedeutung geradezu auf sein Gekreuzigtsein konzentrierte. Nimmt man dann noch als jüdischen Parameter die Forderung von (messianischen Beglaubigungs-) Zeichen, dann war ein gekreuzigter Messias in der Tat kaum mehr zu akzeptieren. In dieser Hinsicht unterscheidet sich jüdische Zeichenforderung nicht von griechischer Weisheitssuche. Beide sind nicht willens und innerhalb der von ihnen aufgestellten Hermeneutik wohl auch nicht fähig, die Verkündigung des Gekreuzigten als Heilsbotschaft zu erkennen. Für Paulus ist eine derartige

Hermeneutik allerdings Ausdruck einer menschlichen Weisheit, der das ›skandalon‹ (der Anstoß) und die Torheit des Kreuzes zur eschatologischen Krisis werden (vgl. *K. Müller*, Anstoß 105−107; **F. Froitzheim*, Christologie 69−72). Den Gekreuzigten als Offenbarung Gottes zu begreifen ist letztlich nur denen möglich, die Gott berufen hat (V. 24). Mit dem Stichwort der »Berufenen« greift Paulus auf die Aussage von V. 18 zurück, wo derselbe Sachverhalt unter dem Gesichtspunkt der göttlichen Rettung zur Sprache gekommen war. Die anthropologische Kehrseite der Berufung ist der Glaube (vgl. V. 21b). Für die Berufenen bzw. Glaubenden ist der gekreuzigte Christus »Gottes Kraft und Gottes Weisheit«. Um eine Gleichsetzung Christi mit einer hypostasierten Weisheit geht es Paulus dabei nicht (vgl. *Conzelmann*; *ders.*, Paulus 182−184; *H. Windisch*, Weisheit 225f; **L. Cerfaux*, Christus 172−174; *A. van Roon*, Relation 222f; **R. Baumann*, Mitte 108−111; *S. Cipriani*, Cristo; *ders.*, »Sapientia crucis«). Das zeigt schon die Verbindung mit »Kraft Gottes«. »Kraft Gottes« und »Weisheit Gottes« sind die Gegenbegriffe zu den von den Juden geforderten »Zeichen« und der von den Griechen gesuchten »Weisheit«. Die Identifizierung, die Paulus hier vornimmt, will den gekreuzigten Christus als Inbegriff der machtvollen Weisheit Gottes ausweisen, die *menschliches* Bemühen als vergeblich erscheinen läßt und als *göttliche* Weisheit und als *göttliche* Kraft *heilsame* Macht und Weisheit zum *Heile* ist. Der Gekreuzigte, der einerseits das Fordern der Juden und das Suchen der Griechen als vergeblich zusammenschließt, eröffnet somit andererseits eine beiden gemeinsam offenstehende Möglichkeit des Heils. Die Polarisierung der Welt in Juden und Heiden fällt dahin. Die Berufung gilt Juden *und* Heiden und schafft gegenüber der bisherigen gespaltenen Menschenwelt ein neues Geschlecht (vgl. die neue Schöpfung von 2 Kor 5,17 bzw. die »Gemeinde Gottes« in 10,32).

Sofern die Korinther das Wort vom Kreuz als die Quintessenz christlicher Botschaft anerkennen, können sie sich in den Oppositionen der VV. 22-24 nur auf die Seite des Gekreuzigten bzw. der Berufenen stellen, und zwar nicht nur, weil sie sich als Glaubende verstehen, sondern auch, weil sie im weltlichen Urteil über den Gekreuzigten (V. 23b) Paulus recht geben müssen. Dann aber müssen sie nolens volens auch einsehen, daß ihr Streit, der sich am Kriterium der Weisheit entzündet hat, deplaziert ist.

Vers 25 greift die mit »Kraft Gottes« und »Weisheit Gottes« in V. 24 gemeinten Sachverhalte in chiastischer Reihenfolge auf und erläutert, warum das törichte und anstößige Wort vom Kreuz doch Gottes Kraft und Gottes Weisheit sein kann. In paradoxer Weise wird vom »Törichten bzw. Schwachen Gottes« gesprochen. Inhaltlich gemeint ist das, was in den Augen der Welt an Gott töricht bzw. schwach erscheint. Die Ausdrucksweise unterstreicht die ganze Perversität menschlicher Weisheit, die sich vor dem Kreuz genötigt sieht, Gott als töricht und schwach zu prädizieren. Doch dieses Törichte und Schwache Gottes ist »weiser bzw. stärker als die Menschen«. Für die Berufenen ist diese Aussage mehr als eine theologische Theorie. Sie haben in ihrer Berufung die rettende Kraft Gottes erfahren, die es ihnen erlaubt, die Torheit des Wortes vom Kreuz als Gottes Weisheit zu akzeptieren.

Von da aus ist es kein Zufall, daß der nächste Abschnitt 1,26-31 bei den konkreten Umständen der Berufung einsetzt und daran die grundsätzlichen Ausführungen von 1,18-25 exemplifiziert.

Die Gestalt der Gemeinde
1,26-31

26 Seht doch auf eure Berufung, Brüder: (Da sind) nicht viele Weise dem Fleische nach, nicht viele Mächtige, nicht viele Wohlgeborene. 27 Vielmehr, das Törichte (in) der Welt erwählte Gott, damit er die Weisen zuschanden mache, und das Schwache (in) der Welt erwählte Gott, damit er das Starke zuschanden mache, 28 und das Niedriggeborene (in) der Welt und das Verachtete erwählte Gott, das Nicht-Seiende, damit er das Seiende zunichte mache, 29 auf daß sich kein Fleisch vor Gott rühme. 30 Von ihm her (wörtl.: Aus ihm) seid ihr in Christus Jesus, der uns (zur) Weisheit von Gott (her) wurde, (zur) Gerechtigkeit, Heiligung und Erlösung, 31 damit (geschehe), wie geschrieben steht: *Wer sich rühmt, rühme sich* des (wörtl.: im) Herrn.

Literatur: H.-D. *Betz*, Der Apostel Paulus und die sokratische Tradition. Eine exegetische Untersuchung zu seiner »Apologie« 2 Korinther 10-13 (BHTh 45), Tübingen 1972; D. A. *Black*, Paul (s. Lit. zu 1,18-25) 97−100; J. *Bohatec*, Inhalt und Reihenfolge der »Schlagworte der Erlösungsreligion« in 1. Kor. 1,26-31: ThZ 4 (1948) 252−271; H. *Hübner*, Der vergessene Baruch. Zur Baruch-Rezeption des Paulus in 1 Kor 1,18-31: SNTU, Serie A, 9 (1984) 161−175; E. *Käsemann*, Erwägungen zum Stichwort »Versöhnungslehre im Neuen Testament«, in: E. *Dinkler (Hrsg.)*, Zeit und Geschichte. FS R. Bultmann, Tübingen 1964, 47−59; E. *Norden*, Agnostos Theos. Untersuchungen zur Formengeschichte religiöser Rede, Darmstadt 1971 (Nachdr. der Ausg. Stuttgart ⁵1923); G. R. *O'Day*, Jeremiah 9:22-23 and 1 Corinthians 1:26-31. A Study in Intertextuality: JBL 109 (1990) 259−267; A. *Oepke*, Art. λούω κτλ., in: ThWNT IV 297−309; D. *Sänger*, Die δυνατοί in 1 Kor 1,26: ZNW 76 (1985) 285−291; J. *Sánchez Bosch*, ›Gloriarse‹ segun San Pablo. Sentido y teología de καυχάομαι (AnBib 40), Rome − Barcelona 1970; N. *Schneider*, Die rhetorische Eigenart der paulinischen Antithese (HUTh 11), Tübingen 1970; U. *Schnelle*, Gerechtigkeit und Christusgegenwart. Vorpaulinische und paulinische Tauftheologie (GTA 24), Göttingen ²1986; P. *Stuhlmacher*, Gerechtigkeit Gottes bei Paulus (FRLANT 87), Göttingen 1965; W. *Thüsing*, Rechtfertigungsgedanke und Christologie in den Korintherbriefen, in: J. *Gnilka (Hrsg.)*, Neues Testament und Kirche. FS R. Schnackenburg, Freiburg − Basel − Wien 1974, 301−324; W. *Wuellner*, The Sociological Implications of I Corinthians 1:26-28 Reconsidered, in: E. A. *Livingstone (Hrsg.)*, StEv VI. Papers presented to the Fourth International Congress on New Testament Studies held at Oxford 1969 (TU 112), Berlin 1973, 666−672; *ders.*, Ursprung und Verwendung der σοφός-, δυνατός-, εὐγενής-Formel in 1 Kor 1,26, in: E. *Bammel u. a. (Hrsg.)*, Donum Gentilicium. FS D. Daube, Oxford 1978, 165−184; *ders.*, Tradition and Interpretation of the »Wise-Powerful-Noble« Triad in I Cor 1,26, in: E. A. *Livingstone (Hrsg.)*, StEv VII. Papers presented to the Fifth International Congress on New Testament Studies held at Oxford 1973 (TU 126), Berlin 1982, 557−562.

1. Zur Übersetzung

Zu der Übersetzung von ›blepete *gar*‹ im folgernd-fortführenden Sinn von »seht *doch*« vgl. *Bauer*, s. v. 3 und 4. Einen völlig gegenteiligen Sinn bekäme V. 26, wenn man mit W. *Wuellner* ›blepete ... *hoti ou* polloi ...‹ nicht als negative Feststellung, sondern als Frage verstehen wollte, die eine positive Antwort erwartet

(Implications 667f; vgl. *G. R. O'Day*, Jeremiah 9:22-23, 263-266),
etwa in dem Sinn: »Seht doch auf die Zeit, als ihr berufen wurdet:
Wie viele von euch waren Weise ...«. Doch ist diese »grammatische« Möglichkeit keineswegs zwingend (vgl. *Fee*). Gegen sie
spricht vor allem, daß »erwählen« in VV. 27f dann zwar als
Explikation von V. 20b (»zu Torheit machen«) (a.a.O. 669), kaum
aber als Parallele zur »Berufung« von V. 26 verstanden werden
kann. Im übrigen würde man bei solch grundsätzlichem Gehalt
von V. 26 nicht das einschränkende »viele«, sondern »alle« erwarten. Tatsächlich fühlt sich *W. Wuellner* auch genötigt, ›polloi‹ »im
semitischen Sinn von ›pantes‹« zu verstehen (Ursprung 180; vgl.
ders., Implications 668). Meines Erachtens unterstreicht das nur
die konstruktivistische Art der Argumentation.
Bei der Übersetzung von V. 31 ist hier eine Ellipse vorausgesetzt
(vgl. BDR § 480[9]) und ›genētai‹ (»geschehe«) ergänzt (man
könnte auch ›plērōtēi‹ = »erfüllt werde« ergänzen) (so auch: LB,
ZB). Man könnte jedoch auch annehmen, daß das Zitat an die Stelle
eines von »damit« abhängigen Konjunktiv-Satzes getreten ist (vgl.
BDR § 470,2[3]): »damit, wie geschrieben steht, der sich Rühmende sich des Herrn rühme«.

2. Analyse

2.1 Syntaktische Analyse

Der Text besteht aus relativ einfachen Segmenten. In den VV. 27f
findet sich 6mal das Grundmuster des Satztypus: ›Subjekt + Prädikat + Akkusativ-Objekt‹. Präpositionalwendungen tauchen erst ab
V. 29 auf. Auffällig sind die vielen Finalsätze: mit »damit« (›hina‹)
(VV. 27 [2mal].28.31) oder »auf daß« (›hopōs‹) (V. 29). Am
markantesten sind jedoch die *Parallelismen*, die unter syntaktischer
Rücksicht durchweg als synthetische zu bezeichnen sind. Parallelismen auf Begriffsebene finden sich in V. 26b (»nicht viele
Weise ..., ... Mächtige, ... Wohlgeborene«) und in V. 30 (»Weisheit, Gerechtigkeit, Heiligung, Erlösung«). Die VV. 27f bestehen
aus drei parallel gebauten Sätzen, die jeweils wieder aus sich
entsprechenden Haupt- und Nebensätzen zusammengesetzt sind.

2.2 Semantische Analyse

Für die semantische Analyse sind zunächst die (syntaktischen) Parallelismen interessant. Die drei parallelen Begriffe in V. 26b sind semantisch als fortlaufende Substitution zu verstehen. Das gleiche gilt für die vier Parallelbegriffe in V. 30, die sich gegenseitig erklären. Ebenfalls als sukzessive Substitution sind in VV. 27f die drei synthetisch parallelen Sätze zu werten.

Je für sich stellen diese Sätze wieder Oppositionen zu den drei Parallelbegriffen des V. 26b dar. Da sie zudem noch in sich eine Opposition bergen, ergibt sich für die VV. 26-28 eine doppelte Opposition, die sich folgendermaßen formalisieren läßt:

(Gemeinde) vs	*Gott* vs	*(Welt)*
V. 26b	**V. 27** Gott *erwählte*	damit *er zuschanden mache*
nicht viele Weise dem Fleische nach	das Törichte (in) der Welt	die Weisen
	Gott *erwählte*	damit *er zuschanden mache*
nicht viele Mächtige	das Schwache (in der Welt)	das Starke
	V. 28 Gott *erwählte*	damit *er zunichte mache*
nicht viele Wohlgeborene	das Niedriggeborene (in) der Welt, das Verachtete, das Nicht-Seiende	das Seiende

Betrachten wir zunächst *die Oppositionen der ersten und zweiten Spalte*: Der mit einer (partiellen) Negation umschriebene (soziale) Status der Gemeinde (V. 26b = erste Spalte) wird begründet mit der *Erwählung* Gottes (3mal »erwählte Gott«: zweite Spalte). Als Objekt des göttlichen Erwählens realisiert der Text die (sub-)-

kontråren Oppositionen zu den (positiven) Begriffen von V. 26b
(›weise vs töricht‹, ›mächtig vs schwach‹, ›wohlgeboren vs niedrig-
geboren‹), allerdings nicht in der maskulinischen, sondern in der
neutrischen Form. Die (sub-)kontråren Begriffe werden durchweg
durch den Genitiv »der Welt« semantisch eindeutig gemacht; bei
den Ausgangsbegriffen hat dies nur beim ersten eine Entsprechung:
»Weise *dem Fleische nach*«. Der dritte (sub-)kontråre Begriff »das
Niedriggeborene der Welt« wird durch weitere Begriffe (»das
Verachtete«, »das Nicht-Seiende«) aufgefüllt und semantisch expliziert.

Für *die Oppositionen der zweiten und dritten Spalte* ergibt sich
folgender Befund: Den oppositionellen Begriffen der zweiten
Spalte werden nun weitere Opposita gegenübergestellt (dritte
Spalte), um das (negative) Ziel der Erwählung anzugeben. Unter
kontrårem bzw. subkontrårem Gesichtspunkt müßten wieder die
Begriffe der ersten Spalte auftauchen, die neutrische Formulierung
der zweiten Spalte vorausgesetzt, dann allerdings in neutrischer
Version. Der tatsächliche Textbefund bietet sich jedoch etwas
anders dar. Neutrisch ist nur die zweite und dritte Opposition
realisiert (»das Starke«, »das Seiende«). Die erste Opposition ist
maskulinisch formuliert, wobei der entgegengesetzte Begriff wieder den Ausgangsbegriff aufnimmt. Die zweite und dritte Opposition kehrt nicht zu den Ausgangsbegriffen zurück. Die zweite
Opposition realisiert zu »das Schwache« einen anderen (sub-)kon-
tråren Begriff: »das Starke«. Die dritte Opposition bezieht sich
nicht auf »das Niedriggeborene«, sondern realisiert die Opposition
zum explikativen »das Nicht-Seiende«, und zwar in kontradiktori-
scher Weise: »das Seiende«. Das heißt: die Opposition wird zunehmend ausschließlicher. Dem entspricht die Steigerung von
»zuschanden mache« zu »zunichte mache«.

Für die Bewertung der folgenden Verse ist die Beobachtung sehr
wichtig, daß die VV. 30f eine semantische Parallele zu den VV. 27-
29 darstellen. Man erkennt dies am deutlichsten an den jeweiligen
Schlußsätzen, die einen antithetischen Parallelismus bilden: Dem
Verdikt des Sich-Rühmens (V. 29) wird die Aufforderung, sich des
Herrn zu rühmen, gegenübergestellt (V. 31). In diesem Zusammenhang sind die Präpositionalwendungen von Bedeutung. Daß
das »Fleisch« nichts zu rühmen hat, liegt daran, daß *»vor* Gott«
nur bestehen kann, wem Gott Bestand gibt bzw. wen er »erwählt«.
Oder anders ausgedrückt: Weil der Mensch, sofern er sich nicht auf
Gottes Erwählung stützen kann, nur (vergehendes) Fleisch ist,
kann es kein Rühmen des Fleisches vor Gott geben; »vor Gott«

zählt nur Erwählung! Die in VV. 27f geschilderte Erwählung
Gottes wird in V. 30 christologisch gefaßt. Dem »Erwählen«
entspricht das Sein »*in* Christus Jesus«, das aufgrund göttlicher
Initiative (»*von* ihm *her*«) zustande kommt (vgl. auch »*von* Gott
[*her*]«). Daraus ergibt sich dann die Aussage von V. 31: Wenn »vor
Gott« nur die Erwählung zählt, kann sich in der Tat nur rühmen,
wer »in Christus« ist; dies jedoch ist kein Selbstruhm, sondern der
Ruhm Gottes »im Herrn«.

Bemerkenswert ist, daß die in 1,26-31 verwendete Begrifflichkeit
Zusammenhänge mit geprägten religiösen Sprachmustern erkennen
läßt und teilweise auch davon beeinflußt ist. Insbesondere ist auf
Jer 9,22f zu verweisen, woraus in V. 31 (vgl. V. 29) dann auch
zitiert wird (dazu zuletzt: *G. R. O'Day*, Jeremiah 9:22-23). Aber
auch die VV. 26-28 finden in der negativen Folie von Jer 9,22
(»Weise«, »Starke«, »Reiche«) eine Entsprechung. Schon etwas
weiter entfernt liegt Dtn 10,17-21, das Philo – wohl ebenfalls
unter Rückgriff auf Jer 9,22f – zu einer Deutung veranlaßt, die mit
den Ausführungen des Paulus vergleichbar ist (SpecLeg I 308.311;
Virt 173f; vgl. *J. Bohatec*, Inhalt 257f). Auf weitere Querverbin-
dungen zur biblisch-jüdischen Tradition hat *W. Wuellner* aufmerksam gemacht (Ursprung 168–175; *ders.*, Tradition; vgl. weiter:
J. Sánchez Bosch, Gloriarse 4–86; *H. Hübner*, Baruch 163f, zu
»erwählen«). Doch auch in der klassischen und hellenistischen (vor
allem philosophischen) Literatur lassen sich Parallelen finden
(**J. Munck*, Paulus 155f Anm. 68; *H.-D. Betz*, Apostel Paulus 96f). Zur Frage einer möglichen Benutzung eines Florilegiums
oder einer midraschartigen Vorlage siehe zu 1,18-25 unter 2.2.
Unmittelbare traditionsgeschichtliche Schlußfolgerungen bleiben
in jedem Fall relativ unsicher.

Auch sollte nicht übersehen werden, daß die Begriffe und Vor-
stellungsmuster, selbst wenn sie traditionell vorgeprägt sind, im
Kontext des 1 Kor einem aktuellen Kommunikationsgeschehen
ein- und untergeordnet sind. Dies setzt eine zumindest teilweise
Kongruenz mit den tatsächlichen Zuständen in Korinth voraus
(vermittelnd: **J. Theis*, Paulus 186f). Eine rein theologische Erklärung, die soziologische Implikationen gänzlich ausscheiden will
(*W. Wuellner*, Implications 672), schießt daher weit über das Ziel
hinaus.

2.3 Pragmatische Analyse

Der Text ist, wie das einleitende »Seht doch« verdeutlicht, folgernd und damit zugleich begründend: Weil es sich mit dem »Wort vom Kreuz« so verhält, wie Paulus in 1,18-25 ausgeführt hat, *deshalb* sieht die Gemeinde so aus, wie sie tatsächlich ist (V. 26). Umgekehrt gilt aber auch: An der tatsächlichen Gestalt der Gemeinde können die Korinther »sehen«, daß Paulus mit den Ausführungen von 1,18-25 recht hat. Der Text dient also der Exemplifizierung von 1,18-25. Dabei geht es weniger um einen strikt argumentativen Beweisgang. Der Blick auf die eigene Berufung soll die Gemeinde »bewegen« (movere!). Sie soll erkennen, daß nicht menschliche Kriterien entscheidend sind, sondern allein die *Erwählung* Gottes (VV. 27f.30). Ein Rühmen ist daher ausgeschlossen bzw. nur möglich, wenn es sich auf den Herrn bezieht (VV. 29.31). Wo aber menschliche Kategorien des Rühmens entfallen, entfällt auch das Konkurrenzdenken. Die Rivalitäten der Korinther mißachten daher letztlich Gott, auf dessen erwählendes Handeln es allein ankommt.

Die rhetorische Qualität des Abschnitts, insbesondere der VV. 26-29, ist umstritten. Im Gegenzug zu der äußerst positiven Würdigung durch *F. Blaß* (zitiert und übernommen von *Weiß*) bemerkte *E. Norden*, daß »diese ›Periode‹ ... jeder griechische Redner und Rhetor ›höchlichst‹ als Monstrum bezeichnet haben« würde (Agnostos Theos 356). Doch ist der Vorschlag *E. Nordens*, zum Vergleich auf »das Semitische der LXX« anstatt auf »hellenistische(n) Stilformen« zurückzugreifen (a.a.O. 357), selbst wenig hilfreich, da er der sprachgeschichtlichen Entwicklung nicht genügend Rechnung trägt (vgl. *N. Schneider*, Eigenart 46f). Was *F. Blaß* und *Weiß* als höchste Rhetorik preisen, ist im Grunde ein äußerst elaboriertes *semantisches* System, dessen rhetorische Wirksamkeit aber nicht nur vor dem Hintergrund rhetorischer Stilformen, sondern mehr noch im Kontext der akuten korinthischen Kommunikationssituation zu beurteilen ist.

3. Einzelerklärung

Vers 26: Mit einem diatribischen Imperativ (*R. Bultmann*, Stil 86; indikativisch übersetzen *Schlatter* und *Barrett*) verweist Paulus die Gemeinde auf ihre »Berufung«. Damit könnte der Status des Berufen-Seins wie auch der Akt des Berufen-Werdens gemeint sein. Der Kontext läßt eher an das letztere denken (vgl. *Bauer*; *Weiß, Conzelmann*). V. 26b enthält in gewisser Weise eine soziologische Beschreibung der Gemeinde. Die Zufügung »dem Fleische nach« stellt sicher, daß Paulus von weltlichen Kategorien sprechen will. Die »Weisen dem Fleische nach« sind diejenigen, die sich auf »die Weisheit der Welt« (V. 20) verstehen und deshalb in den Augen der Welt als Weise gelten. Die beiden anderen Gruppenbezeichnungen – die »Mächtigen« und die »Wohlgeborenen« – übersteigen den unmittelbaren Rahmen der eigentlich auf »Weisheit« ausgerichteten Darlegungen, gehören insofern aber doch in ihn hinein, als politische und wirtschaftliche Macht und vornehme Abkunft Kategorien einer weltlichen Werteskala darstellen.

Eigens vermerkt Paulus, daß es »nicht viele« Weise, Mächtige und Vornehme waren, die berufen wurden. Dies erlaubt einen, wenngleich bescheidenen Blick auf die Sozialstruktur der Gemeinde und läßt erkennen, daß es in ihr eben doch auch gebildete, einflußreiche und vornehme Leute gegeben hat (vgl. *G. Theißen*, Schichtung 232–234; *D. Sänger*, δυνατοί). Torheit, Schwäche oder mangelndes Ansehen sind also nicht schon in sich Heilsfaktoren. Entscheidend ist vielmehr die Berufung, der auf seiten des einzelnen – unabhängig von seinem gesellschaftlichen Rang – die Glaubensentscheidung entspricht. Unter dieser Rücksicht gilt dann allerdings doch das grundsätzliche Urteil von VV. 27f, das der weltlichen Werteskala zuwiderläuft.

Verse 27f: »Das Törichte, Schwache, Niedriggeborene (zum Plural im Griech. vgl. BDR § 138,1[1]) ›tou kosmou‹« meint nicht »das Törichte ... *der* Welt«, sondern »das *in den Augen der Welt* Törichte, Schwache und Niedriggeborene«. Die neutrische Realisierung der oppositionellen Begriffe läßt erkennen, daß Paulus nicht bei einer soziologischen Beschreibung der Gemeinde stehenbleiben will. V. 26b sollte nur veranschaulichen. Der Verweis auf die Erfahrung der Gemeinde sollte nur eine Hilfe sein, um die grundsätzliche Gesetzmäßigkeit göttlicher Erwählung zu erkennen und anzuerkennen (VV. 27f): Gott erwählt immer das Törichte

und Schwache und nicht das in den Augen der Welt Weise und
Starke. Dieser Grundsatz gilt auch, wenn Gott — um auf V. 26b
zurückzukommen — einige weltlich Weise, Mächtige und Vornehme erwählt. Denn ihrer Berufung können diese Weisen, Mächtigen und Vornehmen nur entsprechen, wenn sie das (in den Augen
der Welt) törichte Wort vom Kreuz annehmen, die Kategorien der
Welt als unmaßgeblich über den Haufen werfen und sich die
Erwählungskategorien Gottes zu eigen machen. Das törichte Wort
vom gekreuzigten Christus, durch das es Gott gefiel, die Glaubenden zu retten (V. 21b), ist letztlich der Grund, daß Paulus so
grundsätzlich urteilen muß, wie er es in den VV. 27f tut. Der
gekreuzigte Christus veranlaßt Paulus wohl auch, das Objekt der
dritten Erwählungsaussage zu ergänzen und den soziologischen
Begriff des »Niedriggeborenen« theologisch zu explizieren. Mit
der steigernden Aussage, daß Gott das »Verachtete« und letztlich
das »Nicht-Seiende« erwählt, ist exakt auf den Punkt gebracht, daß
Gott das Heil durch den Gekreuzigten wirkt. Das Wort vom
Kreuz ist selbst das Konzentrat dessen, was die Welt verachtet und
für Nichts hält.

So wird deutlich, daß Gott das Törichte und Nichtige in den
Augen der Welt geradezu deswegen erwählt, »damit« er weltliche
Weisheit und Stärke zuschanden macht und überhaupt, was in den
Augen der Welt etwas »ist«, vernichtet. Daß Paulus im Gegenzug
zur Erwählung des »Törichten« nicht neutrisch (wie bei den anderen Oppositionen der VV. 27f), sondern maskulinisch von der
Beschämung der »Weisen« spricht, könnte pragmatisch bedingt
sein. Die Korinther, die sich als »Weise« aufspielen, sollen erkennen, in welches theologische Abseits sie sich damit manövrieren.
Die Beschämung (griech.: ›kataischynein‹) ist nicht psychologisch
im Sinne des Sich-Schämens zu interpretieren; Paulus will vielmehr
sagen, daß die Weisen und das Starke der Schande ausgeliefert,
zuschanden gemacht werden. Am Ende spricht er denn auch
davon, daß das Seiende »zunichte gemacht« wird.

Diese vernichtende Konsequenz göttlicher Erwählung kommt
offen erst im Endgericht zum Durchbruch, wenn endgültig fest-
steht, wer gerettet und wer verloren ist (vgl. V. 18). Für den
Glaubenden ist davon aber bereits die Gegenwart geprägt. Glauben
heißt ja geradezu, für nichts zu erachten, was nach dem Urteil der
Welt Sein konstituiert (vgl. Phil 3,7f), bzw. alles auf Gott zu
setzen, der das Seiende zunichte macht und das Nicht-Seiende
erwählt (vgl. Röm 4,17).

Vers 29: So ist sichergestellt, daß »kein Fleisch sich vor Gott rühmen« kann. Die Aussage intoniert bereits das Zitat von V. 31. Mit »Fleisch« ist hier die Menschenwelt gemeint, und zwar in ihrer Totalität (griech.: ›pasa sarx‹). Als Fleisch ist der Mensch hinfällig und dem Tod verfallen. Dennoch versucht er, sich zu behaupten und seiner fleischlichen Existenz mit allen möglichen Mitteln Bestand zu geben. Und indem er sich dieser Versuche noch rühmt, täuscht er sich über deren Aussichtslosigkeit hinweg. Das Wort vom Kreuz entlarvt die Sinnlosigkeit derartiger fleischlicher Anstrengungen. Es deckt in aller Schonungslosigkeit die wahre Situation des Fleisches auf und verspricht das Heil gerade im Verzicht auf alle Selbstbehauptung, deren sich das Fleisch sonst rühmt.

Daß Paulus die Zerschlagung fleischlichen Selbstruhms direkt als beabsichtigte Folge (»auf daß«) des erwählenden und richtenden Tuns Gottes (VV. 27f) darstellt, hat — wie bereits gezeigt — seinen sachlichen Grund in der Paradoxie des Kreuzes, dürfte aber auch pragmatisch bedingt sein. Denn indem Paulus den Selbstruhm so fundamental von Gott her ausschließt, macht er den Korinthern klar, in welch unmögliche Gefilde sie sich begeben, wenn sie in rivalisierenden Gruppen die jeweils bessere Form der Weisheit für sich beanspruchen. Damit pervertieren sie die christliche Botschaft, die an das Wort vom Kreuz gebunden ist und einen Konkurrenzkampf nach Art menschlicher Weisheit nicht zuläßt. Ihr Parteienstreit ist in Wahrheit ein fleischliches Sich-Rühmen, das »vor Gott« ausgeschlossen ist.

Vers 30: Vor Gott zählt nur die gläubige Annahme *seiner* Heilstat. Der Glaube läßt »in Christus Jesus«, im Heilsbereich des Christus Jesus sein. Doch ist dieser Glaube selbst wieder kein Produkt menschlicher Bemühung, so daß man damit konkurrieren könnte. Daß die Korinther in Christus Jesus sind, ist vielmehr durch Gottes Initiative veranlaßt und durch Gottes Tat bewirkt. »Von Gott her« (wörtl.: »Aus ihm«) sind sie in Christus. Noch pointierter wäre die göttliche Tat (als Schöpfertat) herausgestellt, wenn man »ihr seid« als selbständige Aussage nimmt, die dem »Nicht-Sein« von V. 28 entgegengesetzt sein will (vgl. *Weiß*; *Schlatter*; zur Sache: *U. Wilkens*, Weisheit 43; *L. Schottroff*, Der Glaubende 179). Doch ist damit der Text wohl überfordert, zumal dann »in Christus« nur lose angeschlossen sein könnte. So wird man doch »ihr seid in Christus« zusammennehmen müssen und »von Gott her« als die Begründung der Tatsächlichkeit und die Bedingung der Möglichkeit des »Seins in Christus« verstehen.

Diese Möglichkeit hat Gott dadurch geschaffen, daß er den gekreuzigten Christus zur (heilsamen) Weisheit gemacht hat. Eben deshalb ist der Gehorsam des Glaubens die einzig angemessene Antwort. Nur den Glaubenden − »uns« − ist es überhaupt möglich,
den gekreuzigten Christus als »Weisheit von Gott (her)« zu ergrei-
fen. Obwohl Paulus mit dem Relativsatz primär auf den einmaligen
Akt der Heilstat Gottes abzielt (vgl. den Aorist ›egenēthē‹!), ist die
Qualifikation des »von Gott (her)« die bleibende Grundlage des
Glaubens. Denn auch für den Glaubenden wird der Gekreuzigte
nicht zur Weisheit, die menschlicher Einsicht und menschlichen
Kriterien zugänglich wäre. »Weisheit« ist der gekreuzigte Christus
immer nur, sofern man diese Weisheit als »Weisheit von Gott
(her)« glaubt.

Den Begriff der »Weisheit«, der formal dem korinthischen Konflikt entnommen ist, ergänzt Paulus noch durch weitere (traditionelle) Begriffe: In gewisser Weise stellen sie eine Antithese zu dem
»Schwachen«, »Niedriggeborenen« und »Nicht-Seienden« von
VV. 27f dar (so: *J. Bohatec*, Inhalt 259−270). Doch ist damit ihre
Bedeutung nur unzureichend erfaßt. Letztlich geht es um das
Erlösungsgeschehen. Insofern sind die Begriffe eine Explikation
des göttlichen »Erwählens« (VV. 27f) und dienen der soteriologischen Qualifizierung der »Weisheit« (vgl. *Fee*). Sofern die Gläubigen, für die Christus zur »Gerechtigkeit, Heiligung und Erlösung«
wurde, selbst zu Gerechtgemachten, Geheiligten und Erlösten
geworden sind, ist die Aufzählung vergleichbar mit 6,11: »Ihr seid
reingewaschen (›apelousasthe‹), ihr seid geheiligt (›hēgiasthēte‹), ihr
seid gerecht gemacht (›edikaiōthēte‹)«. In zwei Punkten gibt es
sogar direkte Übereinstimmungen: in dem Begriff der »Heiligkeit«, der aus dem kultischen Bereich stammt, und in dem Begriff
der »Gerechtigkeit«, der auf das Ethos (im Sinne des rechten
Gottesverhältnisses) rekurriert. Anstelle des »Reinwaschens«,
einer im rituellen Kontext beheimateten Begrifflichkeit (vgl.
A. Oepke: ThWNT IV 289−304), steht in 1,30 allerdings die
»Erlösung«, die trotz lautlicher Ähnlichkeit (›apelousasthe‹
− ›apolytrōsis‹) einen anderen Hintergrund hat. Der griechische
Begriff meint eigentlich die »Loskaufung eines Gefangenen oder
Sklaven«, den »Freikauf durch Erlegung des Lösegeldes« (*Bauer*).
Auch bei Paulus kann der Erlösungsvorgang als Loskauf verstan-
den werden, wie 6,20 und 7,23 (›timēs ēgorasthēte‹ = »gegen
Bezahlung seid ihr erkauft«) bestätigen (vgl. Gal 3,13; 4,5). In 7,23
ist zudem der Konnex zur Sklavenbefreiung gegeben. An eine
sakralrechtliche Sklavenbefreiung (»Kauf durch die Treuhand eines

Gottes«), wie *A. Deissmann* meinte (Licht 271–277), ist jedoch
kaum gedacht.
Sowohl bei 1,30 wie auch bei 6,11 ist ein Bezug zur Taufterminologie wahrscheinlich (vgl. *P. Stuhlmacher*, Gerechtigkeit 185f;
U. Schnelle, Gerechtigkeit 45f). Eine geprägte (liturgische) Formel
dürfte jedoch nicht vorliegen (gegen: *E. Käsemann*, Erwägungen 50); dagegen spricht schon die Variation der Formulierungen
an beiden Stellen. Für das inhaltliche Verständnis ist die Parataxe
der Begriffe entscheidend. Sie zeigt, daß Paulus anders verfährt als
beispielsweise Philo, der kultisch-rituelle Begriffe und Vorstellungen häufig ethisierend umdeutet (vgl. Mut 124; Som I 82;
SpecLeg I 198-211). Durch die Parataxe hingegen interpretieren
sich die Begriffe gegenseitig bzw. konstituieren in ihrer Koordina-
tion eine neue inhaltliche Note. So wird durch die Verbindung mit
»Heiligen« deutlich, daß das »Gerechtmachen« mehr ist als die
Beseitigung alter Schuld und mehr als nur die Befähigung zu neuem
sittlichen Streben. Die Heiligung als ein Gott vorbehaltener Akt
der Aussonderung (vgl. in 1,27f »erwählen«) entreißt der Profanität und verleiht den davon Betroffenen eine andere, qualitativ neue
Existenz (ähnlich: *Weiß*). Die Opposition von 6,9-11 macht deutlich, daß ein Identitätswechsel stattfindet: Der Mensch, der bislang
Sünder war (und als solcher gesündigt hat), wird zum Gerechten
(der nicht mehr zu sündigen braucht). Wenn in 1,30 die negative
Seite der Heiligung und Gerechtmachung nicht durch die rituelle
Begrifflichkeit des »Reinwaschens«, sondern durch »Erlösung«
zum Ausdruck gebracht wird, ist dies zwar eine Perspektivenver-
schiebung, ändert aber nichts am Sachverhalt des Existenzwech-
sels, der hier durch die Befreiung aus der Sklaverei verdeutlicht
wird. Inhaltlich könnte man dabei an die Befreiung aus der Knechtschaft der Sünde denken (6,9-11; vgl. Röm 6-8). Nach dem Kontext steht jedoch nicht die Opposition von Sündern und Gerechten
im Vordergrund, sondern die von Torheit und Weisheit. Dies
bestätigt auch der Begriff der »Weisheit«, der als Interpretations-
rahmen den drei folgenden Begriffen vorangestellt ist (vgl. *Weiß*).
Die Gerechtmachung und Heiligung befreit demnach aus der
Knechtschaft der Torheit, macht aus den Toren Weise, denen der
gekreuzigte Christus zur Weisheit von Gott her wird. Insofern ist
in 1,30 die conclusio von 3,18b bereits grundgelegt. Doch geht es
in 1,30 noch nicht um eine performative Applikation. So ist denn
auch der subjektive Vorgang der Heilsaneignung zwar angesprochen (vgl. »*ihr seid* in Christus ... der *euch wurde* ...«), doch wird
dieser Vorgang von seiner objektiven Voraussetzung her erklärt.

Sie ist durch die Heilstat Gottes in Christus geschaffen, die diesen
– und zwar den gekreuzigten – zur Weisheit, Gerechtigkeit,
Heiligung und Erlösung werden läßt.
Wie dies geschieht und *warum* dies so sein kann, wird hier nicht gesagt
(zur Sache vgl. auch: W. *Thüsing*, Rechtfertigungsgedanke 304-310,
der für die Identität von »Gerechtigkeit von Gott her« und »Gerechtigkeit Gottes« plädiert). Man könnte als Kommentar auf Röm 3,24-
26 verweisen. In Röm 3,21-26 deutet Paulus die Rechtfertigung als
Akt der Gerechtigkeit Gottes. Sie ist wirksam »durch die Erlösung
(›apolytrōsis‹) in Christus Jesus«, die ohne Verdienst aus Gnade
»gerecht macht« (V. 24). Diese »Erlösung« erläutert Paulus dann mit
Hilfe der traditionellen Vorstellung von VV. 25f, wonach Gott
Christus zum eschatologischen »Sühneort« (›hilastērion‹) bestimmt
hat. In Anwendung auf 1 Kor 1,30 bedeutet dies: Weil Gott im Tode
Jesu Christi eschatologische Sühne gewährt hat, ist Christus für uns
zur Gerechtigkeit, Heiligung und Erlösung geworden. Will man
anstelle der traditionellen Aussage von Röm 3,25f stärker die
paulinische Eigensprache zu Wort kommen lassen, so könnte man
1 Kor 1,30 auch so begründen: Christus Jesus ist für uns zur
Gerechtigkeit, Heiligung und Erlösung geworden, weil er – als
Gekreuzigter (vgl. Dtn 21,22f) – für uns zum Fluch geworden ist
(Gal 3,13) bzw. weil ihn Gott für uns zur Sünde gemacht hat (2 Kor
5,21). Damit ist die ganze Paradoxie der »Weisheit«, die Christus ist,
adäquat umschrieben. Ein Rühmen ist angesichts dieses allein im
Glauben zu akzeptierenden Paradoxons ausgeschlossen (so auch:
Röm 3,27! Vgl. Röm 4,1-8).

Vers 31: V. 31 transponiert diesen Gedanken ins Positive. Ein Sich-
Rühmen kann es nur geben, wenn es den »Herrn« zum Gegenstand
des Rühmens macht. So liest Paulus schon bei Jer 9,22f. Ob er
allerdings – mit leichten Variationen – direkt aus LXX zitiert, eine
andere (auch in 1 Klem 13,1 verwendete) LXX-Version benutzt
(**U. Wilckens*, Weisheit 44 Anm. 3) oder aber aus dem Gedächtnis
zitiert (**J. Munck*, Paulus 139) bzw. einer lebendigen Zitationspra-
xis folgt (**D.-A. Koch*, Schrift 35f, unter Berufung auf *T. Holtz*:
ThLZ 91, 1966, 326), ist kaum eindeutig zu entscheiden. Der »Herr«
wird von Paulus wohl christologisch verstanden (vgl. **R. Baumann*,
Mitte 138). Von daher bestimmt sich dann auch die Semantik des
»Sich-Rühmens«. »Sich des Herrn rühmen« heißt: sich der Ruhmlo-
sigkeit, der Torheit, der Anstößigkeit des Kreuzes rühmen. Ein
solches Sich-Rühmen ist keine menschliche Möglichkeit; sie kann nur
von Gott eröffnet und allein im Glauben ergriffen werden.

Dieser Glaube und dieses Sich-Rühmen führen gewiß zur Scheidung und zur Abgrenzung gegenüber anderen, allerdings nicht zur Errichtung von innergemeindlichen Parteigrenzen, wie es in Korinth geschehen ist. Vor dem Gekreuzigten gibt es nur eine Alternative: die Weisheit der Welt oder das Törichte Gottes. Die Torheit der Verkündigung bleibt auch für den Glaubenden Torheit. Sie läßt sich nicht nach Art menschlicher Weisheit quantifizieren. Die Torheit der Verkündigung macht den Streit um die größere Weisheit gegenstandslos. Vor dem Gekreuzigten gibt es nur den alle einigenden Gehorsam des Glaubens. Jeder Versuch, innerhalb dieser Glaubenssolidarität sich über die anderen zu erheben, ist Destruktion des Glaubens und Entleerung des Kreuzes Christi (vgl. 1,17).

Die Gestalt des Apostels und seiner Verkündigung 2,1-5

1 Auch ich, als ich zu euch kam, Brüder, kam nicht im Überschwang von Wort oder Weisheit, um euch das Geheimnis Gottes zu verkünden.   2 Denn ich beschloß, bei euch nichts zu wissen außer Jesus Christus, und zwar als Gekreuzigten. 3 Auch ich kam in Schwachheit und in Furcht und mit (wörtl.: in) viel Zittern zu euch,   4 und mein Wort und meine Verkündigung (bestanden) nicht in überredenden Worten der Weisheit [oder: in Überredung von Weisheit = in weisheitlicher Überredungskunst], sondern im Aufweis von Geist und Kraft, 5 damit euer Glaube nicht auf (der) Weisheit der Menschen, sondern auf (der) Kraft Gottes beruhe.

Literatur: H. D. Betz, Der Apostel Paulus und die sokratische Tradition. Eine exegetische Untersuchung zu seiner »Apologie« 2 Korinther 10-13 (BHTh 45), Tübingen 1972; *D. A. Black*, Paul (s. Lit. zu 1,18-25) 100−104; *L. Hartman*, Some Remarks on 1 Cor. 2:1-5, in: SEÅ 34 (1974) 109−120; *J. Jervell*, Der schwache Charismatiker, in: *J. Friedrich u. a. (Hrsg.)*, Rechtfertigung. FS E. Käsemann, Tübingen-Göttingen 1976, 185−198; *T. H. Lim*, ›Not in persuasive words of wisdom, but in the demonstration of the Spirit and power‹: NT 29 (1987) 137−149.

1. Zum Text und zur Übersetzung

In V. 1 lesen die meisten Textzeugen (auch B und D) »Zeugnis« (›martyrion‹) anstelle von »Geheimnis« (›mystērion‹) (so auch: EÜ, ZB; zum Diskussionsstand vgl.*R. Baumann*, Mitte 152 Anm. 24). Doch ist dies wahrscheinlich unter dem Einfluß von 1,6 eingetragen. Aus textimmanenten Gründen ist »Geheimnis« zu bevorzugen (so auch: LB). Der Begriff taucht in 2,7 wieder auf und wird hier vorbereitet.

Äußerst unklar ist die Textlage in V. 4. Zu »in überredenden Worten der Weisheit« existieren nicht weniger als elf Varianten. Sicher sekundär sind all jene Lesarten, die zu »Weisheit« noch das Attribut »menschlich« hinzufügen (u. a. der Mehrheitstext; ihm folgt LB). Ernstlich zu überlegen ist, ob anstelle des Adjektivs ›en *peithois* ...‹ (= »in überredenden ...«) nicht das Substantiv ›en *peithoi* ...‹ (= »in Überredung ...«) zu lesen ist (dann aber wohl unter Auslassung von »Worten«). Das Adjektiv ›peithos‹ ist sonst in der griechischen Literatur nicht belegt. Hat das ungewöhnliche Wort die verschiedenen Lesarten veranlaßt? Oder entstand es durch einen Abschreibfehler durch Hinzufügung eines ›s‹ an ›peithoi‹? In der Übersetzung sind beide Möglichkeiten alternativ angeboten.

2. Analyse

2.1 Syntaktische Analyse

Der Text besteht aus drei Einheiten (VV. 1 – 2 – 3.4.5.). Die erste und dritte wird durch vorangestelltes »Auch ich« (›kagō‹) eingeleitet, die zweite kausal durch »denn« verknüpft. Bei der ersten Einheit wird (im Griechischen) der Hauptsatz durch zwei Partizipialkonstruktionen eingerahmt, von denen die letzte finale Funktion hat (vgl. BDR § 339,2γ). Die zweite Einheit enthält als einzige (Akkusativ-)Objekte. Die dritte Einheit besteht aus synthetischen und antithetischen Parallelismen. Die VV. 3 und 4 sind parataktisch verbunden, während V. 5 hypotaktisch angeschlossen ist. Die vier Hauptverben stehen im Aorist (VV. 1.2.3.4). Auffällig ist die Häufung der Präpositionalwendungen, vor allem in den VV. 1.3-5.

2.2 Semantische Analyse

Der Abschnitt ist im wesentlichen von den bereits (aus 1,18-25.26-31) bekannten Oppositionen geprägt. Mit »nicht im Überschwang von Wort oder Weisheit« (V. 1) greift der Text zurück auf »nicht in Weisheit des Wortes« von 1,17. Neu eingeführt wird der Begriff des »Geheimnisses (Gottes)«, der auch im folgenden Abschnitt wieder auftaucht (2,7). »In Schwachheit« (V. 3) erinnert an die Opposition von 1,25.27b, die hier allerdings nicht ausgeführt wird. Die zur weiteren Erläuterung beigefügte Wortverbindung »Furcht und Zittern« kommt innerhalb des Neuen Testaments nur im paulinischen Schrifttum vor (2 Kor 7,15; Phil 2,12; Eph 6,5), ist jedoch schon in der LXX vorgeprägt (vgl. Ex 15,16; Dtn 2,25; 11,25; Jdt 2,28; 15,2; 54,5; Jes 19,16). In V. 4 variiert »nicht in überredenden Worten der Weisheit« (bzw. »nicht in weisheitlicher Überredungskunst«) wiederum − wie schon V. 1 − die Aussage von 1,17a (Ende). Als Gegenbegriff taucht der aus 1,18b.24b bekannte Begriff »Kraft« auf. Die Göttlichkeit der »Kraft« wird hier allerdings nicht durch den Genitiv »Gottes«, sondern durch die Verbindung mit »Geist« sichergestellt. Der Geist-Begriff erscheint hier zum ersten Mal in 1 Kor. Er wird den folgenden Abschnitt beherrschen. In V. 5 wird auch die Genitivverbindung »Kraft Gottes« wieder realisiert, nun jedoch nicht als Gegensatz zu »Torheit« (so 1,18a.23b), sondern zur »Weisheit der Menschen«. Die ausdrückliche Gegenüberstellung von ›Menschen vs Gott‹ ist eine Variante der Opposition ›Welt vs Gott‹ (1,20b.21.27f), die die gesamte narratio durchzieht. Auffällig ist, daß die Oppositionen sich ausschließlich in Präpositionalwendungen finden. Sie geben − in positiver und negativer Form − die Modalitäten der Verkündigung (VV. 1.4), ihres Trägers (V. 3) und ihrer Wirkung (V. 5) an. Der sachliche Grund der Oppositionen wird in V. 2 genannt: der Gekreuzigte.

2.3 Pragmatische Analyse

Der Abschnitt, der mit Ausnahme des V. 5 das Tempus der Vergangenheit (Aorist) aufweist, will offensichtlich referieren. Dennoch erschöpft sich seine Funktion nicht darin. Mit Emphase wird herausgestellt, wie wenig die paulinische Verkündigung den Regeln einer rhetorisch und weisheitlich gezielt vorgehenden Vermittlung entsprach (VV. 1.4). Und auch das Auftreten des Paulus widersprach dem, was man in der Antike von einem Redner forderte (V. 3; vgl. dagegen Quintilian, Institutio oratoria XII,5,1: »Jedoch am meisten bedeutet bei dieser Ausrüstung die Überlegenheit des Geistes, die keine Furcht brechen, kein Zuruf schrecken, noch das Ansehen der Zuhörer über die schuldige Ehrerbietung hinaus hemmen soll« [Übersetzung nach *H. Rahn*, TzF 3, Darmstadt 1975]; vgl. *L. Hartman*, Remarks 117f). Dennoch war die Verkündigung des Paulus nicht wirkungslos. Das wissen auch die Korinther. Insofern will der referentielle Rückgriff auf die Vergangenheit, die zaghaften und doch so wirkungsvollen Anfänge des Paulus in Korinth, die Leser »bewegen« (movere; vgl. oben zu 1,10-4,21: 3.1). Die Leser sollen in dem Referierten eine exemplificatio des von Paulus dargelegten Sachverhaltes (»Wort vom Kreuz«) erkennen, um sich diesen so zu eigen zu machen. Es ist denkbar, daß Paulus mit der bewußt negativen Zeichnung seiner Verkündigung Vorwürfe aufgreift, die ihm in Korinth (vor allem von seiten der Apollos-Partei) gemacht wurden. Indem er dies aber tut, werden die Vorwürfe zur Bestätigung des Sachverhaltes, um den es ihm geht.

3. Einzelauslegung

In 1,18-25 hat Paulus den Sachverhalt dargelegt, der ihn bewegt: Das »Wort vom Kreuz«, das sich aus der Sicht menschlicher Weisheit als Torheit, vom Standpunkt des Glaubenden aber als Weisheit und Kraft Gottes darstellt. Für diesen Sachverhalt und diese Sicht der Dinge will Paulus die Korinther gewinnen. Deshalb hat er in 1,26-31 auf die Berufung der korinthischen Gemeinde verwiesen. In ihrer Struktur spiegelt sich das Wort vom Kreuz wider. Nun setzt Paulus in 2,1-5 zu einem zweiten Exempel an. Nicht nur die Gestalt der Gemeinde, sondern auch seine Verkündigung, durch die die Gemeinde begründet wurde, weist die Struktur des Wortes vom Kreuz auf.

Vers 1: Paulus ruft sein erstes Auftreten in Korinth in Erinnerung. »Auch ich« (›kagō‹) dient im Sinne der Argumentation der Einführung eines weiteren Exempels: So wie die Gestalt der Gemeinde dem Wort vom Kreuz entspricht, so — meint Paulus — war »auch ich« in meiner Verkündigung davon geprägt und bestimmt. Paulus »kam nicht in Überschwang von Wort oder Weisheit«. Damit hat er gerade nicht das zum Kriterium der Verkündigung gemacht, was für die Korinther offensichtlich so wichtig geworden ist und schließlich zum Ausgangspunkt ihrer Zwistigkeiten wurde: eine Verkündigung »in Weisheit des Wortes« (1,17) (vgl. *R. A. Horsley*, Wisdom 230—232). Wenn Paulus den »Überschwang von Wort oder Weisheit« verneint, ist zunächst wohl an das Fehlen einer ausgesuchten Rhetorik zu denken. Vor allem der Begriff »Wort« (= »Rede«) dürfte in diese Richtung weisen (anders: *R. Baumann*, Mitte 151f, der an charismatische Rede denkt). Nun scheint Paulus tatsächlich kein hervorragender Redner gewesen zu sein. Nach 2 Kor 11,6 hat man Paulus vorgeworfen, daß er ›idiōtēs tō logō‹ sei, d. h. »im Reden ein Stümper« (EÜ) bzw. »ungeschickt in der Rede« (LB) (vgl. 2 Kor 10,10) (zur Sache vgl. *H. D. Betz*, Apostel Paulus 57-69). Vielleicht spielen ähnliche Vorwürfe bereits im Parteienstreit des 1 Kor eine Rolle. Wenigstens aber wird man damit zu rechnen haben, daß Paulus im Vergleich mit anderen Verkündigern (konkret: Apollos) ins Hintertreffen geraten war, zumindest bei bestimmten Leuten. Doch geht es beim »Überschwang von Wort oder Weisheit«, den Paulus nun bewußt ablehnt, nicht nur um den Mangel an Rhetorik. Vor allem das zweite Stichwort »Weisheit« deutet auch auf ein inhaltliches Phänomen. Gerade unter weisheitlichem Vorzeichen hatte die christliche Verkündigung bei den Korinthern an Attraktivität gewonnen. Doch führte dies nicht zur Vertiefung des Glaubens und des Gemeindelebens, sondern zum Streit über die wahre Weisheit und deren rechten ›logos‹. Für Paulus ist dies ein Indiz, daß die Korinther in ihrem überschwenglichen Weisheitsdrang letztlich einer sehr menschlichen Weisheit aufsitzen.

Beides — die mangelnde rhetorische Perfektion und die Divergenz zum korinthischen Weisheitsverständnis — ist nicht zufällig und keineswegs bloß in der Persönlichkeitsstruktur und in der natürlichen Veranlagung des Paulus begründet. Es mag sein, daß manche Korinther es so dargestellt haben. Für Paulus aber ist der fehlende »Überschwang von Wort oder Weisheit« in der Sache begründet, die er zu verkündigen hat. Er war nach Korinth gekommen, um »das Geheimnis Gottes« zu verkündigen. Das Stichwort »Geheimnis« wird im nächsten Abschnitt erneut aufgegriffen (2,7) und näher erläutert. Vorab genügt es, für das inhaltliche Verständnis auf den nächsten Vers zu verweisen, der V. 1 begründen will.

Vers 2: Als Inhalt des »Geheimnisses« wird »Jesus Christus« angegeben, »und zwar als Gekreuzigter«. Man könnte auch sagen: Die christliche Botschaft ist deswegen ein »Geheimnis«, weil sie den Gekreuzigten zum Inhalt hat. So wird deutlich, daß der Geheimnischarakter der Verkündigung bleibend anhaftet. Es geht also nicht nur um die Kundgabe und Aufdeckung eines Geheimnisses, das dann – durch die Aufdeckung – seinen Geheimnischarakter verlieren würde. Der Gekreuzigte ist und bleibt ein Geheimnis, weil menschliche Weisheit nie auf die Idee kommen würde, sich einen gekreuzigten Messias auszudenken und von ihm das Heil zu erwarten. Auch der Christ kann dieses ihm nun verkündigte Geheimnis nur glauben und nicht mit Hilfe menschlicher Weisheit auflösen.

Aus eben diesem Grund darf die Einleitung des V. 2 »ich beschloß, bei euch nichts zu wissen außer ...« nicht so verstanden werden, als ob Paulus sich nur aus pädagogischen oder pastoraldidaktischen Gründen zur Kreuzespredigt entschlossen habe, grundsätzlich aber auch ein anderes Thema zum Inhalt seiner Verkündigung hätte machen können. Die Erfahrung mit der in Apg 17 geschilderten Areopagrede läßt sich dafür nicht anführen (gegen: *Weiß*): Nachdem in Athen der Versuch gescheitert sei, die christliche Botschaft mit Hilfe griechischer Rhetorik zu vermitteln, habe Paulus sich in Korinth dazu durchgerungen, konsequent Kreuzespredigt zu betreiben. Diese Schlußfolgerung ist methodisch fragwürdig (die Areopagrede ist lukanische Darstellung und nicht Wiedergabe einer tatsächlichen Predigt des Paulus) und inhaltlich falsch. Für Paulus gibt es grundsätzlich keinen anderen Inhalt der Verkündigung als den Gekreuzigten (vgl. Gal 3,1; zur Grundsätzlichkeit der Entscheidung vgl. *U. Wilckens*, Weisheit 45 Anm. 2). Das heißt nicht, daß Paulus nicht auch andere theologische und christologische Aussagen oder Sachverhalte thematisieren könnte. In erster Linie aber ist die paulinische Verkündigung eine Botschaft zum Heil der Menschen, also Soteriologie. Unter diesem Gesichtspunkt steht die Aussage, daß Christus für uns gestorben ist, ganz eindeutig im Mittelpunkt paulinischen Denkens. Der objektive Grund des Heils ist der Sühnetod Christi, der von Paulus auch und gerade hinsichtlich seiner anstößigen und ärgerlichen Konkretion als Kreuzestod reflektiert wird (vgl. *H. Merklein*, Bedeutung).

Wenn Paulus also sagt, daß er beschlossen habe, bei den Korinthern nichts anderes zu wissen als Jesus Christus, den Gekreuzigten, dann bringt er damit zum Ausdruck, daß er sich bei seiner ersten Verkündigung in Korinth auf die »Mitte des Evangeliums«

konzentriert hat (*R. Baumann*, Mitte 170). Eben deshalb konnte er nicht in Überschwang von Wort oder Weisheit auftreten. Indirekt gibt er zu erkennen, daß den Korinthern das Wort vom Kreuz, das er in 1,18-25 entfaltet hat, keineswegs unbekannt sein kann. Eben deshalb müßten sie aber auch gegen eine Verkündigung »in Weisheit des Wortes« gefeit sein!

Vers 3: Hatte V. 1 die Modalität der Verkündigung referiert, so erinnert V. 3 — wiederum eingeleitet durch »Auch ich« — an die Erscheinungsweise des Verkündigers. Sie entspricht exakt dem Erscheinungsbild der Verkündigung: Paulus »kam in Schwachheit und in Furcht und mit viel Zittern« nach Korinth. »In Schwachheit« dürfte zunächst eine Anspielung auf den persönlichen Zustand des Paulus sein. Paulus war von einer nicht näher definierbaren Krankheit gezeichnet (zur Sachproblematik des *kranken* Charismatikers vgl. *J. Jervell*, Charismatiker 190–194). Manche denken im Anschluß an Gal 4,13-15 an eine Augenkrankheit (vgl. *F. Mußner*, Gal 309 mit Anm. 84). In jedem Fall handelt es sich wohl um ein chronisches Leiden (vgl. 2 Kor 12,7-10 und *R. Bultmann*, 2 Kor 227). Doch geht es Paulus nicht um die Anamnese seiner persönlichen Krankengeschichte. Er erwähnt seine Schwachheit, weil er darin eine Analogie zur Torheit der Verkündigung (1,21) sieht. Eben deshalb fügt er auch hinzu, daß er »in Furcht und mit viel Zittern« nach Korinth gekommen ist. Mit dem biblisch vorgeprägten Ausdruck (s. o. 2.2) beschreibt Paulus die innere Stimmung (vgl. 2 Kor 7,5), mit der er in Korinth ans Werk ging (vgl. Apg 18,9-11). Sie steht im diametralen Kontrast zu der vom Redner geforderten Souveränität (s. o. 2.3). Der sachliche Grund für diese Haltung liegt wiederum in der Torheit der Verkündigung. Wer einen Gekreuzigten verkündet, kann nicht mit der Sicherheit eines Lehrers auftreten, der menschlich anerkannte Weisheit verbreitet. Wer einen Gekreuzigten verkündet, muß damit rechnen, für einen Narren gehalten zu werden (vgl. 2 Kor 11,16; 12,6.11), und verkündet insofern immer »mit Furcht und Zittern«.

Vers 4: Wohl nicht zufällig greift V. 4a noch einmal das Kriterium auf, dem die Verkündigung des Paulus nicht gerecht werden kann, wobei es für die gemeinte Sache relativ unwichtig ist, welche Lesart man bevorzugt. In beiden Fällen steht nicht nur die rhetorische Form, sondern auch der Inhalt zur Debatte: Weil der Inhalt, den es zu verkündigen gilt, nicht menschlicher Weisheit entspricht, kann man ihn auch nicht mit rhetorischen Überredungskünsten vermitteln (vgl. *T. H. Lim*, Not in persuasive words, bes. 145−149). Um die Zusammengehörigkeit von Form und Inhalt ging es möglicherweise auch schon bei dem Syntagma »mein Wort und meine Verkündigung« (vgl. *Weiß*). Sachlich ist V. 4a eine Wiederaufnahme von V. 1.

Die Besonderheit von V. 4 besteht darin, daß Paulus in V. 4b zu einer positiven Beschreibung der Modalität seiner Verkündigung voranschreitet. Sie geschah »im Aufweis von Geist und Kraft«. Trotz des − gemessen an menschlicher Weisheit − inadäquaten Verkündigungsinhaltes, trotz der inadäquaten Verkündigungsform und trotz der inadäquaten Disposition des Verkündigers kam in der paulinischen Verkündigung dennoch der »Geist«, gemeint ist der göttliche Geist, zum Zuge. Er kam dadurch zum Zuge, daß er sich »erwies«, d. h. seine Kraft und Wirksamkeit (›dynamis‹) zeigte. Nimmt man »Aufweis« (›apodeixis‹) als terminus technicus der Rhetorik (*Weiß*; *Robertson − Plummer*; vgl. *T. H. Lim*, Not in persuasive words 147), bekommt der Ausdruck eine zusätzliche Spitze, sofern Paulus dann − im Syntagma mit den nachfolgenden Genitiven und im Gegensatz zu V. 4a − den unverfügbaren, rhetorisch gerade nicht einholbaren Charakter der Verkündigung herausstellt (vgl. **H. von Lips*, Traditionen 334−336).

Worauf Paulus mit dem »Aufweis von Geist und Kraft« konkret anspielt, ist schwer zu sagen. Denkt er an die »Zeichen und Wunder« des Apostels (2 Kor 12,12; Röm 15,19)? Wahrscheinlicher ist es, daß Paulus an die außergewöhnlichen Geistwirkungen erinnern will, die sich bei der Bekehrung der Korinther ereigneten; vor allem wird man dann an die Glossolalie zu denken haben. Das würde auch gut dazu passen, daß gerade die Glossolalen sich auf Paulus berufen haben, um sich vom Zwang einer noetisch ausgerichteten Weisheitstheologie der Apollos-Gruppe zu befreien (s. zu 1,10-4,21: 3.2.3.2). Indem sie allerdings ihren ›logos‹, die Glossolalie, zum Kriterium des Christlichen machten, verfielen sie − unter anderen Vorzeichen − in den gleichen Fehler wie die Apollos-Leute.

Letztendlich wird es kein Zufall sein, daß Paulus sich in V. 4b so wenig konkret ausdrückt. Denn im Duktus seiner Argumentation kann es ihm nicht darum gehen, eigene Wundertaten oder bestimmte außergewöhnliche Charismen auf seiten der Gemeinde zum Kennzeichen und Kriterium des Christ-Seins zu machen. Dann würde er selbst − wie die Korinther − Ursache und Wirkung vertauschen und selbst als Kontrahent in den Parteienstreit eintreten. Worauf Paulus hinauswill, ist etwas ganz anderes. Er will verdeutlichen, daß die Kreuzespredigt *Wirkung* gezeigt hat, obwohl sie nach dem Ermessen menschlicher Weisheit töricht ist. Worauf es also ankommt, ist nicht schöne Rhetorik und nicht tiefsinnige Weisheitsspekulation. Nicht das »Wort«, sondern die »Kraft«, die Wirkung, ist das entscheidende Kriterium (vgl. 4,19), mit dem Paulus die göttliche Qualität der Verkündigung bemißt. Allerdings darf das Kriterium der Wirkung nicht verselbständigt werden (wie das offensichtlich die Glossolalen getan haben). Paulus geht es gerade um die Wirksamkeit der *Kreuz*predigt. Nicht irgendwelche außergewöhnlichen Phänomene als solche (wie etwa die Glossolalie) sollen durch den »Aufweis von Geist und Kraft« herausgestrichen werden, sondern der (sich in ihnen bekundende) Tatbestand, daß die Korinther nicht durch weisheitliche Überredungskunst, sondern durch die Kreuzespredigt überzeugt wurden. Der »Aufweis von Geist und Kraft« besteht also letztlich darin, daß gerade die törichte Kreuzespredigt die Korinther zu Glaubenden gemacht hat. Auf eben diese Wirkung zielt auch V. 5.

Vers 5: Weil Paulus den Gekreuzigten verkündet (V. 2) und nicht eine nach menschlichen Maßstäben überzeugende Weisheitslehre vorgetragen hat (VV. 1.3.4a), weil diese Verkündigung aber dennoch Wirkung gezeigt und die Korinther zu Glaubenden gemacht hat, deshalb kann Paulus in V. 5 konstatieren, daß der Glaube der Korinther »nicht auf der Weisheit der Menschen, sondern auf der Kraft Gottes« beruht. Paulus formuliert V. 5 allerdings nicht konstatierend, schlußfolgernd (etwa mit »also« oder dergleichen eingeleitet), sondern final mit »damit« (›hina‹). Er behauptet also geradezu, daß seine Verkündigung eben deswegen alle weisheitlichen Maßstäbe mißachtet habe, »*damit*« der Glaube der Korinther nicht auf menschlicher Weisheit, sondern auf göttlicher Kraft beruhe. Wie bereits betont, darf aus dieser Formulierung selbstverständlich nicht geschlossen werden, daß Paulus nur aus didaktischer Zielrichtung auf den Überschwang von Wort oder Weisheit verzichtet habe. Der Gekreuzigte läßt ihm gar keine andere Wahl, als so zu verkünden, wie er verkündet hat! Daß V. 5 als Finalsatz konstruiert ist, ist pragmatisch bedingt, d.h., der Vers ist im Hinblick auf die aktuelle Situation formuliert. Seine Aussage konstatiert nicht nur den Modus der zurückliegenden Bekehrung, sondern schreibt fest, was für den »Glauben« allezeit gelten muß. Der Versuch, die christliche Botschaft nach dem Muster weisheitlicher Rede zu erfassen und zu durchdringen, signalisiert daher keine höhere Weise christlicher Erkenntnis, sondern ist letztlich Abkehr vom Glauben, der auf der gehorsamen Annahme der törichten Kreuzespredigt (vgl. 1,21) als der allein heilswirksamen Kraft Gottes (vgl. 1,18.24) beruht.

Die Weisheit Gottes
2,6-16

6 (Von) Weisheit aber reden wir unter den Vollkommenen, (von) Weisheit aber nicht dieses Äons und nicht der Herrscher dieses Äons, die zunichte werden. 7 Vielmehr reden wir (von) Gottes Weisheit im Geheimnis, der verborgenen, die Gott vor den Äonen vorherbestimmt hat zu unserer Herrlichkeit, 8 die keiner der Herrscher dieses Äons erkannt hat; denn wenn sie (sie) erkannt hätten, hätten sie den Herrn der Herrlichkeit nicht gekreuzigt. 9 Vielmehr (reden wir), wie geschrieben steht, (von dem,) *was kein Auge gesehen und kein Ohr gehört hat und in keines Menschen Herz emporgestiegen ist, was Gott denen bereitet hat, die ihn lieben*. 10 Uns aber hat (es) Gott enthüllt durch den Geist. Denn der Geist ergründet alles, auch die Tiefen Gottes. 11 Denn wer von den Menschen weiß um das (Wesen) des Menschen außer dem Geist des Menschen, der in ihm ist? So hat auch niemand das (Wesen) Gottes erkannt außer dem Geist Gottes. 12 Wir aber haben nicht den Geist der Welt empfangen, sondern den Geist, der aus Gott ist, damit wir wissen, was uns von Gott geschenkt wurde. 13 Davon (wörtl.: Das) reden wir auch, nicht mit Worten, wie menschliche Weisheit sie lehrt (wörtl.: in gelehrten Worten menschlicher Weisheit), sondern mit (Worten), wie der Geist sie lehrt (wörtl.: in gelehrten [Worten] des Geistes), indem wir Geistlichen (Pneumatikern) Geistliches deuten. 14 Der psychische Mensch aber nimmt nicht auf (= erfaßt nicht) das (Wesen) des Geistes Gottes. Denn es ist ihm Torheit und er kann es nicht erkennen, weil es geistlich beurteilt werden muß (wörtl.: beurteilt wird). 15 Der geistliche (Mensch) (Pneumatiker) aber beurteilt alles, er selbst aber wird von niemandem beurteilt. 16 Denn *wer erkannte den*

Verstand des Herrn, daß er ihn unterweise? Wir aber haben
den Verstand Christi.

Literatur (vgl. auch die Lit. zu 1,18–25): *T. Ballarini*, Chi sono gli
Arconti? Una ricerca su 1 Cor. 2,6.8: Laur. 22 (1981) 59–71; *R. S. Bar-
bour*, Wisdom and the Cross in 1 Corinthians 1 and 2, in: *C. Andresen
– G. Klein (Hrsg.)*, Theologia crucis, signum crucis. FS E. Dinkler, Tübin-
gen 1979, 57–71; *K. Berger*, Zur Diskussion über die Herkunft von I Kor.
II.9: NTS 24 (1978) 271–283; *O. Betz*, Das Problem der Gnosis seit der
Entdeckung der Texte von Nag Hammadi: VF 21 (1976) 46–80; *M. N. A.
Bockmuehl*, Revelation and Mystery in Ancient Judaism and Pauline
Christianity (WUNT, 2. Reihe, 36), Tübingen 1990; *G. Bornkamm*, Art.
μυστήριον κτλ., in: ThWNT IV 809–834; *R. E. Brown*, The Pre-Christian
Semitic Concept of »Mystery«: CBQ 20 (1958) 417–443; *ders.*, The
Semitic Background of the New Testament *Mysterion*: Bib. 39 (1958) 426–
448; 40 (1959) 70–87; *R. Bultmann*, Karl Barth, »Die Auferstehung der
Toten« (1926), in: *ders.*, Glauben und Verstehen. Gesammelte Aufsätze I,
Tübingen ⁷1972, 38–64; *W. Carr*, The Rulers of this Age – I Corinthians
II.6–8: NTS 23 (1977) 20-35; *ders.*, Angels and Principalities. The back-
ground, meaning and development of the Pauline phrase *hai archai kai hai
exousiai* (MSSNTS 42), Cambridge 1981; *M.-A. Chevallier*, Esprit de
Dieu, parole d'hommes. Le rôle de l'esprit dans les ministères de la parole
selon l'apôtre Paul (BT[N]), Neuchâtel 1966, 113–124; *H. Conzelmann*,
Paulus und die Weisheit, in: *ders.*, Theologie als Schriftauslegung. Aufsätze
zum Neuen Testament (BEvTh 65), München 1974, 177–190; *F. Christ*,
Jesus Sophia. Die Sophia-Christologie bei den Synoptikern (AThANT 57),
Zürich 1970; *O. Cullmann*, Der Staat im Neuen Testament, Tübingen
²1961; *N. A. Dahl*, Formgeschichtliche Beobachtungen zur Christusverkündigung in der Gemeindepredigt, in: *W. Eltester (Hrsg.)*, Neutestamentliche Studien für R. Bultmann (BZNW 21), Berlin 1954, 3–9; *M. Dibelius*,
Die Geisterwelt im Glauben des Paulus, Göttingen 1909; *P. J. Du Plessis*,
ΤΕΛΕΙΟΣ. The Idea of Perfection in the New Testament, Kampen o. J.;
O. Everling, Die paulinische Angelologie und Dämonologie. Ein biblisch-
theologischer Versuch, Göttingen 1888; *A. Feuillet*, Les »chefs de ce siècle«
et la sagesse divine d'après 1 Cor 2,6-8, in: Studiorum Paulinorum Con-
gressus Internationalis Catholicus 1961 I (AnBib 17/18) Rom 1963, 383–
393; *ders.*, L'énigme de I. Cor. II,9: RB 70 (1963) 52–74; *J. A. Fitzmyer*,
The use of explicit Old Testament quotations in Qumran Literature and in
the New Testament, in: *ders.*, Essays on the Semitic Background of the
New Testament (Sources for Biblical Study 5), Missoula/Mont. 1971, 3–
58; *B. Frid*, The Enigmatic ΑΛΛΑ in 1 Corinthians 2.9: NTS 31 (1985)
603–611; *B. E. Gärtner*, The Pauline and Johannine Idea of »To Know
God« against the Hellenistic Background. The Greek Philosophical Principle »Like by Like« in Paul and John: NTS 14 (1967/68) 209–231; *R. G.
Hamerton-Kelly*, Pre-existence, Wisdom and the Son of Man. A Study of
the Idea of Pre-existence in the New Testament (MSSNTS 21), Cambridge

1973; *H. Hegermann*, Art. σοφία, in: EWNT III 616–624; *O. Hofius*, Das Zitat 1 Kor 2,9 und das koptische Testament des Jakob: ZNW 66 (1975) 140–142; *H. Kleinknecht*, Art. πνεῦμα κτλ. A. πνεῦμα im Griechischen, in: ThWNT VI 333–357; *J. L. Kovacs*, The Archons, the Spirit and the Death of Christ: Do We Need the Hypothesis of Gnostic Opponents to Explain 1 Cor. 2.6-16?, in: *J. Marcus – M. L. Soards (Hrsg.)*, Apocalyptic and the New Testament. FS L. Martyn (Journal for the Study of the New Testament, Suppl. Ser. 24), Sheffield 1989, 217–236; *H. Krämer*, Zur Wortbedeutung »Mysteria«: WuD 6 (1959) 121–125; *ders.*, Art. μυστήριον, in: EWNT II 1098–1105; *D. Lührmann*, Das Offenbarungsverständnis bei Paulus und in paulinischen Gemeinden (WMANT 16), Neukirchen-Vluyn 1965; *B. L. Mack*, Logos und Sophia. Untersuchungen zur Weisheitstheologie im hellenistischen Judentum (StUNT 10), Göttingen 1973; *B. Mayer*, Unter Gottes Heilsratschluß. Prädestinationsaussagen bei Paulus (fzb 15), Würzburg 1974; *G. Miller*, ΑΡΧΟΝΤΩΝ ΤΟΥ ΑΙΩΝΟΣ ΤΟΥΤΟΥ – A New Look at 1 Corinthians 2:6-8: JBL 91 (1972) 522-528; *C. W. Müller*, Gleiches zu Gleichem. Ein Prinzip frühgriechischen Denkens (KPS 31), Wiesbaden 1965; *E. v. Nordheim*, Das Zitat des Paulus in 1 Kor 2,9 und seine Beziehung zum koptischen Testament Jakobs: ZNW 65 (1974) 112–120; *A. Oepke*, Art. κρύπτω κτλ., in: ThWNT III 959–979.987–999; *J. Painter*, Paul and the Πνευματικοί at Corinth, in: *M. D. Hooker – S. G. Wilson (Hrsg.)*, Paul and Paulinism. FS C. K. Barrett, London 1982, 237–250; *M. Pesce*, Paolo e gli arconti a Corinto. Storia della ricerca (1888–1975) ed esegesi di 1 Cor 2,6.8 (TRSR 13), Brescia 1977; *M. Philonenko*, Quod oculus non vidit, I Cor. 2,9.: ThZ 15 (1959) 51f; *H. Ponsot*, D'Isaïe, LXIV,3 à I Corinthiens, II,9: RB 90 (1983) 229–242; *P. Prigent*, Ce que l'oeil n'a pas vu, I. Cor. 2,9.: ThZ 14 (1958) 416–429; *K. Prümm*, Zur neutestamentlichen Gnosis-Problematik. Gnostischer Hintergrund und Lehreinschlag in den beiden Eingangskapiteln von 1 Kor?: ZKTh 87 (1965) 399–442; 88 (1966) 1–50; *J. Reiling*, Wisdom and Spirit. An Exegesis of 1 Corinthians 2,6-16, in: *T. Baarda u. a. (Hrsg.)*, Text and Testimony. Essays on New Testament and Apocryphal Literature. FS A. F. J. Klijn, Kampen 1988, 200-211; *K. Reinhardt*, Poseidonios, München 1921; *A. Resch (Hrsg.)*, Agrapha. Aussercanonische Schriftfragmente, Leipzig ²1906 (Nachdr. Darmstadt 1967); *A. van Roon*, The Relation between Christ and the Wisdom of God according to Paul: NT 16 (1974) 207–239; *H.-M. Schenke*, Die neutestamentliche Christologie und der gnostische Erlöser, in: *K.-W. Tröger (Hrsg.)*, Gnosis und Neues Testament. Studien aus Religionswissenschaft und Theologie, Berlin (Gütersloh) 1973, 205-229; *H. Schlier*, Art. βάθος, in: ThWNT I 515f; *ders.*, Religionsgeschichtliche Untersuchungen zu den Ignatiusbriefen (BZNW 8), Gießen 1929; *ders.*, Kerygma und Sophia. Zur neutestamentlichen Grundlegung des Dogmas, in: *ders.*, Die Zeit der Kirche. Exegetische Aufsätze und Vorträge, Freiburg-Basel-Wien ³1962, 206–232; *A. Schneider*, Der Gedanke der Erkenntnis des Gleichen durch Gleiches in antiker und patristischer Zeit, in: Abhandlungen zur

Geschichte der Philosophie des Mittelalters. Festgabe C. Baeumker (BGPhMA.S II), Münster 1923, 65–76; *N. Schneider*, Die rhetorische Eigenart der paulinischen Antithese (HUTh 11), Tübingen 1970; *J. Schniewind*, Die Archonten dieses Äons. I. Kor 2,6-8, in: *ders.*, Nachgelassene Reden und Aufsätze, hrsg. v. *E. Kähler* (TBT 1), Berlin 1952, 104–109; *R. Scroggs*, Paul: ΣΟΦΟΣ and ΠΝΕΥΜΑΤΙΚΟΣ: NTS 14 (1967/68) 33–55; *E. Schweizer*, Art. πνεῦμα κτλ. D. Die Entwicklung zum pneumatischen Selbst der Gnosis. E. Das Neue Testament. F. Die apostolischen Väter, in: ThWNT VI 387–453; *Th. Söding*, Gottesliebe bei Paulus: ThGl 79 (1989) 219–242; *H. F. D. Sparks*, 1 Kor 2,9 a Quotation from the Coptic Testament of Jakob?: ZNW 67 (1976) 269–276; *P. Stuhlmacher*, Zur hermeneutischen Bedeutung von 1 Kor 2,6-16: ThBeitr 18 (1987) 133–158; *G. Theißen*, Weisheit für Vollkommene als höheres Bewußtsein (1. Kor 2,6-16), in: *ders.*, Aspekte 341–389; *E. Vogt*, »Mysteria« in textibus Qumrân: Bib. 37 (1956) 247–257; *M. Widmann*, 1 Kor 2,6-16: Ein Einspruch gegen Paulus: ZNW 70 (1979) 44–53; *U. Wilckens*, Das Kreuz Christi als die Tiefe der Weisheit Gottes. Zu 1. Kor 2,1-16, in: *L. De Lorenzi (Hrsg.)*, Paolo 43–81 (unter dem Titel »Zu 1 Kor 2,1-16« ebenfalls abgedruckt in: *C. Andresen* – *G. Klein [Hrsg.]*, Theologia crucis, signum crucis. FS E. Dinkler, Tübingen 1979, 501–537); *W. Willis*, The »Mind of Christ« in 1 Corinthians 2,16: Bib. 70 (1989) 110–122; *M. Wolter*, Verborgene Weisheit und Heil für die Heiden. Zur Traditionsgeschichte und Intention des »Revelationsschemas«: ZThK 84 (1987) 297–319.

1. Zum Text und zur Übersetzung

Einige wenige Handschriften (immerhin: A, B) geben das letzte Relativpronomen in V. 9 mit »was alles« (›hosa‹) wieder (vgl. ZB). In V. 10 dürfte »aber« trotz gewichtiger Bezeugung von »denn« (›gar‹: p46, B u. a.) ursprünglich sein (so auch: ZB, LB; anders: EÜ; *B. Frid*, ΑΛΛΑ 607); letzteres ist, da scheinbar eleganter an V. 9 anschließend, wohl eine sekundäre Erleichterung. In V. 15 ließe sich rein philologisch auch die Übersetzung »beurteilt *jeden*« verteidigen, sofern mit der Mehrheit der Textzeugen (u. a. auch B) ›panta‹ anstelle von ›ta panta‹ zu lesen ist. Vom Kontext her (vgl. V. 10) liegt aber ein neutrisches Verständnis näher. In V. 13 könnte ›pneumatikois‹ auch neutrisch übersetzt werden: »indem wir *mit Geistlichem* Geistliches deuten«.

2. Analyse

2.1 Syntaktische Analyse

Der Text besteht aus 17 Sätzen (6 – 7.8a – 8b – 9 – 10a – 10b – 11a – 11b – 12 – 13 – 14a – 14bα – 14bβ – 15a – 15b – 16a – 16b). Zählt man die untergeordneten Nebensätze eigens, ergeben sich 26 Satzeinheiten. Unter syntaktischer Rücksicht läßt sich der Text in zwei Teile gliedern. Die VV. 6-9 werden beherrscht von der zwei- bzw. dreimal wiederkehrenden Verbalphrase »wir reden« (VV. 6.7a, zuzüglich der Ellipse von V. 9a), die hinsichtlich ihres (Akkusativ-)Objektes (»Weisheit [Gottes]«) durch umfangreiche Appositionen, Partizipialkonstruktionen und Relativsätze bestimmt wird. Nur der Konditionalsatz von V. 8b fällt (als Parenthese) aus dem Rahmen. Noch einmal aufgegriffen wird das Paradigma »wir reden« in V. 13. Ansonsten bestehen die VV. 10-16 aus einer Vielzahl von kleineren Satzeinheiten, die überwiegend dem Paradigma ›Subjekt + Verbum + Akkusativ-Objekt‹ folgen. Sätze mit Dativ-Objekt sind in 2,6-16 relativ selten. Abgesehen von dem Zitat in V. 9c finden sie sich nur in V. 10a und in den Partizipialwendungen von VV. 12b.13. Vorherrschende Tempusformen sind das Präsens (VV. 6.7a.10b.13.14a.14b[3mal].15a.15b.16b; dazu kommt noch das präsentisch gebrauchte Perfekt ›oida‹ in VV. 11a.12b) und der Aorist (VV. 7b.8b[2mal].9b[3mal].9c.10a.12a.16aα). Legt man die obige Einteilung zugrunde, so ergibt sich, daß der erste Abschnitt (VV. 6-9) überwiegend vom Aorist und der zweite Abschnitt (VV. 10-16) überwiegend vom Präsens beherrscht ist. Allerdings gibt es zwischen beiden Teilen auch Verbindungsbrükken. So ist das Präsens als vorherrschendes Tempusparadigma des zweiten Teils bereits in VV. 6.7a vorweggenommen (wobei die VV. 6.7a.13 noch zusätzlich durch das gleiche Verbum »wir reden« verbunden sind). Umgekehrt wird der Aorist als das vorherrschende Tempusparadigma des ersten Teils in den VV. 10a.12a.16aα fortgesetzt. Von dieser Konzentration im Tempusgebrauch machen nur das Futur im Zitat von V. 16aβ und das Perfekt der Zitationsformel in V. 9a sowie die Perfekte in den VV. 8a.11b eine Ausnahme, wobei bei den letzteren wiederum die Gleichheit des Verbums (»hat erkannt«) hervorzuheben ist. Was die Person betrifft, so weisen die meisten Verben die 3. Person Singular auf. Nur zweimal kommt die 3. Person Plural vor (V. 8b). Häufiger dagegen ist die 1. Person Plural (VV. 6.7a.12a.12b.13.16b).

2.2 Semantische Analyse

Die syntaktische Gliederung läßt sich auch semantisch (thematisch) verifizieren. Geht man von der »Weisheit (Gottes)« als dem behandelten Thema aus, so sprechen die VV. 6-9 von der verborgenen, der Welt nicht zugänglichen Weisheit, während die VV. 10-16 von ihrer Offenbarung und dem Modus des Zugangs zu ihr sprechen. Es ergibt sich dann die grundlegende Opposition von ›verborgen vs geoffenbart‹. Es wurde schon vermutet, daß Paulus dabei (besonders in 2,6-10) auf ein traditionelles (bereits von den Korinthern verwendetes) Revelationsschema zurückgegriffen und in seinem Sinn (besonders durch den Einschub von VV. 8b.9) bearbeitet bzw. korrigiert hat (*D. Lührmann*, Offenbarungsverständnis 133—140; der Begriff stammt von *N. A. Dahl*, Beobachtungen 4f). Als feste Form begegnet das Revelationsschema jedoch erst im nachpaulinischen Schrifttum (Kol 1,26f; Eph 3,5.9f; 2 Tim 1,9f; Tit 1,2f; 1 Petr 1,20; Röm 16,25f). Ein kritischer Vergleich läßt es geraten erscheinen, 1 Kor 2,6-10 eher davon abzusetzen (*M. Wolter*, Weisheit 303-306). Doch wird man davon ausgehen können, daß Paulus in 2,6-10 auf das Motiv von der präexistenten, verborgenen und von Gott gesandten Weisheit zurückgegriffen hat, wie es aus der jüdischen Weisheitsliteratur bekannt ist (Spr 8,22-31; Sir 1,4; 24,9 / Ijob 28,12-14.20-23; Weish 9,13-18; Bar 3,15-31 / Sir 24,7f.10-17; Weish 9,9f; vgl. dazu: *R. Scroggs*, Paul 48-50.passim; *F. Christ*, Jesus 13—60; *B. L. Mack*, Logos 21—29.49-60; **G. Schimanowski*, Weisheit 13—106; *M. Wolter*, Weisheit 300—302; zum Motiv in der Apokalyptik s. *R. G. Hamerton-Kelly*, Pre-existence 114—117; **G. Schimanowski*, a.a.O. 95—104.153—194; vgl. *A. van Roon*, Relation 207—215). Neu ist dabei die christologische Interpretation der Weisheit und die ekklesiologische Ausweitung der Adressaten, die in der Weisheitsliteratur mit Israel oder den Gerechten identisch waren (vgl. Sir 24,8-12; Bar 3,37; Sir 1,10). Doch dürfte diese Applikation nicht erst von Paulus, sondern bereits vor ihm und auf breiter Front neben ihm vollzogen worden sein (vgl. dazu: **H. Merklein*, Entstehung). Möglicherweise erleichterte das Motiv von der Ablehnung der Weisheit (vgl. Spr 1,24-32) die Verbindung mit dem Gedanken des Todes Christi (vgl. **H. Merklein*, a.a.O. 257—262. 271f). Die Annahme einer aus der internen paulinischen Schularbeit stammenden (esoterischen) Weisheitslehre ist nicht angezeigt (gegen: *Conzelmann* 79—83; *ders.*, Paulus 184—186). Dazu sind die Ausführungen des Paulus zu sehr — wenngleich indirekt — von der abzuwehrenden korinthischen Position bestimmt.

Sachlich parallel zum Gegensatz von ›verborgen vs geoffenbart‹ läuft die (aus 1,18-25) bereits bekannte Opposition von ›Gott vs Welt‹, wobei die »Welt« hier als »dieser Äon« (V. 6) erscheint bzw. durch »die Herrscher dieses Äons« (VV. 6.8) repräsentiert wird. Auf rein anthropologischer Ebene entspricht dem der Gegensatz zwischen der Welt und »uns« (V. 10; vgl. die 1. Person Plural beim Verbum in VV. 6.7.9 und das Possessivpronomen »unsere Herrlichkeit« in V. 7), wie er ebenfalls schon aus 1,18-25 geläufig ist. Während dort aber die mit »wir« Gemeinten als die »Glaubenden« (V. 21b), die »Berufenen« (V. 24) und diejenigen, »die gerettet werden« (V. 18b; vgl. V. 21b) bezeichnet und als solche der Welt gegenübergestellt werden (V. 21ab), ist jetzt in 2,6-16 die Opposition etwas anders realisiert. Als Gegensatz zur Welt erscheinen jetzt »die Vollkommenen« (V. 6), »die (Gott) Liebenden« (V. 9) bzw. »der geistliche Mensch (Pneumatiker)« (V. 15). Anders als in 1,21, wo dem »Nicht-Erkennen« der Welt wohl ganz bewußt nicht das (wahre) »Erkennen«, sondern der »Glaube« gegenübergestellt ist, werden jetzt die für den Pneumatiker charakteristischen Aktivitäten auch mit noetischen Kategorien umschrieben: »wissen« (V. 12b), »gelehrt« (V. 13), »deuten« (V. 13b), »beurteilen« (VV. 14b.15). Das hat wohl damit zu tun, daß Paulus sich in 2,6-16 viel weiter auf die Argumentationsebene seiner Kontrahenten (vor allem der Apollos-Gruppe) einläßt als in 1,18-25 (vgl. unten 2.3; von den Motiven her ist gerade in den VV. 10-16 der »Einfluß jüdisch-alexandrinischen Denkens« deutlich [*H. von Lips, Traditionen 339]). Doch ändert das begriffliche Entgegenkommen nichts am paulinischen Urteil in der Sache. Denn die genannten »noetischen« Aktivitäten sind keine Fähigkeiten des Menschen, sondern Gabe Gottes bzw. Folge der Offenbarung und des Geistempfangs (VV. 10.12). Dies ist noch weiter zu präzisieren. Denn daß die Weisheit bzw. der Geist eine Gabe Gottes ist und daß »durch die Weisheit die Weisheit geschaut« wird (Migr 39f), wissen auch die Korinther, sofern man bei ihnen eine mit Philo verwandte Weisheitsspekulation voraussetzen darf (vgl. zu 1,10–4,21: 3.2.2.1 und 3.2.2.2). Dahinter steckt das Prinzip analogischer Erkenntnis: Gleiches kann nur durch Gleiches erkannt werden (vgl. dazu: K. Reinhardt, Poseidonios 414–422; A. Schneider, Gedanke; C. W. Müller, Gleiches; B. E. Gärtner, Idea 210–215). Paulus wendet es auf das Erkennen des göttlichen und des menschlichen Geistes je gesondert an und betont somit vor allem die Geschiedenheit zwischen göttlichem und menschlichem Erkennen. Im Prinzip werden die Korinther dies nicht anders gesehen haben.

Allerdings wird bei ihnen auch die Korrelation der geoffenbarten göttlichen Weisheit zur natürlichen bzw. kreatürlichen Potentialität des menschlichen Verstandes (›nous‹) eine Rolle gespielt haben. Gerade unter dieser Rücksicht erscheint es fast wie eine Konsequenz der Konzeption, wenn der Kreuzestod Christi nur noch als Chiffre für einen die irdische Welt transzendierenden Erkenntnis- und Erlösungsprozeß fungiert. Wie dem auch sei, sachlich dürfte es in jedem Fall die unzulängliche Integration des Kreuzesgeschehens gewesen sein, die Paulus veranlaßte, das korinthische Weisheitskonzept abzulehnen und den Korinthern eine unzulässige Analogisierung von göttlicher und menschlicher Weisheit bzw. eine menschliche Definition der göttlichen Weisheit zu unterstellen. Daß rein begrifflich zwischen menschlicher und göttlicher Weisheit selbstverständlich eine Analogie besteht, interessiert Paulus hier nicht. Die Sache, d. h. der Gekreuzigte, der menschlicher Weisheit nur als Torheit erscheint, zwingt ihn, zwischen dem göttlichen Geist, der die Tiefen Gottes ergründet, und dem menschlichen Geist zu unterscheiden (VV. 10b.11; vgl. *R. Jewett*, Terms 186-189): Der eine ist der Geist *Gottes* (bzw. »der Geist, der aus Gott ist«) und der andere bleibt – für sich genommen – »Geist der *Welt*« (V. 12) (vgl. *N. Schneider*, Eigenart 108–111). Das Reden in »gelehrten« Worten des Geistes, mit deren Hilfe den geistlichen Menschen das Geistliche »gedeutet« wird, erfolgt nicht in Analogie, sondern im Gegensatz zum Reden in gelehrten Worten menschlicher Weisheit (V. 13). Unterstrichen wird diese Analogielosigkeit durch die im Sinne des Textes exklusive Opposition von »psychischem Menschen« und »Pneumatiker« (VV. 14f). Die Begrifflichkeit, die hier erstmals bei Paulus auftaucht und sonst (außer in 1 Kor 15) bei ihm keine Rolle spielt, ist wohl von den Korinthern übernommen (vgl. *R. A. Horsley*, Pneumatikos). Ob diese den Gegensatz von pneumatischem und psychischem Menschen ebenfalls exklusiv verstanden oder – über die »lebende Seele« (›psychē zōsa‹) von Gen 2,7 und deren göttlichen »Hauch« (›pnoē‹) – doch eine gewisse Kontinuität gesehen haben (*B. A. Pearson*, Terminology 39; *U. Wilckens*, Kreuz 77-79; vgl. *B. E. Gärtner*, Idea 220f), kann dahingestellt bleiben. In jedem Fall scheinen sie mit ihrem noetisch-idealistischen Erlösungskonzept nicht in der Lage gewesen zu sein, der Kreuzesbotschaft gerecht zu werden. So rückt das, was sie als weisheitliche Gelehrsamkeit betreiben, in die Nähe der Gedanken des psychischen Menschen, von dem Paulus feststellt, daß er gänzlich unfähig ist, etwas von dem zu erfassen, was den Geist Gottes betrifft (V. 14a). Daß es

Paulus bei dieser Feststellung nicht um die Definition einer philosophischen Erkenntnistheorie geht, versteht sich von selbst. Der
Folgesatz in V. 14bα, der wiederum das Thema der Torheit (vgl.
1,18-25) aufgreift, legt die Annahme nahe, daß Paulus in V. 14a
– ähnlich wie in 1,21a – auf die Feststellung des Faktischen aus ist,
wie es sich ihm aus dem Blickwinkel des Kreuzes ergibt. Im
Kontext der Gegenüberstellung von menschlichem und göttlichem
Geist bzw. menschlicher und göttlicher Weisheit ist wohl auch V.
16b zu würdigen, so daß der betont hervorgehobene »Verstand«
(›nous‹) Christi als Gegensatz und nicht als Analogie des menschlichen Verstandes zu fassen ist. Mit dem Prinzip »Geistliches mit
Geistlichem deuten« (V. 13b) formuliert daher Paulus keine die
menschliche Weisheit ins Transzendente steigernde Erkenntnistheorie. Sofern das zu deutende Pneumatische (= das Geheimnis)
und das deutende Pneumatische (= der empfangene Geist) menschlicher Weisheit und menschlichem Erkennen diametral gegenüberstehen, ist das »Deuten« eine Variante und Entfaltung des Glaubens, der keine Möglichkeit des Menschen ist, sondern dem Menschen von Gott eröffnet und vom Menschen in der gehorsamen
Annahme der töricht erscheinenden Weisheit Gottes übernommen
wird.

Es bleibt noch ein Wort zum Begriff der »Vollkommenen« zu
sagen, den Paulus in 2,6 noch zusätzlich in die bereits dargelegte
Opposition einfügt. Nimmt man als Gegenbegriff zu den »Voll-
kommenen« die in 3,1 auftauchenden »Unmündigen«, ist eine
Verschiebung in der Oppositionalität zu konstatieren. Denn im
Unterschied zu den bisher behandelten Oppositionen (›weltliche
Weisheit vs göttliche Weisheit‹, ›menschlicher Geist vs göttlicher
Geist‹, ›psychischer Mensch vs geistlicher Mensch‹) läßt der
Gegensatz von ›unmündig vs vollkommen‹ die Möglichkeit einer
Entwicklung offen, bei der die Unmündigkeit (durch tiefere
Erkenntnis?) in Richtung auf die letztlich angestrebte Vollkom-
menheit überwunden wird. Diese Verschiebung in der Oppositio-
nalität erklärt sich wohl am besten, wenn man annimmt, daß
Paulus den Begriff der »Vollkommenen« dem korinthischen
Sprachgebrauch entnommen hat, um ihn dann aber – in 3,1-4 – in
ironischer Form gegen die Korinther zu wenden (s. 2.3).

Was eine dem Paulus möglicherweise schon vorgegebene, übergreifende
semantische Linie betrifft, so wurden die Thesen von *W. Wuellner* und
E. E. Ellis, die 2,6-16 als homiletisches Stück bzw. als Midrasch verstehen
wollen, bereits im Rahmen von 1,18-25 angesprochen (s. dort unter 2.2).

Dort wurde auch die von *E. Peterson* hervorgehobene Verwandtschaft mit
Bar 3,9-4,4 erörtert. In diesem Zusammenhang ist jetzt auf *A. Feuillet*
aufmerksam zu machen, der 2,6-8 als Bezugnahme auf die Baruch-Stelle
verständlich machen will (chefs; vgl. *ders.*, Christ, bes. 27–30).) Eine über
den allgemeinen Zusammenhang mit weisheitlichen Motiven und Traditionen hinausgehende konkrete Verortung des Textes dürfte aber problematisch bleiben. Das gilt auch hinsichtlich einer möglichen Verbindung mit
der Logien-Tradition (zu den Thesen von **B. Fjärstedt* und *P. Richardson*
s. 1,18-25 unter 2.2).

2.3 Pragmatische Analyse

2,6-16 gehört noch zur narratio. Von daher — und nicht aus einer
weitgehend situationsunabhängigen Schuldiskussion (gegen: *Conzelmann*; s. o. 2.2) — erklärt sich auch der relativ unpolemische
Charakter des Textes, den *Conzelmann* zu Recht hervorhebt. Dies
hindert jedoch nicht, daß die narratio, die den Sachverhalt *aus
eigener Sicht* darstellt, sich eben dadurch von der abzuweisenden
Sicht abhebt und insofern auch eine — wenngleich meist unter der
Oberfläche liegende — Polemik enthält (vgl. **L. Schottroff*, Der
Glaubende 201–203). Nach den beiden Exempeln von 1,26-31 und
2,1-5, die die Leser mehr affektiv bewegen (movere) wollten, kehrt
der rhetorische Duktus wieder zur grundsätzlichen Darlegung des
Sachverhalts zurück (vgl. 1,18-25). Bezogen auf 1,17 (»nicht in
Weisheit des Wortes«), lassen sich 1,18-25 und 2,6-16 als meta-
sprachliche Codeabklärungen verstehen. 1,18-25 sollte erläutern,
daß das christlich entscheidende »Wort« (das törichte Wort vom
Kreuz) nicht unter die Kategorie der Weisheit des Wortes fällt.
Wenn aber schon von »Weisheit« gesprochen werden soll, so will
2,6-16 klären, dann ist diese Weisheit eine gänzlich andere als die,
die in menschlicher Rede zur Sprache kommt (zum Verfahren vgl.
N. Schneider, Eigenart 102–105; **G. Sellin*, »Geheimnis« 81,
spricht von »Meta-Sprache der Kreuzesverkündigung«). Beide
Abschnitte wollen also darlegen, welches »Wort« (nämlich das
vom Kreuz!) und welche »Weisheit« (nämlich die vor der Welt
verborgene!) dem Postulat einer nicht von Weisheit des Wortes
bestimmten Evangeliumsverkündigung gerecht wird. Insofern
dient 2,6-16 dem vornehmsten Ziel der narratio, nämlich der
Belehrung (docere). Dabei ist die zu bewirkende Überzeugung aus
der opinio des Hörers (Lesers) aufzubauen (*Lausberg* § 327).
Unter dieser Rücksicht verfährt Paulus in 2,6-16 sehr geschickt.

Mit der einleitenden Bemerkung »(Von) Weisheit reden wir ...«
(2,6) hebt er selbst zu einer Weisheitsrede an, die in Korinth (bzw.
bei bestimmten Leuten in Korinth) geschätzt ist. Allerdings setzt
Paulus die Akzente anders als die Korinther. Den Zweck, die Leser
bei ihrer opinio abzuholen, verfolgt auch der Begriff der »Vollkommenen«, den Paulus von den Korinthern übernommen haben
dürfte. Die eigentliche Stoßrichtung dieses terminologischen Rück-
griffs wird allerdings erst in 3,1-4 deutlich.
Dort taucht der Gegenbegriff der »Unmündigen« auf (3,1). Wenn
es richtig ist, daß der Vorwurf der Unmündigkeit ursprünglich vor
allem den Glossolalen galt (s. zu 1,10-4,21: 3.2.3.2), dann tritt das
Profil der Auseinandersetzung, in die 2,6-16 hineinspricht, klarer
hervor. Paulus würde dann in 2,6 mit den »Vollkommenen« das
Selbstverständnis der Apollos-Gruppe und in 3,1 deren Vorwurf
gegen die Glossolalen aufgreifen. Dies freilich nicht, um beides zu
bestätigen, sondern um darzulegen, wie wenig vollkommen und
wie sehr unmündig *alle* Streitenden sind, wenn man den Streit vom
Standpunkt des Paulus aus betrachtet.
Gemessen an Weisheitsrede und Glossolalie, liegt 2,6-16 etwa in
der Mitte. Wenn Paulus sagt: »(Von) Weisheit reden wir ...« (2,6),
kommt er den Weisheitsanhängern im engeren Sinn (den Apollos-
Leuten) entgegen. Allerdings redet Paulus von einer Weisheit, die
die üblichen (menschlichen) Kategorien der Weisheit durchkreuzt
und ihre Andersartigkeit als Ausdruck ihrer Offenbarungsqualität
gedeutet wissen will. Insofern kommt Paulus den Glossolalen
entgegen, die die transzendente Andersartigkeit der von ihnen
verkündeten himmlischen Geheimnisse betonten und deren Offenbarungscharakter durch die menschlich unverfängliche Sprache der
Glossolalie, nach ihrer Meinung wohl die Sprache der Engel, zum
Ausdruck gebracht sahen. Letzteres muß Paulus allerdings wiederum bestreiten. Er fordert eine auch dem Verstand zugängliche
Artikulation der Offenbarung (vgl. 14,14f), wiewohl diese selbst
nicht mit dem Verstand (›nous‹) zu begreifen und auch nicht nach
Art menschlicher Erkenntnis zu ergründen ist. Gemessen an 1 Kor
14, wo Paulus gegenüber der unverständlichen Glossolalie ein
verständliches Sprechen in der Gemeinde fordert, nämlich die
Prophetie, könnte man 2,6-16 als konkretes Beispiel prophetischer
Rede verstehen (so: *G. Dautzenberg*, Botschaft 139–157).
Pragmatisch hat diese Rede den Sinn, die Zerstrittenen zu integrieren, wobei die Integration allerdings nicht durch eine Partei zwischen den Fronten, sondern durch die Rückbesinnung auf die allen
gemeinsame Grundlage zustande kommen soll. Für Paulus ist diese

Grundlage der Gekreuzigte. Diesen »Sachverhalt« will ja auch die narratio darlegen.

3. Einzelerklärung

Vers 6: »(Von) Weisheit aber reden wir unter den Vollkommenen« (6a). Paulus hebt nun also doch zu einer Weisheitsrede an. Zumindest formal läßt er sich auf die Argumentationsebene der korinthischen Weisheitsanhänger ein. Dennoch stellt 2,6 keinen Bruch in der paulinischen Argumentation dar (gegen: *Weiß*; *Wendland*; *Conzelmann*; *U. Wilckens*, Weisheit 60; *M. Winter*, Pneumatiker 209. *M. Widmann*, 1 Kor 2,6-16, hält den Abschnitt für eine Glosse der korinthischen Enthusiasten [46]; dagegen: *J. Murphy-O'Connor*, Interpolations 81-84). Es trifft nicht zu, daß man die mit 2,6 beginnenden Ausführungen als »Weisheitslehre im Sinne der Korinther verstehen« könne (so: *U. Wilckens*, Weisheit 60; *Wilckens* charakterisiert sie als gnostisch; vgl. *W. Schmithals*, Gnosis 142–146; *M. Winter*, Pneumatiker 207–211; eine ausführliche Auseinandersetzung mit der »gnostischen« Interpretation von *U. Wilckens* findet sich bei *K. Prümm*, Gnosis-Problematik; vgl. auch: *O. Betz*, Problem 71-75). Dagegen spricht schon der semantische Befund. V. 6b läßt keinen Zweifel, daß die »Weisheit« von V. 6a keine andere ist als die »Weisheit Gottes«, von der Paulus schon in 1,18-25 gesprochen hat (so jetzt auch *U. Wilckens*, Kreuz 48f. 59; vgl. *L. Schottroff*, Der Glaubende 202f.217–220; *R. Baumann*, Mitte 204–209.274–277; *H. Weder*, Kreuz 165–173; *P. Stuhlmacher*, Bedeutung 139f.142; *M. Wolter*, Weisheit 304f; *W. Willis*, »Mind of Christ«; *D. Zeller*, Charis 182; *Barrett*; *Lang*; *Strobel*; u. a.). Die »Weisheit« steht beide Male in der gleichen Opposition: Die »Weisheit dieses Äons« bzw. die »(Weisheit) der Herrscher dieses Äons« (V. 6b) ist sachlich identisch mit der »Weisheit der Welt« (1,20) oder der »Weisheit der Menschen« (vgl. 1,25.27; 2,5). Unter Wiederholung des Verbums von V. 6 wird in V. 7a die »Weisheit« als »Weisheit Gottes« präzisiert. Nach 1,23f ist damit der gekreuzigte Christus gemeint (eine Identifizierung ist allerdings auch hier nicht angezielt; mit *W. Schmithals*, Gnosis 130–132, gegen *U. Wilckens*, Weisheit 70–74; s. auch oben zu 1,24). Daß dies in V. 7 nicht anders ist, bestätigt V. 8b, der ausdrücklich die Verbindung zum Kreuz herstellt. Die semantische Konstanz im Weisheitsbegriff erlaubt es also nicht, das Wort vom Kreuz in 1,18-25 in Analogie zu Hebr 5,11-6,2 als bloße Anfangslehre zu würdigen, der gegenüber dann 2,6-17 »eine esoterische Form der Verkündigung«, einen ›logos teleios‹ (*D. Lührmann*, Offenbarungsverständnis 114), also eine Weisheitslehre für Fortgeschrittene darstellen würde.

Diese Fehleinschätzung von 2,6-16 ist offensichtlich durch den Begriff der »Vollkommenen« bedingt, mit dem Paulus das adäquate Auditorium seiner Weisheitsrede charakterisiert (zum religionsgeschichtlichen Hintergrund: *B. A. Pearson*, Terminology 27–30; *R. A. Horsley*, Pneumatikos 281–283). Doch gerade wenn man annimmt, daß Paulus hier »einen Selbstanspruch der Korinther« aufgreift (*D. Lührmann*, a.a.O. 113), nützt eine reine Begriffssemantik ohne Rücksicht auf die Textpragmatik wenig. Verwendet und aufgebracht haben den Begriff der »Vollkommenen« wahrscheinlich die korinthischen Weisheitsanhänger (Apollos-Gruppe), um sich von den (unmündigen) Glossolalen abzusetzen. Möglicherweise wurde der Begriff dann auch von den übrigen Parteien übernommen, um die eigene Überlegenheit zu artikulieren. Diese Praxis esoterischer parteilicher Selbstdefinition greift Paulus auf, allerdings nicht, um sie zu bestätigen, sondern um sie ad absurdum zu führen (vgl. *V. P. Furnish*, Theology 251f; *J. Painter*, Paul 242). Er tut dies, indem er den »Vollkommenen« eine Weisheitsrede hält, deren Weisheit nach dem vorher entfalteten und auch in 2,6-16 durchgehaltenen Weisheitskonzept und dem gesamten bisherigen Argumentationsduktus nichts als Glauben erfordert und damit eigentlich *allen* Glaubenden – aber auch nur *diesen* – zugänglich ist. Durch diesen Kunstgriff erreicht Paulus ein doppeltes: Einerseits verliert der Begriff der Vollkommenen seine diakritische Funktion und seinen esoterischen Charakter. Andererseits werden die Korinther irritiert; sie müssen sich fragen, ob sie denn wirklich so »vollkommen« sind, wenn sie die »Vollkommenheit« des allen Streit unmöglich machenden Glaubens an die törichte Weisheit des Gekreuzigten nicht aufbringen. Insofern schwingt in V. 6a eine leise Ironie mit, die dann in 3,1-4 auch tatsächlich entfaltet wird.

Um sicherzustellen, daß die Weisheit, von der Paulus nun unter den »Vollkommenen« reden will, keine andere ist als die, von der er schon vorher gesprochen hat, grenzt er sie in V. 6b zunächst negativ ab: Sie hat nichts mit der »Weisheit dieses Äons« gemein. Mit dem Ausdruck variiert Paulus die Rede von der »Weisheit der

Welt«, die Gott nach 1,20 zu Torheit gemacht hat. Erweitert wird die negative Abgrenzung durch einen neuen, bislang noch nicht verwendeten Ausdruck: Die Weisheit ist nicht die Weisheit »der Herrscher dieses Äons, die zunichte werden« (V. 6b).

Der Ausdruck hat zu vielerlei Mutmaßungen Anlaß gegeben (vgl. dazu den Forschungsüberblick bei *M. Pesce*, Paolo 19-235). Die einen sahen darin die irdischen Machthaber, die für die Kreuzigung Jesu verantwortlich waren (so z. B.: *Schniewind*; *ders.*, Archonten; *G. Miller*, ΑΡΧΟΝΤΩΝ; *W. Carr*, Angels 118−120; *ders.*, Rulers). Vor allem im Zuge der gnostischen Interpretation wurden die Archonten gerne als kosmische Mächte (gnostische Archonten oder Engel bzw. Dämonen) identifiziert (so z. B.: *Lietzmann*; *U. Wilckens*, Weisheit 61−64; *Conzelmann*; vorher schon: *O. Everling*, Angelologie 11−48; *M. Dibelius*, Geisterwelt 88−99). Andere verbanden beide Auffassungen miteinander (so z. B.: *O. Cullmann*, Staat 46f.75f; *A. Feuillet*, chefs; *ders.*, Christ 25−36). *H. Hegermann* vermutet, daß Paulus mit den »Archonten« eine Vorstellung der Korinther aufgreift: »Die korinthischen Pneumatiker scheinen sich himmlischer Mächtekontakte zu rühmen in ihrer Hochschätzung der Glossolalie« (EWNT III 622, unter Verweis auf die »Sprachen der Engel« in 13,1). Dann allerdings wären die Ausführungen des Paulus eine arge Persiflage der korinthischen Auffassung, da er die von den Korinthern in Anspruch genommenen Engelmächte als »Herrscher *dieses Äons*«, die noch dazu vernichtet werden sollen, karikiert.

Geht man unvoreingenommen vom Text aus, so scheint die Einführung der »Herrscher dieses Äons« schon im Blick auf die in V. 8 herausgestellte Kreuzigung Jesu zu erfolgen. Dann sind zunächst die irdischen Machthaber gemeint (vgl. *U. Wilckens*, Kreuz 50−52; *J. Theis*, Paulus 225−230). Ob Paulus konkret an die jüdische Behörde (Synhedrium) gedacht hat (so: *Schniewind*; neuerdings wieder: *M. Pesce*, Paolo 391−420), ist keineswegs sicher. Ebensogut könnten die Römer gemeint sein, die Jesus tatsächlich gekreuzigt haben (so auch: *O. Cullmann*, Staat 46). Doch geht es Paulus nicht um das Referat historischer Einzelheiten. Er formuliert wohl bewußt so allgemein. Er will zeigen, daß die Weisheit der Welt, die den Herrschern dieser Welt verfügbar ist, vor der Weisheit des gekreuzigten Christus versagt. So gesehen, muß nicht ausgeschlossen werden, daß in der Perspektive der »Herrscher dieses Äons« auch die (widergöttlichen) »kosmischen Hintergrundmächte« (*H. Hegermann*, EWNT III 622), die das historische Geschehen und damit die realen Machthaber auf Erden letztlich steuern, in das Blickfeld treten (vgl. *G. Theißen*, Weisheit

370–374). Die Herrscher dieses Äons werden als solche charakterisiert, »die zunichte werden«. Der Ermöglichungsgrund dafür und das reale Prinzip dieser Vernichtung stellt das Kreuz dar, wo Gott die Weisheit, die die Herrscher leitet und bestimmt, definitiv zu Torheit gemacht hat (1,20). Am Kreuz hat Gott prinzipiell und definitiv das Nicht-Seiende erwählt, um das Seiende zu »vernichten« (1,28). In der Erwählung der Gemeinde greift dieser Vorgang der Vernichtung und Neuschöpfung in den konkreten Lauf der Welt, vernichtet »Welt« (im Sinne der Gott nicht erkennenden Welt) und schafft neue Schöpfung (vgl. 2 Kor 5,17; Gal 6,15). In der Erwählung der Gemeinde wird auch die Vernichtung der Herrscher dieses Äons konkret, sofern in ihr die diese leitende Weisheit nicht mehr zählt. So ihrer Autorität entleert, werden sie selbst zu Nichtsen. Doch weiß Paulus sehr wohl, daß es sich hierbei um einen Prozeß handelt, den wahrzunehmen dem Glauben vorbehalten ist. Daher auch die zurückhaltende, die Gegenwart der Zukunft offenhaltende Beschreibung der Herrscher mit einem Partizip Präsens (im Griechischen): »die zunichte werdenden«. Abgeschlossen ist dieser Prozeß erst, wenn das Endzeitgeschehen seiner Ordnung gemäß sein Ziel erreicht hat und alle (kosmischen) Mächte »vernichtet« und Christus unterworfen sind, der sich selbst dem Vater unterwirft, damit Gott alles in allem sei (15,21-28, wo der kosmische Hintergrund der Aussage von 2,6 in den Vordergrund tritt).

Vers 7: Im Gegenzug zu V. 6b, wo Paulus sich negativ von der Weisheit abgegrenzt hat, von der er nicht reden will, beginnt mit V. 7 nun die positive Charakterisierung der Weisheit, um die es Paulus geht: Er will »reden von der Weisheit Gottes im Geheimnis«.

Der Begriff »Geheimnis« (›mystērion‹) ist weit verbreitet (*G. Bornkamm*, ThWNT IV 810-823; *H. Krämer*, EWNT II 1089-1101; zur Sache vgl. **R. Baumann*, Mitte 174-192): er findet sich in der Philosophie ebenso wie in den Mysterienreligionen und der Gnosis, aber auch in der Weisheitsliteratur und der frühjüdischen Apokalyptik (vgl. *R. E. Brown*, Concept; *ders.*, Background; *M. N. A. Bockmuehl*, Revelation 7-126). Entsprechend besitzt er eine recht allgemeine, fast formale Grundbedeutung: ›mystērion‹ meint das Unaussprechliche bzw. Verborgene (vgl. *H. Krämer*, Wortbedeutung). In der apokalyptischen und damit verwandten Literatur des Frühjudentums wird der Begriff sehr gerne mit dem verborgenen, Schöpfung und Ziel der Geschichte umfassenden Plan Gottes in Verbindung gebracht (so bes. in Dan 2 und in Qumran [vgl. dazu: *E. Vogt*, Mysteria], vgl. aber auch Weish 2,22; 6,22).

»Im Geheimnis« ist wohl nicht auf das Verbum zu beziehen (gegen: *Weiß*), sondern dient der Qualifizierung der Weisheit. Im Gegensatz zur »Weisheit dieses Äons«, die der Welt bzw. den Menschen zu handen ist, ist die »Weisheit Gottes« »Weisheit im Geheimnis«. Sie ist selbst Geheimnis und als solches Welt und Menschen nicht verfügbar, sondern »verborgen« (zum Motiv der Verborgenheit vgl. äthHen 40,1-10; 46,1-3; 48,1-10; 62,6-8). Nur Gott selbst kann das Geheimnis aufdecken (V. 10). Im Sinne des Argumentationsduktus, der V. 7 als Opposition zu V. 6b aufbaut, ist »verborgen« als positive und nicht als negative Qualität der Weisheit Gottes zu werten. Gegenüber menschlicher oder weltlicher Weisheit ist die Weisheit Gottes dadurch ausgezeichnet, daß sie »verborgen« ist und ihr gegenüber immer »verborgen« bleibt. Entsprechend ist »Geheimnis« hier nicht nur als formaler, sondern als inhaltlicher Begriff zu würdigen. Auch durch seine Aufdeckung wird der Inhalt des Geheimnisses nicht menschlicher Einsicht zugänglich. Gerade darum geht es Paulus: Die Weisheit Gottes, die sich im Gekreuzigten offenbart, bleibt für den Menschen und seine weltlichen Maßstäbe immer Torheit; als Weisheit kann sie nur im Gehorsam des Glaubens akzeptiert werden. Wo aber versucht wird, die Weisheit Gottes in die Parameter menschlicher Weisheit einzupassen und das Kreuz — wie es wahrscheinlich in Korinth geschehen ist — zum bloßen Durchgang zur Herrlichkeit zu machen, wird sie pervertiert bzw. entzieht sich gerade denen, die meinen, sie ihrer Verborgenheit entrissen zu haben. Als Weisheit erschließt sie sich nur denen, die ihre Verborgenheit und ihren Geheimnischarakter als Teil ihres Inhaltes erkennen.

Mit dem Relativsatz des V. 7b folgt eine weitere Qualifizierung der geheimnisvollen, verborgenen Weisheit: »Gott hat sie vor den Äonen vorherbestimmt« (vgl. 4 Esr 8,52-54). Die frühjüdisch-apokalyptische Herkunft der zugrundeliegenden Konzeption wird deutlich (s. dazu: *J. L. Kovacs*, Archons). Die »Weisheit Gottes im Geheimnis« ist weit mehr als nur eine göttliche Eigenschaft, sie ist das göttliche Handlungskonzept bzw. der aller Schöpfung und damit allen Zeiten vorausliegende Heilsplan Gottes (*Weiß*; *Lietz-mann-Kümmel*; *Schlatter*; *Allo*; *Conzelmann*; *Lang*; *B. Mayer*, Heilsratschluß 95-103.108; **K. Maly*, Gemeinde 36; *M. N. A. Bockmuehl*, Revelation 161). Für Paulus zielt dieser Heilsplan auf den Gekreuzigten. V. 7b bestätigt somit die Erkenntnis von 1,21: Das Kreuz ist kein zweiter Heilsweg oder gar eine Notlösung angesichts der gescheiterten Schöpfungsweisheit Gottes, sondern deren Ziel. Der Gekreuzigte war von Anfang an der Plan und das

Ziel und der Inbegriff der göttlichen Weisheit. Gerade in dieser Ausrichtung ist sie soteriologisch qualifiziert: »zu unserer Herrlichkeit« (vgl. Röm 9,23). Unbeschadet der Tatsache, daß diese Herrlichkeit erst noch offenbar werden muß (Röm 8,18.19-25), ist sie doch schon Wirklichkeit des Glaubens: Wer berufen ist, ist gerecht gemacht und damit auch »verherrlicht« (Röm 8,30). Dies geschieht durch die Gleichgestaltung mit dem Bild des Sohnes Gottes (Röm 8,29). Sie findet statt in der Taufe, wo die Glaubenden die Identität des Todes Christi annehmen und so die Hoffnung gewinnen, mit Christus zu leben (Röm 6,5; vgl. 1 Thess 5,10; Gal 2,19f; Phil 3,10f.20f). Die Herrlichkeit der Christen ist also eine durchaus paradoxe und der Weisheit dieses Äons nicht zugänglich. Sie partizipiert an der Weisheit Gottes, die auf den Gekreuzigten als ihr soteriologisches Ziel ausgerichtet ist. Sie kommt im Sterben Christi zum Ausdruck, das der Christ (Apostel) an seinem Leib trägt, um so das Leben Jesu sichtbar zu machen (2 Kor 4,7-18; bes. V. 10). Der Apostel kann daher seine Verkündigung (des gekreuzigten Christus) als »Dienst der Herrlichkeit« verstehen (2 Kor 3,7-11) und die christliche Existenz als ein Verwandeltwerden »von Herrlichkeit zu Herrlichkeit« charakterisieren (2 Kor 3,18; vgl. 4,17). Die Ungläubigen freilich vermögen »das helle Licht des Evangeliums von der Herrlichkeit Christi« nicht zu erkennen (2 Kor 4,1-6; bes. V. 4).

Vers 8: In einem zweiten, zu V. 7b parallelen Relativsatz wird von der Weisheit Gottes gesagt, daß sie »keiner der Herrscher dieses Äons erkannt hat« (V. 8a). Dies ist im Kontext der bisherigen Argumentation eigentlich selbstverständlich. Denn die Herrscher dieses Äons lassen sich von der Weisheit dieses Äons leiten, und diese steht im diametralen Gegensatz zur Weisheit Gottes. Diese Differenz muß den Korinthern jedoch gerade klar gemacht werden. Das Perfekt, das im Griechischen die Dauer des Vollendeten anzeigt (BDR § 340), ist bewußt gewählt: Die Herrscher dieses Äons haben die Weisheit Gottes nicht erkannt und erkennen sie auch jetzt nicht. Sie müßten schon ihre eigenen Maßstäbe – die Weisheit dieses Äons – aufgeben und sich den Maßstäben Gottes beugen! Der Grund für dieses Nicht-Erkennen wird in der Parenthese des V. 8b angegeben: »Denn wenn sie (sie) erkannt hätten, hätten sie den Herrn der Herrlichkeit nicht gekreuzigt«. Das historische Faktum der Kreuzigung Jesu (Aorist!) ist das entscheidende Ereignis, das die Ignoranz der Herrscher dieses Äons bezüglich der Weisheit Gottes evident gemacht hat und im Sinne von V. 8a bleibend evident macht. Denn die Weisheit Gottes, die es zu erkennen gälte, begegnet gerade im gekreuzigten Christus. Dies ergibt sich sowohl aus dem Kontext (vgl. 1,23f) wie auch aus der internen Logik des V. 8b selbst. Paulus argumentiert dabei vom Faktischen her, so daß die Überlegung, daß im Falle des Erkennens ja auch der Gekreuzigte als Inbegriff der Weisheit Gottes dahin-fiele, in eine gedankliche Sackgasse führt.

Häufig wird aufgrund von V. 8b ein kosmisch-gnostischer Hintergrund postuliert. Nach *Conzelmann* gibt Paulus »Einblick in den kosmischen Hintergrund der Kreuzigung« (vgl. *R. Bultmann*, Karl Barth 42–44; vgl. *U. Wilckens*, Weisheit 70–75). Zu denken sei an den gnostischen Mythos vom Abstieg des Offenbarers; er könne die Sphären der feindlichen Archonten passieren, indem er diese durch Verkleidung täusche (AscJes 10; IgnEph 19; EpApost 13 [24]; PistSoph 7; EvPhil 26; Iren I 24,4.5f; 30,12; EpiphHaer 21,2,4: JustApol I 54-60; Orig in Mt tom. XVI,8; vgl. *Lietz-mann*; *M. Dibelius*, Geisterwelt 92-99; *H. Schlier*, Untersuchungen 5–32). *H.-M. Schenke* verweist auf die koptisch-gnostische Schrift »Der Gedanke unserer großen Kraft« (hier: NHC VI 41,13–42,21) (Christologie 220: »Der springende Punkt unseres Topos ist, daß der Tod des wahrhaft Lebendigen notwendig zum Tod des Todes und seiner Archonten selber wird; der vom Tod verschlungene wahrhaft Lebendige ist für ihn das Gift, an dem er stirbt«). Die entscheidende Gegenfrage stellt *Conzelmann* selbst: »Wenn die Archonten Jesus nicht erkannten, warum kreuzigten sie ihn dann? Wußten sie, daß er der Offenbarer war, nicht aber, daß sie gerade durch seinen Tod vernichtet werden sollten? Der Wortlaut macht diese letztere Deutung kaum möglich.« Man müßte also annehmen, daß »durch die Übertragung der mythischen Vorstellung ... auf einen geschichtlichen Vorgang ... die Vorstellung selbst nicht mehr (stimmt)« (ebd.). Dies läßt an der Richtigkeit der gnostischen Interpretation zweifeln.

Der Ausdruck »Herr der Herrlichkeit« ist auffällig. »Herr« in bezug auf den Gekreuzigten begegnet bei Paulus nur noch Gal 6,14; ansonsten spricht Paulus immer vom gekreuzigten »Christus« bzw. vom Kreuz »Christi« (1,17.23; 2,2; 2 Kor 13,3f; Phil 2,5.8; 3,18; Gal 3,1; 6,12; vgl. 5,24). Es ist daher gut denkbar, daß Paulus einen Ausdruck der Korinther aufgreift. Für sie ist Jesus der »Herr der Herrlichkeit«, weil er, der Schöpfungsmittler (vgl. 8,6) und das Abbild der Herrlichkeit Gottes (vgl. 2 Kor 4,4; Kol 1,15), gekommen ist, die Herrlichkeit Gottes zu offenbaren und – analog zur eigenen Rückkehr in die himmlische Herrlichkeit – den Men-schen die Möglichkeit zu eröffnen, nun ebenfalls zur Schau der Herrlichkeit und Weisheit Gottes aufzusteigen. Das Kreuz droht in diesem Konzept zum bloßen Durchgangsstadium ohne eigene soteriologische Bedeutung zu werden. Über die Aneignung dieses Aufstiegs zur Herrlichkeit bzw. Weisheit ist man sich in Korinth freilich nicht einig: die einen propagieren die noetische Ekstase weisheitlicher Spekulation, während die anderen das Heil psychodynamisch in der Glossolalie suchen. Gegen eine derartige, vom Kreuz isolierte Sicht der Herrlichkeit bzw. Weisheit muß Paulus protestieren. Einen so erscheinenden bzw. zu verstehenden Herrn der Herrlichkeit hätten die Herrscher dieses Äons nicht gekreuzigt. Denn er hätte eine Weisheit gebracht, die ihren Kategorien bzw. den Kategorien der Weisheit dieses Äons entsprochen hätte, wo man die Weisheit quantifizieren und über den je höheren Status ihrer Erkenntnis in Konkurrenz treten kann. Genau dies tun die Korinther und degradieren, ohne es zu wollen, den Herrn der Herrlichkeit zum Gegenstand und Ausdruck menschlicher Weisheit. Paulus verweist demgegenüber auf das Kreuz. Dort kommt in letzter Zuspitzung der göttliche – da alle menschlichen Kategorien transzendierende – Charakter der göttlichen Weisheit zum Vorschein. Weil die Herrscher dieses Äons sich nach ihren Kategorien richteten, mußten sie den tatsächlichen Herrn der Herrlichkeit als Antinomie menschlicher Weisheit hinrichten. Eben dadurch aber – auch das gehört zur Paradoxie göttlicher Weisheit – kam diese zum Zuge. Der Kreuzestod Jesu ist nicht Durchgang zur Herrlichkeit, sondern deren unverzichtbares Merkmal. Gerade so wird eine menschliche (Pseudo-)Definition von Herrlichkeit von Grund auf verhindert und das menschliche Heilsverlangen, anstatt auf den Irrweg der Selbstverherrlichung, auf den Weg der von Gott geschenkten Herrlichkeit gelenkt. Der »Herr der Herrlichkeit« ist für Paulus – wie für die Korinther – der Präexistente und Erhöhte. Im Unterschied zu den Korinthern gehört für Paulus aber die irdische Existenz und das Kreuz zur Definition des Herrn und seiner Herrlichkeit dazu. Die Herrscher dieses Äons haben keinen anderen als den Herrn der Herrlichkeit gekreuzigt, als sie Jesus gekreuzigt haben. Dies zeigt deren Ignoranz bzw. die Andersartigkeit der göttlichen Weisheit, der gegenüber nicht das Citius, Altius, Fortius menschlichen Weisheitsstrebens, sondern nur das Entweder-Oder des gehorsamen Glaubens angemessen ist. Wenn so das Kreuz in die Definition des Herrn der Herrlichkeit und der Weisheit Gottes hineingenommen ist, können auch Weisheitsrede und Glossolalie ihren genuinen innergemeindlichen Standort finden. Denn wo allein der Glaube heilsrelevant ist, muß die Konkurrenz um die Weisheit verstummen. Glossolalie und Weisheitsrede werden zu Charismen, die in ihrer Unterschiedlichkeit dem Ganzen der Gemeinde zugute kommen (vgl. 12,4-11).

Vers 9: »Vielmehr« markiert keinen Gegensatz zum Vorausgehenden (gegen: *D. Lührmann*, Offenbarungsverständnis 116), sondern greift die Einleitung von V. 7 wieder auf, dessen Verbum »wir reden« auch hier zu ergänzen ist (*Allo*; vgl. *Weiß*). Dann sind die beiden Relativpronomina im Zitat als Objekt zu verstehen (gegen: *Conzelmann*, der von einer »Doppelrolle ... als Subjekt und Objekt« spricht). Der Rückbezug auf VV. 7f wird bestätigt durch die Zitationsformel »wie geschrieben steht«, die sich auch sonst immer auf das Vorausgehende bezieht. V. 9 ist also grammatisch nicht mit V. 10 zu verbinden (gegen: *G. Theißen*, Weisheit 348 Anm. 13; *Grosheide*; *Fee*). V. 9 will vielmehr das, was in VV. 7f über die Weisheit Gottes gesagt war, durch Schriftzitat unterstreichen.

Die Herkunft des Zitats ist rätselhaft. Es findet sich nicht im Alten Testament. Dies muß angesichts der noch nicht abgeschlossenen Kanonfrage nicht verwundern (vgl. Jud 14 [äthHen 1,9]; zu Qumran vgl. *J. A. Fitzmyer*, Use 14f). Handelt es sich um die Kombination verschiedener Schriftstellen (Jes 64,3; Ps 30,20 LXX) (so: *P. Pringent*, Ce que l'oeil; *A. Feuillet*, L'énigme, rechnet mit weisheitlichem Einfluß: Spr 30,1-4; Sir 1,10; Ijob 28; Bar 3f; vgl. *ders.*, Christ 37-57)? Nach Origenes stammt das Zitat aus einer (verlorenen) Elija-Apokalypse (in Mt 27,9 tom. V 29). Eine ähnliche Vermutung findet sich bei Hieronymus (AscJes und Elija-Apokalypse: Comm. in Is. proph. 17,54), der später aber Jes 64,4 als Grundlage anführt (Ep. 57 ad Pammachium) (vgl. auch: *A. Resch*, Agrapha 25-29.110f). *M. Philonenko* machte auf LibAnt 26,13 aufmerksam (Quod oculus). *E. v. Nordheim* brachte das koptische Testament Jakobs ins Spiel (Zitat; dagegen: *O. Hofius*, Zitat; vgl. *H. F. D. Sparks*, 1 Kor 2,9). Eine direkte Abhängigkeit ist angesichts der weiten Verbreitung ähnlicher Aussagen in jüdischer, christlicher und gnostischer Literatur schwierig (vgl. dazu: Bill. III 328f; *A. Oepke*: ThWNT III 989f; **U. Wilckens*, Weisheit 75–80; ferner: EvThom 17; NHC I,1 A 25–29). *K. Berger* konnte plausibel machen, daß das Zitat apokalyptischer Tradition entstammt (Diskussion). Ursprünglich handelte es vom zukünftigen (geheimnisvollen) Lohn der Gerechten (»was Gott denen *bereitet* hat, ...«; vgl. *K. Berger*, a.a.O. 278.279). Von Paulus wird es eingesetzt, um »die Frage nach der wahren Offenbarung« zu klären (vgl. 2,10); d. h., im Zitat werden »Geheimnisse« angesprochen, »wie sie ursprünglich ... auf einer Himmelsreise vermittelt wurden« (ebd. 279). Unter diesen Umständen ist es denkbar, daß das Zitat bereits von den korinthischen Glossolalen verwendet wurde, um ihr verzücktes Reden als Kundgabe himmlischer Geheimnisse (»was kein Ohr gehört hat!«) zu charakterisieren. Dann hätte man auch einen (pragmatischen) Grund, warum Paulus das Zitat hier anführt. In der neueren Diskussion wird wieder stärker die Verwandtschaft mit Jes 64,3 favorisiert. Nach **D.-A. Koch* ist »1 Kor 2,9 ... als eigenständige Bildung anzusehen, deren Entstehung jedoch nicht ohne Kenntnis und bewußte Orientierung an Jes 64,2 verstehbar ist« (Schrift 41). *H. Ponsot* versucht, den Weg von Jes 64,3 zu 1 Kor 2,9 in sechs Entwicklungsstufen nachzuzeichnen (D'Isaïe, LLXIV,3).

Inhaltlich ist V. 9 chiastisch mit dem Vorausgehenden verkoppelt. Während der erste Relativsatz des Zitats die menschliche Erkenntnismöglichkeit bezüglich des Redegegenstandes (Weisheit Gottes) ausschließt und somit mit V. 8 vergleichbar ist, variiert der zweite Relativsatz V. 7b. Der erste Teil des Zitats stellt heraus, daß der Redegegenstand menschlich unerfindlich ist. Darüber hinaus soll wohl auch - im negativen Vorgriff auf den Grundsatz analogischer Erkenntnis (VV. 11.13b) − bestritten werden, daß der Mensch überhaupt über die adäquaten Erkenntnisparameter verfügt. Ob man freilich so weit ins Detail gehen kann, daß man »Auge« und »Ohr« auf die sinnliche Wahrnehmungsfähigkeit und das »Herz« auf das noetische Erkenntnisvermögen beziehen darf, muß offenbleiben.

In jedem Fall ist es gut denkbar, daß das Zitat von den Glossolalen benutzt wurde, um ihr verzücktes, menschlichen Sinn und Verstand hinter sich lassendes Sprechen als die wahre Offenbarung himmlischer Weisheit gegen die Weisheitsanhänger (der Apollos-Partei) zu verteidigen. Gewiß waren auch diese vom himmlischen Ursprung und von der menschlichen Unverfügbarkeit der Weisheit überzeugt. Doch spielte in ihrem Konzept auch der menschliche Verstand eine erhebliche Rolle. Sofern das Kreuz dadurch in seiner zentralen Position tangiert wird, kann Paulus sich die Position der Glossolalen zu eigen machen und mit ihnen (mit ihrem Zitat) die radikale Andersheit der göttlichen Weisheit unterstreichen. Das Vorzeichen, das Paulus in V. 8 gleichsam als Leseanweisung für das Zitat setzt, korrigiert aber gleichzeitig die Glossolalen. Denn wenn der Gekreuzigte der Inbegriff der göttlichen Weisheit ist, dann ist das »Wort vom Kreuz« und nicht die Glossolalie deren primärer und entscheidender Ausdruck.

Der zweite Teil des Zitats erinnert von seiner Herkunft her an die bei Gott bzw. im Himmel bereitliegenden eschatologischen Heilsgüter. Im Kontext mit V. 7b ist an den Heilsplan Gottes gedacht, der auf die Offenbarung der Weisheit Gottes hinausläuft. Das für Paulus Entscheidende ist wiederum, daß die Weisheit Gottes sich im Gekreuzigten offenbart. Als Adressaten werden »die ihn lieben« genannt. Das sind im Sinne der weisheitlichen Überlieferung diejenigen, die Gott fürchten und gehorsam sind (vgl. Sir 1,10.11ff; 2,15f); für Paulus sind sie identisch mit den Glaubenden (1,21). Sachlich leitet V. 9b über zu V. 10.

Vers 10: Hatten die VV. 6-9 von der verborgenen Weisheit (Gottes) gesprochen, so wird ab V. 10 erläutert, wie sie, die weltlicher Weisheit unzugänglich ist, dennoch erfaßt werden kann. V. 10a nennt den objektiven Grund dafür: »Gott hat enthüllt«. Als Objekt zu ergänzen ist »sie«, d. h. »Gottes Weisheit« aus V. 7, oder »es«, d. h. das, was nach V. 9 »kein Auge gesehen ..., Gott aber denen bereitet hat, die ihn lieben«. Der »Geist« ist der Geist *Gottes* (wie die Mehrheit der Handschriften sekundär richtig ergänzen), nicht der Geist des Menschen, und von diesem, wie der Folgetext zeigt, diametral geschieden.

Insofern konvergiert der »Geist« mit der göttlichen »Weisheit«. Die Affinität bzw. Identität von »Geist« und »Weisheit« ist bereits in der frühjüdischen Weisheitsliteratur vorgebildet (Weish 1,4-6; 7,7; 7,21.22 [7,22-8,1]; 9,17 [9,1-19]). Hier im paulinischen Kontext meint die »Weisheit Gottes« den göttlichen Heilsplan nach seinem Inhalt und Ziel, während der »Geist« die göttliche Potenz bezeichnet, diesen zu durchdringen. Eben deshalb erfordert die Offenbarung der göttlichen Weisheit auch die Mitteilung des göttlichen Geistes. »Durch den Geist« gibt daher nicht nur das Instrument der Offenbarung an, sondern zugleich das Medium, in dem die Adressaten der Offenbarung deren Inhalt überhaupt erst erfassen können.

In der formalen Aussage des V. 10a gibt es zwischen Paulus und seinen korinthischen Kontrahenten wohl keine Differenz. Auch diese werden nicht bestritten haben, daß die göttliche Weisheit Offenbarung und Geistempfang voraussetzt. Die Annahme, daß Paulus »ein ›(hēmin) tois pneumatikois‹ (= [uns] den Pneumatikern) durch ›hēmin ... dia tou pneumatos‹ (= uns ... durch den Geist) ersetzt« habe, ist daher weder wahrscheinlich noch nötig (gegen: *D. Lührmann*, Offenbarungsverständnis 135; die Übers. ist ergänzt). Die eigentliche Differenz ergibt sich aus der unterschiedlichen Füllung der Weisheit als des Objektes der Offenbarung; für Paulus findet sie ihren adäquaten Ausdruck im Gekreuzigten. Unter dieser Voraussetzung bekommt dann allerdings V. 10a, dessen Wortlaut von beiden Seiten akzeptiert werden kann, einen jeweils anderen Sinn. Denn das Personalpronomen »wir«, das die Offenbarungsempfänger angibt und die »(Gott) Liebenden« (V. 9) bzw. die »Vollkommenen« (V. 6) substituiert, meint dann eben nicht mehr elitäre Pneumatiker, sondern im Prinzip alle Glaubenden (vgl. 1,21). In ähnlicher Weise ändert sich auch das Verständnis des »Geistes«, der sein Kriterium zumindest nicht mehr primär in weisheitlicher Spekulation oder glossolalischer

Rede, sondern im Gekreuzigten findet. »Geist« ist nicht mehr »die Wunderkraft, die übernatürliche Erkenntnis vermittelt« (gegen: *E. Schweizer*: ThWNT VI 422,26; vgl. jedoch ebd. 423, 20ff), sondern die göttliche Ermöglichung des Glaubens. Dieses Verfahren — gleicher Wortlaut bei unterschiedlichem Sinn — ist rhetorisch sehr geschickt, da es die Gegenseite zur metasprachlichen Reflexion (Codeabklärung) zwingt: Die Korinther müssen sich fragen, ob ihr Selbstverständnis und ihr Geistkriterium denn wirklich zutreffen, wenn sie nicht einmal fähig sind, den Gekreuzigten als fundamentalen Offenbarungsinhalt zu erfassen. V. 10b begründet V. 10a. Der »Geist« ist auch hier nicht (stoisch) eine Welt und Mensch umfassende, immanente göttliche Größe (vgl. dazu: *H. Kleinknecht*: ThWNT VI 352f), sondern der Geist *Gottes* und als solcher vom Geist des Menschen geschieden (vgl. V. 11). Konkret gemeint ist der die Offenbarung vermittelnde und von Gott dem Menschen vermittelte Geist (V. 10a). »Ergründen« wird auch bei Philo auf das Erforschen der Gottheit und ihres Wesens bezogen (All III 84: dort allerdings vom menschlichen ›nous‹, was vielleicht die korinthischen Weisheitsanhänger nachsprechen könnten, nicht aber Paulus ; vgl. Gig 62; Mut 67; anders: Fug 165; Mut 7; mehr formal: Det 57); auffällig bei Philo ist die häufige Verwendung in bezug auf das Erforschen des Schriftsinns (All I 99; Cher 14; Sacr 52.89; Det 13.141; u. ö.; vgl. im NT: Joh 5,39; 7,52). Vielleicht war der Begriff unter dieser Rücksicht auch bei den Weisheitsanhängern in Korinth geläufig. Bei Paulus hat das »Ergründen« jedoch weniger das Sosein Gottes zum Inhalt als vielmehr den verborgenen Heilsplan Gottes, der sich im Gekreuzigten enthüllt (vgl. 1 Petr 1,10f). In diesem Sinn ist auch »alles« vom Kontext her zu füllen: Es ist das (dem Menschen) Unerfindliche von V. 9 bzw. die verborgene Weisheit Gottes von VV. 7f (vgl. Mt 11,25-27); sofern diese dem Menschen zum Heil ist, kann »alles« dann auch — in V. 12 — mit dem »(von Gott) Geschenkten« identifiziert werden. Gleichsam um sicherzustellen, daß es im Duktus der Argumentation nicht darum geht, daß der Geist »alles und jedes« ergründet (obwohl dies durchaus zutrifft), fügt Paulus hinzu: »auch (= sogar!) die Tiefen Gottes«. Die Aussage ist aus der menschlichen Perspektive getroffen. Es geht nicht um die isolierte selbstverständliche Feststellung, daß der (göttliche) Geist *auch* die Tiefen Gottes ergründet, sondern um die Rolle des Geistes im Blick auf die Offenbarungsempfänger. Weil er diese an seinem Ergründen teilhaben läßt, das — aus der Sicht der Menschen — *sogar* die Tiefen Gottes erfaßt, kommt Offenbarung überhaupt erst zustande. Es bestätigt sich also auch hier wieder, daß »durch den Geist« von V. 10a nicht nur instrumental zu verstehen ist, sondern auf den Geist*empfang* abzielt, der dann in VV. 12f ausdrücklich thematisiert wird. Inhaltlich bringt die Rede von den »Tiefen Gottes« keine zusätzliche Information über den Offenbarungsgegenstand, sondern variiert das bisher über ihn Gesagte mit einer Metapher. Mit den »Tiefen Gottes« ist hier demnach nicht das (ontologische) Wesen Gottes ins Auge gefaßt (wie in der Gnosis, wo Gott und Tiefe identifiziert werden können: ActThom 143; Hipp Ref V 30,7; Unbekanntes altgnostisches Werk Kap. 17 [= GCS I 358,15f]; vgl. dazu: *H. Schlier*: ThWNT I 515; sowie: EvVer NHC I 22,25; 35,15; 37,8; 40,26), sondern wiederum der verborgene Heilsplan Gottes (vgl. Röm 11,33f, unter Verweis auf Jes 40,13 [wie in 1 Kor 2,16!]; Eph 3,18). Eine vergleichbare Metaphorik findet sich Jdt 8,14 (wer nicht einmal die »Tiefen des menschlichen Herzens« erforschen kann, wie soll er dann die Absichten Gottes »ergründen«!) und dann im Übergang von der Weisheit (Ijob 12,22: Gott »enthüllt Tiefes aus dem Dunkel«) zur Apokalyptik (Dan 2,22: Gott »enthüllt Tiefes und Dunkles/Verborgenes« [LXX/Theod.]). Dort ist auch die Verquickung mit dem Heilsplan Gottes vorgeprägt (vgl. 1 QS 11,18-20; syrBar 14,8f).

Vers 11 begründet V. 10 mit einem Analogieschluß. Doch ist es mißverständlich, von einer »Analogie von menschlichem und göttlichem Geist« zu sprechen (so: *Conzelmann*). Dies trifft nur die formale Seite der Aussage, sofern, wie »das (Wesen) des Menschen« nur vom Geist des Menschen, so auch »das (Wesen) Gottes« nur vom Geist Gottes erkannt werden kann. Dahinter steckt der antike (philosophische) Grundsatz, daß Gleiches nur durch Gleiches erkannt werden kann. Unter dieser formalen Rücksicht wird es zwischen Paulus und den Korinthern keine Differenzen gegeben haben. Auch die korinthischen Weisheitsanhänger werden nicht bestritten haben, daß »das (Wesen) Gottes« dem Menschen nur so weit zugänglich ist, als Gott ihm seinen Geist mitteilt (zum Prinzip analogischer Erkenntnis bei Philo vgl. Gig 9; Mut 3–10). Der diakritische Punkt ist die Frage, wie die Relation von göttlichem und menschlichem Geist zu bestimmen ist. Indem Paulus den Grundsatz analogischer Erkenntnis in die Opposition ›Gott vs Mensch‹ einträgt und das auf anthropologischer Ebene Selbstverständliche zum Argument für die dem Menschen (»niemand«!) verschlossene Erkenntnis auf göttlicher Ebene macht (der Sache nach handelt es sich um einen Schluß a minore ad maius; vgl. Jdt

8,14), schließt er jede erkenntnismäßige Affinität zwischen menschlichem und göttlichem Geist aus. Hier haben die Korinther — zumindest aus der Sicht des Paulus — etwas anders geurteilt: sei es, daß sie prinzipiell von einer gewissen Affinität zwischen menschlichem und göttlichem Geist ausgegangen sind, sei es, daß sie wenigstens faktisch — aus paulinischer Sicht — »das (Wesen) Gottes« nach menschlichen Kriterien definiert haben. Es zeigt sich wiederum, daß der eigentliche Unterschied zwischen Paulus und den Korinthern im Sachlichen besteht. Der Umstand, daß die Korinther den Gekreuzigten nicht als den entscheidenden Inhalt göttlicher Offenbarung und Geistmitteilung wahrnehmen, ist für Paulus ein Indiz, daß sie menschlich urteilen und nicht den (bereits empfangenen; vgl. V. 12) Geist Gottes gebrauchen, der es ihnen erlauben würde, »das (Wesen) Gottes« zu erkennen. Der Ausdruck »das (*Wesen*) Gottes« darf angesichts seiner konkreten inhaltlichen Füllung durch den Kontext nicht ontologisch eng geführt werden (es handelt sich um eine Hilfskonstruktion, um den im Deutschen nur schwer übersetzbaren Ausdruck ›ta tou theou‹ [= »das Gottes«] wiederzugeben). Paulus geht es weniger um eine Ontologie Gottes als um dessen Heilshandeln. Im Sinne des V. 10 meint »das (Wesen) Gottes« das in den Tiefen Gottes Verborgene, also den Heilsplan Gottes, der auf den Gekreuzigten abzielt. Analog dazu meint »das (Wesen) des Menschen« die verborgenen Tiefen des menschlichen Herzens. Rein logisch weist die Argumentation in V. 11 insofern eine gewisse Unebenheit auf, als das ursprüngliche Subjekt von V. 11a — «wer von den Menschen« — dann durch »den Geist des Menschen, der in ihm ist« (zur Ausdrucksweise vgl. Sach 12,1) ersetzt wird; dies ermöglicht den Übergang zum »Geist Gottes« in V. 11b, wo allerdings — eine zweite Unebenheit — das menschliche Subjekt aus V. 11a mit »niemand« wieder aufgegriffen wird. Dies alles zeigt, daß Paulus mit seinem Analogieschluß letztendlich auf die Divergenz zwischen Mensch und Gott zielt und betonen will, daß *kein Mensch* die verborgene Weisheit Gottes erkennen kann, es sei denn *mit Hilfe des Geistes Gottes* (vgl. Röm 8,16).

Vers 12: Indirekt ergab sich schon aus V. 10: Der Geist Gottes ist nicht nur das Instrument der göttlichen Offenbarung, sondern zugleich das Medium, in dem der Mensch diese wahrnehmen kann (zur hermeneutischen Reflexion dieses Sachverhaltes vgl. *P. Stuhlmacher*, Bedeutung). Dies wird jetzt expliziert, indem der göttliche Akt der Offenbarung als Geist*empfang* erläutert wird. Das Subjekt von V. 12 repliziert denn auch die Adressaten von V. 10: »wir«, das sind die »Vollkommenen« (vgl. V. 6), im Sinn des Paulus die Glaubenden. Sie – so formuliert Paulus wiederum antithetisch – »haben nicht den Geist der Welt empfangen«. Der »Geist der Welt« ist hier wohl nicht als reale Größe vorgestellt (gegen *Weiß*; mit **R. Baumann*, Mitte 238; etwas anders ist die Vorstellung in 2 Kor 4,4), sondern erklärt sich aus der Antithese zum Geist Gottes im Rahmen des paulinischen Gegensatzes von Gott und Welt und bildet gleichsam deren metaphysisches Erkenntnisprinzip. Verfehlt wäre jedoch eine simple Identifizierung mit dem menschlichen Geist von V. 11a, wiewohl dieser zu einem weltlich bestimmten Geist werden bzw. ein solcher bleiben kann, wenn er die Weisheit Gottes mit Hilfe der ihm (dem menschlichen Geist) eigenen Weisheit zu erkennen und zu definieren sucht (vgl. 1,21) und nicht bereit ist, sich der Weisheit Gottes im Gehorsam zu beugen und dessen Geist als deren allein geeignetes Wahrnehmungsmittel anzunehmen. Eben in dieser Gefahr stehen die Korinther. Die Antithese vom »Geist der Welt« erklärt sich also letztlich aus der Pragmatik des Textes. Die rivalisierenden »Vollkommenen« in Korinth bedienen sich eines Geistes, den sie nicht »empfangen« haben: Sie agieren als »Pneumatiker« rein weltlicher Definition und damit als Nicht-Pneumatiker! Realiter empfangen haben die Glaubenden den »Geist, der aus Gott ist«. Daß hier nicht einfach der (sachlich identische) Ausdruck »Geist Gottes« aus V. 11b aufgegriffen wird, soll wohl eine gewisse Gegensätzlichkeit zum »Geist, der in ihm (im Menschen) ist« (V. 11a), hervorheben. Die Korinther bleiben intrinsezistisch, beschränken sich als Erkenntnismedium auf den Geist, der *in ihnen* ist, und lassen sich nicht leiten von dem Geist, der *aus Gott* ist (vgl. auch: **R. Baumann*, Mitte 239; **M. Winter*, Pneumatiker 217). Natürlich sehen auch sie in Christus die Weisheit Gottes verkörpert. Aber sie pervertieren diese Weisheit, indem sie Christus letztlich als Explikation des menschlichen Selbst (als Explikation dessen, was im Menschen ist) definieren. Der Geist, der aus Gott ist, hingegen hat nicht die Funktion, den Menschen zur Selbst-Erkenntnis zu führen. Er ist empfangen, »damit wir wissen, was uns von Gott geschenkt wurde«. »Was uns ... geschenkt wurde« ist mehr als nur »der Gegenstand der Erkenntnis« (gegen: *Conzelmann*). Wohl mit Bedacht spricht Paulus nicht vom »Erkennen«, sondern vom »Wissen« (das gleiche Verbum ist in 2,2 auf den Gekreuzigten bezogen!). Das mögliche Mißverständnis, daß es sich um eine eigene Aktivität des Menschen handeln könnte, ist damit ausgeschlossen.

Entsprechend ist auch das, »was uns von Gott geschenkt wurde«, nicht nur Inhalt, sondern zugleich die Ermöglichung des Wissens, umfaßt also den verborgenen Heilsplan Gottes, der auf den Gekreuzigten abzielt (VV. 7-9), wie auch den Geistempfang, der ihn als Offenbarung Gottes wahrzunehmen ermöglicht (VV. 10-12a). Das Verbum »schenken« (›charizomai‹) ist im Griechischen vom gleichen Stamm wie das für Paulus so wichtige Substantiv »Gnade« (›charis‹). Paulus bringt damit sowohl den soteriologischen Charakter des vom Geist Gottes ermöglichten Wissensstandes als auch – was hier noch wichtiger ist – dessen Ungeschuldet-Sein zum Ausdruck. Geistempfang und Heilsoffenbarung sind reine Gnade. Ein Widerspruch zum (scholastischen) Prinzip »gratia supponit naturam« ist damit nicht angezeigt; allerdings ist dieses hier auch nicht das Thema des Paulus. Ihm ist es darum zu tun, daß das Gnadengeschenk Gottes (sowohl inhaltlich als auch formal) nicht eine Entfaltung der (erkenntnismäßigen und ontischen) Möglichkeiten des konkreten Menschen ist, sondern von außen (extra nos) erst hinzutritt.

Vers 13: Eben dieses Gnadengeschenk des Geistempfangs und der dadurch vermittelten Offenbarung ist Gegenstand der apostolischen Predigt und überhaupt der christlichen Verkündigung. »Davon reden wir auch« greift formal auf das »Reden« der Weisheit in den VV. 6.7 zurück. Inhaltlich gemeint ist die Kreuzespredigt. Von etwas anderem kann der Apostel nicht reden, da nur dies der Gegenstand seines »Wissens« sein kann (2,2). Daß solche Predigt nicht »in gelehrten Worten menschlicher Weisheit« vermittelt werden kann, ist selbstverständlich. Dagegen steht schon ihr Inhalt. Ein Gekreuzigter als Heilbringer ist keine Erfindung gelehrter menschlicher Spekulation, er läßt sich als solche auch nicht vermitteln. Inhaltlich entspricht die Aussage von V. 13aα der Predigt, die Paulus tatsächlich in Korinth gehalten hat (2,4f). Neu hinzu kommt, daß Paulus seine Rede nun als geistgelehrt bezeichnet. Dies ist eine Konsequenz der Ausführungen der VV. 10-12. Der aus menschlicher Weisheit nicht ableitbare Gehalt der Kreuzespredigt wird zum Indiz und Kriterium der Offenbarung und des Geistes (*J. Reiling*, Wisdom 210, spricht zu Recht vom »pneumatological counterpart of the christological word of the cross«). Auffällig ist die Hervorhebung der Gelehrtheit, die auf beiden Seiten der Opposition betont wird. Dies hat möglicherweise pragmatische Gründe. Paulus wendet sich wohl gegen die von den Korinthern (Apollos-Gruppe) beanspruchte Gelehrsamkeit, die in

weisheitlichen Reflexionen, vielleicht sogar in weisheitlich-allego-
rischer Schriftauslegung, ihren Ausdruck findet. Doch — sofern
letzteres zutrifft — will Paulus nicht Schriftgelehrsamkeit und
Schriftauslegung insgesamt ablehnen. Was er inkriminiert, ist die
korinthische Art und Weise, die sich als ungeistlich erweist, weil
sie den Gekreuzigten nicht als Inbegriff der Weisheit Gottes zu
artikulieren vermag. Aus demselben Grund trifft Paulus aber auch
die Glossolalen, die sich formal durch V. 13a hätten bestätigt
fühlen können (wer wollte bestreiten, daß Glossolalie nicht von
menschlicher Weisheit gelehrt ist?).

Wie bereits erwähnt (s. o. 1), ist der Sinn von V. 13b nicht ganz
eindeutig (vgl. *Robertson-Plummer*; zur Diskussion: **R. Baumann*, Mitte 247—249). Will Paulus sagen, daß er »Geistlichen
(Pneumatikern; maskulinisch) Geistliches« oder »mit Geistlichem
(neutrisch) Geistliches« deutet (in der zuletzt genannten Weise
haben es wohl B und 33) verstanden, die anstelle von ›pneumatikois‹ das Adverb ›pneumatikōs‹ = »geistlich« lesen). Im letzteren
Fall wäre V. 13b nichts anderes als eine (allerdings geschickt arti-
kulierte) Wiederholung von V. 13a: Ein geistlicher Redegegenstand kann nur mit geistlichen Mitteln, d. h. mit geistgelehrten
Worten, vermittelt und gedeutet werden. Daher ist wohl eher das
erstere Verständnis zu bevorzugen (V. 13b entspricht dann der
These von V. 6a; vgl. *U. Wilckens*, Kreuz 54). V. 13b führt die
erste Vershälfte weiter, indem er deren Aussage auf die Adressaten
der apostolischen Predigt anwendet. Geistgelehrte Worte sind das
adäquate Mittel, um den geistlichen Inhalt (»das Geistliche«) der
christlichen Botschaft denen zu deuten, die den Geist empfangen
haben (den »Geistlichen«). Auch so (und nicht nur bei neutrischem
Verständnis) steht hinter V. 13b letztlich das Prinzip analogischer
Erkenntnis, wie es in V. 11 formuliert war. Formal können die
Korinther zustimmen. Die Differenz ergibt sich wiederum aus der
inhaltlichen Füllung der Aussage. Für Paulus findet das Geistliche
christlicher Weisheitsrede im Kreuz sein diakritisches Merkmal
(VV. 6-10). Dadurch ändert sich auch die Definition der rezipie-
renden »Pneumatiker«. Wer den Geist empfangen hat, kann die
paulinische Darlegung der Kreuzesbotschaft als Reden in geistgelehrten Worten verstehen. Wer dies nicht vermag, erweist sich
nicht als Pneumatiker. Die Strategie der Aussage ist subtil. Selbstverständlich will Paulus den Korinthern nicht den Geistempfang
absprechen (vgl. dagegen: V. 12). Aber indem er für das Verstehen
seiner Rede an das Pneumatiker-Sein appelliert, das die Korinther
(in je unterschiedlicher Weise) für sich reklamieren, deckt er deren

praktisches Defizit auf und führt zugleich auf den Weg, es zu überwinden. Mit ›synkrinein‹ (»deuten«, zu dieser Bedeutung s. *G. Dautzenberg*, Prophetie 44f.138–140) greift Paulus einen Terminus auf, der in biblisch-jüdischer Tradition (Gen 40,8.16.22; 41,12f.15; JosAs 4,14; Philo Jos 158; Dan 5,7 LXX; Dan 5,12.16 Theod.) den Deute- und Auslegungsvorgang bezeichnet (dort meist auf Träume bezogen; bei Philo werden die »Träume« auf die sinnlich wahrnehmbaren Erscheinungen des menschlichen Lebens bezogen, die der weise Staatsmann »deuten« muß: Jos 125.143). Konkret geht es hier um die Deutung des gekreuzigten Christus als Weisheit Gottes. Ob die Wahl des Begriffes auch von den Vorgängen in Korinth beeinflußt ist (weisheitlich-allegorische Schriftdeutung), mag dahingestellt bleiben.

Vers 14:   Der »psychische Mensch« erscheint unvermittelt und entstammt wohl korinthischer Terminologie (s. o. 2.2). Konkret gemeint ist der irdische Mensch, der – nach korinthischer Auffassung – das Abbild des himmlischen ist (vgl. dagegen 15,45-47; zur korinthischen Konzeption s. o. zu 1,10-4,21: 3.2.2.2). Nicht eindeutig auszumachen ist, ob die Korinther – aufgrund der kreatürlichen geistlichen Potentialität der »lebenden Seele« (vgl. Gen 2,7) – mehr von einer Hinordnung des psychischen Menschen auf den pneumatischen ausgingen oder gerade den Gegensatz zwischen beiden betonten, so daß die geistliche Potentialität des psychischen Menschen ausschließlich als Funktion des geistlichen Gegenbildes zu werten wäre. Im ersten Fall wäre V. 14a im scharfen Widerspruch zur korinthischen Auffassung formuliert.

In diesem Zusammenhang könnte man auch auf den Kontext der eben zu V. 13b angeführten Philo-Stellen verweisen: Nach Jos 147 ist der weise Staatsmann zur Deutung gefordert, weil das Irdische, den Schlafenden bzw. Träumenden vergleichbar, »nichts klar mit dem geistigen Auge (›tē psychē‹) sehen« kann. Das Deuten ist demnach ein »Sehen ›tē psychē‹«!

Geht man von der (insgesamt wohl doch wahrscheinlicheren) zweiten Möglichkeit aus, so läge die Differenz zu Paulus dann wiederum in der unterschiedlichen Füllung des Geistbegriffs. Die formal auch für die Korinther akzeptable Aussage von V. 14a hätte die Funktion, ihr pneumatisches Selbstverständnis als psychisch zu entlarven. In jedem Fall geht es Paulus nicht um den Entwurf einer philosophischen oder theologischen Erkenntnistheorie, sondern um die Wertung des Faktums, daß die Korinther den Gekreuzigten

nicht als *die* heilsame Weisheit zu artikulieren vermögen. Daß es
Paulus eben darum zu tun ist, bestätigt der begründende Nachsatz
V. 14bα. »Das (Wesen) des Geistes Gottes« erscheint dem psychi-
schen Menschen als »Torheit«. Evident wird dies am »Wort vom
Kreuz«, das in den Augen der Welt »Torheit« ist (1,18; vgl. 1,21b).
Konnte man bei V. 14a noch daran denken, daß das »Nicht-
Erfassen« des psychischen Menschen auf dessen Verweigerung,
also auf einen Willensakt, zurückgeht (so: *Weiß*), so wird in
V. 14bβ deutlich, daß das Urteil des Paulus grundsätzlich verstanden sein will: Der psychische Mensch »erfaßt« das den Geist
Gottes Betreffende nicht, weil er es auch gar »nicht erkennen
kann«. Ein ontischer Dualismus scheint in der Luft zu liegen.
Doch ist die pragmatische Funktion der Aussage zu berücksichtigen. Paulus will die Korinther ja nicht auf den Status von Psychi-
kern festlegen, für die es grundsätzlich keine Erkenntnismöglichkeit des Geistlichen gibt. Dieser Status soll vielmehr überwunden
werden, bzw. der prinzipiell bereits vorhandene und von Paulus
vorausgesetzte Status des Pneumatikers (vgl. V. 12) soll zum Vorschein gebracht werden. Dies kann aber nur gelingen, wenn die
Korinther die Erkenntnisweise des psychischen Menschen radikal
räumen. Was ontisch klingt, steht also im Dienste eines Entschei-
dungsrufs zur adäquaten Hermeneutik. Der Inhalt der christlichen
Verkündigung bestimmt auch seine Wahrnehmungsweise: Was
den Geist Gottes betrifft, muß »geistlich beurteilt werden«, d. h.
auf eine vom Geist selbst vermittelte und kontrollierte Weise. Es
gilt der Grundsatz analogischer Erkenntnis (vgl. VV. 12.13b). Daß
Paulus hier von »beurteilen« (dazu: *G. Dautzenberg*, Prophetie
248−250) und nicht von »erkennen« (vgl. V. 14bβa') spricht, mag
Zufall sein, bringt aber das rezeptive, den Erkenntniswillen des
psychischen Menschen ausschaltende Moment des geistlichen
Wahrnehmungsvorgangs gut zum Ausdruck.

Vers 15: V. 15a ist das positive Pendant zum negativen Urteil über
den psychischen Menschen: »Der Geistliche (Pneumatiker) beurteilt alles«. Das ist die logische Folgerung von V. 14bβ'. Wenn das
Pneumatische nur auf geistliche Weise beurteilt werden kann, dann
ist der Pneumatiker, der den Geist Gottes empfangen hat, *der*
Hermeneut des Geistlichen schlechthin. »Alles« meint hier nicht
»alles und jedes«, sondern − wie in V. 10 − im Gegensatz zur
immer nur partiellen Erkenntnis des Menschen das umfassende, die
Tiefen Gottes einschließende Wissen, also letztlich den Sinn- und
Heilsplan des Ganzen (*J. Dupont*, Gnosis 323f, verweist zu Recht

auf die Parallelität von »beurteilen« und »ergründen« in V. 10).
Insofern durchschaut der Pneumatiker wirklich »alles«: Gott und
Welt. Er sieht die Verlorenheit der Welt, die Gott mit ihrer
Weisheit nicht erkennt (1,21); er weiß aber auch um die heilsame
Weisheit Gottes, die im Wort vom Kreuz ihre Kraft entfaltet
(1,18.24). In eben diesem Sinn sollen auch die Korinther urteilen
und damit ihr Pneumatikertum unter Beweis stellen.

V. 15b zeigt die Größe, aber auch die Gefährlichkeit und Ver-
wundbarkeit der paulinischen Position: »Er selbst (der Pneumatiker) wird von niemandem beurteilt«. In gewisser Hinsicht ist damit
die paulinische Position unanfechtbar geworden. Denn wer anders
urteilt als Paulus, fällt ein unangemessenes Urteil über den Pneumatiker und erweist sich damit selbst als Nicht-Pneumatiker. Insofern ist das paulinische Axiom auch gefährlich, weil es zur Legitimation nicht mehr hinterfragbarer Herrschaft mißbraucht werden
kann. Dem steht allerdings der Gegenstand des geistlichen Urteils
entgegen. Mit dem Gekreuzigten läßt sich Autorität nur als Dienst,
nicht aber als repressive Herrschaft begründen. Verwundbar ist das
paulinische Axiom, weil es übergeordnete Kriterien nicht zuzulas-
sen scheint. Mit dem gleichen Axiom könnten auch die Korinther
ihr eigenes Selbstverständnis als Pneumatiker rechtfertigen bzw.
Paulus das Recht streitig machen, ihre Kriterien des Pneumatischen
(Weisheitsrede, Glossolalie) in Frage zu stellen. Das Pneumatikertum bedarf also letztlich doch des Kriteriums. Für Paulus ist es die
Kraft der Schwachheit, die die Torheit der Kreuzespredigt zur
Weisheit Gottes macht (1,18.24). Eben deswegen ist Paulus auf die
Exemplifizierung dieser Kraft angewiesen: die Erwählung der
Gemeinde (1,26-31) und die Wirkung seiner Predigt (2,1-5) sind
der Ausweis, daß das »Wort vom Kreuz« von der Kraft des Geistes
(vgl. 2,4) getragen ist. Aus paulinischer Sicht ist V. 15b nur konsequent. Denn wenn das Kreuz das Kriterium der Weisheit Gottes
ist, entfällt jede weltlich-weisheitliche, menschlich-noetische (psychische) Kriteriologie. Der Glaube an das Paradox wird zum
Kriterium des Geistes, der – in seiner Wirkung – für sich selbst
steht. Eine Polemik gegen die Korinther, die Paulus das Pneumatikertum streitig machen wollten, ist aus V. 15b kaum abzulesen
(gegen: *U. Wilckens*, Weisheit 94f). Dazu ist die Aussage viel zu
formal und ambivalent. Schon eher wählt Paulus den Ausdruck,
um die Korinther zu bewegen, von ihrem (parteilichen) Urteil über
das Pneumatiker-Sein abzulassen.

Vers 16: Das Zitat aus Jes 40,13 gebraucht Paulus auch in Röm 11,34 (dort mit dem Parallelsatz »oder wer wurde sein Ratgeber?«, den er hier ausläßt). Die Form entspricht im wesentlichen der LXX (das Futur ›symbibasei‹ anstelle von ›symbibâi‹ ist auch durch A, ℵ^c und C bezeugt). Wie in der Röm-Stelle spielt Paulus auf den Heilsplan an, der dem menschlicher Erkenntnis unzugänglichen »Verstand des Herrn« entspringt. Die Korinther urteilen also unangemessen. Wie ihr Parteienstreit zeigt, liegen ihre Kriterien auf der Ebene des *menschlichen* Verstandes (das gilt auch für das Kriterium der Glossolalie, sofern die Irrationalität zum *Argument* des Pneumatischen gemacht wird). Das wahre Pneumatikertum bestimmt sich vom Geist Gottes her. Das war bereits Gegenstand der bisherigen Ausführungen und wird jetzt noch einmal durch Schriftzitat untermauert. Einen Informationszuwachs enthält das Zitat insofern, als die anders Urteilenden der ungebührlichen Belehrung des Herrn bezichtigt werden. Indirekt ist damit das Thema des eigentlich nötigen Gehorsams und Glaubens angesprochen. Dieser Gehorsam ist den Christen möglich. Das unterstreicht V. 16b, wo Paulus abschließend feststellt: »Wir aber haben den Verstand Christi« (zum Terminus vgl. *Weiß*; *R. Jewett*, Terms 360–367; *W. Willis*, »Mind of Christ« 117–120). Daß Paulus hier – außerhalb des Zitats – »Verstand« und nicht »Geist (des Herrn)« schreibt, kann schlicht die Folge des Zitats sein. Die Formulierung kann aber auch bewußt auf die korinthische Wertschätzung des Noetischen zielen. Auffällig ist, daß Paulus nicht »Verstand des Herrn« (so: B, D u. a.), sondern »Verstand *Christi*« (so mit: *p46*, ℵ, A, C u. a.) sagt. Mit dem Christustitel verbindet Paulus gerne – im Kontext sogar ausdrücklich (vgl. 1,17.23f; 2,2) – den Gedanken an den Gekreuzigten (vgl. *U. Wilckens*, Weisheit 95). Damit ist deutlich, welche inhaltliche Füllung der »Verstand des Herrn« hat: Von Anfang an hat Gott in seiner Weisheit den gekreuzigten Christus zum Heil bestimmt (2,7). Zugleich ist deutlich, was den »Verstand« des Christen ausmacht: die Fähigkeit, den gekreuzigten Christus als Weisheit Gottes anzuerkennen. Dabei geht es allerdings nicht um eine Befähigung des *menschlichen* Verstandes, um die Aktivierung einer menschlichen Potenz, sondern um die Verleihung einer neuen Fähigkeit, die durch die Gabe des »Verstandes Christi« zustande kommt. Daß die Christen den Verstand Christi »haben«, kommt daher, daß sie ihn »empfangen haben« (V. 12). Sachlich intoniert V. 16b die Identitätsvorstellung von Gal 2,19f: »Mit Christus bin ich gekreuzigt; nicht mehr ich lebe, sondern Christus lebt in mir« (vgl. 2 Kor 13,3;

Röm 8,9-11). Wo der »Verstand Christi«, den die Christen »haben«, zum Maßstab gemacht wird, muß aller Streit verstummen. Denn vor dem Gekreuzigten kann es nur Verzicht auf die eigene, rivalisierende und spaltende Weisheit geben bzw. die Übernahme der alle menschlichen Maßstäbe und Differenzierungen übersteigende Weisheit Gottes.

Die Unmündigkeit der Korinther 3,1-4

1 Und ich, Brüder, konnte nicht zu euch reden wie zu geistlichen (Menschen) (Pneumatikern), sondern wie zu fleischlichen (Menschen), wie zu Unmündigen in Christus. 2 Milch gab ich euch zu trinken, nicht (feste) Speise; denn ihr wart (dazu) noch nicht fähig. Indes, ihr seid auch jetzt noch nicht fähig; 3 denn noch seid ihr fleischlich. Denn insofern Eifersucht und Streit unter euch (herrschen), seid ihr da nicht fleischlich und wandelt nach Menschenweise? 4 Denn wenn einer sagt: Ich gehöre zu Paulus, ein anderer aber: Ich zu Apollos, seid ihr da nicht Menschen?

Literatur: W. *Bauer*, Mündige und Unmündige bei dem Apostel Paulus, in: *ders.*, Aufsätze und kleine Schriften, hrsg. v. G. Strecker, Tübingen 1967, 122–154; *J. Behm*, Art. βρῶμα, βρῶσις, in: ThWNT I 640–643; *J. Francis*, »As babes in Christ« – Some proposals regarding I Corinthians 3,1-3: Journal for the Study of the New Testament 7 (1980) 41-60; *W. Grundmann*, Die ΝΗΠΙΟΙ in der urchristlichen Paränese: NTS 5 (1958/59) 188–205; *M. D. Hooker*, Hard Sayings. I Corinthians 3:2: Theol. 69 (1966) 19–22; *H. Schlier*, Art. γάλα, in: ThWNT I 644f; *E. Schweizer*, Art. σάρξ κτλ., in: ThWNT VII 98–104.108f.118–151; *W. Thüsing*, »Milch« und »feste Speise« (1 Kor 3,1f. und Hebr 5,11-6,3). Elementarkatechese und theologische Vertiefung in neutestamentlicher Sicht: TThZ 76 (1967) 233–246.261–280.

1. Zum Text

Die Mehrheit der Textzeugen (u. a. auch: p46, D) fügt nach
»Streit« in V. 3 noch »und Zwistigkeiten« (›kai dichostasiai‹) ein.
Das dürfte unter dem Einfluß von Gal 5,20 geschehen sein, was
auch semantisch (vom Gegensatz ›Geist vs Fleisch‹ her) einen
durchaus sinnvollen Bezug herstellt.

2. Analyse

2.1 Syntaktische Analyse

Der Text besteht aus einfachen, kurzen Sätzen. In den VV. 1.2.3a
finden sich nur parataktische Segmente (Hauptsätze). V. 3b und
V. 4 beginnen jeweils mit einem untergeordneten Nebensatz. Von
den Tempusformen her ergibt sich eine Zäsur zwischen V. 2bα und
V. 2bβ. Während die VV. 1.2a.bα in der Vergangenheitsform
abgefaßt sind (zweimal Aorist, einmal Imperfekt), weisen die VV.
2bβ.3.4 nur das Präsens auf. Besonders schön läßt sich das Tem-
pusgefälle an dem Verb ›dynasthai‹ (= »können, fähig sein«)
beobachten, das die beiden ersten Verse beherrscht: ›ēdynēthēn‹ (=
»ich konnte«) (Aorist, V. 1) – ›edynasthe‹ (= »ihr wart fähig«)
(Imperfekt, V. 2bα) – ›dynasthe‹ (= »ihr seid fähig«) (Präsens, V.
2bβ). Bemerkenswert ist der Prädikationssatz in V. 3a (Hilfsverb
»sein« + Prädikat), dessen Paradigma in Frageform in den VV. 3bβ
und 4b wiederkehrt. In etwa parallel zum Wechsel in den Tempusformen geht der Wechsel in der Person: VV. 1 und 2a sprechen in
der 1. Person Singular (jeweils verbunden mit dem Personalpronomen der 2. Person Plural). Von V. 2b an herrscht die 2. Person
Plural vor. Nur die beiden Nebensätze in V. 3bα und V. 4a weisen
die 3. Person auf (in V. 3bα ist das Verbum an der Textoberfläche
allerdings nicht realisiert).

2.2 Semantische Analyse

Semantisch gehört 3,1-4 eng mit 2,6-16 zusammen. Das sieht man schon daran, daß jetzt erst das oppositionelle Pendant zu »vollkommen« in 2,6 nachgeliefert wird: »unmündig« (V. 1). Parallel dazu läuft die Opposition von »Milch« (Säuglingsnahrung) und »(feste) Speise« (Nahrung des Erwachsenen) in V. 2a. Der in 2,6-16 parallel zu »vollkommen« verwendete Begriff des »Geistlichen« (Pneumatikers) wird aufgegriffen. Die dazugehörige (wohl der Terminologie der Korinther entstammende) Opposition ›Geistlicher (Pneumatiker) vs psychischer Mensch‹ (2,14f) wird allerdings modifiziert und mit ›geistlich vs fleischlich‹ (V. 1; vgl. V. 3a.bβ) dem auch sonst dem Paulus geläufigen Gegensatz angeglichen. Der Begriff »fleischlich« wird dann durch »Mensch« substituiert (VV. 3b.4b), der in der bisherigen Argumentation als Gegenbegriff zu »Gott« oder »Geist« verwendet wurde (1,25; 2,5.13; vgl. 2,9.11).

2.3 Pragmatische Analyse

Wie bereits die Semantik gezeigt hat, entfaltet 3,1-4 kein neues Thema, sondern appliziert das vorher Gesagte auf die korinthische Gemeinde, und zwar in negativer bzw. antithetischer Weise. Auf den Begriff gebracht, geht es um den Gegensatz zwischen den »Vollkommenen« (2,6) und den »Unmündigen« (3,1). Machten schon die Sachausführungen von 2,6-16 deutlich, wie unpassend der Begriff der »Vollkommenen« eigentlich ist, so wird dies nun anhand der faktischen Situation der Gemeinde erläutert. Dabei blickt der Text – wie 2,1-5 – zunächst zurück auf die erste Wirksamkeit des Paulus in Korinth (VV. 1.2a.bα). Doch will der Rückblick in die Vergangenheit nur den Blick für die Gegenwart schärfen (daher auch der Tempuswechsel): VV. 2bβ.3a. Die Aussage von VV. 2bβ.3a ist ihrer Intention (Illokution) nach weit mehr als eine Feststellung. Denn selbstverständlich hegt Paulus die Erwartung, daß die Korinther seine vorausgehenden Darlegungen (2,6-16) verstehen und akzeptieren. Die negative Äußerung von VV. 2bβ.3a ist daher im Kontext der nachfolgenden Ausführungen zu sehen, wo Paulus mit Blick auf die tatsächliche Situation in Korinth (Parteienstreit: VV. 3bα.4a) die in VV. 2bβ.3a angedeutete Möglichkeit in vorsichtig fragender Form wiederholt. Pragmatisch zielen die Fragen natürlich darauf ab, daß sie verneint werden. Das kann dann geschehen, wenn die Leser in dem dargelegten Sachverhalt (1,18-2,16) mit Paulus übereinstimmen und ihm beipflichten, daß christliche Verkündigung immer nur Verkündigung des Gekreuzigten sein kann. Dann aber ist auch der Parteienstreit, gegen den 1 Kor 1-4 einschreiten will, ad absurdum geführt. Damit ist das Ziel der narratio erreicht und der Übergang zur argumentatio hergestellt, in der Paulus dann die Richtigkeit seines eigenen Urteils in der Parteienfrage — immer vor dem Hintergrund des in der narratio dargelegten Sachverhaltes — erweisen kann (approbatio). Rhetorisch handelt es sich bei 3,1-4 also um einen sog. transitus (s. zu 1,10-4,21: 3.1).

3. Einzelerklärung

Vers 1: Wie in 2,1.3 lenkt Paulus mit »und ich« zurück auf sein erstes Wirken in Korinth. Damals konnte er zu den Korinthern nicht reden »wie zu geistlichen (Menschen), sondern wie zu fleischlichen (Menschen), wie zu Unmündigen in Christus«. ›Fleisch vs Geist‹ ist eine bei Paulus häufig begegnende Opposition (s. dazu: *E. Brandenburger*, Fleisch). Sie hat hier nichts mit der Unterscheidung von Leib und Seele zu tun (vgl. *E. Schweizer*: ThWNT VII 127.144f). Fleisch ist der Mensch insgesamt, der Mensch, so, wie er vorkommt (s. *R. Bultmann*, Theologie 232—246): als einer, der unter der Macht der Sünde steht und durch sein Sündigen sich deren Macht unterwirft und so dem Tode ausgeliefert ist (vgl. Röm 7). Der Christ hingegen hat sein Fleisch gekreuzigt (Gal 5,24), ist mit Christus der Sünde gestorben (Röm 6,2f). Er ist nicht mehr »im Fleisch«, sondern »im Geist« (Röm 8,9). Wiewohl er so dem Fleisch gestorben und nicht mehr vom Fleisch bestimmt ist, muß er diese Wirklichkeit (des Glaubens) in seiner konkreten Existenz je einholen. Insofern muß er immer wieder gemahnt werden, nicht nach dem Fleisch, sondern nach dem Geist zu leben (vgl. Röm 8,3-13; Gal 5,13-26). In diesem (paränetischen) Sinn ist es auch zu verstehen, wenn Paulus die Korinther als fleischliche Menschen anspricht (*Fee*; vgl. *W. Bauer*, Mündige 130). Damit soll keine ontologische Feststellung getroffen werden; denn ihrem (gottgeschenkten) Wesen nach sind die Korinther für Paulus selbstverständlich Pneumatiker. Deshalb sollte man auch

nicht von »zwei verschiedenen Bedeutungen« des Pneumatikerbe-
griffs sprechen (gegen: *Kümmel*; *Weiß*). Die Spannung in der
paulinischen Begriffsverwendung resultiert nicht aus dem Nebeneinander unterschiedlicher Begriffsinhalte, sondern aus der Divergenz zwischen Wesen und Wirklichkeit, zwischen Anspruch und
Praxis. Paulus geht es um die Praxis, und der Begriff »fleischlich«
in V. 1 dürfte schon im Blick auf das in VV. 3f genannte fleischliche »Wandeln« (›peripatein‹) gewählt sein.
Semantisch weniger scharf, aber pragmatisch gerade den hehren
Selbstanspruch der Korinther aufspießend, ist deren Kennzeich-
nung als »Unmündige in Christus«. »In Christus« qualifiziert hier
nicht das Unmündig-Sein, sondern die (unmündigen) Adressaten,
so daß man es fast mit »christlich« übersetzen kann. Als Neube-
kehrte waren die Korinther unmündigen Kindern vergleichbar. Sie
waren »christlich« Unmündige bzw. noch »unmündige Christen«
(*Lietzmann*; zur Funktion dieser Terminologie s. V. 2). Paulus
wollte ihnen damals noch nicht zumuten, was er ihnen jetzt
– gedrängt durch ihr Weisheitsstreben und die daraus resultieren-
den Streitigkeiten – in 2,6-16 zugemutet hat.

Vers 2 führt diesen Sachverhalt mit einem Bild weiter aus: »Milch
gab ich euch zu trinken, nicht feste Speise« (V. 2a) (zum religionsgeschichtlichen Vergleichsmaterial vgl. *Lietzmann*; *J. Behm*:
ThWNT I 641; *H. Schlier*: ThWNT I 643). Grammatisch handelt
es sich bei dieser Ausdrucksweise um ein sog. Zeugma, d. h., »das
eine Verbum, das auf zwei Objekte ... bezogen ist, paßt nur zu
einem« (BDR § 479,2). Zu ergänzen wäre etwa: »nicht (feste)
Speise *gab ich euch zu essen* (›epsōmisa‹)«. »Milch« und »(feste)
Speise« sind hier nicht einfach im Sinne von Hebr 5,11-6,2 zu
verstehen, wo zwischen Anfangslehre und Lehre für Fortgeschrittene auch *inhaltlich* unterschieden wird. Was Paulus bei seinem
ersten Wirken in Korinth verkündet hat, war der Gekreuzigte
(2,2); und auch jetzt in seinem Brief – das gilt auch für 2,6-16! –
verkündet er nichts anderes als den Gekreuzigten. Einen anderen
Inhalt der Verkündigung kann es für Paulus nicht geben! Man
sieht, daß die Unterscheidung einer Verkündigung für die Vollkommenen und einer Verkündigung für die Unmündigen nicht die
differentia propria des Paulus ist, sondern ihm vielmehr durch die
Situation in Korinth aufgezwungen ist (*M. D. Hooker*, Hard Sayings 20f; *Fee*). Paulus nimmt die Herausforderung an. Wenn schon
Weisheitsrede von ihm verlangt wird, so ist er durchaus in der
Lage, eine Weisheitsrede für die »Vollkommenen« zu halten. Aber

diese Rede kann nur den Gekreuzigten als die wahre Weisheit
hervorkehren, so daß daran deutlich wird, wie wenig geistlich die
Korinther denken und agieren bzw. wie unmündig die sich voll-
kommen Dünkenden noch sind. Das heißt, die »(feste) Speise«, die
Paulus jetzt den Korinthern reicht, ist nichts anderes als der
Gekreuzigte (wie in 2,2), nun allerdings in der paradoxen Perspek-
tive, daß eben dieser Gekreuzigte der Inbegriff der göttlichen
Weisheit ist (*W. Thüsing*, Milch 236–238; vgl. **R. Baumann*,
Mitte 267f, mit Verweis auf *Calvin*).

Diese Paradoxie hatte Paulus den Korinthern bei seiner ersten
Verkündigung noch nicht zugemutet. Dazu hatte er wohl auch
keine Veranlassung. Diese ergab sich erst aus dem korinthischen
Ruf nach Weisheit. Im Rückblick liegt Paulus allerdings daran, auf
die Unfähigkeit der Korinther zu verweisen: »Ihr wart (dazu) noch
nicht fähig«, und: »Indes (zu ›all' oude‹ vgl. BDR § 448,6), ihr seid
auch jetzt noch nicht fähig!« Interessant ist der Wechsel im Tempus
des (im Griechischen gleichbleibenden) Verbums (›dynasthai‹). Der
Aorist ›ēdynēthēn‹ (= »ich konnte«, V. 1), der die Einmaligkeit
und Abgeschlossenheit des ersten Auftretens Pauli in Korinth
festhält, wechselt zum Imperfekt (›edynasthe‹ = »ihr wart nicht
fähig«, V. 2bα), das den Verlauf des »Nicht-Könnens« betont, um
schließlich mit dem Präsens zur Beschreibung der Gegenwart zu
enden (›dynasthe‹ = »ihr seid fähig«, V. 2bβ). Letztlich ist die
Aussage von VV. 1.2 aus der gegenwärtigen Situation erschlossen.
Der Grund für dieses Vergangenheit und Gegenwart umfassende
Urteil ergibt sich aus dem augenblicklichen Zustand der Korinther.
Nun wird auch deutlich, welche Funktion die Einführung der an
der menschlichen Entwicklung orientierten Terminologie
(Unmündige, Kindernahrung) hat. Es geht Paulus nicht darum,
den von den Gegnern vertretenen »diametralen Gegensatz« von
›pneumatisch/vollkommen vs psychisch‹ »abzumildern und damit
die Klassen der Pneumatiker und (Noch-)Nichtpneumatiker einander anzunähern« (gegen: **M. Winter*, Pneumatiker 224). Auch will
Paulus nicht eine längst fällige Entwicklung (im Sinne eines stufen-
weisen allmählichen Wachsens) einleiten und nachholen (gegen:
W. Bauer, Mündige 137f.146-150; *W. Grundmann*, ΝΗΠΙΟΙ
191). Paulus will vielmehr deutlich machen, wie sehr Anspruch
und Wirklichkeit bei den Korinthern auseinanderklaffen, und
somit eher bestreiten, daß die *von den Korinthern* beanspruchte
Entwicklung (von den Unmündigen zu den Vollkommenen) überhaupt stattgefunden hat. Daß Paulus bei seiner ersten Verkündigung den Korinthern nur Milch und nicht feste Speise dargereicht

hat, kann nicht als Vorwurf gegen ihn ausgelegt werden. Der
Vorwurf entlarvt nur die mangelnde Fassungskraft der Korinther,
an der sich faktisch bis jetzt nichts geändert hat. Was zu beklagen
ist, ist nicht ein Fehlen des Fortschritts, sondern ein Fehlen des
Grundverständnisses (*J. Francis*, babes 57).

Vers 3: »Denn noch seid ihr fleischlich«. Der nur im Griechischen
vorhandene Wechsel im Ausdruck (von ›sarkinoi‹ in V. 1 zu
›sarkikoi‹) ist sachlich bedeutungslos (gegen: *Schlatter*; mit: *Conzelmann*). Inhaltlich geht es wiederum (wie bei V. 1) nicht um ein
ontologisches Urteil. Wie die beiden anschließenden Fragesätze
unterstreichen, geht es um das Verhalten der Korinther. Sie »sind«
fleischlich, »insofern« sie sich als solche verhalten (zu ›hopou‹
= »insofern« s. *Bauer* s. v. 2b; vgl. BDR § 456,3 [8]). Paulus
verweist auf »Eifersucht und Streit«, die »unter euch« sind. Die
Begriffe erinnern an die Lasterkataloge, die Paulus auch sonst
zitiert (Röm 13,13; 2 Kor 12,20; Gal 5,20; vgl. Röm 1,29; Phil
1,15; 1 Tim 6,4; Tit 3,9; Jak 3,14.16) bzw. zur Charakterisierung
des »Fleisches« anführt (bes. Gal 5,20). Der Begriff »Streit« (›eris‹)
weist aber auch zurück auf 1,11, wo Paulus die Informationen von
seiten der Leute der Chloë mit der Bemerkung referiert hatte, »daß
Streitigkeiten (›erides‹) unter euch sind«. Insofern lenkt die allgemeine Ausdrucksweise von V. 3bα hinüber zur Konkretion des
Streites in V. 4a.
Zuvor greift Paulus das Urteil von V. 3a noch einmal auf, diesmal
in Frageform und um ein zusätzliches Glied erweitert: »Seid ihr da
nicht fleischlich und wandelt nach Menschenweise?« Die Korinther, die auf ihr Pneumatikertum stolz sind und nach Meinung des
Paulus ja auch Pneumatiker sind, erweisen sich durch ihre Praxis
als fleischliche Menschen. Hinter der Frage »Seid ihr da nicht
fleischlich?« steckt natürlich ein Appell, den man mit Gal 5,25
wiedergeben könnte: »Wenn wir im Geist leben, laßt uns auch im
Geiste wandeln!« Paulus verdeutlicht die fleischliche Praxis der
Korinther als »Wandel nach Menschenweise«. Möglicherweise
greift er mit dieser Ausdrucksweise den Anspruch der korinthischen »Vollkommenen« auf, die meinten, als Pneumatiker das
irdische Menschsein bereits überwunden zu haben (vgl. *G. Sellin*,
Streit 151 Anm. 202; s. zu 1,10-4,21: 3.2.2.1 und 3.2.2.2). Im
Duktus der bisherigen Argumentation steht der »Wandel nach
Menschenweise« in Opposition zu einem *Gott* entsprechenden
Verhalten. Das Tun der Korinther ist damit zugleich als eigen-
mächtig wie auch als vergeblich qualifiziert, da es eben nicht der

Weisheit *Gottes* gerecht wird bzw. diese — ihr Streit läßt es deutlich erkennen — nach Menschenweise behandelt und damit verfehlt.

Vers 4 konkretisiert die allgemein gehaltene Frage von V. 3b. Der Parteienstreit der Korinther rückt nun wieder ausdrücklich ins Blickfeld. Es bestätigt sich, daß der Streit um die Weisheit der »eigentlich theologische Grund für ihre Spaltungen« war (**U. Wilckens*, Weisheit 92). Daß Paulus von den in 1,12 angeführten Parolen nur die der Paulus- und Apollosgruppe wiederholt, ist ein Indiz dafür, daß der korinthische Parteienstreit in der Auseinandersetzung von Apollos- und Paulus-Anhängern seine Grundkonstellation hat (s. zu 1,10-4,21: 3.2.3.1 und 3.2.3.2). Paulus und Apollos sind denn auch der Hauptgegenstand der folgenden argumentatio, zu der V. 4 schon hinüberleitet.

Damit hat die narratio ihr Ziel erreicht. Der Sachverhalt, der durch den korinthischen Parteienstreit verdunkelt bzw. »entleert« wird (1,17) und der zugleich das wahre Kriterium zur Beurteilung dieses Streites liefert, ist dargelegt: das Wort vom Kreuz, das die Glaubenden rettet (1,21) und den Pneumatikern als Weisheit Gottes geoffenbart ist (2,10). Vor diesem Hintergrund wird Paulus im folgenden darlegen, daß es nicht statthaft ist, sich mit Parteiparolen auf menschliche Verkündiger zu berufen.

Die Verkündiger als Diener, die Gemeinde als Gebilde Gottes 3,5-17

5 Was also ist Apollos? Was ist Paulus? Diener (sind sie), durch die ihr zum Glauben gekommen seid, und zwar jeder (in dem Maße), wie es ihm der Herr gab.   6 Ich pflanzte, Apollos begoß, Gott aber schenkte das Wachstum. 7 Daher ist weder der Pflanzende etwas noch der Begießende, sondern (nur) der das Wachstum schenkende Gott.   8 Der Pflanzende aber und der Begießende sind eins, jeder aber wird seinen eigenen Lohn empfangen gemäß seiner eigenen Mühe. 9 Denn wir sind Mitarbeiter Gottes, ihr seid Ackerfeld Gottes,

Bau Gottes. 10 Gemäß der Gnade Gottes, die mir gegeben wurde, legte ich wie ein kundiger (wörtl.: weiser) Baumeister das Fundament; ein anderer aber baut darauf. Jeder aber sehe zu, wie er darauf baut. 11 Denn ein anderes Fundament kann niemand legen als das, welches gelegt ist, (und) das ist Jesus Christus. 12 Ob aber jemand auf das Fundament Gold, Silber, Edelsteine, Holz, Heu, Stroh daraufbaut, 13 eines jeden Werk wird offenbar werden, denn der Tag wird (es) kundtun. Weil er sich mit Feuer offenbart, wird auch eines jeden Werk, wie beschaffen es ist, das Feuer erproben. 14 Wenn jemandes Werk, das er daraufgebaut hat, bleiben wird, wird er Lohn empfangen. 15 Wenn jemandes Werk verbrennen wird, wird er Schaden leiden, er selbst aber wird gerettet werden, doch so wie durch Feuer hindurch. 16 Wißt ihr nicht, daß ihr Tempel Gottes seid und der Geist Gottes in euch wohnt? 17 Wenn jemand den Tempel Gottes verdirbt, diesen wird Gott verderben; denn der Tempel Gottes ist heilig, (und) das seid ihr.

Literatur: K. *Berger*, Zu den sogenannten Sätzen heiligen Rechts: NTS 17 (1970/71) 10-40; O. *Betz*, Felsenmann und Felsengemeinde. Eine Parallele zu Mt 16,17-19 in den Qumranpsalmen (1957), in: *ders.*, Jesus, der Messias Israels. Aufsätze zur biblischen Theologie (WUNT 42), Tübingen 1987, 99-126; H. J. *Boecker*, Recht und Gesetz im Alten Testament und im Alten Orient (NStB 10), Neukirchen-Vluyn 1976; M. A. *Chevallier*, Esprit de Dieu, paroles d'hommes. Le rôle de l'esprit dans les ministères de la parole selon l'apôtre Paul (BT[N]), Neuchâtel 1966, 22-48; *ders.*, La construction de la communauté sur le fondement du Christ (1 Co 3,5-17), in: *L. De Lorenzi (Hrsg.)*, Paolo 109-129; A. M. *Denis*, La fonction apostolique et la liturgie nouvelle en esprit. Étude thématique des métaphores pauliniennes du culte nouveau: RSPhTh 42 (1958) 401-436.617-656; F. *Dexinger*, Henochs Zehnwochenapokalypse und offene Probleme der Apokalyptikforschung (StPB 29), Leiden 1977; K. P. *Donfried*, Justification and Last Judgement in Paul: ZNW 67 (1976) 90-110; J. A. *Draper*, The Tip of an Ice-Berg. The Temple of the Holy Spirit: JTSA 59 (1987) 57-65; C. A. *Evans*, How Are the Apostles Judged? A Note on 1 Corinthians 3:10-15: JETS 27 (1984) 149-150; C. W. *Fishburne*, I Corinthians III. 10-15 and the Testament of Abraham: NTS 17 (1970/71) 109-115; J. M. *Ford*, You are God's ›Sukkah‹ (I Cor. III. 10-17): NTS 21 (1975) 139-142; A. *Fridrichsen*, Ackerbau und Hausbau in formelhaften Wendungen in der Bibel und bei Platon: ThStKr 94 (1922) 185f; *ders.*, Exegetisches zu den Paulusbriefen. 3. 1 Kor 3,9: ThStKr 94 (1930) 298-300; *ders.*, Neutestamentliche Wortforschung. Themelios, 1. Kor. 3,11: ThZ 2 (1946) 316f; V. P. *Furnish*, Fellow Workers in God's Service: JBL 80 (1961) 364-370; B. *Gärt-*

ner, The Temple and the Community in Qumran and the New Testament. A comparative study in the temple symbolism of the Qumran texts and the New Testament (MSSNTS 1), Cambridge 1965; *D. Georgi*, Die Gegner des Paulus im 2. Korintherbrief. Studien zur religiösen Propaganda in der Spätantike (WMANT 11), Neukirchen-Vluyn 1964; *J. Gnilka*, Ist 1 Kor 3,10-15 ein Schriftzeugnis für das Fegfeuer? Eine exegetisch-historische Untersuchung, Düsseldorf 1955; *P. L. Hammer*, Canon and Theological Variety: A Study in the Pauline Tradition: ZNW 67 (1976) 83−89; *R. Heiligenthal*, Werke als Zeichen. Untersuchungen zur Bedeutung der menschlichen Taten im Frühjudentum, Neuen Testament und Frühchristentum (WUNT, 2. Reihe, 9), Tübingen 1983; *A. R. Hulst*, Art. שׁכן *skn* wohnen, in: THAT II 904−909; *E. Jenni*, Art. יוֹם *jom* Tag, in: THAT I 707−726; *G. Jeremias*, Der Lehrer der Gerechtigkeit (StUNT 2), Göttingen 1963; *E. Käsemann*, Sätze heiligen Rechts im Neuen Testament, in: *ders.*, Exegetische Versuche und Besinnungen II, Göttingen ³1968, 69−82; *I. Kitzberger*, Bau der Gemeinde. Das paulinische οἰκοδομή/(ἐπ)οικοδομεῖν (fzb 53), Würzburg 1986; *H.-J. Klauck*, Kultische Symbolsprache bei Paulus, in: *ders.*, Gemeinde − Amt − Sakrament. Neutestamentliche Perspektiven, Würzburg 1989, 348−358; *H. Kleinknecht*, Art. πνεῦμα im Griechischen, in: ThWNT VI 333−357; *G. Klinzing*, Die Umdeutung des Kultus in der Qumrangemeinde und im Neuen Testament (StUNT 7), Göttingen 1971; *F. Lang*, Art. πῦρ κτλ., in: ThWNT VI 927−953; *L. Mattern*, Das Verständnis des Gerichtes bei Paulus (AThANT 47), Zürich-Stuttgart 1966; *H. Merklein*, Das kirchliche Amt nach dem Epheserbrief (StANT 33), München 1973; *O. Michel*, Art. ναός, in: ThWNT IV 884−895; *W. Pesch*, Der Sonderlohn für die Verkündiger des Evangeliums (1 Kor 3,8.14f und Parallelen), in: *J. Blinzler u. a. (Hrsg.)*, Neutestamentliche Aufsätze, FS J. Schmid, Regensburg 1963, 199−206; *J. Pfammatter*, Die Kirche als Bau. Eine exegetisch-theologische Studie zur Ekklesiologie der Paulusbriefe (AnGr 110, SFT B 33), Roma 1960; *W. Radl*, Kult und Evangelium bei Paulus: BZ NF 31 (1987) 58-75; *J. Renard*, Temple and Building: Pauline Images of Church and Community: RR(StM) 41 (1982) 419−431; *H. Riesenfeld*, Le langage parabolique dans les épîtres de saint Paul, in: *A. Descamps (Hrsg.)*, Littérature et théologie paulinienne (RechBib 5), o. O. (Bruges) 1960, 47−59; *J. Roloff*, Apostolat − Verkündigung − Kirche. Ursprung, Inhalt und Funktion des kirchlichen Apostelamtes nach Paulus, Lukas und den Pastoralbriefen, Gütersloh 1965, 104−125; *H. Schlier*, Religionsgeschichtliche Untersuchungen zu den Ignatiusbriefen (BZNW 8), Gießen 1929; *ders.*, Christus und die Kirche im Epheserbrief (BHTh 6), Tübingen 1930; *F. Schnider − W. Stenger*, Die Kirche als Bau und die Erbauung der Kirche. Statik und Dynamik eines ekklesiologischen Bildkreises: Conc(D) 8 (1972) 714−720; *J. Shanor*, Paul as Master Builder. Construction Terms in First Corinthians: NTS 34 (1988) 461−471; *A. Stumpff*, Art. ζημία, ζημιόω, in: ThWNT II 890−894; *J. T. Townsend*, 1 Corinthians 3:15 and the School of Shammai: HThR 61 (1968) 500−504; *Ph. Vielhauer*, Oikodome. Das Bild vom Bau in der christlichen Literatur

vom Neuen Testament bis Clemens Alexandrinus (1939), in: *ders.*, Oikodome. Aufsätze zum Neuen Testament, Bd. 2 (TB 65), München 1979, 1–
168; *A. Weiser*, Art. διακονέω κτλ., in: EWNT I 726–732; *H. Wenschkewitz*, Die Spiritualisierung der Kultusbegriffe Tempel, Priester und Opfer
im Neuen Testament: Angelos 4 (1932) 70–230; *A. Xavier*, Ministerial
Images in 1 Cor 3:5-4:1: Indian Theological Studies 24 (1987) 29–40.

1. Zur Übersetzung

In V. 13 ist die Beziehung der einzelnen Teilsätze nicht eindeutig.
Der Weil-Satz könnte auch zum vorausgehenden Versteil gezogen
werden: »Denn der Tag wird es kundtun, weil er sich mit Feuer
offenbart« (vgl. ZB, LB). Dann könnte man auch übersetzen: »weil
es im Feuer offenbart wird« (EÜ). Für die oben vorgeschlagene
Einteilung war vor allem das Wörtchen »auch« entscheidend, das
die mit Feuer erfolgende Offenbarung des Gerichtstages offensichtlich zu der Erprobung im Feuer in Beziehung setzen will.

2. Analyse

2.1 Syntaktische Analyse

Der Text läßt sich in 23 einigermaßen selbständige syntaktische
Einheiten gliedern (im folgenden durch / abgegrenzt). Zählt man
die abhängigen Nebensätze mit, ergeben sich 36 Einheiten: 5a–5b
/ 5cα'–5cα"–5cβ / 6a / 6b / 6c / 7 / 8a / 8b / 9a / 9b / 10a / 10b
/ 10cα–10cβ / 11a–11b / 12–13aα–13aβ / 13bα–13bβ'–13bβ"
/ 14a–14b / 15aα–15aβ / 15b / 16a–16b / 17aα–17aβ / 17bα–
17bβ.
Stilistisch liegt eine deutliche Zäsur zwischen VV. 9 und 10. Die
VV. 5-9 bestehen überwiegend aus prädizierenden Sätzen (Subjekt
– Prädikat – Prädikatsnomen). Ausnahmen sind nur die
VV. 5cα".β.6.8b. Der vom Prädikatsnomen »Diener« abhängige
Nebensatz »wie der Herr gab« (V. 5cβ) bildet das syntaktische
Paradigma für V. 6. Die dort verwendeten Verben werden in

VV. 7f in der gleichen Reihenfolge als partizipiale Nomina wiederholt. Nicht zuletzt deshalb bekommt der Abschnitt einen stark nominalen Charakter. Ein direktes (Akkusativ-) Objekt begegnet nur in V. 8b. Ein indirektes (Dativ-) Objekt enthält V. 5c. In VV. 5c.8b finden sich auch die einzigen Präpositionalwendungen.

Der Objekt-Satz in V. 8b stellt die syntaktische Klammer zu den VV. 10-15 dar, in denen sich das Satzmuster ›Subjekt − Prädikat − Akkusativ-Objekt‹ häufig findet (VV. 10a.11a.12.14ab; wohl auch V. 13bβ). Daneben begegnet dort eine Reihe objektloser Sätze (VV. 10b.10caβ.13aaβ.ba.15aaβ.b). Die Präpositionalwendungen sind auf beide Satztypen verteilt (VV. 10a.11a.12.13ba.15b). Abgesehen von dem Relativsatz V. 11b enthält der Abschnitt keine Prädikatsnomina. Auffällig ist, daß der Text insgesamt von vorangestellten Konditionalsätzen (mit ›ei‹) beherrscht wird (VV. 12 [im Präsens].14a.15a [im Futur]).

Die beiden Schlußverse wiederholen die vorherrschenden Satzmuster der vorangehenden Unterabschnitte. Die VV. 16b.17b enthalten Prädikatsnomina, V. 17aaβ dagegen Akkusativobjekte, wobei in V. 17aa wieder ein vorangestellter (präsentischer) Konditionalsatz ins Auge fällt. Der Relativsatz in V. 17bβ stellt eine syntaktische Analogie zu V. 11b dar.

2.2 Semantische Analyse

Die Semantik des Abschnitts ist stark von Bildern bestimmt (zur Metaphorik vgl. A. Xavier, Images 32-40). Der Wechsel der Bilder folgt in etwa dem Rhythmus der syntaktischen Gliederung: VV. 6−9 Bild von der Pflanzung, VV. 10-15 Bild vom Bauen (Tätigkeit), das die VV. 16f dann im Sinn des Baus (Gebäude) variieren. Im einzelnen ergibt sich folgendes: Die VV. 6-8a bewegen sich ganz auf der Isotopie des Pflanzens. Das Bild begegnet ausschließlich in verbalen Ausdrücken (Prädikat bzw. partizipiales Subjekt). Dies läßt darauf schließen, daß jeweils die Tätigkeit in den Blick gefaßt wird. Sachlich setzen die Bilder bei der Aussage von V. 5cβ an und erläutern diese. Doch zeigen die beiden Sätze mit Prädikatsnomen in VV. 7.8a, daß es letztlich um eine Wertung (der Tätigkeit) geht, formal also um eine Antwort auf die (syntaktisch ähnlich konstruierten) Fragen in V. 5ab, inhaltlich um eine Explikation der in V. 5c bereits gegebenen Antwort (»Diener«). Das in VV. 6c und 7(Ende) herangezogene Kriterium des alles entscheidenden göttlichen Wachsen-Lassens ebnet die Differenz der menschlichen Tätigkeiten in ihrer Bedeutsamkeit vollends ein (VV. 7[Anfang].8a). Daß die Differenz unter der Rücksicht der aufgewendeten Mühe dann doch wieder aufrecht erhalten wird (V. 8b), steht unter dem Vorzeichen der Gabe des Herrn (V. 5cβ), die das maßgebende Korrelat darstellt. Die im Deutschen kaum nachzuahmende Betonung des Genitivs »Gottes« in V. 9 stellt sicher, daß als das eigentliche Thema der VV. 6-9 die allein entscheidende Aktivität Gottes wahrgenommen werden soll. Unter dieser Prämisse ist dann auch der nächste Abschnitt zu lesen, zu dem das abschließende Stichwort vom »Bau« hinüberführt.

Auffällig ist, daß die Baumetaphorik nur in zweifacher Hinsicht, nämlich in bezug auf das Legen des Fundamentes (VV. 10f) und das darauf bauende bzw. daraufgebaute Werk (VV. 12-14a), entfaltet wird. Bei letzterem werden die Bautätigkeiten nicht näher spezifiziert, sondern es wird lediglich nach den verwendeten Materialien unterschieden (V. 12). Dies unterstreicht den Vorrang des Fundament-Legens, das für alle weiteren Tätigkeiten den entscheidenden Maßstab setzt. Es wird auch nicht der Feuerprobe ausgesetzt, der sonst alles »Daraufgebaute« unterworfen wird (V. 13). Thematisch geht es in den VV. 10-15 um eine Kriteriologie der unterschiedlichen Verkündigerdienste. Unter der in den VV. 6-9 entwickelten Prämisse ist klar, daß eine Kriteriologie selbst wiederum nur theologisch begründet sein kann, d. h. konkret: christologisch (VV. 10f) bzw. eschatologisch (VV. 12-15).

Die Begriffe und Aussagen der VV. 16f gehören zum Wortfeld vom Tempel als dem heiligen Bezirk Gottes. Die Variation im Bild vom Bauen zum Bau unterstreicht noch einmal, wie der Text das Thema der Verkündigungskriterien funktional richtig eingeordnet wissen will. Die betont theologische Qualifikation aller Nomina lenkt zurück zum Thema von der allein entscheidenden Aktivität Gottes in VV. 6-9, wo am Ende ja auch schon das Stichwort vom »Bau Gottes« fiel.

Zur traditionellen Vorgegebenheit und Verbindung der verwendeten Metaphern siehe die Einzelerklärung zu VV. 6.10.16. Eine traditionsgeschichtliche Abhängigkeit von synoptischen Materialien (*Fjärstedt*, Tradition 154-168, bespricht: Mt 21,33-46; Lk 6,47-49; Mt 10,40-42; Lk 17,22-37; Mt 13,24-30.36-43), ist kaum nachzuweisen.

2.3 Pragmatische Analyse

Die einleitenden Fragen in V. 5ab lassen darauf schließen, daß der Text *werten* will. Die anschließend vor dem Hintergrund der allein entscheidenden Aktivität Gottes vorgenommene Einebnung der Verkündiger*funktionen* zeigt aber, daß letztlich eine *Abwertung der Wertung* angezielt ist (VV. 6-8a.9), jedenfalls einer bestimmten; konkret geht es um die in Korinth herrschende Wertung. Diese Reserve findet ihre textstrategische Entsprechung darin, daß im folgenden die Wertung der Verkündigungs*inhalte*, die selbstverständlich nicht als bedeutungslos eingestuft werden können, dem eschatologischen Gericht Gottes vorbehalten wird (VV. 12-15). Davon ausgenommen ist lediglich das christologische Fundament (VV. 10f). Trotz aller sonstigen Vorbehalte verbleibt damit doch ein Kriterium, das um so wichtiger erscheint, als es jetzt schon anwendbar ist, vom eschatologischen Gericht nicht in Frage gestellt wird und die grundlegende Bindung *aller* Verkündigung festhält. Der daraus abgeleitete Imperativ in V. 10c (mit der dazugehörigen Begründung in V. 11) richtet sich vordergründig an die Verkündiger (3. Person!), die nach Paulus gewirkt haben. VV. 16a.17b zeigen jedoch, daß letztlich die Gemeinde im Visier ist (2. Person), auf die auch die objektiv formulierte (3. Person) Sanktion von V. 17a Eindruck machen soll. Textstrategisch geht es also um die Zurückweisung einer verfehlten Wertung und um die Übernahme des von Paulus als allein maßgeblich angesehenen christologischen Kriteriums.

Rhetorisch handelt es sich bei 3,5-17 um die argumentatio bzw. probatio (s. zu 1,10-4,21: 3.1). Der Leser soll belehrt werden, anders als bei der narratio jedoch mehr im Sinne einer Bekräftigung des vom Autor vertretenen Urteils. Sachlich lenkt dies zurück zum exordium von 1,10-17, wo Paulus bereits auf die christologische Perversion des Parteienstreits aufmerksam gemacht hatte. Unter dieser Rücksicht wird das pragmatische Hauptgewicht der VV. 10f.16f deutlich. Die (in der narratio dargelegte) Christusbotschaft als das einzig maßgebliche Wertungskriterium entzieht allen Parteistreitigkeiten den Boden. Es macht umgekehrt aber auch deutlich, was dennoch vorhandene Parteiungen riskieren.

3. Einzelerklärung

Vers 5: V. 5ab greift in chiastischer Weise die Namen der in V. 4 genannten Parteiparolen auf. Wiederum werden also nur die beiden Hauptlager aufgerufen, deren Konfrontation den Streit und die Spaltungen in Korinth ausgelöst hatte (s. zu 1,10-4,21: 3.2.3.1 und 3.2.3.2). Stilgerecht für die argumentatio wird die zur Debatte stehende Sache in Frageform eingeführt (s. zu 1,10-4,21: 3.1). Fragen und anschließende Antwort stehen vor dem Hintergrund der vorausgehenden narratio, aus der jetzt die für den Fall relevanten Schlußfolgerungen gezogen werden sollen: »Was *also* ist ...?« V. 5c gibt thesenartig die grundsätzliche Antwort. Wenn die allein heilsame Weisheit Gottes (der Gekreuzigte) jenseits alles Menschen Möglichen und Ausdenkbaren liegt, dann können die menschlichen Vermittler dieser Weisheit nur »Diener« sein, und zwar »nichts als (›all' ē‹) Diener«, wie u. a. der Mehrheitstext sachlich richtig verdeutlicht. Der Wortkomplex »Diener/Dienst/dienen«, der hier zum ersten Mal in 1 Kor auftaucht (»Dienst« noch in 12,5; 16,15), wird von Paulus dann vor allem in 2 Kor (in der sog. Apologie) als Leitbegriff zur Beschreibung seines apostolischen Amtes verwendet (2 Kor 3,6; 6,4 / 3,7.8.9; 4,1; 5,18; 6,3 / 3,3; vgl. Röm 11,13 und die polemische Verwendung im sog. Tränenbrief: 2 Kor 11,15.23). Doch dürfte eine vergleichbare Begriffsverwendung den korinthischen Lesern bekannt gewesen sein, etwa aus der Erfahrung mit kynischen Wanderpredigern (vgl. *D. Georgi*, Gegner 32-34). Der Begriff, der durchaus auszeichnend gemeint sein kann (vor allem: »Diener Gottes«), zielt hier auf die funktionale Zuordnung der Verkündiger zur Gemeinde. Ihre Tätigkeit ist Dienst *zugunsten* der Gemeinde (vgl. dazu: *A. Weiser*, EWNT I 726f), die dadurch nicht zur Passivität verurteilt wird, sondern zur Aktivität angestachelt werden soll. Gerade der Glaube ist und bleibt eine Tat der Gemeinde bzw. der Christen. Das griechische Verbum ›episteusate‹ bringt die Aktivität der Angesprochenen deutlicher zum Ausdruck als die Übersetzung (»ihr seid zum Glauben gekommen«), die dem ingressiven Charakter des Aorists (vgl. BDR § 331) Rechnung tragen will, damit zugleich aber ein leicht passives Element suggeriert. Das ingressive Verständnis setzt voraus, daß es nicht nur durch Paulus, sondern auch durch Apollos zu Bekehrungen kam.

Doch nicht nur einem Ziel (hier dem Glauben der Gemeinde) ist der Verkündiger als Diener zu- und untergeordnet. Funktionale

Unterordnung bestimmt seinen Ursprung und zeichnet sein ganzes Wesen aus. »Diener« zu sein ist keine selbstgewählte Funktion, sondern Gabe des Herrn. Dabei will beachtet sein, daß nicht nur der formelle Auftrag, sondern auch das inhaltliche Maß des Dienstes auf die Gabe des Herrn zurückgeführt wird. In diesem Rahmen braucht die Differenz der Verkündiger nicht geleugnet zu werden (im Griechischen durch die Voranstellung von ›hekastōi hōs‹ betont; vgl. BDR § 475,1[1]); sie ist letztlich sogar Ausdruck des Dienstes, durch den der Herr auf unterschiedliche Weise Menschen zum Glauben bringen oder im Glauben bestärken will. Da dieser in seiner grundsätzlichen Möglichkeit nur von Gott eröffnet und in seiner konkreten Tatsächlichkeit nur durch die Entscheidung des einzelnen übernommen werden kann, ist die Tätigkeit der Verkündiger in jeder Hinsicht – von ihrem Ursprung, ihrem Inhalt und ihrem Ziel her – Dienst. Die VV. 6-9 entfalten diese Zusammenhänge am Bild von der Pflanzung.

Vers 6:
Das Bild von der Pflanzung ist im Alten Testament vorbereitet (Jes 60,21; 61,3; vgl. Jes 5,7; Ez 34,29) und im Frühjudentum (vgl. Bill. I 720f), insbesondere in Qumran (1 QS 8,5; 11,8; CD 1,7; 1 QH 6,15; 8,5.6.9.10.20f; vgl. dazu: O. *Betz*, Felsenmann 101-103) weit verbreitet. Auch die Anwendung auf eine Sondergruppe ist bereits frühjüdisch geläufig (besonders äthHen 93,5.10; vgl. dazu: *F. Dexinger*, Zehnwochenapokalypse 164-170), so daß die christliche Verwendung des Bildes (vgl. dazu auch: Mk 4 par; Mt 15,13; 20,1-15; Röm 11,16-24) nicht die Übernahme einer gruppenspezifischen Tradition (etwa Qumran), sondern eher die spezifische Version einer allgemeinen Vorstellung sein dürfte.

In V. 6 geht es zunächst um die unterschiedlichen Funktionen; die konkrete Art der Pflanzen oder des Feldes (Acker oder Weinberg; s. zu V. 9) ist demgegenüber unwesentlich (anders: Mk 4,3-9 par; Mt 3,10 par; Philo, Agr 8-25). Mit dem »Pflanzen« des Paulus ist die Gemeindegründung angesprochen; das »Begießen« des Apollos nimmt auf dessen weiterführende Verkündigung Bezug. Obwohl diese sicherlich auch Neubekehrungen zur Folge hatte (vgl. zu V. 5), reklamiert Paulus das Pflanzen allein für sich. Dies unterstreicht, daß er das Bild von der Gemeinde her und nicht im Blick auf die einzelnen entwirft. Die Differenz in den Funktionen wird also durchaus betont. Dienst hat immer seine spezifische geschichtliche Konkretion (vgl. *Conzelmann*). Doch bezieht er seinen Wert nicht aus sich, sondern aus der Zuordnung zu dem Sachverhalt, dem er dient. Diesen Sachverhalt bringt Paulus mit dem »Wachstum« zum Ausdruck, das Gott schenkt. Der im Deutschen nicht nachahmliche Wechsel vom Aorist (bei »Pflanzen« und »Begießen«) zum Imperfekt (bei »Wachsen-Lassen«) macht deutlich, daß das Wachsen-Lassen nicht eine einmalige oder zeitlich begrenzbare, sondern eine dauernde Aktivität ist. Insofern spricht das Wachsen-Lassen nicht eine Funktion unter anderen Funktionen an, die der Gemeinde zugute kommen (wie das Pflanzen und Begießen), sondern zielt auf deren essentielle Konstitution, durch die auch die Funktionen erst möglich werden. Inhaltlich ist mit dem Wachstum sowohl an die grundsätzliche Möglichkeit des Glaubens, die allein durch die Offenbarung Gottes eröffnet wird (1,21; 2,10), als auch an die heilbringende Kraft der Offenbarung gedacht, die aus den Verlorenen Gerettete (1,18-25) und aus den psychischen Menschen Geistliche macht (2,6-16) und die aus dem, was in den Augen der Welt nichts gilt, Gemeinde erwählt (1,26-31). Der Unterschied zwischen den dienenden Funktionen des Pflanzens und Begießens und der konstitutiven Tat des Wachsen-Lassens ist also soteriologischer Natur.

Vers 7: Unter dieser Rücksicht ergibt sich und gilt die Schlußfolgerung, daß weder der Pflanzende noch der Begießende »etwas ist«, sondern allein der das Wachstum schenkende Gott. Soteriologisch gesehen, haben die Verkündiger, so sehr ihre Funktionen auch unterscheidbar sind und aufgrund der unterschiedlichen Gabe des Herrn auch unterschieden werden müssen, keine Bedeutung. Dieses scharfe Urteil, das nicht nur moralisch-paränetische (wie etwa in Lk 17,10), sondern grundsätzliche Qualität besitzt, hat nichtsdestoweniger auch ein pragmatisches Ziel. Es richtet sich gegen die Korinther, die den Verkündigern faktisch soteriologische Relevanz beimessen, wenn sie sich auf diese berufen, um ihre konkurrierenden Definitionen christlicher »Weisheit« zu rechtfertigen. Auf diese von den Korinthern wohl gar nicht wahrgenommene soteriologische Konsequenz bzw. auf deren Absurdität hatte Paulus an seinem Beispiel bereits in 1,13 verwiesen. Mit dem Urteil von V. 7 nimmt er den Parteien nicht nur ihre Häupter (*Conzelmann*), sondern führt die Parteien selbst ad absurdum.

Vers 8: Daß die Verkündiger »eins sind« (V. 8a), variiert zunächst das Urteil von V. 7a. Die soteriologische Irrelevanz schließt sie zusammen. Doch geht es Paulus jetzt offensichtlich darum, die negative Feststellung von V. 7a ins Positive zu wenden. Bei einer inhaltlichen Bestimmung dieser positiven Einheit der Verkündiger

muß allerdings auch die Differenz beachtet und gewahrt bleiben
(VV. 5cβ.8b). Mißverständlich ist es daher, wenn man sagt, daß
»einer wie der andere« ist (LB). Zu formal ist die Auskunft, daß
»beide ... am gleichen Werk (arbeiten)« (EÜ). Daß sie »wie ein
Team arbeiten« (New English Bible), paßt nicht zu den tatsächlichen Verhältnissen. Vom Kontext her kann die Einheit nur darin
bestehen, daß die Verkündiger »Diener« sind an der Pflanzung der
Gemeinde, die Gott wachsen läßt. Der Dienst an der *einen* gottge-
wirkten Gemeinde eint die Verkündiger bei aller Unterschiedlichkeit in ihrem konkreten Tun. Unter dieser Rücksicht der einenden
Dienstfunktion ist nichts gegen eine Wertschätzung der Verkündiger einzuwenden. Sie wird die Gemeinde nicht spalten, sondern in
der Einheit bestärken.
Aber läßt sich nicht wenigstens sagen, daß der eine Verkündiger
besser gedient hat als der andere? Doch dazu hat niemand in der
Gemeinde ein Recht. Ein derartiges Urteil steht allein dem Dienst-
herrn zu. Es ist daher dem eschatologischen Gericht vorbehalten,
in dem jeder den ihm zukommenden Lohn gemäß der ihm eigenen
Mühe empfangen wird (V. 8b). Die »Mühe« darf nicht auf die
subjektive Anstrengung reduziert werden. Als für den Lohn rele-
vanter Maßstab hat sie ihre objektiven Koordinaten. Dies ist
einerseits der vom Herrn zugemessene konkrete Dienst als die Vorgabe (5cβ), der die »Mühe« zu entsprechen hat, und andererseits
das objektive »Werk«, das durch die »Mühe« zustande kommt
(VV. 12-15).

Vers 9: Die Alternative, ob V. 9 sich auf V. 8a (so: *Lietzmann*)
oder V. 8b zurückbezieht, besteht nicht (vgl. *Conzelmann*). V. 9
hat vielmehr den Gedankengang von VV. 5-8 insgesamt vor Augen
und will dessen entscheidende Aussage, daß es letztlich allein auf
Gott ankommt, noch einmal im Blick auf Verkündiger und
Gemeinde resümieren. V. 9 darf daher nicht als antithetischer
Parallelismus gelesen werden, in dem das »Wir« der Verkündiger
dem »Ihr« der Gemeinde gegenübergestellt wird. Im Griechischen
sind »Wir« und »Ihr« gerade nicht betont. Es handelt sich vielmehr
um einen synthetischen Parallelismus, dem es unter der Klammer
des betonten Genitivs »Gottes« darauf ankommt, Verkündiger und
Gemeinde gemeinsam dem alles entscheidenden Tun Gottes unter-
zuordnen. Der Begriff der »Mitarbeiter Gottes« will daher nicht
die *Ko*-operation hervorkehren. Die Vorsilbe will nicht die
»Arbeit« Gottes und der Verkündiger addieren, sondern anzeigen,
daß die Arbeit der Verkündiger nichts anderes ist als eine Beteili-

gung an der allein entscheidenden Arbeit bzw. Tat Gottes (*Fee* betont den Genitivus possessivus: »fellow workers« nicht »together *with* God«, sondern »fellow labor *under* God«; ähnlich: *V. P. Furnish*, Fellow Workers 368f; *Barrett*). Die Arbeit der Verkündiger ist daher selbst gänzlich ein Tun Gottes, der die Verkündiger als Diener in sein »Arbeiten« einbezieht. Diese theologische Begrenzung und Definition der Verkündigertätigkeit macht die Würde der Verkündiger aus und warnt die Gemeinde zugleich davor, eine bestimmte Form der Verkündigung zum Maßstab des allein entscheidenden göttlichen Tuns zu machen. Die Parteiparolen drängen die Verkündiger in eine Selbständigkeit, die ihnen als Mitarbeitern *Gottes* gar nicht zukommen kann. Es zeigt sich, daß das »Pflanzen« und »Begießen« letztlich unter das »Wachsen-Lassen« Gottes zu subsumieren ist. Deshalb kann Gemeinde auch nicht die Anhängerschaft eines Verkündigers sein, sondern nur Gottes Geschöpf und Eigentum. Als Metapher, mit der dieser Sachverhalt versprachlicht wird, erscheint allerdings nicht die »Pflanzung bzw. Pflanze Gottes«, wie man es bei strikter Einhaltung der Bildisotopie erwarten könnte. Dies steht im Zusammenhang mit dem Bildwechsel, der für die Argumentation der VV. 10-15 erforderlich ist und durch die serielle Abfolge vom »Ackerfeld« zum »Bau Gottes« angebahnt werden soll (zum Nebeneinander vgl. *A. Fridrichsen*, Ackerbau; *ders.*, Exegetisches). Angesichts dieser bewußt in Kauf genommenen bzw. sogar herbeigeführten Unschärfe des Bildmaterials ist es unerheblich, ob beim »Ackerfeld« (›geōrgion‹) allgemein an einen »Acker« oder speziell an einen »Weinberg« (so: *H. Riesenfeld*, Langage 54f, unter Verweis auf den Sprachgebrauch der LXX) gedacht ist.

Vers 10:
Das Bild vom »Bau« in Anwendung auf die Gemeinde hat seine Vorläufer im Alten Testament und im Frühjudentum und findet auch in der Gnosis reiche Verwendung (vgl. dazu: *Ph. Vielhauer*, Oikodome 4−17.23−52; *H. Schlier*, Christus 49−60; *ders.*, Untersuchungen 120f; *O. Betz*, Felsenmann 101−103.passim; *J. Maier*, Texte II 93f). Zur Verbindung der Bilder von Bau und Pflanzung gibt es zahlreiche alttestamentliche, frühjüdische, gnostische, aber auch griechische Parallelen (Jer 1,9f; 24,6; 31,27f; 42,10; 45,4; Ez 36,36; 1 QS 8,4-10; 1 QH 6; Philo, Cher 98-106; Her 116; Praem [Exsecr] 139; All I 48; *Lidzbarski*, Liturg 190f; *ders.*, Ginza 113,19-22; 241,11-14; vgl. Dion Chrysostomus, Orationes 52[69],3; 54[71],4f; Plutarch, Moralia 439a). Desgleichen ist das Fundament-Legen und Daraufbauen als Metapher auch sonst belegt (Philo, Cher 101; Gig 30; Mut 211; Som II 8; Epiktet, Diss II 15,7-9). Für die christliche Verwendung des

Bildes vom Fundament ist wohl ähnlich wie in Qumran – ein traditionsgeschichtlicher Zusammenhang mit Jes 28,16 (und Ps 118,22) anzunehmen
(vgl. Röm 9,33; 1 Petr 2,4-6; Mk 12,10f; Eph 2,20; 1 Tim 3,15; Offb
21,14.19; zu Qumran vgl. 1 QS 5,5f; 8,7-10; 1 QH 6,26f; 7,6-9). Ob die
Vorstellung vom Tempelbau als der übergreifende Bildspender für die VV.
9b-17 insgesamt gelten kann (so: *J. Shanor*, Paul), muß fraglich bleiben.

Dem Wechsel im Bildmaterial entspricht ein Wechsel in der Thematik. Ging es in den vorausgehenden Versen vor allem um das
allein entscheidende Tun Gottes und – daraus folgend – um eine
Zurückweisung einer die Verkündiger zum Kriterium erhebenden
Wertung der christlichen Botschaft, so stellen sich die VV. 10-15
der Frage, mit welchen Kriterien die unterschiedlichen Verkündigungen, deren Recht (als Dienste!) im Vorhergehenden ja nicht
bestritten wurde (vgl. V. 8b!), angemessen zu beurteilen sind.
V. 10ab nimmt sachlich die Aussage von V. 6a auf. Daß Paulus sich
ausdrücklich als »kundiger« = »weiser« (›sophos‹) Baumeister
bezeichnet, hat neben einer gewissen Formalität (vgl. Jes 3,3 LXX;
Philo, Som II 8) wohl auch pragmatische Gründe. Die wahre
Weisheit ist das Wort vom Kreuz (1,18-25; 2,6-16), das Paulus als
Fundament gelegt hat; sachlich wird V. 11 vorbereitet. Die vorher
herausgestellte Prärogative Gottes bleibt gewahrt. Das Fundament-
Legen des Paulus ist kein opus proprium. Das Tun des Paulus wird
in zweifacher Weise als reiner Dienst (vgl. V. 5b) definiert. Zum
einen ist die Sache, mit der Paulus zu tun hat, durch Gottes
Offenbarung vorgegeben. Zum anderen entspringt aber das Tun
selbst nicht seiner Initiative, sondern verdankt sich der spezifischen
Gnade Gottes, die ihm zuteil wurde. Konkret ist an den Auftrag
zur Heidenmission gedacht (vgl. Gal 1,15f; Röm 15,20; *W.-H.
Ollrog*, Paulus 175–178). Anders als in V. 6a wird Apollos nicht
mehr namentlich genannt, sondern allgemein von einem »anderen«
gesprochen, der daraufbaut. Grundsätzlich ist damit die Perspektive auf alle Verkündiger (nicht: »auf die ganze Gemeinde«; gegen:
I. Kitzberger, Bau 70) geöffnet, die in Korinth aufgetreten sind
bzw. von den Korinthern in Anspruch genommen werden. Doch
zeigt die Rückschau von 4,6, daß es Paulus konkret immer noch
um die in VV. 5f vorgestellte Konstellation zwischen ihm und
Apollos geht. Die indefinite Angabe könnte daher auch eine
gewisse Skepsis zum Ausdruck bringen, die Paulus dem »Bruder
Apollos« (16,12) gegenüber empfindet. Immerhin war dessen
Wirksamkeit in Korinth ja wohl auch der Anlaß für die Parteistreitigkeiten. Eine gewisse Reserve spricht vielleicht auch aus der

Mahnung am Ende des Verses, die zwar allgemein gilt (»jeder«), in ihrem distanzierten Ton aber doch auf einen konkreten Anlaß hindeutet. Der Begriff des »Daraufbauens«, durch den Paulus das Tun des Apollos und das aller weiterer Verkündiger trotz aller Verschiedenheit als grundsätzliche Einheit erscheinen läßt, dient der Gegenüberstellung zum Fundament-Legen. Damit kommt der Verkündigung des Paulus doch ein kriteriologischer Primat zu, der allerdings nicht aus der persönlichen Autorität des Paulus, sondern aus dem Inhalt seiner Verkündigung resultiert (vgl. *F. Schnider – W. Stenger*, Kirche 715f; **W.-H. Ollrog*, Paulus 168f; **K. Maly*, Gemeinde 66f). Daß dieses Urteil auf die Gültigkeit und Akzeptanz des in der narratio dargelegten Sachverhaltes angewiesen ist, versteht sich von selbst.

V. 11 umschreibt das Fundament inhaltlich. Es ist »Jesus Christus«, wobei im Sinne der narratio mitzuhören ist: »und zwar der Gekreuzigte« (vgl. 1,23; 2,2). Das eigentliche Kriterium der Verkündiger und ihrer Verkündigungen ist der Inhalt der Verkündigung. Das Wort vom Kreuz scheidet nicht nur zwischen Glaubenden und Nicht-Glaubenden, zwischen Geretteten und Verlorenen, zwischen Geistlichen und psychisch-fleischlichen Menschen; es ist auch – und gerade deswegen – der Maßstab, an den *jedwede* Verkündigung gebunden ist und bleibt (zur Weiterführung der Fundamentmetaphorik in Eph 2,20 (vgl. *H. Merklein*, Amt 138f; *P. L. Hammer*, Canon 84f). Gelegentlich sieht man in V. 11 eine indirekte Attacke gegen Fundamentansprüche, die mit dem Namen des Kephas (vgl. Mt 16,18f) in Verbindung stehen (s. 1,10-4,21: 3.2.3.1; vgl. *M.-A. Chevallier*, construction 126–128). Dies ist jedoch unwahrscheinlich. Dem ganzen Argumentationsduktus nach geht es nicht um die Opposition ›Fundament vs Fundament‹, sondern um die Opposition von ›Fundament-Legen vs Daraufbauen‹. Wenn daher gesagt ist, daß niemand ein »*anderes*« Fundament legen kann, dann ist gemeint, daß keiner der *Daraufbauenden* an dem bereits gelegten Fundament vorbei kann bzw. es durch sein Daraufbauen verändern kann. Eine grundsätzliche Bestreitung der paulinischen Verkündigung (des Gekreuzigten) als Fundament (durch ein anderes konkurrierendes Fundament) setzt 1 Kor 1-4 nicht voraus. Zumindest meint Paulus, die Korinther durch Verweis auf den Gekreuzigten wieder in einen geordneten Zustand (vgl. 1,10) bringen zu können. Wenn Paulus das Fundament als »das, welches gelegt ist« bezeichnet, so erklärt sich das wohl als terminus technicus für »das schon daliegende Fundament«

(*A. Fridrichsen*, Wortforschung 316). Sachlich unterstreicht diese Charakterisierung, daß Paulus »selbst diesem Maßstab unterliegt« (**W.-H. Ollrog*, Paulus 168 Anm. 28). Die christologische Grund- und Rahmenbestimmung jedweder Verkündigung ist die Konsequenz der soteriologischen Prärogative Gottes (VV. 6-9).

Verse 12 und 13: Ist durch VV. 10f erst einmal festgehalten, woran jede Verkündigung bei aller möglichen und von Gott gewollten Verschiedenheit gebunden ist, kann auf die Verschiedenheit selbst eingegangen werden (zur formgeschichtlichen Frage siehe unten zu V. 17). Der Vorzug des Fundaments bleibt gewahrt, sofern alle weitere Verkündigung unter der Metapher des »Daraufbauens auf das Fundament« subsumiert wird. Unterschiedliche Bautätigkeiten werden nicht spezifiziert. Vielmehr wird die für die weitere Argumentation erforderliche Differenz durch unterschiedliche Baumaterialien eingebracht (V. 12). Dabei ist es von untergeordneter Bedeutung, woran Paulus sich möglicherweise orientiert: am Haus allgemein oder an einem Luxuspalast (domus aurea), am Bau der »Laubhütten« (*J. M. Ford*, Sukkah), am Tempel in Jerusalem (so mit Nachdruck: *Strobel*) oder an einem apokalyptischen Bau (Belege sind bei *Conzelmann* zusammengestellt). Am ehesten könnte man noch an die beiden letzteren denken; doch paßt dazu wiederum nicht »Heu« und »Stroh«. Letztlich stehen die Bilder unter dem Diktat der Sache, auf die hin sie entworfen sind: Es sind Materialien, die einem *Prüfungs*verfahren unterzogen werden können (**E. Synofzik*, Gerichts- und Vergeltungsaussagen 39f).

V. 13 nennt, was die Baumaterialien sachlich veranschaulichen wollen: das »Werk« eines jeden. Es ist das, was der einzelne Verkündiger – im Rahmen des einmal gelegten Fundamentes – spezifisch zum Aufbau der Gemeinde beigetragen hat. Dies kann sich sowohl auf die Gewinnung neuer Gemeindemitglieder als auch auf die Bestärkung der Gemeinde durch auferbauende Verkündigung bzw. Bestätigung (vgl. z. B. 14,3.5.12.26) beziehen. Entscheidend ist nicht die subjektive Absicht (der gute Wille) des Verkündigers, sondern das, was objektiv durch seine Tätigkeit entstanden ist. Konkret geht es nicht zuletzt um das »Werk« des Apollos. Im Blick auf die Verantwortlichkeit vermißt man jedoch eine klare Grenzziehung zwischen Verkündiger und Gemeinde. Dies läßt einerseits eine gewisse Distanz des Paulus gegenüber dem Werk des Apollos erkennen, hat im wesentlichen aber pragmatische Gründe. Paulus will nicht Apollos (oder einen anderen Verkündiger) zurechtweisen, sondern der Gemeinde ins Gewissen

reden, sich nicht zu ihr nicht zustehenden Wertungen des Verkündigerwerkes hinreißen zu lassen, was dann die Gemeinde selbst ins
Verderben reißen könnte (vgl. VV. 16f). Prüfungskompetenz
besitzt allein Gott (vgl. *W.-H. Ollrog*, Paulus 174). Dies entspricht sachlich der in den VV. 6-9 herausgestellten Prärogative
Gottes, dessen Bau es ja auch ist, an dem die Verkündiger beteiligt
sind. Damit steht die Offenlegung des Verkündigerwerkes unter
eschatologischem Vorbehalt. Der »Tag« leitet sich traditionsgeschichtlich aus der alttestamentlich-frühjüdischen Rede vom »Tag
Jahwes« ab (dazu: *E. Jenni*: THAT I 723−726; **P. Volz*, Eschatologie 163-165). Spezifisch paulinisch ist der »Tag des Herrn« (1,8;
5,5; 2 Kor 1,14; 1 Thess 5,2; vgl. 2 Thess 2,2) oder der »Tag
Christi« (Phil 1,6.10; 2,16). Ist dabei die christologische Ausrichtung relativ eindeutig, so ist an dem absolut verwendeten »Tag«
(vgl. dazu auch: Hebr 10,25; 2 Petr 1,19) an unserer Stelle wohl
doch Gott als Richter vorausgesetzt (so eindeutig: Röm 2,16;
anders wohl: 1 Thess 5,4).

V. 13bα bemüht die ebenfalls schon alttestamentlich vorgegebene
Vorstellung vom Gerichtsfeuer (Jes 66,15f; zur Verbindung von
Tag Jahwes und Feuer: Joel 2,1-3; Mal 3,19; vgl. Ez 38,19.22;
39,6.8; zum Frühjudentum: *F. Lang*: ThWNT VI 937-939; im NT
bes. Mt 3,11 par), das primär Vernichtungsfunktion hat (vgl. **P.
Volz*, Eschatologie 318f). In V. 13bβ wird damit in einem Kausal-
nexus der (ebenfalls schon traditionelle) Gedanke von der Feuerprobe (bes. Mal 3,2) verbunden: Weil der Tag sich mit Feuer
offenbart, d. h. als Gerichtstag in Erscheinung tritt, wird er auch
die Probe über die Beschaffenheit des Verkündigerwerkes sein. Die
Erprobung auf die eschatologische Zeit der Verfolgung und
Bedrängnis vor der Parusie Christi zu beziehen, wird durch den
Text nicht nahegelegt (gegen: *C. A. Evans*, How are 150). Durch
die Verbindung der Vorstellungen vom (vernichtenden) Gerichtsfeuer und von der Feuerprobe wird der semantische Horizont
des Bildmaterials von V. 12 eingeengt. Die insbesondere mit Gold
und Silber verbundene Möglichkeit der Reinheitsprüfung (vgl.
Spr 17,3; 27,21; 1 Petr 1,7) wird in den beiden folgenden Versen
ausgeblendet, und es wird allein auf die Prüfung der Beständigkeit
rekurriert.

Vers 14: Zur Feuerprobe paßt die Rede vom »Bleiben«. Es geht
um den Bestand des Werkes. Die ausdrückliche Charakterisierung
des Werkes als eines, »das er (der Verkündiger) daraufgebaut hat«,
erinnert an die Vorgabe des Fundamentes. Sachlich kommt damit

zum Ausdruck, daß der eschatologische Vorbehalt unter der Voraussetzung des schon jetzt gültigen christologischen Kriteriums steht. Dieses bleibt also in der paulinischen Argumentation der entscheidende Punkt. Die eschatologischen Ausführungen haben demgegenüber dienende Funktion; pragmatisch geht es um die Zurückweisung des Urteils der Korinther. Daher nimmt es auch nicht wunder, daß die eschatologischen Ereignisse selbst relativ dunkel bleiben.

Gemessen an V. 15 kann der »Lohn« nicht einfach identisch sein mit dem eschatologischen Heil. Es muß sich zumindest um eine besondere Qualifizierung dieses Heils handeln. In Analogie zur unterschiedlichen Konkretion der geschenkten Gnade und des verliehenen Dienstes (vgl. VV. 5.10) ist wohl daran zu denken, daß das eschatologische Heil eine je konkrete Ausprägung und Gestalt hat (von einem »Sonderlohn« zu sprechen ist daher eher mißverständlich; gegen: *W. Pesch*, Sonderlohn). Wenn man weiter davon ausgeht, daß der Lohn in Entsprechung zum Werk stehen wird, könnte man ihn geradezu als die eschatologische Fixierung der gemeindewirksamen Tätigkeit des Verkündigers charakterisieren. Zur Auferbauung der Gemeinde beigetragen zu haben ist Teil der eschatologischen Beglückung.

Zur formgeschichtlichen Bestimmung von V. 14 und V. 15 siehe unten zu V. 17.

Vers 15: Das Werk »verbrennt«, wenn das, was die Bemühungen des Verkündigers bewirkt haben, im eschatologischen Gericht nicht standhält, sich also nur als vermeintliche, nicht aber als wirksame Aufbautätigkeit herausstellt. In diesem Fall entfällt selbstverständlich der Lohn im Sinne einer eschatologischen Beglückung über das mit dem eigenen Einsatz zusammenhängende Werk. Eben dies dürfte mit dem umstrittenen ›zēmiōthēsetai‹ gemeint sein. Am glattesten liefe der Gedanke, wenn man den »Lohn« von V. 14b als gedachtes Objekt auch in V. 15aβ voraussetzen dürfte (vgl. *A. Stumpff*: ThWNT II 892; *Barrett*): Wessen Werk Bestand hat, der *wird Lohn empfangen*; wessen Werk verbrennt, der *wird ihn (den Lohn) einbüßen* (vgl. Mk 8,36 par ›zēmiōthēnai tēn psychē autou‹ = »sein Leben einbüßen«; Phil 3,8; Philo, SpecLeg III 143; zum Akkusativ beim Passiv: BDR § 159,2). Mit dieser Deutung entfällt die schwierige »Vorstellung von einer Strafe, die doch nicht das ewige Heil aufhebt« (*Conzelmann*). Es geht nicht um Strafe (gegen: *Bauer*, s. v. 2; ZB; *Strobel*; *L. Mattern*, Verständnis 109f; *R. Heiligenthal*, Werke 213–217), sondern um Einbuße (vgl. LB; EÜ; *Fee*). Der Betreffende verliert den (seinem möglichen Werk entsprechenden) Lohn, nicht aber sein persönliches Heil. Allerdings wird man persönliches Heil und Lohn nicht als additive Größen verstehen dürfen, sofern der Lohn ja auch Teil der spezifischen Konkretion des persönlichen Heils des Verkündigers ist. Eben deswegen erleidet der Verkündiger eine Einbuße, wenn sein persönliches Heil nicht die ihm an sich zukommende Konkretion erreicht. Daß er dennoch gerettet wird, hat sicherlich mit der paulinischen Grundüberzeugung vom Glauben als der allein heilsentscheidenden Tat des Menschen zu tun. Doch geht es hier kaum um den Gegensatz von Glauben und Werken (etwa im Sinne der in Röm 1-3 erörterten Fragestellung [vgl. bes. Röm 2,5-11]; mit *R. Heiligenthal*, Werke 213; *K. P. Donfried*, Justification 105f; gegen: *Conzelmann*; *Fee*; *L. Mattern*, Verständnis 109f.175-179 u. v. a.; anders auch in ApkAbr A XIII! Die Frage, ob Paulus von ApkAbr A XIII abhängig ist [so: *C. W. Fishburne*, I Corinthians III, 10-15], ist daher für die Sachauslegung unwesentlich). Auch der Glaube des seinen spezifischen Lohn einbüßenden Verkündigers muß ein Glaube sein, »der durch Liebe wirksam ist« (Gal 5,6), wenn er heilsrelevant sein soll. Noch weniger dürfte an einen character indelebilis gedacht sein (wie vielleicht in 5,5), so daß die hier in Aussicht gestellte Rettung unter Einbuße nicht grundsätzlich die Möglichkeit bestreiten will, daß der Verkündiger (wie der Christ generell) das Heil verfehlen kann (vgl. 9,24-27; 10,11f; Phil 2,12; 3,12-16; weiter: 8,11; Röm 14,15; Phil 3,18f). Doch offensichtlich denkt Paulus hier überhaupt nicht an den Fall, daß ein Verkündiger durch bewußte subjektive Verfehlung – z. B. durch grobe Vernachlässigung oder durch Mißbrauch des ihm übertragenen Dienstes – schuldig werden und so des Heiles verlustig gehen könnte. Ganz wesentlich für das Verständnis des paulinischen Gedankens ist die Einsicht, daß das »Werk« des Verkündigers mehr umfaßt als nur die subjektive Absicht des Verkündigers. Das »Werk« hat auch eine objektive Seite, die sich in der Qualität des in der Gemeinde Bewirkten niederschlägt. Diese objektive Seite hat Paulus mit im Auge, wenn er davon spricht, daß das »Werk« eines – subjektiv durchaus wohlmeinenden – Verkündigers im eschatologischen Gericht keinen Bestand hat. Für diesen Fall bleibt Paulus hinsichtlich des Heils des Verkündigers zuversichtlich: »er wird gerettet werden«, allerdings – so schränkt Paulus ein – »wie durch Feuer hindurch«. Mit dieser Einschränkung zielt Paulus nicht auf ein zweites Feuer, dem der des Lohnes verlustig Gegangene ausgesetzt wird (gegen: *Conzelmann* 103

Anm. 84). Das Feuer ist dasselbe wie in V. 15aα. Sachlich bestätigt
die Einschränkung, daß der Lohn des Verkündigers keineswegs
nur ein Akzidens eines substantiell gleichförmigen allgemeinen
Heils ist. Christ-Sein und Heil gibt es jeweils nur in konkreter
Ausprägung (entsprechend der Gnade und dem ihm korrespondie-
renden Werk als Antwort). Eben deshalb ist die Einbuße mehr als
nur ein Schönheitsfehler. Die Rettung ist Rettung aus höchster
Gefahr, die auch die Substanz in Frage stellt. Die beste Sachparallele stellt wohl Am 4,11 dar: »Ihr wart wie ein Holzscheit, das man
aus dem Feuer herausholt« (vgl. Sach 3,2; *J. T. Townsend*,
1 Corinthians 3:15 501, denkt an Sach 13,9 und die schammaiti-
sche Sicht von der Behandlung der Mittelmäßigen in b.RHSh 16b-
17a Bar). Indirekt enthält V. 15bβ wohl auch die Warnung, die
vorher eingeräumte Rettung nicht als Sicherheit in Anspruch zu
nehmen. Die Warnung gilt vordergründig den Verkündigern, von
denen die Rede ist, betrifft dann aber auch die angesprochene
Gemeinde. Sie soll darauf aufmerksam gemacht werden, daß ein
Kokettieren mit Verkündigern und Verkündigungen – ohne Rücksicht auf das »Werk« des Gemeindeaufbaus – ein Spiel mit dem
Feuer ist. Wirkungsgeschichtlich hat unsere Stelle maßgeblich die
Vorstellung vom Fegfeuer beeinflußt (vgl. dazu: *J. Gnilka*, 1 Kor
3,10-15). Doch überschreitet dies bei weitem den unmittelbaren
Aussagehorizont, dem es um Prüfung, nicht um Reinigung geht.

Vers 16:
Die Vorstellung von der Gemeinde als »Tempel Gottes« hängt *traditionsgeschichtlich* mit der alttestamentlich-frühjüdischen Erwartung eines endzeit-
lichen Tempels zusammen (Jes 28,16f; äthHen 90,29; 91,13; Jub 1,17; vgl.
auch die Vorstellung vom neuen Jerusalem: Jes 54,11f; Tob 13,17; Offb 21;
zur Vermischung der beiden Vorstellungen in Qumran vgl. *G. Jeremias*,
Lehrer 245–249; *G. Klinzing*, Umdeutung 59f). Die »Spiritualisierung«,
für die oft stoischer Einfluß angenommen wurde (*H. Wenschkewitz*, Spiritualisierung 177 Anm. 3; 180.229; *Ph. Vielhauer*, Oikodome 81f), ist heute
wohl eher in Analogie zu Qumran verständlich zu machen (*B. Gärtner*,
Temple 56–60; *G. Klinzing*, Umdeutung 168–172). Die Gemeinde von
Qumran verstand sich als der eschatologische Tempel (1 QS 8,4-10; 9,3-6;
11,7-9; 1 QH 6,24-28; CD 3,19-4,4 u. a.; vgl. dazu: *O. Betz*, Felsenmann
102f; *B. Gärtner*, Temple 16-46; *G. Klinzing*, Umdeutung 51–93). Auf die
in Qumran begegnende Verquickung der Bilder vom Bau und von der
Pflanzung wurde bereits aufmerksam gemacht (s. o. zu V. 10). Ob man die
Analogie im Sinne einer direkten Abhängigkeit der paulinischen Vorstellung auswerten darf (so: *G. Klinzing*, Umdeutung 168), kann man bezwei-
feln. Wahrscheinlich handelt es sich um eine parallele Entwicklung, die ihre

Gemeinsamkeit der Tatsache verdankt, daß sowohl Qumran als auch Paulus gezwungen waren, sich vom Tempel in Jerusalem zu distanzieren (Qumran wegen der Illegitimität des dortigen Kultes, Paulus aus christologischen Gründen; s. u.). Die traditionsgeschichtliche Nähe zu Qumran schließt nicht aus, daß auf die paulinische Vorstellung auch hellenistische, speziell stoische Gedanken eingewirkt haben. Das gilt vor allem für die Vorstellung von der Einwohnung Gottes bzw. des Geistes (Seneca, Epistulae Morales 41,2; 66,12; weitere Belege bei: *H. Wenschkewitz*, Spiritualisierung 122–126; *O. Michel*: ThWNT IV 891; *H. Kleinknecht*: ThWNT VI 352–355), die in den Qumrantexten nicht in diesem Zusammenhang auftaucht (*G. Klinzing*, Umdeutung 171f; doch findet sich in Qumran auch die Vorstellung von der Geisterfülltheit der Gemeinde: 1 QS 3,6-8; 4,20-23; 9,3-6; vgl. *Klinzing*, a.a.O. 65.101), dem paulinischen Gedanken aber die Akzeptanz bei den Korinthern erleichtert haben könnte. Andererseits bleibt zu beachten, daß der stoische Gedanke auf den einzelnen Menschen und nicht auf ein Kollektiv abzielt. So wird man die alttestamentlich-frühjüdische Vorstellung wohl doch als die führende Idee des paulinischen Gedankens ansehen müssen. Die sachliche Voraussetzung für die Einbeziehung des stoischen Gedankengutes lieferte die Vorstellung vom Wohnen Gottes inmitten seines Volkes (dazu: *A. R. Hulst*: THAT II 906–909; für das NT vgl. bes. 2 Kor 6,16 [Lev 26,11f!]) bzw. vom Wohnen der Schekhina, der Herrlichkeit Gottes, im Heiligtum (zur Schekhina vgl. Bill. II 314f; zur Herrlichkeit: Jes 6,1 LXX; Ex 40,34f; 1 Kön 8,10f; 2 Chr 5,13f; zur Weisheit Sir 24,10-12; zum Wohnen Gottes im Tempel vgl. auch: 2 Makk 14,35; JosBell 5,459; stoisch vermittelt ist der Gedanke Philos von der Seele als der Wohnung Gottes: Som I 148f; Sobr 62-64; Cher 98f.106). Fraglich ist, ob die übliche Rede von der »Spiritualisierung« dem neutestamentlichen Sachverhalt voll angemessen ist (das gilt analog auch für Qumran). Jedenfalls geht es dem Neuen Testament nicht in erster Linie um eine Vergeistigung einer materiellen Tempelvorstellung. Das Gegenüber ist nicht ein immaterieller Tempel, sondern ein »nicht mit Händen gemachter«, d. h. ein von Gott geschaffener: Mk 14,58; Apg 7,48 (bei Josephus und Philo entspricht dem etwa die Gegenüberstellung von Tempel und Schöpfung: Bell 212-214.458; VitMos II 88; vgl. Ant 3,123.181-187). Für Paulus geht es vor allem um eine Eschatologisierung der Tempelvorstellung. Deshalb wohnt auch der Geist – als eschatologische (!) Gabe Gottes – im Tempel, der in Gestalt der christlichen Gemeinde nicht weniger konkret und greifbar ist als der Tempel in Jerusalem (vgl. 2 Kor 6,16; 1 Petr 2,5f; anders: Offb 21,22). Der tiefere Grund für das eschatologische Tempelverständnis des Paulus ist der Kreuzestod Christi, den Paulus als eschatologischen Sühnevollzug begreift (vgl. *H. Merklein*, Bedeutung 15–34). Der Sühnekult in Jerusalem ist unter dieser Voraussetzung aufgehoben (vgl. *W. Radl*, Kult 73). Der Gekreuzigte ist der eschatologische Ort der göttlichen Gegenwart, der bislang im Allerheiligsten lokalisiert wurde (Röm 3,25f). Entsprechend sind diejenigen, die an den Gekreuzigten glauben, der heilige Bezirk Gottes in der Welt, der bislang mit den Mauern

und Steinen des Jerusalemer Tempels abgegrenzt wurde. Wer sich auf das
Fundament des gekreuzigten Christus (3,10f) verläßt, wird nicht zugrunde
gehen (vgl. Röm 9,33 mit Zitat von Jes 28,16!), ist »reingewaschen,
geheiligt und gerecht gemacht« (6,11). Es zeigt sich, daß der als eschatologische Sühne verstandene Tod Christi es ermöglicht und dazu nötigt, kultische Vorstellungen ekklesiologisch zu übertragen. Ein unmittelbarer Einfluß der Jesustradition (etwa in Form von Mk 14,58) ist m. E. eher
unwahrscheinlich (gegen: *O. Michel*: ThWNT IV 890,30f). Weitergeführt
ist die paulinische Tempelmetaphorik dann in Eph 2,19-22 (s. dazu:
H. Merklein, Amt 118–158).

Daß V. 16 sich »direkt an den Leser« wendet, ist keineswegs
»überraschend« (gegen: *Conzelmann*). Es zeigt sich, daß die Überlegungen über das Werk bzw. den Lohn der Verkündiger letztlich
im Blick auf die korinthische Gemeinde angestellt worden waren.
Paulus kommt zum eigentlichen Anliegen zurück! »Wißt ihr nicht«
setzt voraus, daß die Korinther wenigstens um den Sachverhalt, der
der folgenden Aussage zugrunde liegt, wissen bzw. wissen könnten
(vgl. *Fee*). Die Wendung ist eine diatribische Stilfigur (vgl.
**R. Bultmann*, Stil 13.65) und wird von Paulus gerade in 1 Kor
besonders häufig eingesetzt (3,16; 5,6; 6,2.3.9.15.16.19; 9,13.24;
sonst nur: Röm 6,16). Sie hat die pragmatische Funktion, die
Gemeinde auf ihr eigentlich selbstverständliches Einverständnis für
das Folgende anzusprechen. Sachlich knüpft V. 16a an das Bild von
V. 9bβ an. Was der Gemeindebezeichnung als »Tempel Gottes« an
Wirklichkeit zugrunde liegt, wird durch den Genitiv definiert. Die
Gemeinde ist Tempel Gottes, weil sie Gott gehört (Genitivus
possessivus). Gott ist aber auch ihr existentieller und essentieller
Grund (Genitivus auctoris et qualitatis). Zwar war vom »Bauen
Gottes« nicht explizit die Rede (sofern man nicht den »Bau Gottes«
in V. 9 als nomen actionis deutet). Durch die Parallelität des
»Wachsen-Lassens« (VV. 6f) versteht es sich jedoch von selbst, daß
auch das Erbauen des Tempels letztlich Gottes Tat ist (vgl. *I. Kitzberger*, Bau 69). Entsprechend sind die Bautätigkeiten der Verkündiger nicht als selbständige, sondern als dienende Funktionen
beschrieben: Die Fundamentlegung erfolgt »gemäß der Gnade
Gottes« (V. 10). Das Fundament selbst ist inhaltlich vorgegeben
und der Maßstab für die Daraufbauenden (V. 11), die wiederum
Gott Rechenschaft schulden (VV. 12-15). Weil die »Mitarbeiter«
am »Bau Gottes« (V. 9) keine Tätigkeit ausüben, die zur Tätigkeit
Gottes hinzukommt, sondern eben diese – wie von Dienern (V. 5)
nicht anders zu erwarten – unterstützt, ist der errichtete Bau nach

Ursprung und Ergebnis *Gottes* Bau. Konkret spricht Paulus allerdings vom »*Tempel* Gottes« und fügt dadurch zur bisherigen
Baumetaphorik (zumindest explizit) ein neues Bildelement hinzu
(*Lietzmann*). Dies hängt mit der damit verbundenen Konnotation
der ›Wohnung Gottes‹ zusammen, auf die es Paulus abschließend
ankommt. Diese Konnotation ist den Korinthern schon aus ihrer
vorchristlichen religiösen Erfahrungswelt vertraut. An die Stelle
des Götterbildes tritt jetzt der »Geist Gottes«. Daß der Geist
Gottes »in ihnen« wohnt, war den Korinthern ebenfalls geläufig
(vgl. auch 6,19). Waren sie doch überzeugt, durch die Christusbotschaft Pneumatiker geworden zu sein. Über die Kriterien des
Geistes waren sie allerdings in Streit geraten. Daß Paulus bereits in
der narratio den Geist an den Gekreuzigten gebunden hatte (2,6-
16), harmoniert mit der Aussage vom christologisch definierten
Fundament in VV. 10f, über das der vom Geist bewohnte Tempel
sich erhebt. Die Zuordnung des Geistes zur Gemeinde war den
Korinthern wohl weniger bewußt. Paulus will dies jedenfalls ins
Bewußtsein heben. Er tut es sehr geschickt, indem er die (auch
stoisch) geläufige Einwohnung des Geistes (s. o.) mit der aus der
Baumetaphorik der VV. 10-15 entwickelten Tempelvorstellung
verknüpft (diese kunstvolle Logik übersieht *Weiß*, wenn er V. 16b
als Glosse erklärt). Eben dadurch wird aber auch deutlich, wie sehr
sich die Korinther von der (gewünschten) pneumatischen Wirklichkeit entfernen, wenn sie den Geist zum Gegenstand von Parteistreitigkeiten machen, anstatt sich ihm im Gehorsam (im Glauben
an den Gekreuzigten) zu stellen. Dies entspräche ihrem gottgege-
benen ekklesiologischen Sosein als Tempel Gottes und Wohnung
des Geistes. Paulus setzt dieses Sosein noch als grundsätzlich
gegeben voraus. Die Frageform von V. 16 zeigt aber auch die
Gefahr an bzw. konfrontiert die Gemeinde mit ihrem Sosein als
Anspruch.

Vers 17: V. 17a ist chiastisch aufgebaut (wörtlich: »Wenn einer den
Tempel Gottes [a] verdirbt [b], verderben wird [b] diesen Gott
[a]«) und auch lautlich sehr eindrucksvoll. Das Spiel der Verben
(›phtheirei‹/Präsens — ›phtherei‹/Futur) ist im Deutschen nur
unzulänglich nachzuahmen. *E. Käsemann* rechnete den Spruch zu
den von ihm postulierten »Sätzen heiligen Rechts« (Sätze 69—71).
Sie seien durch ihre eschatologische Ausrichtung und ihre charismatische Vermittlung (konkret denkt *Käsemann* an Propheten:
a.a.O. 79.passim) als »Gottesrecht« zu qualifizieren und als solches
vom »Sakralrecht« abzusetzen (Sätze 74f). Dem widersprach
K. Berger, indem er die weisheitliche Grundlage derartiger Sätze

hervorhob; ihre Funktion sei die Paränese ohne konkreten Sitz im Leben (Zu den sogenannten Sätzen, bes. 33f.38-40).

Ohne auf eine genauere formgeschichtliche Prüfung eingehen zu können, bleibt vom Inhalt her und im Vergleich mit den vorhergehenden Konditionalsätzen folgendes festzustellen: Formal stimmt V. 17a mit VV. 12.13a insofern überein, als auch dort der Konditionalsatz im Präsens gehalten ist. Die beiden Konditionalsätze in VV. 14a.15aα weisen dagegen das Futur auf. Die *VV. 14f* sind keine auf das eschatologische Gericht übertragenen Rechtssätze; auch geht es nicht eigentlich um Vergeltung. Im Vordersatz wird weder ein zu regelnder Rechtsfall noch eine zu vergeltende Tat genannt. Aufgeführt wird vielmehr das Ergebnis eines vorangehenden Prüfungsverfahrens, das (das Ergebnis) in seiner Ambivalenz in den Nachsätzen dann hinsichtlich der damit verbundenen Sanktionen erläutert wird. Eher einem Rechtssatz ähneln schon *VV. 12.13a*. Das gilt zumindest für den eigentlichen Konditionalsatz in V. 12, der verschiedene Tatbestände (im Präsens formuliert!) festhält. Doch scheitert hier die Klassifizierung am Nachsatz, wo keine Rechtsfolge oder sonstwie den einzelnen Tatbeständen entsprechende Vergeltung angegeben, sondern nur ein für alle Fälle gleichermaßen gültiges Prüfungsverfahren angesprochen wird. Das heißt: Die VV. 12-15 enthalten keine formgeschichtlich isolierbaren Rechtssätze oder Vergeltungsaussagen. Die Einzelsätze sind vielmehr − gerade in ihrer konditionalen Logik − aufeinander bezogen und nur im argumentativen Verbund verständlich. Der Sitz im Leben dieser Sätze ist daher auch nicht das Rechtsverfahren bzw. die Rechtstheorie oder die (eschatologische) Vergeltungslehre, sondern die Argumentation, die ad hoc Elemente aus dem Bereich des Rechts und der Vergeltungslehre übernimmt. Etwas anders ist die Sachlage in *V. 17a*. Hier wird im Vordersatz ein Tatbestand (im Präsens) genannt, im Nachsatz die Tatbestandsfolge (im Futur). Seiner Form nach ähnelt V. 17a einem Rechtssatz; allerdings handelt es sich nicht um einen kasuistischen Rechtssatz, sondern schon eher um einen apodiktischen Rechtssatz in Relativsatzform (vgl. dazu: *H. J. Boecker*, Recht 168-175). Denn hier steht in casus steht zur Debatte, sondern eine Norm! Vergleichbare Sätze »markieren eine Grenze, die man nicht überschreiten darf« (a.a.O. 170). Es ist daher wenig hilfreich, wenn man im Zusammenhang mit V. 17a auf »das uralte Rechtsprinzip ›Auge um Auge, Zahn um Zahn‹« verweist (gegen: *Conzelmann* 104 Anm. 93; *E. Käsemann*, Sätze 69f; das gilt in etwas abgeschwächter Form auch bezüglich Gen 9,6). Die angeführte Talionsformel dient der Begrenzung der Rache bzw. der Verhältnismäßigkeit der (Vergeltungs-)Mittel. Vergeltung im Sinne eines ausgleichenden Rechtsverfahrens oder eschatologische Umkehrung der Verhältnisse beschreiben nur unzulänglich die Intention von V. 17a. Das wird auch daran sichtbar, daß zwischen Protasis und Apodosis zwar eine Kongruenz im (lexematischen) Sprachspiel (s. o.), nicht aber auf der semantischen Ebene besteht: Der (durchaus wieder umkehrbaren) »Entweihung« des Tempels steht die (irreparable) »Vernichtung« des Ent-

weihenden gegenüber (vgl. *Weiß*). Inhaltlich geht es also um die tabuisie-
rende Grenzziehung um das Heilige, das jeden vernichtet, der es ungebühr-
lich tangiert (bzw. entweiht). Insofern war es durchaus sachgerecht, wenn
E. Käsemann in diesem Zusammenhang an die Verbotstafeln im Herodiani-
schen Tempel erinnerte (Sätze 70). Im Unterschied zu den Jerusalemer
Verbotstafeln wird die Sanktion in V. 17a allerdings dem eschatologischen
Gericht Gottes überlassen. Ist dies ein Indiz dafür, daß es sich hier nicht um
Sakralrecht, sondern um »Gottesrecht« handelt (vgl. *E. Käsemann*, Sätze
74f)? Die Alternative ist zu einfach. Der wahre Unterschied besteht darin,
daß es sich bei den Jerusalemer Tafeln um (sakrales) *Strafrecht* handelt (vgl.
auch die Differenz in der Formulierung: ›hos d' an lēmphthē, heautō aitios
estai dia to exakolouthein thanaton‹; davor steht noch die genaue Fallbe-
schreibung: »Kein Nichtjude darf die um das Heiligtum [herumlaufende]
Schranke und den Umgang überschreiten. Wer dabei ergriffen wird, hat es
sich selbst zuzuschreiben – denn darauf steht der Tod«; Übersetzung nach:
K. Galling, Textbuch zur Geschichte Israels, Tübingen ²1968, 91), bei
V. 17a um eine (sakrale) *Norm*. Beide haben ihre Wurzel aber im Tabu des
Sakralen. Im weiteren Sinn könnte man V. 17a sogar als sakral*rechtliche*
Norm bezeichnen, sofern sie der strafrechtlich relevanten Fallbestimmung
als Grundsatz zugrunde liegt. Dagegen spricht auch nicht die eschatologische Ausrichtung, da diese sich aus dem Kontext (VV. 12–15), nicht
unmittelbar aus dem V. 17a selbst ergibt.
Damit können wir uns der *Funktion* des V. 17a zuwenden. Wenn man
wiederum die beiden erörterten Kategorien (Strafrecht, Norm) zugrunde
legt, ergeben sich folgende Unterschiede, die allerdings nur Schwerpunkte
angeben und Überschneidungen keineswegs ausschließen: Bestimmungen
des sakralen Strafrechts (Verbotstafeln) dienen primär dem *Schutz* des
Heiligtums vor Profanisierung. Ein sakraler Grundsatz wie V. 17a beinhaltet dagegen eine *Warnung* vor der Gefährlichkeit des Heiligkeitsbereichs.
Tatsächlich will Paulus mit V. 17a kein (wie immer geartetes) Rechtsverfahren einleiten oder durch »die Proklamation des Gesetzes« die Gemeinde
»fortan mit ihrer Schuld behafte(n)« (*E. Käsemann*, Sätze 70), sondern eine
energische Warnung aussprechen. Insofern trifft die paränetische Zweckbe-
stimmung (*K. Bergers*) durchaus die pragmatische Intention des Satzes.
Doch wäre diese allzu formal bestimmt, würde man nicht auch die Semantik mit einbeziehen; und diese operiert nicht mit weisheitlichen, sondern
mit sakralen Kategorien! Gerade dies aber gibt der mit V. 17a intendierten
Paränese ihre spezifische Stoßkraft.

Obwohl Paulus auch den (theologisch nicht ungefährlichen)
Gedanken eines jetzt schon stattfindenden göttlichen Strafgerichts
kennt (vgl. 11,30), läßt sich V. 17a im Kontext mit VV. 12-15 nicht
anders als auf das eschatologische Gericht beziehen (*Fee*). Die
Frage nach einer möglichen Beteiligung der Gemeinde am Vollzug
des göttlichen Strafgerichts (vgl. 5,3-5) stellt sich hier nicht, da es

Paulus nicht um ein Rechtsverfahren, sondern um eine Warnung geht. Zu betonen ist, daß V. 17a sich nicht bzw. höchstens indirekt gegen die Verkündiger wendet. Der Vers hat die Gemeinde im Visier. Ihr Verhalten soll inkriminiert werden. Die angedrohte Sanktion soll ihr bewußt machen, was sie – Verderbliches – tut und sie gerade so von der Verderblichkeit ihres Tuns abbringen. Wo unter Berufung auf die unterschiedlichen Verkündiger die jeweils genehme Form der Weisheit zum Maßstab der christlichen Gemeinde gemacht wird, statt sich auf das allein entscheidende christologische Fundament zu stützen und das Urteil über die Verkündiger Gott zu überlassen (VV. 10-15), werden Parteien begründet und nicht Gemeinde aufgebaut, bzw. es wird die bestehende Gemeinde gespalten und aufgelöst.

Dabei steht weit mehr als die Auflösung einer Gemeinschaft auf dem Spiel. Dies wäre ein soziologischer Vorgang, der aus menschlichen Gründen bedauerlich sein mag, als Umkehrung eines Zusammenschlusses von Menschen diesen aber ebenso freistünde wie der Zusammenschluß selbst. Diese Selbstmächtigkeit steht der Gemeinde aber nicht zu. Sie ist Gebilde *Gottes*, Tempel *Gottes*, und als solche der Profanität menschlicher Verfügungsgewalt entzogen (vgl. dazu auch: *A.M. Denis*, fonction 418–426.651f).

V. 17b unterstreicht noch einmal, wie wenig der Talionsgedanke zur Erklärung von V. 17a hilfreich ist. Der Grund für die angedrohte Vernichtung ist nicht die ausgleichende Gerechtigkeit der Vergeltung, sondern die *Heiligkeit* des Tempels (V. 17b). Eben deshalb gilt der Grundsatz von V. 17a auch für die Korinther; denn sie sind heilig.

Der abschließende Nebensatz, der dies herausstellt (V. 17 bβ), ist kein einfacher, sondern ein qualifizierender Relativsatz (daß Paulus noch zwischen ›hos‹ und ›hostis‹ unterscheidet, s. BDR § 293[9]), der weder auf »Tempel« noch auf »heilig« allein zu beziehen ist, sondern auf das gesamte Urteil von V. 17b (zu ›hoitines‹ = »ein solcher, der«: BDR § 293,2b; zur Kongruenz: BDR § 131,2[4]): »(und) ein solcher (d. h. ein Tempel, der heilig ist) seid ihr«.

Mit V. 17bβ schließt sich die in V. 16a eröffnete Kette der Argumentation. Sie operiert damit, daß sie Geistbesitz und Heiligkeit, die von den Korinthern nicht in Abrede gestellt, sondern beansprucht werden, eingliedert in das Bild vom Tempel, das durch die VV. 10-15 vorbereitet wurde. Die ekklesiologischen Dimensionen von Geist und Heiligkeit kommen zum Vorschein.

Doch wichtiger ist noch, daß durch die aus der Tempelmetapher ableitbaren sakralen Implikationen den Korinthern verdeutlicht werden kann, daß ihre ekklesiale Existenz keineswegs nur ein Akzidens, sondern ein Wesensmerkmal ihres in Christus erreichten Heils ist. Die Spaltung gefährdet ihr Heil. Ihre eigene Heiligkeit wird ihnen zum Verhängnis, weil diese Heiligkeit sie zur Gemeinde *Gottes* und als solche zum unantastbaren Tempel Gottes macht.

Erste Konklusion: Die Unverträglichkeit des Parteienstreits mit der Zugehörigkeit zu Christus
3,18-23

18 Niemand soll sich selbst betrügen! Wenn jemand meint, unter euch in diesem Äon weise zu sein, soll er töricht werden, damit er weise werde.   19 Denn die Weisheit dieser Welt ist Torheit vor Gott. Denn es steht geschrieben: *Der die Weisen mit (wörtl.: in) ihrer (eigenen) Verschlagenheit fängt*,   20 und wiederum: *Der Herr kennt die Gedanken der* Weisen, *daß sie vergeblich sind.*   21 Also soll sich niemand mit Menschen rühmen. Denn alles gehört euch,   22 sei es Paulus oder Apollos oder Kephas, sei es Welt oder Leben oder Tod, sei es Gegenwärtiges oder Zukünftiges: alles gehört euch;   23 ihr aber gehört Christus, Christus aber gehört Gott.

Literatur: H. Braun, Exegetische Randglossen zum I. Korintherbrief, in: *ders.*, Gesammelte Studien zum Neuen Testament und seiner Umwelt, Tübingen ³1971, 178–204; *B. Byrne*, Ministry and Maturity in 1 Corinthians 3: ABR 35 (1987) 83–87; *L. Cerfaux*, Vestiges d'un florilège dans I Cor., I,18-III,24?: RHE 27 (1931) 521–534; *P. Hoffmann*, Er ist unsere Freiheit. Aspekte einer konkreten Christologie: BiKi 42 (1987) 109–115; *B. Schaller*, Zum Textcharakter der Hiobzitate im paulinischen Schrifttum: ZNW 71 (1980) 21–26; *W. Wuellner*, Haggadic Homily Genre in I Corinthians 1–3: JBL 89 (1970) 199–204.

1. Zur Übersetzung

Nicht eindeutig zu entscheiden ist, ob »in diesem Äon« noch zu
V. 18bα (so die Übersetzung; vgl. EÜ, LB, ZB) oder schon zu
V. 18bβ (so mit Nachdruck: *Weiß*; **K. Maly*, Gemeinde 73; vgl.
Robertson-Plummer) zu ziehen ist. Sachlich gehört die Wendung
zu Vorder- *und* Nachsatz (s. die Auslegung).

2. Analyse

2.1 Syntaktische Analyse

Der Text besteht aus kurzen, einfachen Sätzen. Nur V. 18b enthält zwei Nebensätze (Konditional- und Finalsatz). Als Tempus
begegnet nur das Präsens. Gehäuft treten Imperative (der 3. Person Singular) auf: VV. 18a.18bβ.21a. Ansonsten fallen relativ viele
Sätze mit »›sein (werden)‹ + Subjektsergänzung (Prädikatsnomen)« auf: VV. 18bα(βγ)19a.20bβ.21b(22f). Insgesamt lassen sich
syntaktisch zwei Abschnitte unterscheiden. Der erste wird durch
das gleiche Satzparadigma »›niemand‹ + Imperativ (3. Person
Singular)« in den VV. 18a und 21a eingerahmt. Auf der gleichen
Ebene steht der ebenfalls imperativisch gehaltene V. 18b, während
die indikativisch formulierten VV. 19.20 eine Unterabteilung bilden. Der zweite Abschnitt beginnt mit V. 21b und läßt sich
wieder in die VV. 21b.22 und V. 23 gliedern. Der erste Teil wird
durch »alles gehört euch« eingefaßt, dem dann im Kettenschluß
(»euch − ihr«) V. 23 als zweiter Teil antithetisch gegenübergestellt wird.

2.2 Semantische Analyse

Auf der Begriffsebene nehmen die VV. 18f die Gegensätzlichkeit
der narratio auf, die auch in das Schriftzitat von V. 20 eingetragen
wird (die »Weisen«!). Exakt tauchen die Oppositionen wieder
auf, die bereits für 1,18-25 grundlegend waren: ›weise vs töricht‹
und ›Welt vs Gott‹. Das Thema des »Rühmens« in V. 21a greift

auf 1,29.31 zurück, wobei »sich mit Menschen rühmen« den direkten Gegensatz zu »sich des Herrn rühmen« realisiert (1,31). Rekapitulieren also — in imperativischer Form — die VV. 18-21a in etwa die narratio, so lenken die VV. 21b.22f auf die im prooemium genannte und in der argumentatio behandelte causa des Parteienstreites zurück (zu den Parteien s. zu 1,10-4,21: 3.2.3). Drei der Parteiparolen von 1,12 werden wiederholt (V. 22a), allerdings durch weitere Glieder (eine Dreierreihe und eine Zweierreihe) erweitert und eingerahmt durch die semantisch gegenläufige Aussage »alles gehört euch«, der wiederum V. 23 entgegengesetzt wird.

Verschiedentlich wird die Meinung vertreten, daß der Gedankengang des Paulus einer *vorgegebenen*, übergreifenden (1,18-3,23 umfassenden) Semantik verpflichtet sei. Man denkt an ein traditionelles Florilegium (*L. Cerfaux*, Vestiges) oder formgeschichtlich an die Vorgabe eines homiletischen Schemas (*W. Wuellner*, Homily Genre) bzw. traditionsgeschichtlich an die Vorlage christlicher Midraschim (1,18-25; 2,6-16), die von Paulus zu dem längeren Midrasch 1,18-3,20 ausgebaut wurden (**E. E. Ellis*, Prophecy 213-220.passim). Meines Erachtens ist derartigen Hypothesen gegenüber eher Zurückhaltung geboten (s. zu 1,18-25: 2.2). Die semantische Kohärenz der Schriftzitate in 1,19.31; 2,9; 3,19f steht jedoch außer Frage (vgl. **K. Th. Kleinknecht*, Gerechtfertigte 213-221); doch dürfte sie nicht durch eine Tradition, sondern durch die Auswahl des Paulus bedingt sein.

2.3 Pragmatische Analyse

Der Text will zunächst ein Verhalten einschärfen, das dem in der narratio dargelegten Sachverhalt angemessen ist: VV. 18-21a. Sofern der Leser dazu bereit ist, muß er auch auf den Parteienstreit verzichten. Dies wird in den beiden Ecksätzen des ersten Abschnitts — VV.18a.21a — auch zum Ausdruck gebracht, und zwar formal in recht deutlicher, imperativischer Form, die aber in ihrer Sachaussage sehr zurückhaltend ist und den Parteienstreit nicht direkt nennt. Letztlich kommt es dem Text darauf an, die Leser für die Meinung des Absenders, die in der probatio argumentativ vor dem Hintergrund der narratio entwickelt wurde, abschließend nun auch emotional einzunehmen. Das geschieht in den VV. 21b.22f: In einer wirkungsvollen, furiosen Klimax wird das in den Parteiparolen zum Ausdruck kommende Verhältnis

Gemeinde-Verkündiger auf den Kopf gestellt und die Lösung von
den Parteiparolen als Befreiung (V. 21b!) gedeutet; das Maß und
die Möglichkeit dazu ist die allein maßgebliche Unterordnung
unter Christus bzw. Gott.
Wir haben es in 3,18-23 mit einer peroratio im klassischen Sinn zu
tun. Sie will rekapitulieren, dabei aber auch die Leser im Sinne der
zu rekapitulierenden Sache beeinflussen. Zum Vorschein kommt
dieses Ziel vor allem in den Imperativen von VV. 18a.bβ.21a und
der pathetischen Klimax von VV. 21b-23.

3. Einzelauslegung

Vers 18: Mit V. 18a rückt Paulus den korinthischen Parteienstreit
in das Licht der vorausgehenden probatio und insbesondere ihrer
zum Schluß ausgesprochenen Sanktion (V. 17a). Die Gemeinde soll
sich nichts vormachen. Ihr Streit ist keine belanglose Gruppenriva-
lität, die man in Geduld aussitzen kann. Gerade weil in diesem
Streit das Fundament christlichen Glaubens – das Wort vom
Kreuz – »entleert« wird (1,17) und somit – bewußt oder unbewußt – einer falschen Soteriologie Vorschub geleistet wird, hat der
Streit auch ekklesiologische Folgen: Er verdirbt den Tempel Gottes, der seine Heiligkeit durch Christus, den Gekreuzigten, besitzt.
Auf die tödlichen Folgen einer derartigen Entweihung des Heiligen
hatte V. 17a aufmerksam gemacht. Doch wird die Sanktion wohl
nur aus paränetischen Motiven eingebracht. Paulus führt dieses
Thema jedenfalls nicht fort, sondern rekapituliert statt dessen in
imperativischer Form den in der narratio dargelegten Sachverhalt.
Im geschickten Spiel mit den Oppositionen kommt in V. 18b noch
einmal die ganze Paradoxie des Wortes vom Kreuz zum Durchbruch, nun freilich angewandt auf das Verhalten der Christen.
»Wenn jemand meint (vgl. 8,2; 11,16; 14,37; Gal 6,3; Phil 3,4),
weise zu sein«: Damit spricht Paulus genau den Punkt an, der unter
den Korinthern (vgl. »unter euch«) so faszinierend und zugleich
strittig ist. Sie wollen »weise« sein; sie meinen, »weise« zu sein.
Allen voran wohl die Apollos-Gruppe. Aber auch die anderen
stehen nicht nach und lassen sich auf den Streit um die Weisheit
ein. Paulus greift den Wunsch der Korinther auf. Wenn er hinzufügt »in diesem Äon«, dann will er selbstverständlich nicht

Gemeinde und Welt gleichsetzen (»unter euch« = »in diesem Äon«; vgl. *Weiß*). Ebensowenig aber soll das Weise-Sein als weltlich abqualifiziert werden (»wise by the standards of this age«: *Fee*), wenngleich Paulus die Weisheitssuche der Korinther tatsächlich für weltlich hält (vgl. 3,1-4). Doch darum geht es hier nicht und widerspräche der Logik der Aussage und dem Duktus der Argumentation. Selbstverständlich sind die Korinther nicht der Meinung, daß ihre Weisheit nach Art der Welt ist. Dies will ihnen Paulus hier auch nicht unterstellen. Ihm geht es vielmehr darum, die Korinther bei ihrer Meinung und ihrem Wunsche abzuholen. Dabei macht er sie aber auf den Ort ihres Strebens und ihres Selbstbewußtseins aufmerksam. Er gibt ihnen zu verstehen, daß der Wunsch nach Weisheit »in diesem Äon« zwangsläufig nur paradox und in Konfrontation mit diesem Äon zu erfüllen ist. Alles andere ist Selbsttäuschung, mit der man »sich selbst betrügt«. Wer wirklich »weise« sein will, gerät in Konflikt mit der Welt, denn er muß »töricht werden«. Sachlich gibt »in diesem Äon« also sowohl die Relation des Weise- als auch des Töricht-Seins an (vgl. *Grosheide*; *Morris*). Das Töricht-Werden bezieht sich natürlich auf die »Torheit der Verkündigung« des gekreuzigten Christus (vgl. 1,18-25). Wer weise sein will, soll bekennen, daß er sein Heil in der Botschaft vom gekreuzigten Christus sucht. In den Augen der Welt wird er damit selbst zum »Toren«, weil das »Wort vom Kreuz« der Welt eine Torheit ist (1,18). In Wahrheit aber macht ihn diese Torheit zum »Weisen«: »damit er weise werde«. Es ist die Weisheit, die Heil vermittelt, weil es die Weisheit Gottes ist.

Verse 19f: Die beiden folgenden Verse begründen, warum ein Weisheitsstreben nach weltlichen Maßstäben hingegen scheitern muß. Im Hintergrund steht das Weisheitsstreben der Korinther, das insofern ver-welt-licht ist, als es die christliche Weisheit zum Gegenstand der Konkurrenz macht. Demgegenüber betont Paulus, daß »die Weisheit dieser Welt vor Gott Torheit ist«. »Vor Gott« ist ein forensischer Ausdruck und meint soviel wie »nach dem Urteil Gottes« (vgl. BDR § 238,2[3]). Selbstverständlich ist auch hier wieder an das Kreuz gedacht. Denn durch das Kreuz hat Gott die Weisheit der Welt zu Torheit gemacht (1,20b). Am Kreuz hat Gott die Weisheit der Welt entlarvt. Am Kreuz wird deutlich, daß die Welt zwar bereit ist, Gott zu erkennen, aber eben zu ihren Bedingungen. Das heißt, sie will noetisch über Gott verfügen, während es in Wirklichkeit darauf ankäme, sich Gott zu unterwerfen.

Begründet wird V. 19a mit zwei Schriftzitaten. V. 19b zitiert Ijob 5,13, allerdings nicht nach der LXX, sondern in einer dem masoretischen Text angenäherten Form. Wahrscheinlich entstammt das Zitat einer »hebraisierenden Rezension der LXX des Hiob-Buches« (*D.-A. Koch*, Schrift 71; vgl. *B. Schaller*, Textcharakter). Inhaltlich ist mit »in ihrer Verschlagenheit« nicht nur gemeint, daß Gott die Weisen »bei« ihren listigen Unternehmungen fängt, sondern geradezu, daß er sie »durch« ihre eigene Schlauheit in die Falle lockt (vgl. *Schlatter*). Unmittelbares Anschauungsmaterial im Kontext bieten die »Herrscher dieses Äons« von 2,8; gerade indem sie den Herrn der Herrlichkeit kreuzigten, stellten sie ihre Unfähigkeit zur wahren Weisheit unter Beweis.

V. 20 unterstreicht den gleichen Sachverhalt durch ein weiteres Zitat, diesmal aus Ps 93,11 LXX. An einer Stelle ändert Paulus allerdings den Wortlaut, indem er anstelle der »Gedanken der *Menschen*« (so u. a. die Minuskel 33) von den »Gedanken der *Weisen*« spricht. Im Prinzip hätte Paulus die »Menschen« übernehmen können, da der Begriff auch im Oppositionsgefüge der bisherigen Argumentation vorkommt (vgl. 1,25; 2,5.13; 3,3f). Doch ist der Begriff der »Weisen« im Kontext der VV. 18f klarer und logisch stringenter. In jedem Fall ist die vorgenommene Änderung keine Vergewaltigung, im Sinne des Paulus sogar sachgerecht. Als inhaltlich neues Moment (gegenüber dem Zitat von V. 19b) kommt die Vergeblichkeit weltlicher Weisheit hinzu (vgl. Eph 4,17f). Gemeint ist im Kontext der paulinischen Ausführungen die soteriologische Vergeblichkeit und Nichtigkeit weltlicher Weisheit: Die Welt hat durch ihre Weisheit Gott nicht erkannt (vgl. 1,21a). Eben deshalb ist diese Weisheit auch vergeblich: Sie führt ins Verderben (1,18f), in die Vernichtung (1,28; 2,6).

Vers 21: V. 21a zieht die Schlußfolgerung aus der vorangegangenen Rekapitulation der narratio, und zwar im Sinne der probatio von 3,5-17: »Niemand soll sich mit Menschen rühmen!« (Wie schon in 1,31 wird hier mit ›en‹ der Grund des Rühmens angegeben: BDR § 196,2[3]; also nicht: rühmen *unter* Menschen!). Konkret gedacht ist an die Apostel und Verkündiger, auf die sich die Parteien berufen bzw. mit denen sie – sich ihrer rühmend – gegeneinander antreten. Solcher Ruhm ist angesichts der törichten Weisheit Gottes ausgeschlossen. Denn das Geheimnis des Kreuzes läßt sich nicht mit der Meßlatte einer quantifizierbaren menschlichen Weisheit vermessen. Einen Streit um die größere oder höhere Weisheit läßt das Wort vom Kreuz nicht zu. Es kann nur geglaubt

werden (1,21b), nur im Gehorsam als Offenbarung Gottes angenommen werden; und auch dies ist nur möglich durch den Geist
(2,10), den Gott schenkt (2,12). Die Weisheit Gottes schließt ein
konkurrierendes Rühmen und Sich-Berufen auf Menschen aus.

V. 21b begründet die Forderung von V. 21a. Paulus bringt einen
neuen Aspekt ein, der allerdings aufs engste mit der bisher dargelegten Sache zusammenhängt. »Alles ist euer« ist die Variante eines
popularphilosophischen Axioms (der frühjüdische und rabbinische
Gedanke, daß die Welt um Israels bzw. der Gerechten willen
erschaffen wurde [vgl. Bill. III 248f], stellt nur eine entfernte
Parallele dar). Mit »Alles gehört den Weisen« bekundeten die
Stoiker die Weltüberlegenheit des Philosphen (Seneca, De benefi-
ciis VII 2,5; 3,2f; Diogenes Laertius VII 125; weitere Belege bei:
Weiß; *H. Braun*, Randglossen 182–186; **J. Dupont*, Gnosis 301–
305). In ähnlicher Weise bezeichnete Philo den Weisen als den
souveränen Freien: Er ist »Freier«, »Herrscher« (Post 138) und
»König« (Som II 243f; Mut 152; Sobr 57; Migr 197). Wahrscheinlich haben auch die korinthischen Weisheitsanhänger sich ihrer
Freiheit gerühmt, die sie durch ihre Weisheit und ihre Erkenntnis
besitzen (vgl. »Alles ist mir erlaubt«: 6,12; 10,23). Insofern ist es
sehr geschickt, wenn Paulus die Korinther darauf hinweist, daß das
Rühmen mit Menschen gegen ihre Freiheit geht. Mit »Alles gehört
euch!« dreht Paulus die korinthischen Parteiparolen genau um. Es
wird deutlich, daß die Parolen Abhängigkeiten definieren. Für
Paulus bestimmt sich die Zugehörigkeit anders: Nicht die
Gemeinde ist den Verkündigern zugeordnet, sondern die Verkündiger der Gemeinde.

Vers 22 konkretisiert dies, indem er zunächst die Parteihäupter
von den Thronen herunterholt, auf die man sie in Korinth gehoben
hat. Weder Paulus noch Apollos noch Kephas sind der Maßstab
des Glaubens, der Weisheit oder der Gemeinde! Sie haben rein
dienende Funktion. Was damit positiv gemeint ist, hat Paulus in
3,5-17 ausgeführt: Die Verkündiger sind theologisch instrumentalisiert, christologisch gebunden und eschatologisch verantwortlich.
Das Ziel ihrer Tätigkeit ist die Gemeinde als Bau Gottes.
Paulus bleibt bei der konkreten Situation nicht stehen. Er benutzt
die Gelegenheit, um die ganze Dimension christlicher Freiheit zu
umreißen (vgl. *P. Hoffmann*, Freiheit 112–115). Er schließt daher
eine weitere Dreiergruppe und dann eine Zweiergruppe an (vergleichbare Aufzählungen finden sich in Röm 8,38f und in der Stoa:
Epiktet I 11,33; Mark Aurel II 11; vgl. Philo, VitMos II 16). In der

Kombination mit den genannten Personen erscheinen die aufge-
zählten Sachverhalte wie mythologische Mächte, die dem Menschen objektiv gegenüberstehen und ihn beherrschen. Insofern sind
sie aber zugleich die Grundbefindlichkeit des Menschen. Die Dreiergruppe formuliert die Dimension der menschlichen Existenz.
Menschliche Existenz ist weltliche Existenz und daher eingespannt
zwischen Leben und Tod. Als den Menschen beherrschend werden
Welt, Leben und Tod zugleich als erschreckend erfahren. Ähnlich
ist es mit der Dimension der menschlichen Geschichte, die hinter
der Zweiergruppe zum Vorschein kommt. Zumindest Gegenwart
und Zukunft, die hier genannt werden, sind erschreckend. Beide
sind dem Menschen letztlich nicht verfügbar: weder die Gegenwart, die hier gerade in ihrem konfrontierend gegenübertretenden
Charakter betont wird (›enestōta‹ ist eigentlich das »Eingetre-
tene«), noch die Zukunft, die ohnehin prinzipiell offen ist. Den
Christen jedoch kann nichts mehr schrecken, ihm ist alles
»geschenkt« (vgl. Röm 8,32). Welt, Leben, Tod, Gegenwart und
Zukunft können ihn nicht mehr beherrschen. Es wird deutlich, daß
die Formel »Alles gehört euch«, die Paulus am Ende von V. 22
wiederholt, mehr ist als nur eine Gegenparole zu den Parteirufen
der Korinther. Es geht letztlich um Weltherrschaft, die nach
frühjüdischer Auffassung dem eschatologischen Gottesvolk verhei-
ßen (Dan 2,44; 7,22.27; 1 QM 17,7f) und nach Paulus der
Gemeinde zugewiesen ist (vgl. Röm 4,13; 2 Tim 2,12; Offb 20,4-6;
der verwandte Gedanke, daß die Gemeinde über die Welt richten
wird, ist in 6,2f angesprochen).

Vers 23: »Ihr aber gehört Christus!« Die Parole, die die Korinther
parteiisch reklamieren (vgl. 1,12) und sich gegenseitig streitig
machen (s. zu 1,10-4,21: 3.2.3.3), taucht nun als Zuspruch an die
ganze Gemeinde wieder auf. Die Gemeinde ist Christus überant-
wortet. Eben deshalb aber ist Gruppenbildung unter Berufung auf
die Verkündiger ausgeschlossen. Die Zugehörigkeit zu Christus
ermöglicht und begründet auch die Befreiung aus den beherrschenden und erschreckenden Dimensionen menschlicher Existenz und
menschlicher Geschichte. Der Unterschied zur stoischen Freiheits-
idee wird deutlich. Nicht innere Unerschütterlichkeit und Distanz
zu den Dingen, sondern Abhängigkeit vom Kyrios begründen die
Freiheit des Christen (vgl. *Kümmel*). Wer in Christus ist, ist bereits
»neue Schöpfung« (Gal 6,15; 2 Kor 5,17). Die Schrecken der Welt,
des Lebens und des Todes können ihn nicht mehr beherrschen.
Seine Geschichte ist dem Christen in Christus absehbar: Er, der

mit Christus gekreuzigt ist (Gal 2,19) und die Gleichgestalt (die Identität) seines Todes angenommen hat, wird auch in der Auferstehung Christus gleich werden (Röm 6,5f). Und Paulus vertraut darauf, daß dies letztlich ein unwiderrufliches Geschehen und eine unwiderrufliche Aussicht ist. In Röm 8,38f sagt er: »Denn ich bin gewiß: Weder Tod noch Leben, weder Engel noch Mächte, weder Gegenwart noch Zukunft, weder Gewalten, weder Höhe noch Tiefe, noch irgendeine andere Kreatur können uns scheiden von der Liebe Gottes, die in Christus Jesus ist, unserem Herrn«. Dies erinnert an die Treue Gottes, die Paulus bereits in 1,8 angeführt hat. Das Vertrauen darauf ist auch der Grund, daß Paulus die Korinther nicht verloren gibt, sondern ihnen trotz ihres Streites − ermahnend und feststellend zugleich − zuruft: »Ihr aber gehört Christus«.

Wenn er in V. 23b noch hinzufügt: »Christus aber gehört Gott«, so ist das mehr als ein rhetorisch effektvolles Finale. Wieder einmal zeigt sich (vgl. 1,3), daß Paulus die Christologie nicht als selbständige Größe behandelt. Christologie ist vielmehr immer nur Explikation der Theologie: Rede vom Handeln Gottes in Christus. Christus vollzieht das Werk Gottes. »Christus ... herrscht, *weil* er Gott gehört bzw. *dadurch, daß* er Gott gehört«, und: »Christus herrscht nicht nur als derjenige, der Gott gehört, sondern er herrscht auch *für* Gott« (*W. Thüsing*, Gott 11.12, Hervorhebung vom Verf.; vgl. *B. Byrne*, Ministry 85−87). Deshalb wird er auch am Ende, wenn der Auftrag erfüllt ist, sich selbst Gott unterwerfen, damit Gott alles in allem sei (15,25-28; vgl. 8,6; zur soteriologischen, nicht ontologischen Funktion dieser »Subordination« s. *Fee*; *Barrett* betont den Aspekt des Gehorsams).

Das allein maßgebliche Urteil Gottes
1 Kor 4,1-5

1 So soll man uns einschätzen als Gehilfen Christi und Verwalter der Geheimnisse Gottes. 2 Dabei übrigens wird von den Verwaltern verlangt, daß einer treu befunden wird. 3 Mir aber geht es am allerwenigsten darum, daß ich von euch beurteilt werde oder von einem menschlichen (Gerichts-)Tag;

indes, mich selbst beurteile auch ich nicht.   4 Denn ich bin
mir (zwar) keiner Schuld (wörtl.: nichts) bewußt, jedoch deshalb (noch) nicht gerechtfertigt; derjenige aber, der mich
beurteilt, ist der Herr.   5 Also, urteilt nicht voreilig (wörtl.: vor
der Zeit) über etwas, bis der Herr kommt, der auch das im
Dunkeln Verborgene (wörtl.: das Verborgene des Dunkels) ans
Licht bringen wird und die Ratschläge der Herzen offenbaren
wird. Und dann wird jedem sein (wörtl.: das) Lob zuteil werden
von Gott.

Literatur: F. *Baumgärtel* − J. *Behm*, Art. καρδία κτλ., in: ThWNT III
609−616; *H.-J. Eckstein*, Der Begriff Syneidesis bei Paulus. Eine neutesta-
mentlich-exegetische Untersuchung zum ›Gewissensbegriff‹ (WUNT,
2. Reihe, 10), Tübingen 1983; *A. Fridrichsen*, Sprachliches und Stilistisches
zum Neuen Testament: Årsbok (Societas Litterarum Humaniorum. Kung-
liga Humanistiska Vetenskapssamfundet i Uppsala) 1 (1943), 24−36;
X. Léon-Dufour, Jugement de l'homme et jugement de Dieu. 1 Co 4,1-5
dans le cadre de 3,18-4,5, in: *L. De Lorenzi (Hrsg.)*, Paolo 137−153;
E. Lohse, Die Berufung auf das Gewissen in der paulinischen Ethik, in:
H. Merklein (Hrsg.), Neues Testament und Ethik. FS R. Schnackenburg,
Freiburg − Basel − Wien 1989, 207−219; *L. Mattern*, Das Verständnis des
Gerichtes bei Paulus (AThANT 47), Zürich-Stuttgart 1966; *Ch. Maurer*,
Art. σύνοιδα κτλ., in: ThWNT VII 897-918; *O. Moe*, Zur Frage der
sittlichen Selbstbeurteilung des Apostels Paulus: ZSTh 16 (1939) 483-491;
C. A. Pierce, Conscience in the New Testament. A study of *Syneidesis* in
the New Testament; in the light of its sources, and with particular reference
to St. Paul: with some observations regarding its pastoral relevance today
(SBT 15), London 1955; *J. Reumann*, ›Stewards of God‹ − Pre-Christian
Religious Application of οἰκονόμος in Greek: JBL 77 (1958) 339−349;
ders., Οἰκονομία-Terms in Paul in Comparison with Lucan *Heilsgeschichte*: NTS 13 (1966/67) 147−167; *G. Theißen*, Das Verborgene des
Herzens. Die Aufdeckung unbewußter Motive durch die paulinische Theologie, in: *ders.*, Aspekte 66−120.

1. Zum Text

Eine größere Anzahl auch bedeutender Textzeugen (p46, Sinaiticus, A, C, D u. a.) liest in V. 2 statt des Indikativs »wird verlangt«
(›zēteitai‹) den Imperativ »verlangt« (›zēteite‹). Diese Lesart, die
von *Weiß* mit viel Scharfsinn favorisiert wird, dürfte sich jedoch

»aus der Aussprache« (im Griechischen gleichlautend) erklären (*Lietzmann*).

2. Analyse

2.1 Syntaktische Analyse

Der Text besteht aus relativ kurzen Sätzen (9 Hauptsätze, 5 Nebensätze). Reine Parataxe ist selten. Vorherrschend sind adversative (VV. 3ac.4bc) und konsekutive (VV. 1.5a; vgl. V. 2a) Konjunktionen bzw. Partikeln. Dazu kommen noch finale (VV. 2b.3b), kausale (V. 4a) und temporale (V. 5bα; vgl. V. 5c) Verknüpfungen.

Von den Satzelementen her ist der Text überwiegend verbal bestimmt. Nominale Subjekte (im eigentlichen Sinn) sind nur drei vorhanden (»man« V. 1; »Herr« V. 5b; »Lob« V. 5c); hinzu kommen noch ein partizipiales (V. 4c; im Deutschen relativisch wiedergegeben) und zwei pronominale (VV. 2b.5bβ) Subjekte. Objekt-Sätze (Akkusativ-Objekt) sind die VV. 1.3c.4a.5a.5bβγ. Dativ-Objekte finden sich in den VV. 3a.4a.5c. Prädikatsnomina (Subjektsergänzung) kommen in VV. 2b.4c vor, dazu eine Objektergänzung in V. 1. Das bevorzugte Tempus ist das Präsens (VV. 1.2a.3a.3b.4c.5a; dazu ist auch V. 4a [›synoida‹] zu rechnen). Das Perfekt erscheint in V. 4b. Aoriste kommen nur in Nebensätzen vor (VV. 2b.3b.5bα). Die letzten drei Verben sind futurisch gehalten (V. 5bβγ.c). Es überwiegt die 3. Person (Singular). Blockartig eingeschoben erscheint die 1. Person (Singular) in den VV. 3bc.4ab. Nur V. 5a weist die 2. Person (Plural) auf. Präpositionen stehen in passivischen Sätzen zur Umschreibung des logischen Subjektes (VV. 3b[bis].5c) bzw. des logischen Objekts (V. 2a). Ansonsten leiten sie modale (V. 3a), kausale (V. 4b) oder temporale (V. 5b) Wendungen ein.

2.2 Semantische Analyse

Der Text zeichnet sich durch eine einheitliche semantische Isotopie aus, die fast durchweg durch die Verben bezeichnet wird. Es geht jeweils um ein »Einschätzen, Urteilen, Beurteilen, Werten« (VV. 1.2ab.3bc.4ab. 5a.bβγ). Die beiden Hilfsverben in VV. 4c.5c (»sein«, »[zuteil]werden«) sind aufgrund ihres wertenden Subjekts ebenfalls hier einzureihen. Auch V. 3a, der ein metasprachliches Urteil (ein Urteil über ein Urteil) fällt, stellt keine Ausnahme dar. Aus der Isotopieebene herauszufallen scheint nur die Sachaussage über das »Kommen« des Herrn in V. 5bα. Doch besteht zumindest eine Verbindung, sofern das Kommen des Herrn die zeitliche Grenze für das Verbot des Urteilens angibt (V. 5a). Darüber hinaus ergibt sich aber auch ein inhaltlicher Bezug, da das Kommen des Herrn selbst auf ein Urteilen abzielt (V. 5bβγ).

Objekt des Wertens sind »wir« (V. 1), d. h. die (vorher genannten) Verkündiger im allgemeinen (vgl. »einer« V. 2b; »jeder« V. 5c). Doch wird durch den in der 1. Person gehaltenen Block der VV. 3(a)b-4b(c) deutlich, daß der Blick auf Paulus fokussiert ist. Subjekt des Wertens sind entweder »Menschen« (»man« V. 1; »menschlicher Gerichtstag« V̇. 3b bzw. »ihr« V. 3b.5a) oder der »Herr« bzw. »Gott« (VV. 4c.5c; vgl. V. 5bβγ). Interessant ist, daß das menschliche Subjekt des Wertens dem göttlichen sowohl seriell als auch oppositionell zugeordnet wird: Einerseits wird ihm − wie dem Herrn − eine Wertung zugebilligt bzw. sogar abverlangt (V. 1), andererseits wird sie ihm − im Gegensatz zum Herrn − verwehrt (V. 5a) bzw. für irrelevant erklärt (V. 3). Der Widerspruch löst sich auf, wenn man sieht, daß die VV. 1f eine (menschlich allein mögliche) allgemeine Einschätzung der Verkündiger und das dafür maßgebliche Kriterium ansprechen, während die VV. 3-5a sich speziell auf eine rechtsrelevante (d. h. im göttlichen Gericht relevante) Beurteilung beziehen. Entsprechend konstituiert der Text zwei übergreifende semantische Bezugsfelder. V. 1 stehen die Beziehung Gemeinde − Verkündiger und ihre rechte Bewertung im Vordergrund, wobei das Kriterium, das V. 2 dafür angibt, auf die Sachebene (der Verkündigung) jenseits der Beziehungsebene (der Kommunikation zwischen Verkündiger und Gemeinde) verweist. VV. 3-5 werden von der Beziehung Mensch − Herr beherrscht, die unter dem Gesichtspunkt des Beurteilens als Opposition erscheint.

Thematisch stimmt der Text sehr stark mit 3,5-15 überein. V. 1 greift auf 3,5-9 zurück und variiert die dortige Begrifflichkeit. V. 2

erinnert – unter dem Gesichtspunkt des Kriteriums – an 3,10f, während die VV. 3-5 im Gedanken des göttlichen Gerichts mit 3,12-15 konvergieren.

Die begriffliche Übereinstimmung mit Lk 16,1-15 (»Verwalter, treu, Herr, Lob«) und Lk 12,35-48 (»Verwalter, [be]finden, verlangen, treu, Kommen des Herrn, Zeit«) erklärt sich hinlänglich aus der thematischen Verwandtschaft (Verwaltung, Parusie). Eine Abhängigkeit von synoptischem Material läßt sich daraus schwerlich ableiten (gegen: *B. Fjärstedt*, Tradition 100-129.136f).

2.3 Pragmatische Analyse

Der Text handelt von Wertungen und will selbst werten bzw. Bewertungen bewerten. Nicht zufällig enthalten die beiden Eckverse Imperative (VV. 1.5a). Sie stellen das pragmatische Pendant zur semantischen Serie bzw. Opposition von Mensch und Herr bzw. Gott dar. Eine menschliche Wertung, die den ihr vorgegebenen sachlichen Rahmen einhält, läßt Paulus zu, ja fordert sie sogar (V. 1). Gerade deshalb muß er aber auch das dem Herrn zustehende Urteil seinen menschlichen Adressaten absprechen (V. 5a). Der durch die 2. Person sich von seiner Umgebung abhebende Imperativ des V. 5a gibt am unmittelbarsten die pragmatische Stoßrichtung des Textes an: Paulus will die Korinther vom Urteilen abbringen. Dies setzt voraus, daß die Korinther in einer nach Meinung des Paulus ungerechtfertigten Weise geurteilt haben. Die Fokussierung auf Paulus in den VV. 3f gibt darüber hinaus zu erkennen, daß diese Wertung sich auf Paulus bezogen haben muß. Dem Text geht es also um Zurückweisung von Kritik. Rhetorisch wird man 4,1-5 am besten als Übergangsstück, als transitus, bezeichnen können. Die Thematik der probatio (3,5-17) wird noch einmal aufgenommen, jetzt aber nicht, um die eigene Auffassung darzulegen und argumentativ zu vermitteln, sondern um der Kritik der Gegenseite den Boden zu entziehen. Damit ist die Voraussetzung geschaffen, um in der anschließenden refutatio (4,6-13) sich der Position der Kontrahenten selbst zuzuwenden und diese zu demontieren.

3. Einzelerklärung

Vers 1: Das einleitende »so« (›houtōs‹) ist anaphorisch (vgl. Röm 1,15; 6,11), nicht kataphorisch (vgl. 3,15; 9,26) zu verstehen (mit: *Conzelmann*; *H.-J. Eckstein*, Begriff 200; gegen: *Weiß, Fee*; überzogen ist es jedoch, wenn *X. Léon-Dufour*, Jugement 143f, VV. 1f noch zu 3,21-23 zieht). Es ist also nicht das Pendant zu dem folgenden »als« (›hōs‹) (»*So* schätze man uns ein: [nämlich] *als* Gehilfen ...«; vgl. LB), sondern weist zurück auf das Vorangegangene, näherhin auf die Aussage von 3,21-23, die ihre sachliche Grundlage in 3,5-9 hat. Paulus will folgern, den Gedanken weiterführen (»so« im Sinn von »also«). In der Bedeutung »einschätzen, beurteilen« kehrt ›logizesthai‹ vor allem in 2 Kor wieder (3,5; 10,2.7.11; 11,5; 12,6). Daraus auf ein »Stichwort der Gegner« zu schließen (*Weiß*), läßt der formale Gehalt des Begriffs nicht zu (so zu Recht: *Conzelmann*; *H.-J. Eckstein*, Begriff 200). Das Subjekt ist indefinit (»man«). Doch dürfte das zugrundeliegende griechische Wort ›anthrōpos‹ (»Mensch«) schon im Blick auf die in VV. 3f folgende Opposition (»menschlicher Gerichtstag vs Herr«) gewählt sein (*Weiß*). Mit der menschlichen Perspektive hängt auch die inhaltliche Qualität der geforderten Wertung zusammen. Die Verkündiger sind als »Gehilfen ... und Verwalter ...« einzuschätzen. Jede andere Qualifizierung, die die sachliche Relationalität der Verkündiger nicht wahrt, tangiert die Kompetenz des Herrn.

Wenn man »so« kataphorisch verstehen würde, könnte man annehmen, daß es Paulus nicht auf den *Inhalt* des Urteils ankomme, »sondern darauf, *in welcher Weise* man ihn als Diener Christi *beurteilt*« (*Weiß*). Doch widerspricht dies dem Duktus der Argumentation. Paulus diskutiert nicht über das rechte Verständnis der Diener, sondern operiert mit dem Diener-Sein als solchem. Nun wird es den Korinthern grundsätzlich zwar auch bekannt gewesen sein, daß die Verkündiger Diener sind; doch läßt ihr Parteienstreit erkennen, daß dieser Gesichtspunkt in ihrer Praxis keine Rolle spielt.

Mit dem Verweis auf die Gehilfen- und Verwalterfunktion variiert Paulus die Begrifflichkeit von 3,5 (»Diener«) bzw. 3,9 (»Mitarbeiter Gottes«). Mit der Betonung der Relation zu Christus bzw. Gott kommt der sachliche Grund ins Spiel, weswegen die Verkündiger nur als »Gehilfen« und »Verwalter« einzuschätzen sind. Letztlich geht es überhaupt nicht um sie, sondern um die Sache, mit der sie betraut sind, bzw. um den Auftraggeber, der sie in Dienst genommen hat. Insofern sind die Termini schon im Blick auf das Kriterium der Treue in V. 2 gewählt.

Die Begriffe »Gehilfe« und »Verwalter« kommen ansonsten — wie nicht anders zu erwarten — häufig im Verwaltungsbereich auf privater, kommunaler oder auch kultgenossenschaftlicher Ebene vor (vgl. *J. Reumann*, Stewards; *ders.*, Οἰκονομία-Terms). Ein spezifisch kultischer Klang ist nicht vorauszusetzen. Die Begriffe halten die dienende, untergeordnete, verantwortliche Funktion im allgemeinen fest. Dies ist auch hier der Fall. Die nähere inhaltliche Füllung ergibt sich aus den Genitiven. Der Ausdruck »Gehilfen Christi«, der den antiken Leser an das Selbstverständnis der kynischen Wanderprediger erinnert haben mag (vgl. Epiktet III,22,82.95: Gehilfen des Zeus), läßt sich sowohl als subjektiver als auch als objektiver Genitiv deuten. Im ersten Fall wären die Gehilfen Menschen, deren sich Christus bedient, etwa um durch sie präsent zu sein (vgl. 2 Kor 5,20). Im zweiten Fall wäre Christus (bzw. die Christusverkündigung) der Inhalt des Dienstes. Wegen des Kontextes von 3,10-15 und wegen der Parataxe mit dem anschließenden Parallelausdruck) »Verwalter der Geheimnisse Gottes« wird man wohl eher an letzteres zu denken haben. Doch muß deswegen der erste Aspekt nicht ausgeschlossen sein. Die zu verwaltenden »Geheimnisse Gottes« sind hier nicht auf die Sakramente, sondern auf die Verkündigung zu beziehen. Dann liegt es nahe, zunächst an das »Geheimnis Gottes« von 2,1 bzw. an die »Weisheit Gottes im Geheimnis« von 2,7 zu denken. Der Plural »Geheimnisse« lenkt den Blick allerdings auch auf 13,2 und 14,2, wo von der prophetischen bzw. glossolalischen Kundgabe von Geheimnissen die Rede ist. Beide Aspekte sind wahrscheinlich so zu vereinen, daß auch die den Charismatikern geoffenbarten Geheimnisse, die eschatologisch oder heilsgeschichtlich neue Perspektiven eröffnen (1 Kor 15,51f; Röm 11,25f; vgl. 1 Thess 4,15), letztlich doch auf die fundamentale Heilsaussage des Kerygmas verwiesen sind, das Paulus im »Wort vom Kreuz« (1,18-25) auf den Begriff bringt (zum Verhältnis von Kerygma und Prophetie siehe auch: **G. Dautzenberg*, Botschaft). Wenn 2,6-16 als prophetische Rede einzustufen ist (vgl. zu 2,6-16: 2.3), dann liefert Paulus selbst ein anschauliches Beispiel, was er unter der Verwaltung der Geheimnisse Gottes versteht. Er versieht seinen Verwalterdienst, indem er als »Geheimnis Gottes« das Wort vom Kreuz verkündet (2,1) und es in prophetischer Rede als »verborgene Weisheit« (2,7), die nur pneumatisch zugänglich ist, erschließt (zum Inbegriff der Heilsbotschaft wird »Geheimnis« dann in Kol [1,25-27; 2,2; 4,3] und Eph [1,9f; 3,3f.9; 6,19]). So gesehen, wird auch das konkrete Anliegen deutlich, das Paulus mit der Charakterisierung der Verkündiger als »Verwalter der Geheimnisse Gottes« verfolgt. Einerseits will er die Entfaltung und Weiterführung des Kerygmas durch prophetisch, weisheitlich oder sonstwie charismatisch vermittelte »Geheimnisse« nicht hindern, sondern fördern. Andererseits will er durch seine Ausführungen exemplarisch vor Augen führen, daß solche Geheimniserschließung nicht vom Gekreuzigten ablenken darf, sondern in ihm gerade ihre maßgebliche Bezugsgröße hat.

Vers 2 will weiterführen, doch nicht im Sinne der Hinzufügung eines neuen Gedankens, sondern im Sinne der Entfaltung des in V. 1 Gesagten.

Die Einleitungspartikel ›hōde loipon‹ wurde daher nicht mit »hierbei weiterhin« (*Bauer*, s. v. 2b), sondern mit »dabei übrigens« (vgl. BDR § 160 [3]) wiedergegeben. Die an sich mögliche Übersetzung »nun, somit also« (vgl. *A. Fridrichsen*, Sprachliches 25f) stellt eine zu starke Kausalität her, welche die Logik des Textes überfordert. Dies tut auch *Weiß* (»sind wir Haushalter, nun, so .. in diesem Falle«), der dann sogar die ausdrückliche Erwähnung der »Verwalter« (in V. 2) »als eine ungeschickte Interpretation zu ›hōde‹« ansehen muß.

V. 2 will darauf aufmerksam machen, worauf es »dabei übrigens«, d. h. bei der Einschätzung der Verkündiger als Gehilfen und Verwalter, ankommt: »Von den Verwaltern verlangt« man, daß »einer treu befunden wird«. Das Kriterium, das für sich genommen rein formal erscheint, erhält durch den Bezug zur anvertrauten Sache bzw. zum Betrauenden seine inhaltliche Füllung. Im Kontext ergibt sie sich aus 3,5-15, insbesondere aus 3,10f. Es kommt darauf an, daß der Verkündiger sich treu an das Fundament hält. So kann beispielsweise eine weisheitliche Verkündigung der christlichen Botschaft sich nicht nach den Idealen menschlicher Weisheit ausrichten, sondern muß ihre Weisheit an Christus, dem Gekreuzigten, messen. Doch will Paulus hier nicht die Verkündiger belehren oder eine Theorie des Verkündigeramtes entfalten. Seine Worte richten sich an die Gemeinde, die ihre Verkündiger offensichtlich nicht nach dem Kriterium des treuen Verwalters gewürdigt hat. Insofern partizipiert V. 2 an der Aufforderung von V. 1. Die Verkündiger als Verwalter einzuschätzen heißt, den Blick auf die verwaltete Sache zu richten und sich nicht vom eigenen rezeptiven Gefallen leiten zu lassen. Daraus darf man allerdings nicht schließen, daß Paulus die Korinther nun auffordern wolle, die Treue ihrer Verkündiger richterlich zu prüfen. Das Beurteilen und Urteilen wird in VV. 3-5 gerade ausgeschlossen! Es geht um die grundsätzliche Einschätzung. Wer die Verkündiger nach der Akzeptanz und Plausibilität ihrer Botschaft beurteilt, macht die Verkündiger zum Kriterium der Botschaft. Die Parteibildung ist die Folge. Wer dagegen die Verkündiger unter dem Gesichtspunkt der Treue ins Auge faßt, erkennt in ihnen Verwalter, deren Kriterium die Botschaft ist, die trotz der Verschiedenheit der Präsentation und trotz der Unterschiedlichkeit der Rezeptionshaltung sachlich doch die gleiche ist, so daß ein Parteienstreit ausgeschlossen ist. Weil aber Paulus davon überzeugt ist, daß bei solcher Betrachtungsweise der Blick letztlich auf den Gekreuzigten fällt, muß er, der nichts anderes als den Gekreuzigten verkündigt hat, auch die Art und Weise zurückweisen, wie man im Parteienstreit über ihn geurteilt hat. Dies tut er im nächsten Vers.

Vers 3: Zwischen der Aufforderung zur Einschätzung in VV. 1f und der Zurückweisung der Beurteilung in V. 3 besteht also kein Widerspruch. Dies gilt zunächst insofern, als sich (auf der pragmatischen Ebene) zwei Wertungen — eine sachgerechte und eine unsachgemäße — gegenüberstehen. Doch läßt schon die grundsätzliche Ausdrucksweise von V. 3ab erahnen, daß es Paulus um mehr als nur um die Zurückweisung einer falschen Wertung geht. Das wird durch V. 3c zur Gewißheit: Paulus will nicht einmal sich selbst beurteilen.
Semantisch bleibt also eine Spannung zwischen der Einschätzung von V. 1 und der Beurteilung von V. 3. Die Begriffe »einschätzen« und »beurteilen« sind hier offensichtlich nicht nur als semantische Varianten zur Bezeichnung des gleichen Sachverhalts verwendet. Nicht zufällig korrespondiert ihnen die Opposition von »Mensch« (»man«: V. 1) und »Herr« (V. 4). So richtig und notwendig es also ist, die Verkündiger als Verwalter einzuschätzen, bei denen es auf die Treue ankommt, so bleibt ein Beurteilen im Sinne eines richterlichen Feststellungsverfahrens ausgeschlossen (zum Begriff vgl. *X. Léon-Dufour*, Jugement 148–150). Das betrifft grundsätzlich auch ein Urteil über die Treue der Verwalter. Daß diese »treu befunden werden«, ist für die Gemeinde zwar das Kriterium, mit dem sie ihre Verkündiger (sachgerecht) als Verwalter einzuschätzen vermag, nicht aber der Gegenstand, über den sie zu Gericht sitzen kann. Letzteres ist — um im Vorgriff auf V. 4 zu sprechen — allein

dem Herrn vorbehalten, der insofern perspektivisch auch schon in den Passiva des V. 2 zum Vorschein kam. Selbstverständlich schließt das Verdikt des Beurteilens nicht aus, daß die Gemeinde im Falle der Untreue eines Verkündigers diesen zurückweisen muß. Doch steht im aktuellen Fall der korinthischen Problematik ein Beurteilen der Treue überhaupt nicht zur Debatte. Was die Korinther beurteilen, betrifft offensichtlich die Qualität der Verkündigung, und gerade Paulus scheint unter dem favorisierten Gesichtspunkt einer weisheitlichen Verkündigung abqualifiziert worden zu sein. Eben dies weist Paulus mit V. 3abα entschieden zurück. Dabei kommt es ihm allerdings nicht darauf an, bei den Korinthern nun ein Urteil zu seinen Gunsten zu erreichen. Das Beurteilen an sich ist falsch, weil es die Kompetenz des Menschen übersteigt. Dies kommt zunächst durch V. 3bβ zum Ausdruck. Die Wendung »oder von einem menschlichen (Gerichts-)Tag« zeigt keine Alternative an, läßt aber auch nicht auf eine tatsächlich von den Korinthern angestrengte oder intendierte »Untersuchung« schließen (gegen: *Weiß*; mit: *Lietzmann*). Der Ausdruck hebt die Ablehnung menschlichen Beurteilens ins Grundsätzliche und dient der (oppositionellen) Vorbereitung des »Herrn« als der allein maßgeblichen Instanz in V. 4. In die gleiche Richtung zielt V. 3c. Paulus beurteilt nicht einmal sich selbst. Er stellt also nicht dem korinthischen Urteil eine Selbstbeurteilung gegenüber, für die er die Korinther gewinnen will. Vielmehr soll *jedes* menschliche Beurteilen ausgeschlossen werden.

Vers 4: Das positive Pendant zu den negativen Aussagen von V. 3 folgt in V. 4c. V. 4ab ist eine dazwischengeschobene Parenthese, die durch die Ablehnung der Selbstbeurteilung in V. 3c veranlaßt ist. Die Konjunktion »denn« in V. 4a ist daher nicht strikt kausal, sondern »lose anknüpfend und fortführend« zu verstehen (*H.-J. Eckstein*, Begriff 205). Der argumentativen Stoßrichtung läuft es völlig zuwider, wenn man den Verzicht auf Selbstbeurteilung in V. 3c mit einem aus V. 4a herausgelesenen *guten* Gewissen begründet, so daß Paulus bei gegenteiligem Gewissenszustand sich selbstverständlich (als ungetreuen Verwalter) auch beurteilen würde (so: *Lietzmann*). Damit ist der grundsätzliche Charakter des Beurteilungsverdiktes verkannt. Aus V. 4a läßt sich aber auch nicht ableiten, daß Paulus der Überzeugung gewesen sei, nur nichts Schlechtes getan, möglicherweise aber doch Gebotenes unterlassen zu haben (so: *C. A. Pierce*, Conscience 89; vgl. 62). Die Formulierung schließt eindeutig beides aus (*H.-J. Eckstein*, Begriff 210f).

Erst recht ist nicht an ein auf Unbewußtes ausgedehntes Sündenbe-
wußtsein (vgl. *O. Moe*, Frage 488) zu denken (vgl. *L. Mattern*,
Verständnis 181 Anm. 579; *G. Theißen*, Das Verborgene 71). Aus
den Worten des Paulus spricht nicht Sündenangst. Er ist sich seiner
Sache vielmehr erstaunlich sicher. Dennoch ist er »deshalb (noch)
nicht gerechtfertigt«. »Rechtfertigen« darf hier nicht von der
Rechtfertigungslehre (iustificatio impii) her ausgelegt werden
(gegen: *Schlatter*). Paulus will nicht sagen, daß er aufgrund des
Glaubens und nicht aufgrund eigener Rechtschaffenheit gerechtfertigt ist (so: *Meyer-Heinrici*), was man dann wieder als Grund für
das positive Selbstbewußtsein in V. 4a nehmen könnte (so:
Ch. Maurer: ThWNT VII 915). V. 4b hat ausschließlich die Funktion, die Endgültigkeit des im Selbstbewußtsein zum Ausdruck
kommenden Urteils zu negieren und so die Inkompetenz des
Menschen hinsichtlich des Beurteilens durch die Vorläufigkeit
sogar des eigenen Selbstbewußtseins zu unterstreichen. Zu beachten ist, daß die Aussage von V. 4ab trotz ihrer generalisierenden
Tendenz zunächst auf eine konkrete Situation reagiert (vgl. dazu
auch *H.-J. Eckstein*, Begriff 207, der auf die »Unschuldsbezeugung
des ›Gerechten‹« in Ijob 27,6 LXX und den Klagepsalmen verweist). Mit V. 4a weist Paulus Vorwürfe der korinthischen Kontrahenten zurück bzw. kommt der (aus V. 3c möglicherweise ableitbaren) Unterstellung, gegen sich selbst unkritisch zu sein, zuvor,
obwohl er – aufgrund seiner eigenen Prämissen – konzedieren
muß, daß sein Unschuldsbewußtsein noch nicht seine Rechtfertigung bedeutet.
Der Grund für diesen Vorbehalt ist weniger die Furcht vor der
Fehlbarkeit des menschlichen Gewissens (so zu Recht: *Weiß*),
obwohl Paulus selbstverständlich um dessen Irrtumsfähigkeit weiß
(vgl. 1 Kor 8 und 10). Den eigentlichen Grund nennt vielmehr
V. 4c: Der Herr allein ist befugt und kompetent, ihn zu beurteilen.
Dem Herrn gegenüber muß jede menschliche Instanz einschließlich des eigenen Gewissens relativ sein (*H.-J. Eckstein*, Begriff
212). Damit soll das menschliche Gewissen (›syneidēsis‹ von
›synoida‹ = »ich bin mir bewußt«) nicht für irrelevant erklärt
werden. Der Mensch ist auf das Urteil seines Gewissens angewiesen, um sich seiner Schuld oder Unschuld bewußt zu werden.
Doch bleibt das Verhältnis der beiden Instanzen, der menschlichen
und der göttlichen, das der Entsprechung, die nicht in Identität
aufgelöst werden darf (*H.-J. Eckstein*, Begriff 213; vgl. **R. Jewett*,
Terms 431f). Der Versuch, die in der Entsprechung enthaltene
Spannung mit Hilfe der (tiefen)psychologischen Kategorie des

Unbewußten sachlich auszugleichen (*G. Theißen*, Das Verborgene 67-74), ist wohl nicht illegitim; V. 5b gibt sogar gewisse (jedoch keineswegs völlig eindeutige) Hinweise in diese Richtung. Doch ist Paulus in V. 4 nicht von der Sorge beherrscht, daß am Ende unbewußte Schuld zum Vorschein kommen könnte (vgl. *G. Theißen*, a.a.O. 72), die das jetzige Unschuldsbewußtsein zunichte macht und seine Rechtfertigung in Frage stellt. Es geht Paulus viel grundsätzlicher um den eschatologischen Vorbehalt, den er um *Gottes* bzw. des *Kyrios* willen (also aus theologischen, nicht aus psychologischen Gründen) jedem menschlichen Urteilen gegenüber machen muß.

Füllt man das Kriterium der Treue (V. 2) inhaltlich mit der Treue zum Fundament des gekreuzigten Christus (3,10f), so macht sich in den VV. 3f eine gewisse Differenzierung gegenüber 3,10-15 bemerkbar. Hatte Paulus dort seine Funktion des Fundamentlegens und das für alle Verkündigertätigkeit maßgebliche christologische Kriterium nahezu identifiziert (»ein anderes Fundament kann niemand legen«) und lediglich die »daraufbauenden« Funktionen unter das Kriterium des eschatologischen Gerichts gestellt, so zeigt sich jetzt deutlich, daß auch die Tätigkeit des Paulus unter eschatologischem Vorbehalt steht. Dies ist keine Relativierung des christologischen Kriteriums, sondern ergibt sich aus der irreversiblen Zuordnung der Verkündigerfunktion zum Verkündigungsinhalt. Gerade weil niemand ein anderes Fundament legen kann, ist der gekreuzigte Christus auch der Maßstab für das konkrete Fundamentlegen des Paulus und nicht umgekehrt. Insofern muß Paulus auch seine Funktion dem eschatologischen Gericht unterwerfen.

Vers 5: Es folgt die Nutzanwendung für die Gemeinde. V. 5a setzt natürlich voraus, *daß* die Gemeinde bereits voreilig urteilt. Konkret geschieht dies im Parteienstreit. Er verkennt, daß alle Verkündiger grundsätzlich nur als Gehilfen und Verwalter eingeschätzt werden können, die in Treue dem Fundament des christologischen Kerygmas verpflichtet sind. Alle darüber hinausgehende Beurteilung ist sachlich ein Verstoß gegen die Prärogative des Kyrios und heilsgeschichtlich eine Mißachtung seiner eschatologischen Funktion. *Weiß* macht zu Recht darauf aufmerksam, daß nicht von der »Wiederkunft« (Jesu), sondern vom »Kommen« des Herrn die Rede ist. Selbstverständlich soll nicht gesagt sein, daß die Gemeinde durch das Kommen des Herrn zu einem selbständigen Urteil befähigt wird. Der »Beurteilende« bleibt der Herr (vgl. V. 4c). Doch erlaubt sein Urteil einen Nachvollzug im Urteil der Gemeinde. Jetzt aber ist das Urteil voreilig, da unzeitig (vgl. Mt 8,29).

Der Relativsatz V. 5b weist geprägten Stil auf, so daß manche Ausleger mit einem Zitat rechnen (*Weiß*; *Lietzmann*; *Conzelmann*; **E. Synofzik*, Gerichts- und Vergeltungsaussagen 42f). Inhaltlich wird die verbreitete Einsicht, daß Gott das Innere des Menschen kennt (vgl. Jer 11,20; 17,10; 20,12; Ps 7,10; 2 Makk 12,41; 1 Thess 2,4; Röm 8,27; Offb 2,23 u. ö.; vgl. Gott als »Herzenskenner« in Apg 1,24; 15,8), christologisch und eschatologisch abgewandelt. Die erste Hälfte des Relativsatzes formuliert den Sachverhalt allgemein (vgl. Mk 4,22), die zweite Hälfte appliziert ihn eindeutig anthropologisch (ähnlich: 14,25; Röm 2,16; Sir 1,30; vgl. Eph 5,12f).

Was ans Licht gebracht bzw. geoffenbart werden soll, ist nicht ganz klar. Das griechische ›ta krypta tou skotous‹ ist philologisch als »das *im* Dunkeln Verborgene« aufzulösen (vgl. BDR § 183; ähnlich wie »das *im* Herzen Verborgene« von 14,25 oder das »das *in* den Menschen Verborgene« von Röm 2,16; vgl. auch die »*vom* Geist gelehrten Worte« in 2,13). Was ist damit gemeint? Das im Dunkel des menschlichen Herzens Verborgene, das der Außenwelt nicht einsichtig ist (Opposition ›innen vs außen‹) (vgl. *Barrett*), oder das dem menschlichen Herzen selbst verborgene Dunkel, also das Unbewußte des Menschen (Opposition ›unbewußt vs bewußt‹) (vgl. *G. Theißen*, Das Verborgene 74: »die Vorstellung von einer unbewußten Dimension im Menschen«)? An letzteres könnte man denken, wenn man den Ausdruck als Gegensatz zu V. 4a liest. Dagegen verweist die Parallelität mit den »Ratschlägen der Herzen« eher auf die erste Möglichkeit. Die ›boulai‹ (vgl. Apg 27,12.42) sind »Willensregungen« (*Weiß*), also durchaus bewußte Regungen des Herzens. Das »Herz« ist — übereinstimmend mit dem biblischen und stoischen Sprachgebrauch (vgl. *F. Baumgärtel* — *J. Behm*: ThWNT III 609-612) — das »Zentralorgan der selbstbewußten Persönlichkeit, das Denken, Fühlen und Wollen bestimmt« (*Weiß*; vgl. *Conzelmann*, 111 Anm. 25; *J. Behm*, in: *F. Baumgärtel* — *F. Behm*: ThWNT III 615). Die »Ratschläge der Herzen« beziehen sich also nicht auf die unbewußten Dimensionen der menschlichen Seele, sondern sind die inneren, öffentlich verborgenen Antriebe der menschlichen Person. Je nach Wahl der semantischen Bezugsgröße (V. 4a als Opposition bzw. »die Ratschläge der Herzen« als Substitution) bekommt der Ausdruck »das im Dunkeln Verborgene« eine andere inhaltliche Note. Eine eindeutige Entscheidung ist kaum möglich. Um so mehr gilt es zu beachten, wie die genannten möglichen Bezugsfelder sich in die Gesamtstruktur der Aussage einfügen.

Der Relativsatz von V. 5b dient insgesamt der Qualifizierung des *Herrn*. Das übergeordnete semantische Bezugsfeld ist also das gleiche wie in VV. 3f: die Opposition ›Mensch vs Herr‹. Damit ist zunächst klar, daß der Relativsatz vom »Herrn« etwas sagen will, was von Menschen nicht gesagt werden kann: Menschen können *nicht* das im Dunkeln Verborgene ans Licht bringen und *nicht* die Ratschläge der Herzen offenbaren. Ob man diese Negation dann noch einmal spezifizieren und in der Weise auffüllen darf, daß man das Unvermögen der Menschen mit dem eigenen Unbewußten (Innenperspektive) oder mit dem der Öffentlichkeit verborgenen Inneren (Außenperspektive) erklärt, ist eine andere, aber sekundäre Frage. Ließe man die ihr zugeordneten Oppositionen (›unbewußt vs bewußt‹ bzw. ›innen vs außen‹) das semantische Feld beherrschen, dann hätte der Relativsatz lediglich die Funktion, die (tiefen)psychologischen bzw. forensischen Voraussetzungen für ein selbständiges Urteilen der Gemeinde zu schaffen. Doch im Kontext mit V. 4c kann V. 5a kaum auf ein selbständiges Urteilen der Gemeinde abzielen. Geht es V. 5a aber um einen Nachvollzug des Urteils des Herrn, dann will der Relativsatz von V. 5b nicht nur die Voraussetzung für ein dann mögliches Urteilen der Gemeinde darlegen, sondern gerade das Urteilen des Herrn selbst beschreiben. Der Relativsatz hat also primär die Funktion, das Beurteilen – als dem Herrn reserviertes Geschehen (V. 4c) – nach seiner inhaltlichen Seite zu erläutern. Urteilen ist ein *göttlicher*, dem *Menschen* prinzipiell nicht verfügbarer Akt: Es ist ein Ans-Licht-Bringen des Verborgenen und ein Offenbaren der Herzen, wo die Taten konzipiert werden und ihre Wurzel haben. Deswegen hat der Herr – und nur er – die Kompetenz des Beurteilens und deswegen muß die Gemeinde – wie übrigens auch Paulus selbst (V. 4ab) – bis zum Kommen des Herrn warten (V. 5b), bis sie ihrerseits (nachvollziehend) urteilen kann (V. 5a). Das pragmatische Ziel der Aussage ist klar. Die Gemeinde soll vom Beurteilen ihrer Verkündiger und speziell des Paulus abgebracht werden. Aufgrund seiner formalen und inhaltlichen Qualifikation liegt das Beurteilen außerhalb der menschlichen Möglichkeiten. Es ist Prärogative des Kyrios und eschatologisch reserviert.

V. 5c will keine Aussage über das göttliche Gericht im allgemeinen machen. Mit »jeder« ist im Sinne des Kontextes jeder Verkündiger gemeint. »*Das* Lob« ist das bestimmte Lob, wie es jedem einzelnen zukommt. Daß nur Lob und nicht auch Tadel angeführt wird, hat vielleicht mit der in 3,15 geäußerten grundsätzlichen Rettungsgewißheit zu tun. Doch müßte auch ein Tadel die Rettung nicht in Frage stellen. So ist die Konzentration auf das Lob wohl doch pragmatisch bedingt. Paulus formuliert seine Aussage im Gegenzug zu dem Lob, das die Parteianhänger ihren Parteihäuptern zuteil werden lassen. Entscheidend aber ist – so meint Paulus – das Lob, das Gott ausspricht. Das aber bleibt wiederum eschatologisch abzuwarten.

Die Schwachheit des Apostels und die Überheblichkeit der Gemeinde
1 Kor 4,6-13

6 Diese Ausführungen (wörtl.: Dies) aber, Brüder, habe ich in Form einer Anwendung auf mich und Apollos gestaltet (wörtl.: umgestaltet) um euretwillen, damit ihr an uns lernt: Nicht über das hinaus, was geschrieben ist, damit ihr euch nicht je (wörtl.: einer) für den einen gegen den anderen aufbläht. 7 Denn wer räumt dir einen Vorrang ein? Und was hast du, das du nicht empfangen hast? Wenn du (es) aber empfangen hast, was rühmst du dich, als hättest du (es) nicht empfangen? 8 Ihr seid schon satt, ihr seid schon reich geworden, ohne uns habt ihr die Herrschaft angetreten! Ach, hättet ihr doch die Herrschaft angetreten, damit auch wir mit euch zusammen herrschen (könnten). 9 Denn ich meine, Gott hat uns Apostel als die letzten hingestellt, wie Todgeweihte; denn zum Schauspiel sind wir geworden der Welt, (den) Engeln und (den) Menschen. 10 Wir (sind) töricht um Christi willen, ihr aber klug in Christus. Wir (sind) schwach, ihr aber stark. Ihr (seid) herrlich, wir aber verachtet. 11 Bis zur jetzigen Stunde hungern wir und dürsten wir und sind schlecht gekleidet und werden mißhandelt und sind ohne beständige Bleibe 12 und mühen uns ab, indem wir mit den eigenen Händen arbeiten. (Wir werden) geschmäht, wir segnen. (Wir werden) verfolgt, wir halten aus. 13 (Wir werden) beschimpft, wir reden gut zu. Wie der Unrat der Welt sind wir geworden, der Abschaum aller bis jetzt.

Literatur: J. M. S. *Baljon*, De tekst der brieven van Paulus aan de Romei-nen, de Corinthiërs en de Galatiërs als voorwerp van de conjecturaalkritiek beschwoud, Utrecht 1884; K. *Berger*, Hellenistische Gattungen im Neuen Testament, in: ANRW II 25,2 (1984) 1031–1432; H. D. *Betz*, Der Apostel

Paulus und die sokratische Tradition. Eine exegetische Untersuchung zu seiner »Apologie« 2 Korinther 10-13 (BHTh 45), Tübingen 1972; *D. A. Black*, Paul, Apostle of Weakness. Astheneia and its Cognates in the Pauline Literature (American University Studies, Series VII, 3), New York – Berne – Frankfort on the Main – Nancy 1984; *B. Fiore*, »Covert Allusion« in 1 Corinthians 1-4: CBQ 47 (1985) 85–102; *J. T. Fitzgerald*, Cracks in Earthern Vessel. An Examination of the Catalogues of Hardships in the Corinthian Correspondence (SBLDS 99), Atlanta 1988; *D. Georgi*, Die Gegner des Paulus im 2. Korintherbrief. Studien zur religiösen Propaganda in der Spätantike (WMANT 11), Neukirchen-Vluyn 1964; *E. Güttgemanns*, Der leidende Apostel und sein Herr. Studien zur paulinischen Christologie (FRLANT 90), Göttingen 1966; *E. Haenchen*, Die Botschaft des Thomas-Evangeliums (TBT 6), Berlin 1961; *S. J. Hafemann*, Suffering and the Spirit. An Exegetical Study of II Cor. 2:14-3:3 within the Context of the Corinthian Correspondence (WUNT, 2. Reihe, 19), Tübingen 1986; *R. G. Hamerton-Kelly*, A Girardian Interpretation of Paul: Rivalry, Mimesis and Victimage in the Corinthians Correspondence: Semeia 33 (1985) 65–81; *A. Hanson*, 1 Corinthians 4,13b and Lamentations 3,45: ET 93 (1981/82) 214f; *A. T. Hanson*, The Paradox of the Cross in the Thought of St. Paul (Journal for the Study of the New Testament, Suppl. Ser. 17), Sheffield 1987, 25–37; *F. Hauck*, Art. καθαρὸς κτλ., in: ThWNT III 416–421.427–434; *R. Hodgson*, »Paul the Apostle and First Century Tribulation Lists«: ZNW 74 (1983) 59–80; *M. D. Hooker*, ›Beyond the things which are written‹: An examination of I Cor. IV.6: NTS 10 (1963/64) 127–132; *E. M. Kredel*, Art. Apostel I. Biblisch, in: HThG I 85–91; *J. Kremer*, Was an den Leiden Christi noch mangelt. Eine interpretationsgeschichtliche und exegetische Untersuchung zu Kol. 1,24b (BBB 12), Bonn 1956; *A. Legault*, ›Beyond the things which are written‹ (I Cor. IV.6): NTS 18 (1971/72) 227–231; *P. Marshall*, Enmity in Corinth: Social Conventions in Paul's Relations with the Corinthians (WUNT, 2. Reihe, 23), Tübingen 1987; *ders.*, Hybrists Not Gnostics in Corinth: Society of Biblical Literature, Seminar Papers 1984, 275–287; *J. McHugh*, Present and Future in the Life of the Community (1 Cor 4,6-13 in the Context of 1 Cor 4,6-21), in: *L. De Lorenzi (Hrsg.)*, Paolo 176–188; *H. Merklein*, Das kirchliche Amt nach dem Epheserbrief (StANT 33), München 1973; *K. A. Plank*, Paul and the Irony of Affliction (Society of Biblical Literature. Semeia Studies), Atlanta 1987; *J. S. Pobee*, Persecution and martyrdom in the theology of Paul (Journal for the Study of the New Testament, Suppl. Ser. 6), Sheffield 1985; *J. M. Ross*, Not Above What is Written. A Note on 1 Cor 4,6: ET 82 (1970/71) 215–217; *R. Schnackenburg*, Apostel vor und neben Paulus, in: *ders.*, Schriften zum Neuen Testament. Exegese in Fortschritt und Wandel, München 1971, 338–358; *J. Schneider*, Art. σχῆμα, μετασχηματίζω, in: ThWNT VII 954–959; *W. Schrage*, Leid, Kreuz und Eschaton. Die Peristasenkataloge als Merkmale paulinischer theologia crucis und Eschatologie: EvTh 34 (1974) 141–175; *G. Stählin*, Art. περίψημα, in: ThWNT VI 83–92; *J. Strugnell*, A plea for conjectural emendation in the New Testament, with a coda on 1 Cor 4:6: CBQ 36 (1974) 543–558; *A. C. Thiselton*, Realized Eschatology at Corinth: NTS 24 (1978) 510–526; *J. Thuruthumaly*, Blessing in St. Paul (Eulogein in St. Paul) (Pontifical Institute Publications 35), Alwaye/India 1981; *C. M. Tuckett*, 1 Corinthians and Q: JBL 102 (1983) 607–619; *P. Wallis*, Ein neuer Auslegungsversuch der Stelle I. Kor. 4,6. τὸ μὴ ὑπὲρ ἃ γέγραπται: ThLZ 75 (1950) 506–508; *A. J. M. Wedderburn*, The Problem of the Denial of the Resurrection in I Corinthians XV: NT 23 (1981) 229–241; *L. L. Welborn*, A Conciliatory Principle in 1 Cor. 4:6: NT 29 (1987) 320–346; *Ch. Wolff*, »Nicht über das hinaus, was geschrieben ist!« 1. Kor. 4,6 in der neueren Auslegungsgeschichte, in: *H. Schultze u. a. (Hrsg.)*, »... Das tiefe Wort erneun«. FS J. Henkys, Berlin-Brandenburg 1989, 187-194.

1. Zum Text und zur Übersetzung

Textkritisch macht der Abschnitt keine Schwierigkeiten. Um so größer sind die Übersetzungsprobleme, vor allem in **V. 6**.

›metaschēmatizein‹ heißt eigentlich »umgestalten«. Unter Bezugnahme auf den rhetorischen Gebrauch von ›schēmatizein‹ und ›schēma‹/›schēmatismos‹ (Philostrat, Vit. Soph. 2,17,1 [II 100,27]; 2,25,1 [II 110,6]; Demetrius v. Phaleron, De elocutione 287.292–294.298) wird häufig eine Redefigur angenommen (»mit Hilfe einer Redefigur bzw. durch die Blume sagen«) (so: *Liddell-Scott*, s. v. II; vgl. *Bauer*). Doch gibt es im Kontext keine Redefigur (*J. Schneider*: ThWNT VII 958,27f). Auch die »versteckte Anspielung«, mit der *B. Fiore* operiert (Covert Allusion), hilft nicht weiter, weil die in Frage kommenden rhetorischen Figuren wie Hyperbole, Ironie, Kontrast, Metapher, Allegorie (a.a.O. 88–93) nicht im Dienste einer zurückhaltenden, indirekten Benennung der Probleme stehen, sondern diese im Gegenteil unmittelbar und zugespitzt auf den Punkt bringen wollen. Oder ist lediglich an eine Umformung bzw. Anwendung der Bilder vom Pflanzen und Bauen (3,5-9) auf Paulus und Apollos gedacht (*M. D. Hooker*, Beyond the things 131f)? Doch will V. 6a wohl auf mehr als nur die Verwendung einer Metapher aufmerksam machen. Tatsächlich enthält 3,5-4,5 keine wirkliche rhetorische Umformung (so auch: *J. Schneider*: ThWNT VII 958,25f) im Sinne einer uneigentlichen Darstellung eines eigentlich anderen Sachverhalts. Dann aber ist auch die von *J. Schneider* selbst vorgeschlagene Deutung fragwürdig. Er nimmt an, daß Paulus an sich und Apollos aufzeigt, was er »eigentlich von der Gemeinde oder den Parteien in Korinth« hätte ausführen müssen (ThWNT VII 958,28f). Doch ging es Paulus von 3,5 an nicht darum, sich und Apollos als *Beispiel der*

Einigkeit der uneinigen Gemeinde gegenüberzustellen (gegen: *Lietzmann*; *J. Schneider*: ThWNT VII 959). Vielmehr wollte er einer falschen und zum Streit führenden Einschätzung der Verkündiger die richtige entgegensetzen. »Dies« hat er paradigmatisch an sich und Apollos verdeutlicht. Dem faktischen Textbefund nach referiert ›metaschēmatizein‹ nicht eine Umformung eines eigentlichen Sachverhalts in einen uneigentlichen, sondern eine exemplarische Darstellung. Mit *Um*formung kann dann nur gemeint sein, daß 3,5-17 bzw. 3,5-4,5 als *Anwendung* des in 1,18-2,16 dargelegten Sachverhalts auf den zur Entscheidung anstehenden Fall (causa bzw. quaestio; vgl. 3,5) gestaltet ist (der Sache nach ähnlich: *K. Th. Kleinknecht*, Gerechtfertigte 223). Dem entspricht auch die rhetorische Funktion der Abfolge von narratio und argumentatio (s. zu 1,10-4,21: 3.1). Als Übersetzung bietet sich dann an: »Dies habe ich in Form einer Anwendung bzw. als Anwendung auf mich und Apollos gestaltet«.

Noch schwieriger ist ›to mē hyper ha gegraptai‹ ebenfalls in **V. 6**. Dient ›to‹ zur Einführung eines Zitats (vgl. BDR § 267,1[2]): »damit ihr an uns den Satz bzw. Grundsatz lernt: ›Nicht über ...‹« (so sinngemäß die obige Übersetzung)? Ist ›to mē‹ Äquivalent für ›hina mē‹, um gegenüber dem folgenden ›hina‹ abzuwechseln? Aber wie ist dann die Ellipse, die man nach ›gregraptai‹ annehmen muß, zu ergänzen? Durch ›phronein‹ (so u. a. der Mehrheitstext): »damit ihr an uns lernt, nicht über das hinaus, was ..., zu *denken*«? Faßt man ›hyper ha‹ im übertragenen Sinn (wie oben), so könnte man es auch als Ersatz für Komparativ verstehen (vgl. BDR § 230): »damit ihr an uns lernt den Grundsatz: ›Nicht mehr als das, was ...‹«. Man könnte aber auch anders abtrennen: »damit ihr an uns lernt das ›Nicht!‹, mehr (scil. lernt) als das, was ...«. Oder man faßt ›mē hyper‹ als Grundsatz und bezieht ›gegraptai‹ auf die aktuellen Ausführungen: »damit unser Beispiel das ›nicht zu viel‹ lehre, und ihr habt es hiermit schwarz auf weiß, ...« (*P. Wallis*, Auslegungsversuch 508). Zu diesen mehr philologischen Schwierigkeiten kommt noch das sachliche Problem, worauf sich »was geschrieben ist« bzw. der ganze Ausdruck bezieht (s. u.). Es ist daher nicht verwunderlich, daß es nicht an Versuchen gefehlt hat, die Schwierigkeiten durch die Annahme einer Glosse aus der Welt zu schaffen: Ein Abschreiber »fand in seiner Vorlage das ›mē‹ des zweiten ›hina‹-Satzes über dem ›heis‹ (= ›ä‹) oder über dem ›a‹ des ›hina‹ nachgetragen und merkte das am Rand seiner Abschrift an. Diese Bemerkung geriet dann in den Text« (*W. Schmithals*, Gnosis 115 Anm. 1; zuerst vertreten von *J. M. S. Baljon*, tekst 49–51; vgl. *A. Legault*, Beyond the things; weitere Literatur bei *Fee* 167 Anm. 14; *J. T. Fitzgerald*, Cracks 123 Anm. 20). Nach einem anderen Vorschlag soll die Negation (›mē‹) in V. 6c sinnentstellend gefehlt haben; ein Abschreiber habe sie – mit der Anmerkung »das ›mē‹ (geht) über das, was geschrieben ist, hinaus« – ergänzt (*J. Strugnell*, plea, bes. 555–558; vgl. *J. Murphy-O'Connor*, Interpolations 84f). Doch ist die Annahme einer Glosse wohl die am wenigsten überzeugende Lösung (vgl. *J. M. Ross*, Not Above; *J. McHugh*, Present 178f; *Ch. Wolff*, Nicht über das hinaus 187f).

In **V. 7** wird der zweite Fragesatz mit ›ti de‹ eingeleitet, also wörtlich: »was *aber*«. Doch soll hier der Gegensatz zu »wer« (V. 7a) betont werden, so daß korrekt mit »und *was*« fortzufahren ist. In *V. 13* könnte ›perikatharma‹ (»Unrat«) bzw. ›peripsēma‹ (»Abschaum«) auch mit »Sühnopfer, Lösegeld, Sündenbock« wiedergegeben werden (vgl. *Bauer* und unten die Einzelerklärung).

2. Analyse

2.1 Syntaktische Analyse

Von den Satzmustern her läßt sich der Abschnitt in deutlich unterscheidbare Unterabschnitte aufteilen. VV. 6f folgen weitgehend dem Typus des Normalsatzes (Subjekt – Prädikat – Akkusativ-Objekt). Allerdings sind Subjekt und Objekt fast nur pronominal realisiert, so daß das Gewicht doch auf den Verben ruht. Diese Tendenz schlägt dann voll in V. 8 durch, der fast nur Verbalphrasen enthält, die staccatoartig aufeinanderfolgen. Ein neuer Abschnitt beginnt mit V. 9. V. 9a folgt dem Muster ›Subjekt – Prädikat – Objekt‹. Die vorhandene Objektergänzung wird in passivischer Umformung in V. 9b zur Subjektergänzung (Prädikatsnomen) variiert. Darauf baut V. 10 auf, der völlig verblos nur noch Subjekt und Subjektergänzung aufweist. In V. 11 ändert sich wieder das Bild, das dann bis zum Ende des Abschnitts fast ausschließlich von Verben bestimmt ist. Die Serie der reinen Verbalphrasen reicht zunächst bis V. 12a, wo das Verbum durch ein Participium conjunctum ergänzt wird. Auf den Kopf gestellt, liefert diese Konstruktion dann das Muster für V. 12bc.13a, wo eine partizipiale Subjektergänzung dem Verbum jeweils voransteht. Abgeschlossen wird der Abschnitt durch V. 13b, der ein doppeltes Prädikatsnomen enthält und syntaktisch im wesentlichen V. 9(a)b entspricht (zur syntaktischen Struktur vgl. auch: **K. Th. Kleinknecht*, Gerechtfertigte 221f).

Es ergeben sich dann folgende Zäsuren: VV. 6f – V. 8 – VV. 9f – VV. 11-13. Diese Gliederung läßt sich auch durch bestimmte Regelmäßigkeiten in der Satzfügung und bei den Tempora unterstützen. Besonders auffällig sind die asyndetischen Sätze in den VV. 8 und 12b-13. Eine relative Variationsbreite von (finalen, kausalen und konkludierenden) Konjunktionen weisen die VV. 6f auf. In etwa vergleichbar ist V. 9. V. 10 hingegen wird von der adversativen Partikel »aber« und V. 11.12a von der Kopula »und« beherrscht. Bei den Tempora wechseln sich im wesentlichen (konstatierende) Aoriste und (beschreibende) Präsentia ab: VV. 6f: gemischt – V. 8: überwiegend Aorist – V. 9: überwiegend Aorist – VV. 11-13: fast nur Präsens.

2.2 Semantische Analyse

Mit dem Verweis auf Paulus und Apollos (V. 6) greift der Abschnitt auf das in 3,5 angeschlagene Thema zurück. Allerdings gibt es bei der Begrifflichkeit nur wenige Anknüpfungen an die bisherigen Ausführungen des Briefes. »Es ist geschrieben« (›gegraptai‹ V. 6) erinnert an die Einführungen der Schriftzitate in 1,19.31; 2,9; 3,19. »Empfangen« in V. 7 läßt an den Geistempfang von 2,12 denken. Deutlicher ist der Rückbezug von »sich rühmen« (›kauchastai‹) – ebenfalls in V. 7 – auf 1,29-31. Dies wird auch dadurch unterstrichen, daß die Oppositionen der unmittelbar vorausgehenden Verse 1,26-28 (weise vs *töricht; mächtig* vs *schwach*; wohlgeboren vs niedriggeboren/*verachtet*/nicht-seiend) in V. 10 variiert wird (*töricht* vs klug; *schwach* vs *stark*; herrlich vs *verachtet*). Im übrigen ist die Begrifflichkeit unseres Abschnitts weitgehend neu, ein Zeichen dafür, daß das bisherige Thema weitergeführt bzw. neue Aspekte eingebracht werden sollen. Möglicherweise werden auch Begriffe der korinthischen Kontrahenten aufgegriffen. Näheres wird in der pragmatischen Analyse zu klären sein. Der Text ist stark von der Opposition zwischen dem »Ihr« der Gemeinde und dem »Wir« der apostolischen Existenz geprägt. Sie bahnt sich (auf Verbebene) in V. 8 an und erreicht ihren Höhepunkt im staccatoartigen Wechsel der oppositionell prädizierten Personalpronomina des V. 10. Anschließend gerät der Text wieder in ruhigeres Fahrwasser. Aus der bisherigen Opposition wird jetzt nurmehr die apostolische Existenz weiterbedacht (V. 11), die freilich durch die Gegenüberstellung von passivem Erleiden und aktivem Verhalten eindrucksvoll profiliert wird (VV. 12f). Der im Gang des Textes erkennbare Themenwechsel – vom Rückblick auf Paulus und Apollos (V. 6a) und der daraus abgeleiteten Nutzanwendung (VV. 6b.7) über die Gegenüberstellung von apostolischer Existenz und Gemeinde (VV. 8-10) bis hin zur apostolischen

Selbstdarstellung (VV. 11-13) — leitet bereits über zur pragmatischen Textdimension.

2.3 Pragmatische Analyse

Die konkrete Art und Weise, wie Paulus die apostolische Existenz (insbesondere in VV. 9.11-13) ins Spiel bringt, ist ganz wesentlich von seinem spezifischen Selbstverständnis geprägt. Unter dieser Voraussetzung wird dann auch deutlich, was der angezeigte Themenwechsel erreichen soll. Der Text will sich nicht noch einmal der Sache zuwenden, die bereits am Beispiel des Paulus und Apollos verhandelt worden war. Die Funktion der Verkündiger und ihre rechte Einschätzung war Gegenstand der argumentatio. Insofern ist V. 6a retrospektiv. Der in unserem Abschnitt stattfindende Wechsel von der Sache zur Person des Apostels deutet darauf hin, daß es jetzt darum geht, Kritik zurückzuweisen. Rhetorisch befinden wir uns also in der refutatio (vgl. *Lausberg* § 430). Dazu passen die dabei eingesetzten Stilmittel. Ein geradezu klassisches Mittel der refutatio ist die Ironie (*Lausberg* § 902, bes. 4; vgl. *F. Siegert*, Argumentation [s. Lit zu 1,10-4,21] 240f; *K. A. Plank*, Paul 33-69. Wir finden sie in V. 8, wo inhaltlich wie wohl auch begrifflich das Selbstbewußtsein der korinthischen Kontrahenten aufgegriffen und konterkariert wird. Einen ironischen Unterton hat sicherlich auch V. 10. Die semantische Berührung mit den Oppositionen von 1,26-28 deutet darauf hin, daß die Kritik an Paulus hauptsächlich von den zahlenmäßig zwar wenigen, aber einflußreichen Gemeindemitgliedern aus der gehobenen Schicht ausging. Sie waren es ja wohl auch, die an Weisheitsreden im Stil des Apollos Gefallen gefunden und so den Parteienstreit ausgelöst hatten. Allerdings wird man damit rechnen müssen, daß der Anspruch, die wahre Weisheit, Macht und Würde zu besitzen, dann auch von den anderen Parteien aufgegriffen und jeweils für die eigene Gruppe geltend gemacht wurde. Insofern muß die Ironie der VV. 8 und 10 nicht exklusiv auf eine bestimmte Gruppe fixiert werden. Dennoch bleiben die Anhänger des Apollos die Hauptadressaten. In erster Linie gegen sie richten sich auch die (generell jeden Konkurrenzkampf ausschließenden) Forderungen, sich nicht »für den einen gegen den anderen aufzublähen« (V. 6c) und auf ein »Sich-Rühmen« zu verzichten (V. 7c). Mit dem Verdikt des letzteren knüpft Paulus an die Ausführungen von 1,29-31 an, die wiederum die Folgerung von 1,26-28 (!) darstellen. Offensichtlich hat

Paulus insbesondere die Kritik der »Aufgeblähten« (vgl. 4,18f) im
Visier. Doch weist er die Vorwürfe, die man gegen ihn erhoben hat,
nicht einfach als unzutreffend zurück; daher läßt sich auch nicht
exakt festlegen, was man konkret gegen ihn gesagt hat. Vielmehr
greift er das ihm angelastete negative Erscheinungsbild auf, über-
zeichnet es ironisch (V. 10) bzw. übersteigert es in fast karikaturhaf-
ter Weise (VV. 9.13b; amplificatio, incrementum, vgl. *Lausberg*
§ 402) und behauptet, daß eben diese Negativität das Kennzeichen
der apostolischen Existenz sei. In die gleiche Richtung weisen die
VV. 11-13a. Etwas salopp könnte man sagen: Paulus hat aus der Not
eine Tugend gemacht, wobei man allerdings berücksichtigen muß,
daß nicht die Rettung der eigenen Haut, sondern die Sache, die ihn
treibt, das eigentliche Motiv für den geschilderten rhetorischen
Einsatz ist. Die Botschaft vom Gekreuzigten prägt die Existenz des
Apostels. Eben dies soll den Korinthern vermittelt werden. Selbstverständlich will Paulus auch erzieherisch auf die Korinther einwir-
ken und sie ermahnen, selbst nach dem Paradigma der apostolischen
Existenz zu leben (vgl. *J. T. Fitzgerald*, Cracks 147f). Doch ist
diese Intention in den VV. 9-13 (Peristasenkatalog) zunächst nur
indirekt zu greifen; sie zu explizieren ist 4,14-21 vorbehalten.

3. Einzelerklärung

Vers 6: V. 6a weist auf die mit 3,5 begonnenen Ausführungen
zurück und kennzeichnet diese als exemplarische Anwendung des
zuvor dargelegten Sachverhalts. An sich und Apollos wollte Paulus
erläutern, was für alle Verkündiger bzw. das Verhältnis der
Gemeinde zu den Verkündigern gilt. Daß Paulus gerade sich und
Apollos nennt, hat wohl mit der Entstehung des korinthischen
Parteienstreits zu tun und spiegelt darüber hinaus die besondere
Animosität der Apollos-Gruppe gegen die ihr allzu unweisheitlich
erscheinende Verkündigung des Paulus wider. Eben dies ist auch der
Ausgangspunkt für die refutatio, die unseren Abschnitt weitgehend
beherrscht (vor allem ab V. 8). Zuvor wird in zwei Damit-Sätzen
der Sinn der exemplarischen Anwendung genannt. Auf die Problematik des ersten Satzes wurde bereits hingewiesen. Rein funktional
gesehen, handelt es sich wohl um einen »kanonischen« Grundsatz.

Nur indirekt vergleichbar sind die Aussagen der alttestamentlichen Weis-
heitsschriften, die die Suffizienz, Unabänderlichkeit und Unantastbarkeit
göttlichen Denkens, Redens und Tuns herausstellen: Spr 30,6 (»Füg seinen
[= Gottes] Worten nichts hinzu, sonst überführt er dich, und du stehst als
Lügner da«); Koh 3,14 (»Alles, was Gott tut, geschieht in Ewigkeit. Man
kann nichts hinzufügen und nichts abschneiden, und Gott hat bewirkt, daß
die Menschen ihn fürchten«); Sir 18,6 (»Man kann nichts [von den großen
Taten Gottes] wegnehmen und nichts hinzutun, unmöglich ist es, die
Wunder des Herrn zu ergründen«); 42,21 (»Seine machtvolle Weisheit hat
er [= Gott] fest gegründet, er ist der Einzige von Ewigkeit her. Nichts ist
hinzuzufügen, nichts wegzunehmen, er braucht keinen Lehrmeister«).
Näher stehen die Aussagen, die einer mündlich oder schriftlich fixierten
Ordnung kanonische Gültigkeit verleihen wollen. Sie finden sich schon in
altägyptischen Texten: »Unterdrücke nichts von dem, was dir gesagt wird,
nimm dich in acht, auch nur ein einziges Mal etwas zu vergessen. Halte dich
also an die Wahrheit — jedoch übertreibe sie nicht« (Lehre des Ptahhotep
125−127; zit. nach H. Brunner, Altägyptische Weisheit. Lehren für das
Leben, Darmstadt 1988, 115). »Alles, was in dieser Buchrolle geschrieben
steht, nehmt es auf, wie ich es gesagt habe. Geht [aber auch] nicht hinaus
über das, was festgelegt ist« (Lehre des Kagemni 43−45; zit. nach H. Brunner, a.a.O. 135). Für das Alte Testament ist auf das Deuteronomium zu
verweisen: »Ihr sollt dem Wortlaut dessen, worauf ich euch verpflichte,
nichts hinzufügen und nichts davon wegnehmen; ihr sollt auf die Gebote
des Herrn, eures Gottes, achten, auf die ich euch verpflichte« (Dtn 4,2; vgl.
13,1). Vgl. Arist 311: »Da nun alle diesen Worten zustimmten, ließen sie,
wie es bei ihnen Sitte ist, den verfluchen, der durch Zusätze, Umstellungen
oder Auslassungen (die Übersetzung) überarbeiten würde«. Für das Neue
Testament ist Offb 22,18f zu vergleichen: »Ich bezeuge jedem, der die
prophetischen Worte dieses Buches hört: Wer etwas hinzufügt, dem wird
Gott die Plagen zufügen, von denen in diesem Buch geschrieben steht. Und
wer etwas wegnimmt von den prophetischen Worten dieses Buches, dem
wird Gott seinen Anteil am Baum des Lebens und an der heiligen Stadt
wegnehmen, von denen in diesem Buch geschrieben steht«.
Die von L. L. Welborn angeführten Texte (Principle 341−345) sind ihrer
Form nach keine wirklichen Parallelen zu V. 6b, so daß das Postulat eines
»Sprichwortes« (332f) und dessen Ableitung aus dem (politischen) Schieds-
gerichtsverfahren (345f) doch sehr hypothetisch bleiben.

Nicht eindeutig ist, worauf Paulus das Verbot bezieht (ein guter
Überblick über die verschiedenen Deutungen findet sich bei
Ch. Wolff, Nicht über das hinaus). Meint er mit dem, »was
geschrieben ist«, die Schrift bzw. die Schriftgemäßheit allgemein
(vgl. Schlatter; Lietzmann)? Oder hat er die konkret angeführten
Schriftzitate in 1,19.31; 2,9; 3,19f im Auge (M. D. Hooker, Beyond the things 128−130; *K. Th. Kleinknecht, Gerechtfertigte 224;

Ch. Wolff, Nicht über das hinaus 192; vgl. *Lang*)? Oder will er auf
seine eigenen Ausführungen verweisen? Diese letzte Möglichkeit,
die auch von einem Teil der angeführten Vergleichstexte gestützt
wird, sollte man nicht von vornherein ausscheiden, wenngleich der
sonstige Sprachgebrauch des Paulus vor allem an den zweiten
Vorschlag denken läßt. Wenn es zutrifft, was oben zur Übersetzung von ›metaschēmatizein‹ gesagt wurde (s. o. 1), dann ergänzen
sich beide Vorschläge sogar sehr gut. Der Text, auf den Paulus sich
nach V. 6a unmittelbar zurückbezieht, ist 3,5-17 bzw. 3,5-4,5.
Doch sieht Paulus darin nicht nur eigene Einlassungen. Vielmehr
ergeben sich diese aus der Anwendung des in der narratio (1,18-
2,16) dargelegten Sachverhalts, der seinerseits wieder mit der
Schrift konform geht, wie Paulus in der narratio selbst (1,19.31;
2,9) bzw. in der an die argumentatio anschließenden Konklusion
(3,19f) ausführt (ähnlich: *K. Th. Kleinknecht*, Gerechtfertigte
224.233f). Zu beachten ist allerdings, daß nicht die Schriftzitate die
Grundlage bilden, auf der der Sachverhalt der narratio (das Wort
vom Kreuz) entwickelt wird, sondern daß diese umgekehrt zu
dessen Bestätigung eingesetzt werden (dies wird von *K. Th. Kleinknecht*, a.a.O. m. E. nicht genügend beachtet). Insofern wird man
»was geschrieben ist« nicht allein und nicht unmittelbar auf die
Schriftzitate, sondern auf die Ausführungen der narratio und argumentatio zu beziehen haben, die Paulus als schriftgemäß versteht
(vgl. *Fascher*). Warum Paulus bemüht ist, die Schriftgemäßheit
seiner Ausführungen hervorzuheben, wird pragmatische Gründe
haben. Möglicherweise waren die korinthischen Kontrahenten
ebenfalls an (pneumatischer bzw. weisheitlicher) Schriftauslegung
interessiert und konnten so auf ihre eigenen Prämissen verwiesen
werden (an eine Überbietung der Schrift ist wohl nicht zu denken;
gegen: *W. Lütgert*, Freiheitspredigt [s. Lit. zu 1,10-4,21] 98;
Schlatter); doch dies muß Spekulation bleiben. Ziel des Rückverweises (V. 6a) auf die vorausgehenden (schriftgemäßen) Ausführungen ist jedenfalls, die Korinther zu einem (im Sinne der paulinischen Ausführungen) schriftgemäßen Denken und Verhalten zu
führen. Paulus will sie von einer (in seinen Augen) weltlichen
Weisheit abbringen (1,19; 3,19f) und zu der geistgeoffenbarten
Weisheit Gottes hinführen (2,9). Wer diese annimmt, kann sich
nur des Herrn rühmen (1,31). Ein Rühmen mit Menschen, konkret
mit den Verkündigern, ist ausgeschlossen (3,21); sie sind nur
»Diener« (3,5), »Gehilfen« und »Verwalter« (4,1f).
Damit korrespondiert dann auch V. 6c. Die Korinther sollen sich
nicht aufblähen: »einer für den einen gegen den anderen«. Da

sowohl das Subjekt als auch der erste Präpositionalausdruck mit
dem Zahlwort »einer« gebildet sind, könnte man überlegen, worauf der »andere« zu beziehen ist. Beim Bezug auf das Subjekt
würde sich einer gegenüber einem anderen *Gemeindemitglied* aufblähen, im anderen Fall gegenüber einem anderen *Verkündiger*.
Rein sprachlich ist das letztere wahrscheinlicher, weil die eigentliche Opposition wohl doch durch die beiden Präpositionen (»für«
vs »gegen«) markiert werden soll (*Weiß*). In der Praxis laufen beide
Möglichkeiten auf das gleiche hinaus. Da das Aufblähen gegenüber
einem anderen Gemeindemitglied aufgrund einer Parteinahme *für*
den favorisierten Verkündiger erfolgt, ist damit indirekt auch eine
Stellungnahme gegen den Verkündiger des anderen Gemeindemit-
gliedes verbunden. Konkret ist im Kontext mit V. 6a an eine
Parteinahme für Apollos zuungunsten des Paulus zu denken (vgl.
Bachmann; *Allo*; *Barrett*; *Fee*). Dafür spricht auch die vorausgehende Argumentation (bes. 3,5-17; s. o. zu 1,10-4,21: 3.2.3.1) und
die nachfolgende refutatio, die in erster Linie die Überheblichkeit
der Apollos-Leute gegenüber Paulus ins Visier nimmt. Allerdings
führt das Verhalten der Apollos-Leute wiederum zu Reaktionen,
so daß es mit der jeweiligen Parteinahme auch zu wechselseitiger
Polemik kommt, sowohl gegen das Haupt als auch gegen die
Parteigänger der jeweils anderen Gruppe. Insofern richtet sich das
Votum des Paulus gegen den Parteienstreit als solchen.

Vers 7: Der Stil wird eindringlicher, diatribenhaft (vgl. dazu:
*Th. *Schmeller*, Paulus 389—406). Der einzelne wird angesprochen. Doch gilt das, was gemeint ist, generell, sowohl für die
Christen in Korinth als auch für jeden Christen überhaupt. Worauf
die Frage in V. 7a abzielt, bleibt zunächst offen. Die Korinther
könnten auf ihre Parteihäupter verweisen, durch sie etwas vermittelt bekommen zu haben glauben, was sie vor den anderen aus-
zeichnet. Im Sinne des Paulus muß die Frage allerdings verneint
werden. Nur unter dieser Voraussetzung stellt sie eine Begründung
(»denn«) für V. 6 dar. Den sachlichen Grund für diese negative
Antwort liefert jedoch erst die Frage von V. 7b. Sie ist durch 2,6-
16, besonders 2,10.12, bereits negativ beantwortet. Was soteriologisch relevant ist — gleichgültig, ob man es »Geist« oder »Weisheit« oder sonstwie nennt —, ist Geschenk Gottes. Das wissen im
Prinzip auch die Weisheitsanhänger und Pneumatiker in Korinth.
Eben deshalb aber ist parteiliche Berufung auf Verkündiger verfehlt. Die Verkündiger können keinen Vorrang einräumen. Sie
können nur vom Geheimnis Gottes Zeugnis geben (vgl. 2,1.7).

Dessen Kriterium aber ist der Gekreuzigte, der alle konkurrierenden Maßstäbe als zu menschlicher Weisheit gehörig entlarvt. Weil das Heil nur »empfangen« werden kann, entfällt das »Sich-Rühmen« (V. 7c) − allerdings nicht jedes Rühmen überhaupt. Sich des Herrn zu rühmen ist durchaus korrekt (1,30f), da es auf einen Preis des Empfangenen hinausläuft. Ausgeschlossen ist ein Sich-Rühmen mit Menschen (3,21f). Wo Konkurrenzen aufgetan werden, weist man den Verkündigern eine pseudo-soteriologische Position zu (vgl. 1,13) und macht die eigene Einsicht in die vermeintlich bessere Verkündigung zum soteriologisch relevanten Akt. Wo es allein auf den Gehorsam des Glaubens ankommt, rühmt man sich, als könne das Heil anders als empfangen werden. Den Korinthern zu unterstellen, sie seien vom Empfang zum (habituellen) Besitz des Heilsgutes fortgeschritten (*Conzelmann*), ist aus abendländisch-reformatorischer Perspektive eingelesen und überschreitet den unmittelbaren Textsinn in ähnlicher Weise wie die Verwendung des Verses gegen Pelagius durch Augustinus (Retractationes II, 1, 1; vgl. De diversis quaestionibus ad Simplicianum I).

Vers 8: Nun beginnt die refutatio im engeren Sinn. V. 8a referiert das rühmende Selbstverständnis der Korinther, zumal der Apollosanhänger. Terminologisch klingen nach *Weiß* »Urlaute der Apokalyptik und der ältesten christlichen Frömmigkeit« an, »auch Worte und Gedanken Jesu« (vgl. Lk 6,21 par; Jak 2,5; vgl. auch: C. M. *Tuckett*, 1 Corinthians 609−612). Doch muß man nicht unbedingt mit einer Umformung apokalyptischer Hoffnungen rechnen, da entsprechende Epitheta auch zur philosophischen Charakterisierung des Weisen gehören (vgl. *J. Dupont*, Gnosis 302.305; *Klauck*). Der Weise ist der wahre Reiche und König (Epiktet, Diss. III 22,47.49.63.79; Plutarch, Moralia 472a; 58e; Horaz, Epistulae I 1,106−108; ders., Sermones I 3,124f.133f.136; nach Epiktet, Diss. III 22,95, hat der Weise Anteil an der Herrschaft des Zeus!). Ähnliche Gedanken finden sich auch bei Philo (Migr 197; Som II 244; Abr 261; Quod omnis liber probus 20; vgl. Post 128; siehe auch oben zu 3,21). Gnostische Einflüsse anzunehmen ist nicht nötig, wenngleich die Gnosis an derartigen Vorstellungen selbstverständlich größten Gefallen fand (vgl. z. B. EvThom 2.3.29.85 [dazu: E. *Haenchen*, Botschaft 70f]; Clemens Alexandrinus, Stromata II 9,45; Zweites Buch des Jeû, Kap. 44 [C. *Schmidt*, Koptisch-gnostische Schriften I, Berlin ⁴1981, 306,40−307,2]).
In welcher Weise die Korinther und speziell die Apollos-Leute ihr herrscherliches Selbstbewußtsein erreichten, läßt sich nicht mehr

genau sagen. Die weisheitliche Explikation der christlichen Botschaft, zu der sie Apollos gebracht hatte, erschien ihnen wohl als die wahre Erleuchtung, dergegenüber die aus ihrer Sicht eher unattraktive Verkündigung des Paulus verblaßte. In weisheitlicher Durchdringung der christlichen Botschaft (eventuell Schriftauslegung?) konnten sie die irdische Welt hinter sich lassen und in die erhabene Welt des göttlichen Geistes, der himmlischen Weisheit und des erhöhten Christus (als Urbild des Menschen?) aufsteigen. So war ihre weisheitliche Sehnsucht »gesättigt«, sie waren zum »Reichtum« der pneumatischen Fülle vorgestoßen (vgl. auch die »Vollkommenen« aus 2,6) und zur »Herrschaft« gelangt, die ihnen Freiheit und Souveränität gegenüber der irdischen Welt verlieh. Und Paulus muß gestehen, daß sie dies alles »ohne ihn« erreicht haben. Im wesentlichen handelt es sich also um eine präsentische Eschatologie (*Barrett*; *A. Thiselton*, Eschatology; *A. J. M. Wedderburn*, Denial 233–236; etwas anders, wenngleich sachlich konvergierend: *E. E. Ellis*, Prophecy 77–79; zum griechischen ›ēdē‹ = »schon« vgl. *Weiß*). Dabei sollte man allerdings – je nach Blickwinkel – noch einmal differenzieren. Denn, was sich aus paulinischer Sicht als Vorwegnahme künftiger Heilsgüter darstellte, wird in Korinth – zumindest bei den Apollos-Leuten – eher als eschatologische Offenbarung der urbildlichen pneumatischen Wirklichkeit (Weisheit) verstanden worden sein (s. zu 1,10-4,21: 3.2.2.2). Ob den Korinthern jedweder eschatologische Vorbehalt fehlte (*Conzelmann*), auf den Paulus so großen Wert legte (vgl. Phil 3,12-16; u. ö.), läßt sich kaum mehr mit Sicherheit sagen. Möglicherweise war der individuelle Tod (oder die baldige Parusie) noch eine letzte Bedingung ihrer (pneumatisch schon erreichten) Befreiung vom Irdischen (vgl. 1 Kor 15,12).

Doch ist Paulus in der vorliegenden Argumentation weniger um den eschatologischen Vorbehalt als solchen besorgt. In V. 8b stimmt er der Sicht der Korinther sogar zu und wünscht, daß es so wäre, wie sie behaupten. Denn wenn es so wäre, dann stünde auch ihm dieser Weg offen. Der Wunsch bleibt freilich Ironie. Gerade die Parteistreitigkeiten dokumentieren, daß das, was die Korinther umtreibt, eine höchst menschliche Weisheit ist und keineswegs der große Durchbruch nach oben.

Vers 9:

V. 9 leitet einen Peristasenkatalog ein, wie man ihn ausführlicher und konkreter in 2 Kor 11,23-33 findet (vgl. 2 Kor 4,7-12; 6,4-10; 12,10; Röm 8,35; Phil 4,12). Ähnliche Auflistungen widriger (oder auch wechselnder [vgl. Phil 4,12]) Umstände (›peristaseis‹ [zum Begriff: *J. T. Fitzgerald*, Cracks 33—46]) begegnen in der kynisch-stoischen Diatribe (vgl. **R. Bultmann*, Stil 19; *D. Georgi*, Gegner 194f; *H. D. Betz*, Apostel Paulus 97—100), in der jüdischen Apokalyptik (*W. Schrage*, Leid 142—150) und überhaupt in einer breit gestreuten Reihe antiker Texte (*R. Hodgson*, Paul; *K. Berger*, Gattungen 1355—1359; **ders.*, Formgeschichte 225—228). Eine gute Zusammenstellung des Materials bietet jetzt *J. T. Fitzgerald* (Cracks 47—116), der auch nahezu alle für VV. 9-13 in Frage kommenden Vergleichstexte verzeichnet (132—146). **K. Th. Kleinknecht* plädiert mit beachtlichen Gründen für einen Einfluß der Tradition vom leidenden Gerechten (Gerechtfertigte 225—231); doch ist es zu einseitig, wenn er darin eine Alternative zu anderen (vor allem stoischen) Vorstellungen sieht.

V. 9 stellt eine Art Begründung (»denn«) für V. 8 dar, wobei allerdings dessen ironischer Charakter zu berücksichtigen ist. Paulus hätte es in der Tat nötig, zur Herrschaft zu gelangen, denn — so stellt sich ihm die Sachlage dar (»ich meine«) — als Apostel steht er auf dem letzten Platz. Gegenüber dem schwärmerischen Hochgefühl der Korinther erscheint der Apostel als eine schwächliche Existenz. Wahrscheinlich haben ihm die Korinther bzw. Apollosanhänger dies auch vorgeworfen. Paulus nimmt die Herausforderung an, verstärkt das Bild der Inferiorität sogar noch und behauptet, daß eben dies die Absicht und das Werk *Gottes* sei.
Nicht ganz klar ist, ob Paulus mit dem Plural »uns Apostel« nur sich selbst, bestimmte Apostel oder die Apostel generell meint. Zu Recht betont *Weiß*, daß sicherlich nicht Apollos gemeint sein kann; ihn bezeichnet Paulus auch sonst nicht als Apostel. Fraglich bleibt aber auch, ob an Silvanus und Timotheus gedacht ist, die bei der Gründung der Gemeinde von Korinth mitgewirkt haben (2 Kor 1,19; vgl. Apg 18,5). Immerhin könnte man hierfür noch auf 1 Thess 1,1 und 2,7 verweisen (*E. M. Kredel*: HThG I 63; *R. Schnackenburg*, Apostel 347f); doch ist keineswegs sicher, ob man die beiden Stellen so unmittelbar verbinden und auswerten darf. Die Frage, ob Paulus einen weiteren oder engeren Apostelbegriff vertritt (vgl. dazu: *R. Schnackenburg*, Apostel; *H. Merklein*, Amt 250-278), hilft hier nicht weiter, wiewohl man im Sinne des 1 Kor eher von letzterem auszugehen hat (Erscheinungszeuge: 9,1; 15,7-9). Liest man V. 9 im Kontext mit V. 8, wo Paulus von sich ebenfalls im Plural spricht, so ist zunächst an Paulus selbst zu denken. Das schließt eine generalisierende Tendenz nicht aus, sofern man die Aussage nicht preßt und unterstellt, daß alle Apostel der Meinung des Paulus gewesen sein müßten. Nicht das Individuum, sondern die apostolische Existenz steht im Vordergrund.

Mit der Charakterisierung als »letzte« soll nicht die Paradoxie
betont werden, daß die Apostel eigentlich »den ersten Platz ein-
nehmen« müßten, von den Korinthern aber als letzte behandelt
werden (so: *Weiß*). Ihre Situation ist vielmehr gottgewollt. Paulus
spitzt noch zu, indem er die »letzten« durch einen Vergleich
erläutert: »wie Todgeweihte«. Das Bild leitet schon hinüber zur
Metapher vom Theater in V. 9b und verdeutlicht zugleich, wie
diese zu verstehen ist. Gedacht ist an das römische Theater, wo
zum Tod Verurteilte der gaffenden Menge präsentiert werden.
Inhaltlich ist nicht nur an die Leiden des Apostels zu denken; auf
sie wird Paulus in VV. 11-13a zurückkommen. Sie sind nur die
Außenseite eines viel tiefgreifenderen Merkmals apostolischer Existenz. Was die Apostel als die letzten und als Todgeweihte erscheinen läßt, ist die »Sache«, die sie umtreibt und die sie betreiben,
nach der Sicht des Paulus: »Christus, der Gekreuzigte« (1,23; 2,2)
(vgl. *S. J. Hafemann*, Suffering 60−64; *Senft*). Das ist in der Tat
das Letzte, was man als Heilsbotschaft verkünden kann, und macht
die Verkündiger selbst zu aussichtslosen Akteuren. Dieses Urteil
ist natürlich ein weltliches Urteil, offenbart aber zugleich, daß die
Korinther selbst weltlich denken, wenn sie den Apostel negativ
beurteilen.

V. 9b führt das Bild weiter, das mit dem Stichwort der Todgeweih-
ten bereits angedeutet war. Die Apostel stehen in der Arena,
werden der Welt zum Schauspiel (vgl. Sallust, Bellum Iugurthinum
14,23: ›rerum humanarum spectaculum praebeo‹; weitere Belege
bei *Weiß* 109 Anm. 4). Das (dramaturgische) Spannungselement
liefert wohl nicht die Bewährungsprobe wie in der stoischen Verwendung des Bildes (der Kampf des Weisen mit seinem Geschick
ist ein Schauspiel, an dem Götter und Menschen sich erfreuen:
Seneca, Providentia 2,9.11; ders., Epistulae 64,1-10; Epiktet, Diss.
II 19,25; III 22,59), sondern der Schauder über den (scheinbar)
aussichtslosen Kampf. Daß Engel und Menschen in der cavea
sitzen, ist eine apokalyptische Variante »der stoischen Definition
des ›kosmos‹« (*Weiß*; dort auch Belege). Die umfassende Definition der Welt unterstreicht den absoluten (nur durch Gottes Offenbarung zugänglichen) Geheimnischarakter der von den Aposteln
verkündeten göttlichen Weisheit wie auch die weltumfassende
Bedeutung des apostolischen Kerygmas.

Vers 10 wandelt die Gegensätze von 1,26-28 ab (vgl. *K. A. Plank*,
Paul 47). Ob bei der Wahl von »klug« (anstelle von »weise« 1,26f)
Spr 3,7 von Einfluß war (*Weiß*), kann dahingestellt bleiben. »Ver-

achtet« (›atimoi‹) nimmt sachlich 1,28 (›ta exouthenēmena‹) auf. »Herrlich« (in Variation zu »wohlgeboren« 1,26) soll wohl den Glanz der nach V. 8 schon erlangten Herrschaft auffangen. Die Opposition zwischen dem »Ihr«, das die Korinther anspricht, und dem »Wir« der apostolischen Existenz ist kunstvoll – zuletzt chiastisch – aufgebaut nach dem Schema: A – B, A – B, B – A. Inhaltlich handelt es sich – trotz mit hineinspielender sozialer Komponente (s. o. zu 1,10-4,21: 3.2.3.2, und zu 1,26-28) – im wesentlichen um eine theologische Differenz (gegen: *P. Marshall*, Hybrists 279–283.286f; *ders.*, Enmity 165–218).

Die sachlich entscheidende Äußerung fällt schon beim ersten Gegensatzpaar, die übrigen sind nur Varianten. Der Apostel ist »töricht um Christi willen« (zur Schwachheit vgl. *D. A. Black*, Paul 104–107). Gedacht ist wieder an den Gekreuzigten, der die apostolische Predigt zu einer törichten Rede macht. Die Korinther hingegen dünken sich »klug«. Die Beifügung »in Christus« gibt durchaus das Selbstbewußtsein der Korinther wieder; sie fühlen sich durch Christus und in Christus als Weise. Die Aussage entbehrt nicht der Ironie. Denn gerade »in Christus« entlarvt sich das korinthische Selbstbewußtsein als Täuschung. Weil Christus der Gekreuzigte ist, zeigt sich die wahre Weisheit in der törichten Predigt des Apostels, der in den Augen der Welt schwach und verachtet ist. Daß die Korinther dieses Urteil zumindest partiell teilen, zeigt, wo sie wirklich stehen. Die Ironie soll ihr hochfliegendes Selbstbewußtsein erschüttern.

Verse 11.12a: Das apostolische Leben kennt Hunger und Durst. Die heruntergekommene Kleidung (inklusive Schuhwerk!) ist nicht zuletzt schon durch das Wanderleben bedingt. Das gleiche gilt für das Fehlen einer dauernden Bleibe. Die Mißhandlungen beziehen sich wohl nicht nur auf offizielle Bestrafungen (vgl. 2 Kor 11,24f), sondern ebenso auf alle mögliche Unbill, die der Apostel hinnehmen muß (Steinigung, Schiffbruch, allerlei Gefahren: vgl. 2 Kor 11,25f). Vielleicht ist sogar das persönliche Leiden, der »Stachel im Fleisch« (2 Kor 12,7), mitgemeint (es ist dort jedenfalls das gleiche Verbum »mißhandeln« gebraucht). Bei all dem kommt es Paulus allerdings nicht auf eine Heroisierung seines Lebens an. Er vertritt keine Aszese, die das Leiden sucht oder sich in masochistischer Weise an ihm ergötzt. Das Leiden ist für Paulus vielmehr Folge und Ausdruck der christologischen Botschaft (vgl. *W. Schrage*, Leid 160–175). Die törichte Weisheit des Gekreuzigten kommt nicht nur über seine Lippen, sondern zeichnet seine ganze Person.

Er trägt »das Sterben Jesu an seinem Leib« (2 Kor 4,10). Das
Leiden ist keine zufällige Erscheinung. Unabhängig von der
Schwankungsbreite tatsächlicher Realisierung gehört es grundsätzlich zur apostolischen und christlichen Existenz (*K. Th. Kleinknecht*, Gerechtfertigte 235f), solange der Gekreuzigte in und vor
der Welt zu verkünden ist. Deshalb kann und muß Paulus so
entschieden betonen, daß sein Leben »bis zur jetzigen Stunde« von
Widrigkeiten gezeichnet ist. Das widerspricht natürlich dem
Hochgefühl der Korinther, die glauben, »schon« zur Vollkommenheit gelangt zu sein (V. 8).

Zu den Peristasen rechnet Paulus auch die Mühe der Erwerbsarbeit
(V. 12a). Dies ist ein Spezifikum des Paulus. Denn nach allgemei-
ner urchristlicher Auffassung hat der Apostel ein Anrecht auf
Versorgung durch die Gemeinde (9,4f.6-12-14; vgl. Lk 10,7 par).
Im Gegensatz dazu steht es, wenn Paulus betont, daß er mit seinen
»*eigenen* Händen« für seinen Unterhalt sorgt. Er macht also von
seinem Recht keinen Gebrauch. Neben ethischen Gründen
(anständiges Leben: 1 Thess 4,10-12; nicht zur Last fallen: 1 Thess
2,9; 2 Kor 12,13; vgl. 2 Thess 3,6-13; Apg 20,33-35) ist für ihn vor
allem die auf ihm lastende Pflicht zur Evangeliumsverkündigung
maßgeblich (9,12.15-18). Der durchaus gut gemeinte Verzicht hat
aber auch zu Irritationen in der Gemeinde geführt: Läßt er nicht
auf ein Defizit im apostolischen Status schließen? Ist Paulus
womöglich gar kein voll legitimierter Apostel, wenn er auf die
Apostelrechte verzichtet (vgl. 9,1.3-6.12)? Entsprechende Ver-
dächtigungen könnten auch hinter 4,12a stecken. Paulus greift sie
auf und interpretiert seinen Verzicht bzw. die Mühe der freiwillig
übernommenen Erwerbsarbeit als Kennzeichen der notwendig
zum Apostel gehörigen schwachen Position. Zumindest indirekt
wird damit auch die Erwerbsarbeit zu einem Teil seiner Mühe um
das Evangelium (zu »abmühen« im Zusammenhang mit der Verkündigung vgl. 3,8; 15,10; Gal 4,11; Phil 2,16; 1 Thess 3,5).

Verse 12b.13a: Formal leitet die Partizipialkonstruktion von
V. 12a über zu VV. 12b.13a, wo die Peristasen in partizipialer
Form fortgesetzt werden. Neu ist, daß jetzt jeweils ein antitheti-
sches Verbum finitum das inhaltliche Widerlager bildet. So entsteht
eine eindrucksvolle Reihe. Paulus bekundet, daß ihn die angefoch-
tene Existenz nicht zerbrechen läßt. Im Gegenteil: Seine Schwachheit ist seine Stärke (vgl. 2 Kor 12,9f; 13,4). Das ist das Mysterium
des Kreuzes, daß seine Schwachheit nicht lähmt, sondern Kraft
zum Handeln verleiht.

So vermag der Geschmähte zu segnen (vgl. Lk 6,28; Röm 23,24; 1 Petr 2,23; 3,9; zur Sache vgl. *J. Thuruthumaly*, Blessing 125– 137), der Verfolgte auszuhalten (vgl. Mt 5,10-12; Röm 12,14; 2 Kor 4,9), der Beschimpfte gut zuzureden. Letzteres meint wohl »die Gegner durch freundliche Worte von ihrer Verkehrtheit zu überzeugen« suchen (*Weiß*). Inhaltlich entspricht die Reaktion dem Ethos der Bergpredigt.

Vers 13b:

Hier ist zunächst noch einmal auf das Übersetzungsproblem einzugehen. Nach den Ausführungen von *F. Hauck* (ThWNT III 434) bezeichnet ›perikatharma‹ bzw. das häufigere Simplex ›katharma‹ zunächst »das mit der Schuld beladene Opfer«, das sühnend für die Reinigung z. B. einer Gemeinschaft (Stadt) dargebracht wurde. Da Freiwilligkeit gefordert war und den dazu Bereiten eine vorherige gute Versorgung sicher war, waren es nicht selten armselige Existenzen, die sich dafür hergaben. So wurde der Begriff zum »Schimpfwort für einen nichtswürdigen, heruntergekommenen Menschen«. Schließlich kommt noch die Bedeutung »das nach der Reinigung Wegzuwerfende« hinzu, entsprechend der Vorstellung, daß der reinigende Gegenstand, der die Unreinheit aufgenommen hat, zu beseitigen ist. Ganz ähnlich liegen nach den Darlegungen von *G. Stählin* die Dinge bei ›peripsēma‹, das nahezu die gleichen Bedeutungen und Vorstellungen in sich vereint (ThWNT VI 84–91). Nach *G. Stählin* sollen in unserem Vers alle Bedeutungen zusammenfließen: »Es ist durchaus möglich, daß Paulus hier einen Schimpf aufnimmt, mit dem er und andere Diener des Evangeliums belegt worden waren: diese Apostel sind armselige, unnütze Existenzen, über die jedermann seinen Hohn und Spott auslassen kann, die aber – vielleicht klang auch dies mit – ihr Leben in einer verächtlichen Weise selber wegwerfen. Indem Paulus diesen Schimpf aufnimmt, sagt er für sich ja dazu; aber er deutet ihn um: ja, wir werfen unser Leben weg, aber für die Welt, und unsere scheinbar unnütze Existenz kommt allen zugute« (*G. Stählin*: ThWNT VI 89f; vgl. *F. Hauck*, a.a.O.; *A. T. Hanson*, Paradox 32–37, hier 36, spricht direkt von »atoning, reconciling, salvific value«; *R. G. Hamerton-Kelly*, Interpretation 69f.73–79, deutet die Stelle im Sinne des Girardschen Sündenbockmechanismus).

Doch erheben sich gegen diese Deutung starke Bedenken. Von der bisherigen Isotopie des Textes her liegt eigentlich nur eine Bedeutung im Sinne des Verachteten nahe (vgl. dazu auch: *J. T. Fitzgerald*, Cracks 142 Anm. 86; **K. Th. Kleinknecht*, Gerechtfertigte 231–233). Die Bedeutung »Sühnopfer« würde zumindest einen völlig neuen Aspekt hinzufügen. Dies ist aber auch aus sachlichen Gründen kaum möglich, da Paulus schwerlich sich selbst als »Sühnopfer für die Welt bzw. für alle« bezeichnen kann, jedenfalls nicht im eigentlichen Sinn (vgl. *E. Güttgemanns*, Apostel 89–100). Diese Bedeutung ist bei Paulus christologisch reserviert und liegt auch an den Stellen nicht vor, die *G. Stählin* als Parallelstellen anführt (Gal 6,17; 2 Kor 4,10f; 6,9; 1 Kor 15,31; Phil 2,17; allenfalls Kol 1,24 könnte in diese Richtung weisen, doch ist die Stelle erstens nicht paulinisch und zweitens wohl anders zu verstehen: vgl. *J. Kremer*, Leiden 154–202). Im übrigen muß *G. Stählin* selbst konzedieren, daß Paulus »sich natürlich nicht die Rolle des Gekreuzigten anmaßen« will (a.a.O. 91). Es fragt sich, ob die Begriffe derartig manipulierbar waren, wie es in dem oben angeführten Zitat unterstellt wird. Überhaupt scheint es mir eine schwierige Vorstellung zu sein, daß alle (drei) lexikalisch zwar gegebenen und begriffsgeschichtlich auch zusammenhängenden, semantisch aber doch deutlich geschiedenen (positiv und negativ beladenen) Bedeutungsgehalte gleichzeitig vorhanden sein sollen.

So wird man – der Isotopie der VV. 9-13a folgend – doch davon ausgehen müssen, daß ›perikatharma‹ und ›peripsēma‹ hier als abträgliche, schimpfwortartige Begriffe verwendet sind: »Unrat«, »Abschaum« (zur Sachparallele in Klgl 3,45 vgl. *A. Hanson*, 1 Corinthians 4,13b). Paulus wehrt also das negative Erscheinungsbild, das ihm die Kontrahenten anlasten, nicht ab, sondern steigert es ganz im Sinne der rhetorischen Gesetzmäßigkeiten einer refutatio. Der Vergleich geht bis an die Grenzen der Selbstkarikatur. Aber das ist durchaus gewollt. Bis auf den heutigen Tag (»jetzt« wiederum im Gegensatz zum »schon« der Korinther!) sind die Apostel »wie Unrat« und der »Abschaum aller«. Wenn Paulus sagt »sie sind geworden«, dann wird man darin wohl ein passivum divinum sehen dürfen, entsprechend der Aussage von V. 9, daß *Gott* die Apostel auf den letzten Platz gestellt hat. Natürlich ist klar, daß die verwendeten Begriffe nicht das Urteil Gottes festhalten, sondern das Urteil, mit dem die Welt auf die Offenbarung und Verkündigung der göttlichen Weisheit reagiert. Die Apostel sind dem »Unrat der *Welt*« vergleichbar. Sie sind das, was die Welt für Unrat und Abschaum hält. Es zeigt sich, in welch subtiler Weise Paulus argumentiert. Die scheinbare Wehrlosigkeit, die aus der Akzeptanz und Überzeichnung der gegen ihn erhobenen Vorwürfe spricht, erweist sich als Stärke. Die Kontrahenten haben recht mit ihrer Bestandsaufnahme! Aber gerade darin wird deutlich, daß sie nach den Maßstäben der Welt urteilen.

Zweite Konklusion:
Mahnung zur Nachahmung
1 Kor 4,14-21

14 Nicht, um euch zu beschämen, schreibe ich dies, sondern
als meine geliebten Kinder weise ich (euch) zurecht.
15 Denn wenn ihr auch unzählige Erzieher haben solltet in
Christus, so doch nicht viele Väter. Denn in Christus Jesus
habe ich euch durch das Evangelium gezeugt. 16 Ich
ermahne euch also: Werdet meine! 17 Deswegen habe ich
euch Timotheus geschickt, der mein geliebtes und treues Kind
im Herrn ist, der euch erinnern wird an meine Wege in Christus [Jesus], wie ich (sie) überall in jeder Gemeinde lehre.
18 Als ob ich aber nicht zu euch käme, haben sich gewisse
(Leute) aufgebläht. 19 Ich werde aber schnell zu euch kommen, wenn der Herr (es) will, und (dann) will (wörtl.: werde)
kennenlernen nicht das Wort der Aufgeblähten, sondern ihre
(wörtl.: die) Kraft. 20 Denn nicht im Wort (erweist sich) das
Reich Gottes, sondern in Kraft. 21 Was wollt ihr? Soll ich mit
dem Stock zu euch kommen oder mit Liebe und dem Geist der
Sanftmut?

Literatur: K. E. *Bailey*, The Structure of I Corinthians and Paul's Theolo-
gical Method with Special Reference to 4:17: NT 25 (1983) 152–181;
J. Behm, Art. νοέω κτλ. (hier: νουθετέω, νουθεσία), in: ThWNT IV
1013–1016; *G. Bertram*, Art. παιδεύω κτλ., in: ThWNT V 596–624; *H.
D. Betz*, Nachfolge und Nachahmung Jesu Christi im Neuen Testament
(BHTh 37), Tübingen 1967; *O. Betz*, Die Geburt der Gemeinde durch den
Lehrer. Bemerkungen zum Qumranpsalm 1 QH III.1ff. (1 QH II.21-
III.18), in: *ders.*, Jesus, der Messias Israels. Aufsätze zur biblischen Theo-
logie (WUNT 42), Tübingen 1987, 3–15; *W. P. de Boer*, The Imitation of
Paul. An Exegetical Study, Kampen 1962, bes. 139–154; *B. Fiore*, The
Function of Personal Exemple in the Socratic and Pastoral Epistles (AnBib
105), Rome 1986, bes. 168–184; *R. W. Funk*, The Apostolic Parousia:
Form and Significance, in: *W. R. Farmer u. a. (Hrsg.)*, Christian History
and Interpretation. F. J. Knox, Cambridge 1967, 249–268; *P. Gutierrez*,
La paternité spirituelle selon Saint Paul, Paris 1968; *G. Haufe*, Reich
Gottes bei Paulus und in der Jesustradition: NTS 31 (1985) 467–472;
G. Johnston, »Kingdom of God« Sayings in Paul's Letters, in: *P. Richard-
son – J. C. Hurd (Hrsg.)*, From Jesus to Paul. FS F. W. Beare, Waterloo/
Ontario 1984, 143–156; *O. Merk*, Nachahmung Christi. Zu ethischen

Perspektiven in der paulinischen Theologie, in: *H. Merklein (Hrsg.)*, Neues Testament und Ethik. FS R. Schnackenburg, Freiburg – Basel – Wien 1989, 172–206 (Lit.!); *H. Merklein*, Zum Verständnis des paulinischen Begriffs »Evangelium«, in: **ders.*, Studien 279–295; *W. Michaelis*, Art. μιμέομαι κτλ., in: ThWNT IV 661–678; *ders.*, Art. ὁδός κτλ., in: ThWNT V 42–118; *F. Nötscher*, Gotteswege und Menschenwege in der Bibel und in Qumran (BBB 15), Bonn 1958; *A. Reinhartz*, On the meaning of the Pauline exhortation: »*mimētai mou ginesthe* – become imitators of me«: SR 16 (1987) 393–403; *R. Reitzenstein*, Die hellenistischen Mysterienreligionen nach ihren Grundgedanken und Wirkungen, Darmstadt 1966 (Nachdr. d. 3. Aufl. von 1927); *J. Roloff*, Apostolat – Verkündigung – Kirche. Ursprung, Inhalt und Funktion des kirchlichen Apostelamtes nach Paulus, Lukas und den Pastoralbriefen, Gütersloh 1965; *M. Saillard*, C'est moi qui, par l'Évangile, vous ai enfantés dans le Christ Jésus (1 Co 4,15): RSR 56 (1968) 5–41; *B. Sanders*, Imitating Paul: 1 Cor 4:16: HThR 74 (1981) 353–363; *C. Schneider*, Art. ῥάβδος κτλ., in: ThWNT VI 966–972; *W. Schrage*, Das apostolische Amt des Paulus nach 1 Kor 4,14-17, in: **A. Vanhoye (Hrsg.)*, L'Apôtre Paul 103–119; *G. Schrenk*, Art. θέλω κτλ., in: ThWNT III 43–63; *A. Schulz*, Nachfolgen und Nachahmen. Studien über das Verhältnis der neutestamentlichen Jüngerschaft zur urchristlichen Vorbildethik (StANT 6), München 1962; *W. D. Spencer*, The Power in Paul's Teaching (1 Cor 4:9–20): JETS 32 (1989) 51–61; *D. M. Stanley*, »Become Imitators of me«: The Pauline Conception of Apostolic Tradition: Bib. 40 (1959) 859–877; *ders.*, Imitation in Paul's Letters: Its Significance for His Relationship to Jesus and to His Own Christian Foundation, in: *P. Richardson – J. C. Hurd (Hrsg.)*, From Jesus to Paul. FS F. W. Beare, Waterloo/Ontario 1984, 127–141; *P. Stuhlmacher*, Das paulinische Evangelium I. Vorgeschichte (FRLANT 95), Göttingen 1968; *O. Wischmeyer*, Das Adjektiv ἀγαπητός in den paulinischen Briefen. Eine traditionsgeschichtliche Miszelle: NTS 32 (1986) 476–480; *W. Wolbert*, Vorbild und paränetische Autorität. Zum Problem der »Nachahmung« des Paulus: MThZ 32 (1981) 249–270; *N. H. Young*, Paidagogos: the Social Setting of a Pauline Metaphor: NT 29 (1987) 150–176.

1. Zum Text und zur Übersetzung

In V. 14 liest eine Reihe von Textzeugen (u. a. Sinaiticus, A, 33) anstelle des Indikativs »ich weise zurecht« (›nouthetō‹) das Partizip (›nouthetōn‹), so daß zu übersetzen wäre: »sondern um euch … zurechtzuweisen«. Doch dürfte es sich um eine erleichternde Angleichung an das satzeinleitende Partizip (›entrepōn‹) handeln.

Nicht mehr sicher zu entscheiden ist die Zugehörigkeit von »Jesus« in V. 17. In V. 18 könnte man anstelle von »gewisse (Leute)« (so auch: ZB; vgl. BDR § 301,1[3]; *Bauer*, s. v. 1β) auch »einige« übersetzen (so: EÜ, LB).

2. Analyse

2.1 Syntaktische Analyse

Der Text besteht überwiegend aus Hauptsätzen (13). Gehäuft treten Nebensätze in V. 17 auf: zwei Relativsätze und ein Vergleichssatz. Hinzu kommen noch zwei Konditionalsätze: ein Irrealis bzw. Potentialis in V. 15aα (vgl. BDR § 373,2[11]) und ein Eventualis in V. 19aβ. Außerdem sind zwei Partizipialkonstruktionen zu verzeichnen: V. 14a (part. conjunctum) und V. 18 (part. absolutum). Die Satzfügung ist überwiegend durch kausale und adversative Partikeln bestimmt. Die Sätze sind meist Verbalphrasen. Nominale Subjekte finden sich nur sechs: »ich« (V. 15b), »Herr« (V. 19aβ), »der« (Relativpronomen: V. 17bc), »gewisse« (V. 18) und »Reich Gottes« (V. 20). Doch regieren »Herr« und »der« nur untergeordnete Sätze. Von den übrigen nominalen Subjekten ist nur »ich« mit einem Akkusativobjekt verbunden. Dies ist um so beachtlicher, als der Text mit Ausnahme von V. 16b (Prädikatsnomen) und V. 17a (Dativobjekt) nur Akkusativobjekte kennt. Sehr häufig sind Präpositionalwendungen, vor allem mit »in« (»in Christus/im Herrn«: VV. 15aα.b.17bc; modal: VV. 20.21; lokal: V. 17d). Bei den Zeitformen herrscht das Präsens vor. Doch finden sich auch einige (konstatierende) Aoriste (VV. 15b.17a.18) und einige Futura (VV. 17c.19aα.19b.21b). Meist spricht der Text in der 1. Person Singular (9 Vorkommen); der Häufigkeit nach folgt die 2. Person Plural und die 3. Person Singular (je 3mal), dann die 3. Person Plural (einmal). Vom Stil her setzen der Imperativ in V. 16b und die Fragen in V. 21 gewisse Akzente.

2.2 Semantische Analyse

Inhaltlich beschreibt der Text vor allem Aktivitäten des Apostels an der Gemeinde. Die Gemeinde ist das vorherrschende (Akkusativ-)-Objekt (vgl. »euch« in VV. 14a.15b.16.17c; vgl. »zu euch«: VV. 18.19a.21b). Der Apostel ist das eigentliche Subjekt, das in V. 15b auch explizit (im griechischen Text mit ›egō‹) hervorgehoben wird. Die übrigen (nominalen) Subjekte treten demgegenüber zurück. Nur in den Aussagen von VV. 18 und 20 besitzen sie eine gewisse Eigenständigkeit. V. 18 nennt die unmittelbaren Kontrahenten, die aber mit »gewisse (Leute)« nur flüchtig angetippt werden, während die vorangestellte Partizipialkonstruktion das Verhältnis von Apostel und Gemeinde als die entscheidende Größe hervorhebt. V. 20 gibt das sachliche Kriterium an, mit dem Paulus die »Aufgeblähten« prüfen will.

Die Tätigkeiten des Apostels an der Gemeinde reflektieren teils die kommunikative Situation (»schreiben« V. 14a, »erinnern« [durch Timotheus] V. 17c; vgl. auch: »zu euch kommen« VV. 18.19a.21b), teils das Verhältnis Apostel – Gemeinde selbst: »zurechtweisen« (V. 14b), »zeugen« (V. 15b), »ermahnen« (V. 16a) (indirekt gehört hierher auch »kennenlernen« V. 19b). Die drei zuletzt genannten Tätigkeiten stehen in einem sachlichen Begründungsverhältnis: Weil Paulus die Gemeinde »gezeugt hat« (vgl. »meine geliebten Kinder« V. 14b, »Väter« V. 15aβ), kann er sie auch »zurechtweisen« und »ermahnen«. Damit dürfte das eigentliche Thema des Abschnitts genannt sein, das dann auch inhaltlich durch den Imperativ von V. 16b konkretisiert wird. Im Blick auf das Verhältnis von Apostel und Gemeinde erfüllen die häufigen Präpositionalwendungen eine wichtige semantische Funktion, sei es, daß sie die räumliche Trennung überwinden (VV. 18.19aα.21b), den Modus der Begegnung vor Augen stellen (V. 21b) oder Grund und Dimension des Verhältnisses nennen wollen (»in Christus/im Herrn«: VV. 15ab; vgl. V. 17bc).

Thematisch zieht V. 16 die Schlußfolgerung aus 4,6-13: Die Korinther sollen den Apostel nachahmen, dessen Existenz vom Kreuz bestimmt ist. Eingeleitet wird diese Schlußfolgerung von der gefühlsbetonten Vater-Kind-Metapher (VV. 14f). Sie ist im Themeninventar neu, knüpft aber sachlich an das Bild vom Fundament-Legen in 3,10f an. Im übrigen greift V. 16 nicht nur 4,6-13 auf, sondern schlägt – erkennbar an der gleichlautenden Einleitung »ich ermahne euch« – zugleich einen Bogen zu 1,10 (vgl. *M. Saillard*, C'est moi 18–22; *B. Sanders*, Imitating 353–355). Auch die folgenden, schon mehr in die Zukunft weisenden Ausführungen der VV. 18-21 beziehen sich sowohl auf die refutatio (4,6-13) als auch auf die Darlegungen der narratio (1,18-2,16). Ersteres äußert sich darin, daß das Agieren der Kontrahenten als »aufblähen« bezeichnet wird (VV. 18f). Begrifflich verweist dies auf 4,6c zurück. Indirekt – über 4,6a – ist damit auch 3,5-17 kommemoriert. Der Bezug zur narratio ergibt sich vor allem durch die Opposition ›Wort vs Kraft‹, die Paulus als Kriterium zur Überprüfung der Aufgeblähten verwenden will (VV. 19f). Die »Kraft« aber war schon in der narratio das Kriterium der göttlichen Weisheit (1,18.24; 2,4.5), wodurch diese sich von der »Weisheit des Wortes« unterscheidet (1,17; vgl. 2,1.4.13).

2.3 Pragmatische Analyse

Unter rhetorischer Rücksicht haben wir es in 4,14-21 mit einer (zweiten) *peroratio* zu tun. Sie dient zunächst der recapitulatio, die hier sowohl auf die refutatio 4,6-13 als auch auf die gesamten Ausführungen von 1 Kor 1-4 bezogen ist. Eigentliches Ziel der peroratio ist die abschließende Beeinflussung der Hörer bzw. Leser. Dies wird hier auch ganz unverblümt durch die performativen Verben »beschämen, zurechtweisen, ermahnen« zum Ausdruck gebracht (VV. 14ab.16a; vgl. »erinnern« V. 17c) und durch den Imperativ von V. 16b auch inhaltlich unmittelbar konkretisiert. Durchaus zum Stil der peroratio paßt es, wenn die eigentliche Mahnung affektiv – hier durch die Vater-Kind-Metaphorik (VV. 14f) – vorbereitet wird.

Das illokutive Ziel der Gesamtausführungen von 1 Kor 1-4 ergibt sich aus dem Spannungsbogen von 1,10 zu 4,16. Die Forderung, einmütig zu sein und keine Spaltungen zu dulden, mündet in die Forderung, Paulus nachzuahmen. Daß Paulus dies nicht als Werbung für die eigene Person und erst recht nicht als Werbung für die Paulus-Partei, sondern als adäquate Folgerung seiner Ausführungen zur »Sache« versteht, soll in der Einzelerklärung näher erläutert werden. Der Einschärfung der Aufforderung von V. 16b dienen auch die VV. 17-21, die auf anderen Kanälen der Kommunikation das gleiche Ziel erreichen wollen. Timotheus, gleichsam der verlängerte Arm des Paulus, soll die Korinther an die paulinischen Weisungen »erinnern« (V. 17). Darüber hinaus ist Paulus zur persönlichen Auseinandersetzung bereit (VV. 18-20). Eine möglicherweise dabei nötige härtere Gangart hofft er durch den Brief vermeiden zu können (V. 21). Daß mit V. 17 ein neuer Teil des 1 Kor (4,17-7,40) beginnen soll, ist abwegig (gegen: *K. E. Bailey*, Structure 153—164).

3. Einzelerklärung

Vers 14 deutet keinen Stimmungsumschwung an (gegen: *Lietzmann*). Auch die Vermutung, Paulus wolle einlenken, trifft nicht ganz den Punkt (gegen: *Weiß*; das gilt auch für die von *Weiß* angeführten Vergleichsstellen: Röm 15,14f; 2 Kor 7,3; 1 Thess 4,1.9f; 5,1f). Denn in der Sache nimmt Paulus nichts zurück (vgl. V. 16). Der Gegensatz von »beschämen« und »zurechtweisen« ist auffällig. Denn so selbstverständlich das Zurechtweisen zum Verhalten des Vaters gegenüber seinen Kindern gehört (Weish 11,10; Jos.Bell I 481; vgl. *J. Behm*: ThWNT IV 1013f; *P. Gutierrez*, paternité 188—197; *C. Spicq* II 585—588), so wenig schließt dieses das Beschämen aus (zur positiven Zielsetzung des »Beschämens« vgl. Epiktet, Diss. I 5,5; Diogenes Laertius 2,29; Aelianus, Varia historia 3,17; Sextus Empiricus, Pyrrh. 3,135). Paulus selbst sagt an anderen Stellen etwas »zur Beschämung« der Korinther (6,5; 15,34), die er hier seine »geliebten Kinder« nennt (zum Epitheton »geliebt« s. *O. Wischmeyer*, Adjektiv). Die in V. 14 zum Ausdruck kommende Gegensätzlichkeit läßt sich daher kaum durch die begriffliche Polarisierung von »beschämen« und »zurechtweisen« fassen (zur semantischen Parallelität vgl. Philo, Decal 87). Die eigentliche Opposition ist vielmehr pragmatischer bzw. rhetorischer Natur. Wenn Paulus ausführt, daß er die Korinther nicht beschämen will, so heißt das nicht unbedingt, daß er sie nicht beschämt hat. Im Gegenteil, die Korinther konnten die vorausgehenden Ausführungen kaum anders als beschämend verstanden haben (so auch: *Weiß*; *Wendland* u. a.), und Paulus selbst dürfte sich dessen auch bewußt gewesen sein. Doch ist das Beschämen nicht das Ziel seiner Strategie. Diese ist vielmehr ganz auf das Vater-Kind-Verhältnis ausgerichtet (vgl. dazu: *W. Schrage*, Amt 104f). Zum einen will Paulus das (durch den Parteienstreit) gestörte *kindliche Verhältnis der Korinther* zu ihm als ihrem Vater wiederherstellen (so bes. in VV. 15f). Zum anderen will Paulus deutlich machen, daß er mit seinen vorausgegangenen Ausführungen nicht *sein väterliches Verhältnis* zu ihnen als seinen Kindern in Frage stellt; dies ist der unmittelbare Sinn von V. 14. Der eigentliche (pragmatische) Gegensatz ergibt sich also nicht aus einer (bestenfalls in Nuancen vorhandenen) semantischen Opposition zwischen »beschämen« und »zurechtweisen«, sondern aus der Modalität und Finalität, mit der beides geschieht. Man könnte V. 14 also folgendermaßen paraphrasieren: Nicht um euch *nur irgendwie* zu beschämen, schreibe ich dies, vielmehr liegt mir daran, euch *als meine geliebten Kinder* zurechtzuweisen.

Vers 15: Daß es Paulus auf das Vater-Kind-Verhältnis ankommt, unterstreicht V. 15, mit dem Paulus sein Recht zur Mahnung begründet (vgl. 1 Thess 2,11; 2 Kor 6,13) und zugleich die Singularität seines Verhältnisses zur korinthischen Gemeinde ins Gedächtnis ruft. Die »Erzieher« (›paidagōgoi‹) sind gewiß nicht den Pädagogen im modernen Sinn vergleichbar. Doch sollte man den antiken »Pädagogen« auch nicht (meist in Verbindung mit einer einseitigen Auslegung von Gal 3,24) als finsteren, Furcht einflößenden Zuchtmeister perhorreszieren. Zwar gab es derartige negative Erscheinungsformen (vgl. die Belege bei *A. Oepke*, Der Brief des Paulus an die Galater [ThHK 9], Berlin ⁵1984, 121f). Doch gibt es auch Belege, die »das Idealbild des rechten Jugenderziehers« vor Augen stellen (*G. Bertram*: ThWNT V 619,27f; vgl. 599.passim). Der Befund zum Begriff ist also ambivalent (vgl. *N. H. Young*, Paidagogos 150−168; *C. Spicq* II 639−641). Doch ist es in dem hier zur Debatte stehenden Kontext keineswegs nötig, die Opposition zum »Vater« über die Negativität des Erzieherbegriffs zu konstruieren. Es genügt das Moment, daß der Erzieher eben nicht Vater ist.

Sachlich gemeint sind mit den »Erziehern« die Verkündiger bzw. die Parteihäupter, die die Korinther konkurrierend als ihre wahren Erzieher reklamieren. Die Rede von den »unzähligen« (wörtlich: 10.000) Erziehern ist ein karikierender bzw. ironischer Hinweis auf den Parteienstreit. Wenn man im Bild bleibt, ist Paulus selbst einer der vielen umstrittenen Erzieher. Das Bild erlaubt aber auch den Konter: Selbst wenn die Korinther so weit kämen, daß sie um 10.000 Erzieher stritten, gebührt Paulus schon deswegen eine Sonderstellung, weil er der Vater der Gemeinde ist. Diese Position wird auch durch den Streit nicht tangiert, und zwar völlig unabhängig von der Frage nach seiner sachlichen Berechtigung. Man könnte überlegen, warum Paulus negativ ausschließend (»nicht viele Väter«) und nicht positiv eindeutig (z. B.: »nur einen Vater«)

formuliert. Will er konzedieren, daß es neben ihm doch noch andere Väter gibt? Will er den übrigen Verkündigern insofern doch eine gewisse Vaterschaft einräumen, als es durch sie ja ebenfalls zu Bekehrungen gekommen ist? Denkt er an Silvanus und Timotheus, die an der Gründung der Gemeinde mitbeteiligt waren (vgl. 2 Kor 1,19; Apg 18,5)? Doch ist dies wohl schon durch V. 17 (Timotheus als »Kind« des Paulus) ausgeschlossen. Letztlich ist die negative Formulierung und der Plural »Väter« durch den Gegensatz zu den »Erziehern« bedingt. Anders als bei den Erziehern gibt es nicht eine Vielzahl von Vätern, sondern nur *einen*. Das bestätigt V. 15b, der im übrigen deutlich werden läßt, daß die Vaterschaft für Paulus mehr ist als ein bloßes Bild. Es geht Paulus also nicht um die bloße Beanspruchung eines Ehrentitels (als respektvolle Anrede etwa für den Lehrer; vgl. *G. Schrenk*: ThWNT V 948,34ff; 977,12ff), den auch die übrigen Verkündiger verlangen könnten. Mit dem Begriff des »Zeugens« rekurriert Paulus eindeutig auf eine wirkliche, geistliche Vaterschaft (vgl. Phlm 10; Gal 4,19; 2 Kor 12,14; siehe auch: Epiktet, Diss. III 22,81f; Philo, LegGai 58; zur Sache vgl. *M. Saillard*, C'est moi 34—41; *P. Gutierrez*, paternité 129—168). Vom Phänomen her könnte man das Verständnis des Mystagogen in manchen Mysterien vergleichen (*R. Reitzenstein*, Mysterienreligionen 40f; *G. Schrenk*: ThWNT 953f). Doch dürften die rabbinischen Aussagen von der Schaffung eines Menschen durch das Lehren der Tora (Bill. III 340f; vgl. *G. Schrenk*: ThWNT V 1007,16ff; *Schlatter*) noch näher stehen. Das »Zeugen« fällt also sachlich mit der Verkündigung bzw. Bekehrung zusammen. Allerdings bleibt zu beachten, daß es Paulus an unserer Stelle nicht um den einzelnen geht, sondern um die Gemeinde (vgl. *J. Roloff*, Apostolat 116; *W. Schrage*, Amt 108f). Nur in diesem letzteren Sinn kann er sich als »Vater« von den übrigen Verkündigern absetzen. Das erinnert möglicherweise an manche Aussagen des Lehrers der Gerechtigkeit (vgl. 1 QH 7,20-22; *O. Betz*, Geburt) und unterstreicht das kollektive (nicht individualistische) Heilsverständnis des Paulus. Das Heilshandeln Gottes zielt auf die Schaffung der Gemeinde. Die Bekehrung des Individuums ist daher gegenüber der Gründung der Gemeinde der sachlich untergeordnete Akt.

Die Rede vom Verkündiger als »Vater« oder »Erzieher« hat allerdings auch ihre Grenzen. Sie hat nicht im Verkündiger selbst ihren Grund. Denn weder das Zeugen noch das Erziehen sind autonome Akte. Sie werden vollzogen von »Dienern«, die Gott in seine Aktivität des Wachsen-Lassens einbezieht (3,5-9). Diese (selbstver-

ständlich vorausgesetzte) Dimension seiner Aussage steckt Paulus
mit dem doppelten »in Christus [Jesus]« ab (vgl. *W. Schrage*, Amt
107f). Weil Christus das maßgebliche Fundament ist, auf das alle
(nachfolgende) Verkündigung immer nur aufbauen kann (3,10-15),
bleibt Paulus den anderen Verkündigern gegenüber gelassen und
verweist auf das grundlegende Evangelium, das er verkündet hat.
Jesus Christus ist der eigentliche Grund, der das Tun des Apostels
erst zu einem »Zeugen«, zu einem schöpferischen Akt, macht. Das
»Evangelium« meint hier zunächst das Verkündigungsgeschehen
(das ›kēryssein‹), das aber vom verkündigten Inhalt, dem Gekreuzigten (vgl. 1,23; 2,2), nicht ablösbar ist. Gerade in dieser paradoxen Zuspitzung erweist es seine schöpferische Kraft: Es ist nicht
(menschliche) »Weisheit des Wortes« (1,17), sondern rettende
»Kraft Gottes« (1,18.24). Eben deshalb war die Verkündigung des
Gekreuzigten durch Paulus »Aufweis von Geist und Kraft« (2,4),
was sich wiederum in der Entstehung der Gemeinde konkretisierte.
Insofern ist V. 15b eine Rekapitulation der in der narratio dargelegten Sachaussage auf der Ebene der apostolischen Aktivität.

Vers 16 zieht die Nutzanwendung aus dem Vater-Kind-Verhältnis.
Paulus »ermahnt« die Gemeinde. Dazu hat er als Vater das Recht
und die Pflicht. Bedeutsam ist, daß Paulus sich nicht auf eine rein
formale Autorität zurückzieht und nicht einfach aus seiner Vaterschaft die Forderung des Gehorsams ableitet. Er verlangt vielmehr
Nachahmung (zur Problematik der Begriffe »Vorbild«, »Beispiel«,
»Nachahmung« vgl. *W. Wolbert*, Vorbild, der im Falle u. St. von
»paränetischer Autorität« sprechen möchte [257f]). Dabei ist »die
Nuance des ›Werdens‹ ... nicht zu urgieren« (*Weiß*), da im Griechischen ›ginesthe‹ (»werdet«) gleichbedeutend mit ›este‹ (»seid«) ist.

Nachahmung ist ein Topos der antiken Vorbildethik (zum kultischen
Ursprung vgl. *H. D. Betz*, Nachfolge 48−84). Nachgeahmt werden Eltern,
Lehrer (vgl. Xenophon, Memorabilia I 6,3: die Schüler als Nachahmer ihrer
Lehrer; vgl. I, 2,3) oder sonstwie ideale oder heroische Gestalten (z. B.
Herakles: Plutarch, Moralia 332ab; der älteste der Brüder: 4 Makk 9,23;
weitere Belege bei: *Weiß*; *Conzelmann*; *W. Michaelis*: ThWNT IV 663,8ff;
665,5ff; 667,5ff; *W. P. de Boer*, Imitation 24−91; *B. Fiore*, Function,
passim). Der ethische bzw. idealtypische Charakter des Begriffs bleibt auch
dort gewahrt, wo das Nachahmen auf Gott bezogen wird (Arist
188.210.281; zu Philo: *Michaelis*: ThWNT IV 667,20ff; vgl. »Gott folgen«
[›hepesthai‹] bei Epiktet, Diss. I 12,5.8; Josephus, Ant I 20; IV 186). Es
geht um eine Angleichung (Verähnlichung, ›homoiōsis‹) an Gott (Plato,
Theaitetos 176b; Politeia 613ab), was stoisch dann mit der Verwandtschaft

mit Gott begründet werden kann (vgl. *H. D. Betz*, Nachfolge 121–125). Insofern unterscheidet sich die Nachahmung vom »Nachfolgen« (›akolouthein‹) der Jesusbewegung bzw. der synoptischen Evangelien (vgl. *A. Schulz*, Nachfolgen 332–335.passim), wo nicht nur ein Leben nach einem Vorbild (leben wie), sondern Lebensgemeinschaft (leben mit) verlangt ist, bei der zudem der Abstand zum Meister dem Jünger uneinholbar ist. »Nachfolgen« kann daher nachösterlich zum Paradigma des Glaubens werden (vgl. *H. D. Betz*, Nachfolge 42).

Vor diesem Hintergrund läßt sich die paulinische Nachahmungsforderung profilieren, die wohl nicht zufällig nur in den Briefen erhoben wird, die an von Paulus selbst gegründete Gemeinden gerichtet sind (vgl. *D. M. Stanley*, »Become Imitators of me« 872.877). Zu kurz gegriffen wäre es, wenn man V. 16b in Analogie zur Vorbildethik lediglich auf die moralische Beispielhaftigkeit des Paulus beziehen wollte. Im Kontext mit 4,6-13 kann die Forderung nur darauf zielen, daß die Korinther ihren Anspruch, »schon satt«, »schon reich« zu sein und »die Herrschaft angetreten« zu haben (4,8), aufgeben und, statt »klug«, »stark« und »herrlich« sein zu wollen, die »törichte«, »schwache« und »verachtete« Existenz des Apostels (4,10) sich zueigen machen (*B. Sanders*, Imitating 357–360; *D. M. Stanley*, Imitation 139; *A. Reinhartz*, meaning 397; *W. Schrage*, Amt 113f; vgl. *F. Siegert*, Argumentation [s. Lit. zu 1,10-4,21] 210). Nicht, was Paulus von sich aus einzubringen hat: seine vorbildliche Persönlichkeit oder sein beispielhaftes Tugendstreben, sondern gerade, was er nicht aus sich selbst ist: seine vom Gekreuzigten geprägte apostolische Existenz, ist Gegenstand der Nachahmung. Erst in der deuteropaulinischen Rezeption macht sich wieder ein stärkerer Einfluß der Vorbildethik bemerkbar (vgl. 2 Thess 3,7-9 mit 1 Kor 4,11f; 9,13-18; siehe auch 1 Thess 2,9). Bei Paulus selbst ist die Nachahmung christologisch begründet (vgl. *J. Roloff*, Apostolat 118–120; *W. Schrage*, Amt 111f; *O. Merk*, Nachahmung 203–206). Letztlich ist es der Gekreuzigte selbst, den es nachzuahmen gilt. In 11,1 kann Paulus daher ergänzen: »Werdet meine Nachahmer, wie ich Christi (Nachahmer bin)« (von einigen Abschreibern an unserer Stelle übernommen; vgl. 1 Thess 1,6). *Conzelmann* spricht in diesem Zusammenhang sogar von einer »soteriologisch(en)« Begründung. Dies ist aber zumindest mißverständlich. Denn die soteriologische Qualität Christi im eigentlichen Sinn kann weder der Apostel noch die Gemeinde durch Nachahmung erreichen (dagegen spricht auch nicht 10,33; 11,1). Vielmehr gilt es, den Tod Christi als Heilsereignis zu glauben (vgl. 1,21), was sich dann − ganz im Gegensatz zur korinthischen Sicht − darin äußert, daß der Glaubende die Torheit des Kreuzes als göttliche Weisheit erkennt (2,6-16) und sich in seiner eigenen Existenz von der Gestalt des Gekreuzigten prägen läßt (4,8-13). Nachahmung ist demnach die existentielle Seite des Glaubens an den Gekreuzigten. Insofern sind Nachahmung des Apostels durch die Gemeinde (4,16) und Nachahmung Christi durch den Apostel (11,1) prinzipiell nicht zu unterscheiden. Von einer »geistlichen Überlegenheit« des Apostels (der Gemeinde und den Gegnern gegenüber) zu sprechen, setzt daher einen falschen Akzent (gegen: *A. Reinhartz*, meaning 397.403). Die Besonderheit des Apostels besteht darin, daß er Vater der Gemeinde ist, d. h. zeitlich und sachlich vor der Gemeinde vom Evangelium geprägt ist und die Gemeinde erst »durch das Evangelium zeugt«. Sachlich läuft das darauf hinaus, Menschen zum Glauben an den Gekreuzigten bzw. in eine vom Gekreuzigten geprägte Existenz zu bringen. Sehr aufschlußreich ist die Formulierung von Phil 3,17 »Werdet meine Mit-Nachahmer!« (›symmimētai mou ginesthe‹), die sowohl die Nachahmung des Apostels als auch die gemeinsame Nachahmung Christi einschließt. Insgesamt lassen sich beim paulinischen Nachahmungsbegriff also drei Gesichtspunkte unterscheiden: 1. der Kreuzestod Christi, der als Heilsereignis zwar die objektive Voraussetzung, nicht aber der eigentliche Gegenstand der Nachahmung ist (erst in Eph 4,32; 5,1f wird die uneinholbare soteriologische Vorgabe [»in Christus«, »für uns«] zum Modell der dort geforderten Nachahmung Gottes gemacht), 2. die Existenz des Gekreuzigten (Ausdruck und Sachverhalt sind paradox!), die durch die subjektive Heilsaneignung im Glauben an den Gekreuzigten die Existenz aller Glaubenden einschließlich der des Apostels prägen muß, 3. die apostolische Existenz, die vom Gekreuzigten geprägt ist und im Rahmen der kerygmatischen Bezeugung des Gekreuzigten selbst zum Gegenstand der Nachahmung wird.

Es zeigt sich also, daß V. 16b keine formale, sondern eine inhaltliche Forderung ist. Es geht letztlich um die existentielle Applikation des Gekreuzigten. Eben deshalb ist die Nachahmung des Apostels der sachgerechte Weg zur Verwirklichung der Mahnung zur Einheit der Gemeinde in 1,10.

Vers 17: Den Anschluß mit »deswegen« darf man nicht pressen. Timotheus ist offensichtlich schon vor Abfassung von 1 Kor abgesandt worden; jedenfalls kann er nach 16,10 kaum Überbringer des Briefes sein. Bei ›epempsa‹ (»ich habe geschickt«) handelt es sich demnach nicht um einen Aorist des Briefstils (Vergangenheit aus der Sicht der Leser), sondern um eine wirkliche Vergangenheit (aus der Sicht des Briefschreibers). Dann aber kann Timotheus nicht speziell den Auftrag gehabt haben, den Parteistreitigkeiten mit der Aufforderung zur Nachahmung des Paulus zu begegnen. Daß Paulus den (bereits abgereisten) Timotheus nachträglich nach Korinth umdirigiert haben könnte (wie *Barrett* überlegt), ist durch den Text nicht zu verifizieren. Doch ist die Nachahmungsforderung für sich genommen so allgemein, daß sie – ähnlich wie die Erinnerung an die Wege des Apostels in V. 17c – nicht einmal eines eigenen Anlasses bedarf (gegen: *Weiß*). Beides gehört wohl zum selbstverständlichen Inventar der apostolischen Paraklese. Im Nachhinein freilich, nachdem Paulus von den Parteistreitigkeiten gehört hat, bekommt die Sendung des Timotheus eine spezifische Bedeutung, so daß dessen in V. 17c geschilderte Aufgabe tatsächlich darauf hinauslaufen wird, die Korinther in dem nämlichen (das Parteiwesen ausschließenden) Sinn zur Nachahmung aufzufordern, wie er durch den brieflichen Kontext für V. 16b gegeben ist. Timotheus hat also ähnliche Funktion wie der Brief. In beiden Fällen geht es um die Repräsentanz des Apostels (vgl. *R. W. Funk*, Parousia).

Analog zur Bezeichnung der Gemeinde in V. 14 spricht Paulus Timotheus als »mein geliebtes Kind« an (vgl. 1 Tim 1,2.18; 2 Tim 1,2). Die einfachste Erklärung dafür wäre die Annahme, daß Timotheus von Paulus bekehrt wurde (*Conzelmann*), wenngleich dies durch Apg 16,1f nicht bestätigt wird (es sei denn indirekt über Apg 14,6f; vgl. *W.-H. Ollrog*, Paulus 20f). Ansonsten bietet sich an, die Kindschaft des Timotheus in der Nachahmung des Apostels begründet sein zu lassen, die dieser auch von seinen »Kindern« in der Gemeinde fordert. In jedem Fall läßt gerade das Kind-Verhältnis des Timotheus erwarten, daß er die Gemeinde zur Nachahmung mahnt, wie sie Kindern gebührt. Zusätzlich bezeichnet Paulus den Timotheus noch als »treues« Kind (zur Kombination von »geliebt« und »treu« vgl. Kol 1,7; 4,7.9). Damit ist wohl nicht nur das ergebene und loyale Verhältnis zu Paulus gemeint, sondern gleichermaßen auch die Treue des Verwalters angesprochen, die Paulus in 4,2 als Kriterium des Verkündigers aufgeführt hat. In dieser Eigenschaft ist Timotheus der Gemeinde vertraut, hat er doch neben Silvanus bei der Gründung der Gemeinde mitgewirkt (2 Kor 1,19; vgl. Apg 18,5). In mehreren Briefen nennt Paulus ihn als Mitabsender (1 Thess 1,1; 2 Kor 1,1; Phil 1,1; Phlm 1; vgl. Kol 1,1; 2 Thess 1,1). Möglicherweise bezeichnet er ihn anfänglich (zusammen mit Silvanus) sogar als »Apostel« (vgl. 1 Thess 1,1 mit 2,7; s. o. zu 4,9). In jedem Fall ist Timotheus ein wichtiger Mann im paulinischen Missionsteam (1 Thess 3,2.6; Phil 2,19-23; Röm 16,21; vgl. Apg 17,14f; 19,22; 20,4; 1 Tim 6,20), wobei die Belege aus 1 Thess 3 und Phil 2 zusammen mit unserer Stelle deutlich machen, daß Paulus die führende (Vater-)Figur ist. Phil 2,22 (»wie ein Kind dem Vater hat er mit mir dem Evangelium gedient«) unterstreicht zudem, daß die Treue des Timotheus zu Paulus in der gemeinsamen Treue zum Evangelium ihre sachliche Grundlage hat. Strukturell stellt sich damit das Verhältnis Paulus – Timotheus ähnlich dar wie das Verhältnis Apostel – Gemeinde, das Paulus mit seiner Nachahmungsforderung in V. 16b im Auge hat. Die Beifügung »im Herrn« bezieht sich auf den ganzen Ausdruck. Sie läßt die Kindschaft als geistliche Kindschaft erscheinen (analog zur Vaterschaft in V. 15), gibt aber auch die Qualität der väterlichen Liebe und den Maßstab der kindlichen Treue an.

Die »Wege« des Apostels, an die Timotheus erinnern soll, beziehen sich nicht auf den Lebensweg des Paulus. Gemäß biblischem und jüdischem Sprachgebrauch (vgl. *W. Michaelis*: ThWNT V 47–60; *F. Nötscher*, Gotteswege 42–71.72–96 [Qumran]) sind die »Wege« der (sittliche bzw. religiöse) Wandel des Menschen (vgl. Ps 37,23: »Der Herr festigt die Schritte des Mannes, er hat Gefallen an seinem *Weg*«), etwas spezifischer dann die Wege, die der Mensch in Entsprechung zum Willen Gottes gehen soll, also der (zum Heil nötige) Lebenswandel, die (zum Leben führende) Lehre (vgl. Ps 25,4f: »Zeige mir, Herr, deine *Wege, lehre* mich deine Pfade! Führe mich in deiner Treue und *lehre* mich!«). In diesem Zusammenhang ist auf den rabbinischen Begriff der »Halacha« (religionsgesetzliche Norm) aufmerksam zu machen (vgl. *Barrett*), ohne daß man den paulinischen Ausdruck schon als terminus technicus in diesem Sinn verstehen dürfte. Weniger hilfreich ist der Verweis auf den christlichen »Weg« von Apg 9,2; 19,9.23; 22,4; 24,14.22. Beachtung verdient die soteriologische Note, die der Begriff impliziert (vgl. die »Wege zum Leben«: Ps 16,11 LXX; Spr 10,17; im Kontext mit den paulinischen Ausführungen zur »Weisheit« in 1 Kor 1.2 vgl. »die Wege der Weisheit«: Spr 3,17; 8,34-36; Sir 6,26-28; 14,20f). Sachlich laufen daher »meine Wege«, denen nicht zufällig »in Christus [Jesus]« beigefügt ist, auf das Evangelium bzw. das Wort vom Kreuz hinaus (vgl. *H. D. Betz*, Nachfolge 155–159), wobei allerdings weniger an das Kerygma selbst als vielmehr an dessen existentielle und lebenspraktische Anwendung gedacht ist (etwa im Sinne von 4,6c oder 4,8-13). Gerade insofern

sind die Wege des Paulus auch der Gegenstand der geforderten Nachahmung durch die Gemeinde (stärker differenzierend:
O. Merk, Nachahmung 198–200). Dazu paßt, daß Paulus vom
»Lehren« der Wege spricht, also Traditions- und nicht speziell
Verkündigungsterminologie benutzt (zumindest bei Paulus gehört
»lehren« nicht »zu der technischen Terminologie der Verkündigung«; gegen: *Conzelmann*). Der Begriff des Lehrens rechtfertigt
es allerdings nicht, die »Wege« auf die »Anweisungen für eine
christliche Lebensführung« unter Ausschluß des »persönlichen
Lebenswandel(s) des Apostels« einzuengen (gegen: *W. Michaelis*:
ThWNT IV 670; mit: *Kümmel*; *A. Schulz*, Nachfolgen 309; *W.-
H. Ollrog*, Paulus 181; *W. Schrage*, Amt 114–116).
Hinter »überall in jeder Gemeinde« vermutet *Weiß* einen Redaktor, der die Katholizität des 1 Kor betonen möchte (vgl. 7,17;
11,16; 14,33b). Tatsächlich paßt die Wendung »zu der katholischen
Adresse 1,2« (ebd.). Berücksichtigt man jedoch die pragmatische
Funktion dieser Adresse (siehe zu 1,2), dann besteht keine Notwendigkeit, den Ausdruck von 4,17 im Sinne eines strikten »apud
omnes et ubique« auszulegen. Paulus geht es im wesentlichen um
das Moment der *Gemeinschaft* (vgl. *W. Schrage*, Amt 117), mit
dem er die Korinther motivieren will, erneut zu akzeptieren,
woran sie Timotheus erinnern wird. Die »Wege«, die Paulus
überall in gleicher Weise lehrt, verbindet die Gemeinden zur
Gemeinschaft, die ihrerseits wieder die einzelne Gemeinde verpflichtet (vgl. bes. 11,16).

Vers 18: Mit dem Stichwort des »Aufgebläht-Seins« rückt das
Thema des Parteienstreits noch einmal direkt ins Visier. Es ist der
gleiche Vorwurf wie in 4,6. Konkret gemeint sind wahrscheinlich
die Apollos-Leute, die mit ihrer Weisheitseuphorie den Konkurrenzkampf ausgelöst haben. Paulus selbst nennt jedoch keinen
Namen. Er spricht nur von »gewissen (Leuten)«. Objektiv ist darin
ein »Werturteil« enthalten (*Conzelmann*). Textstrategisch (pragmatisch) hat das Urteil eine isolierende Funktion und damit potentiell eine bedrohliche Wirkung, sowohl für die Betroffenen als auch
für die Gemeinde insgesamt.
»*Als ob* (›hōs‹) wir nicht zu euch kämen« gibt den subjektiven
(nicht objektiven) Grund an (BDR § 425,3). Allerdings ist nicht
eindeutig, ob das Nicht-Kommen lediglich die fiktive Voraussetzung (›hōs‹ = »in der Annahme, daß«) oder auch der Inhalt des
Aufblähens war (›hōs‹ = »mit der Behauptung, daß«). Im letzten
Falle wird man wohl unter Verweis auf einen angekündigten, aber

nicht verwirklichten Besuch unterstellt haben, daß Paulus aus Furcht zu unterliegen, der Auseinandersetzung ausgewichen sei. Dies würde zumindest insofern zum allgemeinen Befund passen, als Paulus offensichtlich mehr Besuchswünsche und Absichten als Zeit und Kraft zur Verwirklichung hatte (vgl. Röm 1,10.13; 15,22f; 2 Kor 1,15f.23; 2,1.3; 12,14.20f; 13,1f; Phil 1,27; 2,24; 1 Thess 2,18). Daß die genannte Unterstellung »durch die Sendung des Timotheus noch bestärkt werden« kann (*Conzelmann*; vgl. *Robertson-Plummer*; *Fascher*), widerspricht zumindest der Intention des Paulus, der Timotheus als seinen verlängerten Arm betrachtet. Im übrigen will Paulus mit der Sendung des Timotheus einem eigenen Besuch nicht ausweichen.

Vers 19: Der Sinn von V. 19a ergibt sich aus dem Gegensatz zu V. 18. Er hat performative, nicht konstatierende Funktion. Nicht feststehende Reisepläne sollen mitgeteilt werden, sondern der Unterstellung »gewisser Leute« soll der Wind aus den Segeln genommen werden. Ein Widerspruch zu 16,5-9 besteht daher nicht. Im Gegenteil, die dortige Mitteilung der tatsächlichen Reisepläne erweist sich als der Hintergrund, vor dem V. 19a zu verstehen ist. Mit »wenn der Herr (es) will« benutzt Paulus eine allgemein geläufige Formel (Jak 4,15; vgl. 1 Kor 16,7; Röm 1,10; 15,32; Apg 18,21; Hebr 6,3; sonstige Belege bei: *G. Schrenk*: ThWNT III 46,10ff; *M. Dibelius*, Der Brief des Jakobus [KEK XV], Göttingen ⁵1964, 278 Anm. 3; *Bauer*, s. v. ›thelō‹ 2), der aber hier eine echte rhetorische Funktion zukommt. Sie nennt die Voraussetzung (›ean‹ mit Konjunktiv ist als Eventualis zu verstehen: »unter der Voraussetzung, daß«; vgl. BDR § 371,4), unter der Paulus »*schnell*« nach Korinth kommen wird. V. 19a ist also nicht die Mitteilung eines unmittelbar bevorstehenden Besuchs, dessen bereits feststehendes Datum durch den Wenn-Satz eingeschränkt wird. Vielmehr behält sich Paulus mit V. 19a vor, die Reisepläne, die er dann in 16,5-9 nennt (vgl. 11,34), gegebenenfalls — »wenn der Herr (es) will« — zu ändern, um »schnell« nach Korinth zu kommen. Die Kontrahenten von V. 18 sind damit ins Unrecht gesetzt: Denn 1. *wird* Paulus nach Korinth kommen (vgl. 16,5-9), und 2. wird er *gegebenenfalls schnell* kommen!

Das Kriterium, mit dem Paulus die Aufgeblähten dann messen will, erinnert an 1 Thess 1,5: »Denn unser Evangelium erreichte euch nicht nur *im Wort*, sondern *in der Kraft* und im heiligen Geist und in großer Gewißheit«. Nicht anders war es bei der Gründung der korinthischen Gemeinde. Obwohl die Verkündigung des Paulus nichts anderes als den Gekreuzigten zum Inhalt hatte (1,18-25; 2,2), erwies dieses törichte Wort vom Kreuz seine rettende Kraft, indem es die Korinther zum Glauben brachte (2,4f): Durch das Evangelium hat Paulus die Gemeinde gezeugt (4,15). Von den Aufgeblähten dagegen kennt Paulus nur Worte. Sie halten sich für klug, stark und herrlich (4,10), meinen, mit ihrer Weisheit die Niederungen der Welt überwunden zu haben und schon zur Herrschaft gelangt zu sein (4,8). Das Kreuz und die davon geprägte Gestalt des Apostels paßt wenig in dieses Konzept (vgl. 4,9). Aber besitzt das hehre Selbstbewußtsein der Aufgeblähten auch »Kraft«? Wenn das Kriterium der »Kraft« die Gemeinde bzw. der Aufbau der Gemeinde ist, dann ist ihre wohltönende Weisheit in der Tat nur »Wort« (»Weisheit des Wortes«: 1,17), dessen Kraft- und Wirkungslosigkeit in der Kontraproduktivität des Parteienstreites seinen verheerenden Ausdruck findet. Eine direkte Identifizierung der »Kraft« mit den Leiden des Apostels (4,11-13) verwechselt Sache und Äußerung. Zwar sind die Leiden des Apostels ein Ausdruck der paradox wirksamen Kraft, aber nicht diese selbst (gegen: *W. D. Spencer*, Power).

Vers 20 ist eine sentenzartige Bestätigung des Kriteriums von V. 19b. Der Begriff des »Reiches Gottes« bzw. der »Gottesherrschaft« kommt bei Paulus relativ selten vor. Von 1 Thess 2,12 einmal abgesehen, findet er sich immer im paränetischen Kontext, und zwar jeweils in negativ ausgrenzender Rede (»... wird das Reich Gottes nicht erben«: 1 Kor 6,9f; Gal 5,21; vgl. 1 Kor 15,50; »das Reich Gottes [ist] nicht [in] ...«: 1 Kor 4,20; Röm 14,17). Diese Redeweise ist traditionell beeinflußt (vgl. *G. Haufe*, Reich 467–470). Doch dürfte es sich gerade an unserer Stelle (wie auch in Röm 14,17) nicht um direkte Zitate handeln (*G. Haufe*, a.a.O. 469; zur Rede vom »Erben des Reiches Gottes« siehe zu 6,9f). Zur Ausdrucksweise (»*nicht in* ... [ist] das Reich Gottes, sondern *in* ...«) gibt es formale Parallelen, besonders in definitorischen Aussagen (vgl. Epiktet, Diss. II 1,4: »das Wesen des Guten *besteht in* ...«), wobei man den definitorischen Charakter allerdings nicht pressen darf. Gelegentlich wird lediglich ein bestimmtes *Kennzeichen* der angesprochenen Sache genannt (»etwas *beruht auf* ..., ist *bedingt durch* ...«: 1 Makk 3,19; vgl. Epiktet, Diss. III 22,27). In einem ähnlichen Sinn ist auch unsere Stelle zu verstehen, also nicht: »das Reich Gottes besteht in ...«, sondern: »das Reich Gottes hat sein Kennzeichen in ...« (ähnlich: *Weiß*: dies paßt auch zu Röm 14,17) bzw. etwas weniger statisch formuliert: »das Reich Gottes erweist sich in ...«.

Weiß verweist zu Recht auf den eschatologischen Charakter des Reich-Gottes-Begriffs auch an unserer Stelle (so auch: *Conzelmann*; *G. Haufe*, Reich 469; den präsentischen Charakter betont *G. Johnston*, Kingdom 149–152). Vor allem 1 Kor 6,9f; Gal 5,21 lassen keinen Zweifel, daß das Reich Gottes für Paulus vom Ansatz her eine futurische Größe ist (vgl. *Kümmel*). Die parallelen Formulierungen in 4,20 (in Verbindung mit »Reich Gottes«) und 1 Thess 1,5 (in Verbindung mit »Evangelium«) lassen die traditionsgeschichtliche Zusammengehörigkeit von Reich-Gottes- und Evangeliums-Terminologie noch erahnen (vgl. *P. Stuhlmacher*, Evangelium 148f; *H. Merklein*, Verständnis 282–284.289f). Von daher ist es zumindest nicht auszuschließen, daß Paulus bei der »Kraft«, in der sich das (künftige) Reich Gottes (jetzt schon) erweist, konkret an das »Evangelium« denkt, wobei eben das von ihm verkündete Evangelium seine göttliche Qualität gerade dadurch unter Beweis stellt, daß es etwas bewirkt und nicht nur leeres Wort ist.

Ob der Begriff »Reich Gottes« durch einen direkten korinthischen Anspruch (am »Reich Gottes« schon Anteil zu haben) veranlaßt ist, läßt sich eindeutig weder beweisen noch bestreiten. Textsemantisch wird man den Begriff mit der Aussage von 4,8a zusammensehen müssen, die wörtlich oder sinngemäß das enthusiastische Hochgefühl der korinthischen Weisheitsanhänger wiedergibt. Insofern hat V. 20 eine konkrete kritische Stoßrichtung.

Vers 21: In V. 21 darf nicht der Gegensatz von V. 15 eingelesen werden. Weder ist das Kommen mit dem Stock »ein opus alienum« (gegen: *Conzelmann*), noch der Stock nur Kennzeichen des Erziehers (gegen: *C. Schneider*: ThWNT VI 968, 20ff; zum Stock als Züchtigungsmittel des Vaters vgl. 2 Sam 7,14; Ps 88,33 LXX). Paulus *ist* der Vater der Gemeinde (V. 15)! Ob er nun mit dem Stock oder mit Liebe und dem Geist der Sanftmut kommen wird, er kommt als Vater (so auch: *Fee*)! Die Opposition ist also etwas komplexer, als gelegentlich vorausgesetzt wird. Die Alternative, die Paulus für sein Kommen in Aussicht stellt, dient dem gleichen pragmatischen Ziel. Sie will die Korinther zum Einlenken bewegen, und zwar mit einer deutlichen Drohung, unter deren Vorzeichen auch die Möglichkeit der Liebe und der Sanftmut steht. Umgekehrt können selbst Schläge, wenn sie nötig sind, Zeichen der Liebe sein (vgl. *Weiß*; nach 2 Kor 13,10 dient die Strenge dem Aufbau; vgl. 2 Kor 10,7-11; auch: Spr 23,13f). Mit »Liebe« und »Geist der Sanftmut« (zum formalen Charakter des »Geistes« vgl. *Conzelmann*; *Weiß*) ist wohl gemeint, daß Paulus die Angelegen-

heit – im Falle des Einlenkens der Gemeinde – nicht weiter
verfolgen und die Gemeinde schonen will (anders: 2 Kor 13,2!).
Was er mit den Stockschlägen konkret meint, ist nicht deutlich.
Denkt er an eine Bestrafung (vgl. 2 Kor 2,6; 13,2) oder an eine
Entfernung der Unruhestifter aus der Gemeinde (vgl. 1 Kor 5)?
Doch ist das eine Frage, die den unmittelbaren Horizont des Textes
überschreitet, dessen Zielsetzung es gerade ist, die Sanktion zu
vermeiden. Dies wird man auch berücksichtigen müssen, wenn
man die Funktion des Verses richtig einschätzen will. Mit der
Drohung verläßt Paulus die bisherige Ebene der argumentativ
bemühten Darlegungen und kehrt nun doch die formale Autorität
hervor. Doch hat dies wohl nur den Sinn, die Korinther davor zu
warnen, die brieflichen Ausführungen auf die leichte Schulter zu
nehmen.

Ökumenischer Taschenbuch-
kommentar zum NT

Herausgegeben von Erich Gräßer und Karl Kertelge.

**Gütersloher
Verlagshaus**
G e r d   M o h n